Marcus Pichler

Das Prinzip der Anwachsung

Marcus Pichler

Das Prinzip der Anwachsung

Nachfolgeplanung und Erbschaftsteuer

Tectum Verlag

Marcus Pichler
Das Prinzip der Anwachsung. Nachfolgeplanung und Erbschaftsteuer

Zugl. Univ. Diss., Konstanz, 2013
ISBN: 978-3-8288-3362-3

Satz und Layout: Heike Amthor | Tectum Verlag
Druck und Bindung: CPI buchbücher.de, Birkach
Printed in Germany

Besuchen Sie uns im Internet
www.tectum-verlag.de

Bibliografische Informationen der Deutschen Nationalbibliothek
Die Deutsche Nationalbibliothek verzeichnet diese Publikation in der Deutschen Nationalbibliografie; detaillierte bibliografische Angaben sind im Internet über http://dnb.ddb.de abrufbar.

Meiner Familie

Vorwort

Die vorliegende Untersuchung wurde vom Fachbereich Rechtwissenschaften der Universität Konstanz im Mai 2013 als Dissertation angenommen, die mündliche Prüfung fand am 30. Oktober 2013 statt.

Mein herzlicher Dank gilt meinem Doktorvater, Herrn Prof. Dr. Oliver Fehrenbacher, für die überaus engagierte und unkomplizierte Betreuung. Seine umfassende Unterstützung sowie sein Vertrauen wurden mir im Rahmen dieses Dissertationsprojekts zuteil und haben meinen bisherigen beruflichen Werdegang entscheidend geprägt. Herrn Privatdozenten Dr. Michael Stöber danke ich für die rasche Erstellung des Zweitgutachtens.

Ohne die unermüdliche Unterstützung der mir nahestehenden Personen wäre diese Arbeit so nicht entstanden. Besonderer Dank gilt meiner Partnerin, durch ihren Rückhalt hat sie wesentlich zum Gelingen dieser Arbeit beigetragen. Auch bei all denjenigen, die mich während der Erstellung der Arbeit unterstützt haben, bedanke ich mich herzlich.

Eppstein, im April 2014

Marcus Pichler

Inhalt

Einleitung

I. Einführung

Ungeachtet zahlreicher Bemühungen des Gesetzgebers zur Schaffung von haftungsreduzierenden Rechtsformen ohne weitreichenden Einsatz eines Garantiekapitals[1] erfreuen sich Personengesellschaften einer erheblichen Bedeutung im wirtschaftlichen Alltag.[2] Dies überrascht umso mehr, als dass eine Reduzierung der Haftung im Rechtsalltag grundsätzlich essentiell ist, hingegen bei der Urform der Personengesellschaft, der Gesellschaft bürgerlichen Rechts, grundsätzlich eine unbegrenzte persönliche Haftung der Gesellschafter gegeben ist.[3]

---

1 Beispielhaft zu nennen ist die Schaffung der Unternehmergesellschaft (UG) in § 5a GmbHG eingeführt zum 1.11.2008 durch Gesetz v. 23.10.2008 (BGBl. I S. 2026).

2 Zur wirtschaftlichen Bedeutung von Familienunternehmen vgl. *Schobert/Ihlau*, BB 2008, 2114; *Henssler*, BB Special 3, 2010, S. 2. Gleichzeitig wird dort dargestellt, dass Familienunternehmen in der Praxis regelmäßig in der Rechtsform einer Personengesellschaft unterhalten werden, *Schobert/Ihlau*, BB 2008, 2114 [2115].

3 BGH, Urteil v. 07.04.2003 - II ZR 56/02; NJW 2003, 1803 [1804]; BGH, Urteil v. 21.01.2011 - II ZR 263/09, DStR 2011, 988; *Priester*, DStR 2011, 1278; *Wagner*, NZG 2011, 1058.

Die Rechtsform der Personengesellschaft wird dabei oftmals in zwei unterschiedlichen Szenarien verwendet. Zum einen sind mittelständische Unternehmen in der Rechtsform einer Personengesellschaft aufgesetzt. Diese Unternehmen sind gleichzeitig dadurch gekennzeichnet, dass sie inhabergeführt sind. Zudem sind in Unternehmen dieser Art oftmals verschiedene Parteien – Paradebeispiel dürfte insoweit eine Beteiligung verschiedener Familienstämme sein – mit divergierenden Interessen vereinigt. Ein davon abweichendes Betätigungsfeld von Personengesellschaften zeigt sich insbesondere bei geschlossenen Immobilienfonds oder anderen Publikumsgesellschaften[4], die als Personengesellschaften betrieben werden. So sollen mehr als 90% der neu aufgelegten Fonds in der Form einer Kommanditgesellschaft bestehen.[5] Diese beiden Verbreitungsformen der Personengesellschaften führen dazu, dass erhebliche wirtschaftliche Werte in Personengesellschaften verhaftet sind und Unternehmen dieser Art eine wichtige gesellschaftspolitische Rolle einnehmen.[6]

Die Gründe, die innerhalb dieser Szenarien für die Rechtsform einer Personengesellschaft sprechen, sind dabei regelmäßig identisch: Im Vergleich zu einer (haftungsreduzierenden) Kapitalgesellschaft bestehen flexiblere nationale steuerrechtliche

4 Grundsätzlich zur GmbH & Co. KG als Rechtsform geschlossener Immobilienfonds: *Komo*, BB 2012, 1423 m.w.N.

5 *Dorka/Derwald*, NZG 2010, 694; zu den potentiellen Auswirkungen der Umsetzung der AIFM-Richtlinie für die Wahl der Rechtsform von Investmentvehiklen nach dem KAGB, insbesondere für die Form der „geschlossenen Investment-KG“ vgl. *Emde/Dreibus*, BKR 2013, 89 [83]; *Freitag*, NZG 2013, 329f.

6 Vgl. Pressemitteilung des IFF vom 23.07.2012 abrufbar unter http://www.institut-fuer-familienunternehmen.de/pdf/IFF_Presseinformation_120723.pdf, zuletzt abgerufen am 18.01.2014, wonach 51 von 100 größten Unternehmen Deutschlands von Unternehmerfamilien geführt werden und diese Unternehmen in 2011 ca. 915 Milliarden Euro erwirtschaftet haben.

Gestaltungsmöglichkeiten.[7] Es erfolgt eine unmittelbare Ergebniszuweisung[8], auch Übertragungen von Wirtschaftsgütern sind vereinfacht möglich.[9] Zusätzlich können international abweichende steuerrechtliche Beurteilungen der Personengesellschaft nutzbar gemacht werden.[10] Neben diesen steuerlichen Motiven dürfte der Hauptgrund für die Rechtswahl einer Personengesellschaft gesellschaftsrechtlich begründet sein. So bestehen im Vergleich zu einer Kapitalgesellschaft zusätzliche Gestaltungsmöglichkeiten in Bezug auf Kapitalmaßnahmen.[11] Zudem kann im Fall einer Kapitalgesellschaft & Co. KG dieser Gestaltungsvorteil mit einer Trennung von Geschäftsführung und Gesellschaftern/Anlegern kombiniert werden.[12] Für Publikumsgesellschaften kommt hinzu, dass „anonyme" Gesellschafter als reine Investoren eine steuerrechtlich optimierte Gewinnzuweisung mit einer gleichzeitigen Minimierung von Haftungsrisiken verbinden können.[13]

---

7 *Grashoff*, Steuerrecht, Rn. 372ff.; *Mutter* in Münchener Handbuch des Gesellschaftsrechts, Band 2, § 1 Rn. 189ff.; *Komo*, BB 2012, 1423; *Gehling*, BB 2011, 73, 74.

8 Kritisch zu dieser Ergebniszuweisung in Abgrenzung zu einer Besteuerung von Kapitalgesellschaft und Gesellschaftern: *Bippus*, DStR 1998, 749.

9 Vgl. § 6 Abs. 3 oder § 6 Abs. 5 EStG. Zur Übertragung von Wirtschaftsgütern zwischen Personengesellschaften vgl. *Niehus/Wilke*, SteuK 2010, 385; *Kemper/Konold*, DStR 2000, 2119; *Ehmcke* in Blümisch EStG, § 6 Rn. 1310ff.

10 *Pyszka/Brauer* in Kessler/Kröner/Köhler, Konzernsteuerrecht, § 3 Rn. 516.

11 *Brück von Oertzen* in Saenger/Aderhold, GesR, § 4 Rn. 99ff.; *Rödding* in Lüdicke/Sisterman, Unternehmenssteuer-recht, § 3 Rn. 85.

12 Grundlegend zu den Unterschieden von Fremd – und Selbstorganschaft: *Gummert* in Münchener Handbuch des Gesellschaftsrechts, Band 2, § 49 Rn. 9; *Brück von Oertzen* in Saenger/Aderhold, GesR, § 4 Rn. 139ff.; *Müller* in Beck'sches Handbuch der AG, § 1 Rn. 79ff.; Diese Vorteile für die Gesellschaftsform der GmbH & Co. KG hervorhebend: *Fehrenbacher/Tavakoli*, GmbH & Co. KG, S. 21f.

13 Dass dieses Zusammenspiel erhebliches Konfliktpotential für die Ausgestaltung des gesellschaftsrechtlichen Zusammenschlusses bietet, zeigt

So verschieden diese beiden Hauptverbreitungsarten der Personengesellschaft von ihrem wirtschaftlichen Ansatz her einzustufen sind, besteht eine wesentliche Gemeinsamkeit. Insbesondere im Falle einer Änderung des Gesellschafterbestandes darf der vereinbarte Zweck der Gesellschaft und damit die Fortexistenz der Gesellschaft nicht gefährdet werden. Bei Personengesellschaften eines Familienunternehmens folgt dies regelmäßig aus der besonderen persönlichen Verbindung der Gesellschafter und der existenzsichernden Stellung des Unternehmens für die beteiligten Familien. Auch bei Publikumsgesellschaften darf eine Veränderung des Gesellschafterbestandes keinen elementaren Einfluss auf die Gesellschaft haben. Schon aufgrund der Vielzahl der Mitglieder kann es regelmäßig zu einem Ausscheiden oder Eintritt von Gesellschaftern kommen.[14] In sämtlichen Fällen dieser Art sind für die angesprochenen Unternehmenstypen eine gesellschaftsrechtliche Absicherung der Führung der Personengesellschaft sowie eine fortbestehende steuerrechtliche Rentabilität von erheblicher Bedeutung. Diese beiden Faktoren sind im Rahmen einer möglicherweise an das Ausscheiden eines Gesellschafters anschließende Anwachsung und gegebenenfalls in diesem Zusammenhang getroffenen Abreden zwischen den Gesellschaftern zu beachten. Soweit zulässig ist daher gesellschaftsvertraglich eine Anpassung an die Interessen der beteiligten Parteien vorzunehmen. Diese Arbeit zeigt, dass nicht nur Augenmerk auf eine Ausgestaltung des Abfindungsanspruchs nach § 738 Abs. 1 Satz 2 Bürgerliches Gesetzbuch (BGB) gelegt werden sollte, sondern vielmehr eine Modifikation einer nach § 738 Abs. 1 Satz 1 BGB erfolgenden Anwachsung erhebliche Gestaltungsspielräume und -vorteile bietet.

---

eine fortdauernde Beschäftigung der Gerichte mit Schadensersatzansprüchen von Investoren-Gesellschaftern, vgl. zur Nachschusspflicht von Gesellschaftern BGH, Urteil v. 04.07.2005 – II ZR 354/03, NJW-RR 2005, 1347; BGH, Urteil v. 05.03.2007 – II ZR 282/05, NZG 2007, 381.

14 Dies kann auch der Fall sein, wenn Gesellschafter mit der erwirtschafteten Rendite des von der Gesellschaft verwalteten Vermögens unzufrieden sind, vgl. *Ott*, DStR 2003, 2026.

II. Untersuchungsgegenstand

Ziel dieser Arbeit ist es, durch eine methodische Auseinandersetzung mit der rechtsdogmatisch wie -historisch herausfordernden Figur der Anwachsung zu klären, ob eine Ausgestaltung der Anwachsung im Sinne von § 738 Abs. 1 Satz 1 BGB als wirksames Gestaltungsmittel innerhalb von Familiengesellschaften bzw. Publikumsgesellschaften in Betracht kommt. Schwerpunkt dieser Arbeit ist daher die Aufarbeitung der Frage, ob dem Dogma zu folgen ist, dass den Gesellschaftern im Hinblick auf die Anwachsung sämtliche Einfluss- und Gestaltungsmöglichkeiten genommen sind. In Kontrast dazu erscheint es möglich, den Gesellschaftern den Regelungsbereich des § 738 Abs. 1 Satz 1 BGB als dispositiv zuzusprechen. Als Mittelweg zwischen diesen beiden Varianten, der gleichzeitig gestalterischen Interessen der Gesellschafter gerecht wird, erscheint es denkbar, zumindest die Höhe der Teilhabe an der Anwachsung in den Gestaltungsspielraum der Gesellschafter fallen zu lassen.

Diese für die Arbeit entscheidende These wird durch folgendes Beispiel konkretisiert:

An einer (Außen-)Gesellschaft bürgerlichen Rechts sind die Gesellschafter A, B und C jeweils zu ⅓ beteiligt. Die Gesellschafter sind sich einig und wünschen, dass im Falle des Ausscheidens des B, dessen Anteil alleine seiner Ehefrau, der A anwachsen soll. Nun scheidet B aus der Gesellschaft aus.

Folgt man der ersten Ansicht, so steht einer solchen Vereinbarung das gänzlich als zwingend anzusehende Prinzip der Anwachsung nach § 738 Abs. 1 Satz 1 BGB entgegen. Danach wäre eine Vereinbarung wie die oben genannte unwirksam. Im Falle des Ausscheidens des B würde dessen Anteil den übrigen Gesellschaftern A und C zu gleichen Teilen anwachsen, so dass A und C nunmehr hälftig an der Gesellschaft beteiligt sind.

Gesteht man hingegen mit den übrigen zu dieser Thematik vertretenen Auffassungen den Gesellschaftern einen Gestaltungs-

spielraum in Zusammenhang mit der Regelung des § 738 Abs. 1 Satz 1 BGB zu, begegnet eine solche Vereinbarung keinerlei Unwirksamkeitsgründen. Dies führt im Ergebnis dazu, dass nach Ausscheiden des B dessen Anteil alleine der A anwächst. Nach Anwachsung sind demnach A zu ⅔ und C weiterhin zu ⅓ an der Gesellschaft beteiligt.

Im Folgenden ist somit entscheidend, wie sich das Anteilsverhältnis der verbliebenen Gesellschafter nach dem Ausscheiden eines Gesellschafters darzustellen hat. Dabei ist die Entwicklung zur Rechtsnatur und Rechtsfähigkeit der Gesamthand auf ein zu entwickelndes modernes Verständnis der Anwachsung zu übertragen.

Der hier zu untersuchenden Fragestellung kommt nicht nur für wissenschaftliche, sondern darüber hinaus für praktische Zwecke eine erhebliche Bedeutung zu. Denn nur, wenn man den Regelungsbereich der Anwachsung einer gesellschaftsvertraglichen Einflussnahme öffnet, bietet sich eine solche vertragliche Ausgestaltung der Anwachsung als rechtliches Planungsinstrument an. „Eine Regelung von disquotalen Anwachsungsquoten dürfte sich dabei für die Rechtspraxis insbesondere aus Nachfolgegesichtspunkten anbieten.“[15] Zu erwähnen ist in diesem Kontext beispielsweise eine Ausgestaltung der Anwachsung, um im Falle des Ausscheidens eines zu einem gewissen Familienstamm gehörenden Gesellschafters, eine Anwachsung lediglich bei übrigen Mitgliedern dieses (Familien-)Stammes zu gewährleisten.[16] Dabei steht eine Einwirkung auf die Anwachsung nach § 738 Abs. 1 Satz 1 BGB anderen bereits bekannten Gestaltungsinstrumenten zur Unternehmensnachfolge gegenüber. Zu nennen sind erbrechtliche Nachfolgeklauseln, die es dem Erblasser ermöglichen, bestimmte Personen oder Personengruppen an seiner Stelle an

15 *Becker*, ZEV 2011, 157 [159].

16 *Becker*, ebenda spricht von einer Erhaltung einer Stammesparität von Familiengesellschaften.

der Gesellschaft zu beteiligen.[17] Im Vergleich zu erbrechtlichen Nachfolgeklauseln bietet eine vertragliche Einflussnahme auf die Anwachsung allerdings Vorteile.[18] Zum einen bedarf es keiner Abstimmung zwischen erbrechtlichen und gesellschaftsvertraglichen Regelungen.[19] Alleine aus dem Gesellschaftsvertrag ergibt sich die Beteiligung an der Personengesellschaft nach dem Tode eines Gesellschafters. Somit wird ein erhebliches erbrechtlichen Nachfolgeklauseln anhaftendes Risiko -eine mögliche Inkongruenz von letztwilliger Verfügung und gesellschaftsvertraglich auserkorenen Nachfolgern[20]- minimiert, wählt man eine vertragliche Ausgestaltung der Anwachsung als Nachfolgeinstrument.[21] Daneben ist eine Ausgestaltung der Anwachsung vorteilhaft, soweit es um Haftungsfragen lediglich limitiert haftender Personengesellschafter, sprich Kommanditisten geht.[22] All diese Vorteile können aber nur dann zugunsten der Gesellschafter nutzbar gemacht werden, wenn gesellschaftsvertraglichen Absprachen nicht § 738 Abs. 1 Satz 1 BGB als in toto zwingende Rechtsnorm entgegensteht.

Im Hinblick auf gesellschaftsrechtliche Besonderheiten des Personengesellschaftsrechts werden die Folgen einer Ausgestaltung der Anwachsung auf bestehende Regelungen zwischen den Gesellschaftern, insbesondere auf die Verteilung von Stimmrechten und Ergebnis, näher beleuchtet. Zusätzlich wird auf die Auswirkungen der Anwachsung auf die Haftungsstruktur der Personengesellschaft

17 Einen Überblick über die einschlägigen Nachfolgeklauseln findet sich bei *Reinmann*, ZNotP 2006, 162 [171f.].

18 *Becker*, Die Organisation von Personengesellschaften nach Familienstämmen, S. 220ff.

19 Zum Erfordernis des Gleichlaufs von erbrechtlichen und gesellschaftsrechtlichen Vereinbarungen: *Mutter* in Gummert Personengesellschaftsrecht, § 6 Rn. 536ff.

20 *Flick*, DStR 1987, 41 [42ff.]; *Zöller*, MittRhNotK 1999, 122 [134]; *Reinmann*, ZNotP 2006, 162 [171 f.].

21 *Schmidt*, FS Huber, S. 988.

22 Vgl. dazu Ausführungen in Kapitel 2.

eingegangen. Dabei erfolgt eine Spezifizierung auf bestimmte Personengesellschaftstypen, um so Besonderheiten der einzelnen Rechtsformen aufzuzeigen.

Aufbauend auf die erste zu untersuchende These dieser Arbeit, die Möglichkeit der gesellschaftsvertraglichen Ausgestaltung auf § 738 Abs. 1 Satz 1 BGB, wird auch die Frage der schenkungsteuerlichen Implikationen einer solchen Einflussnahme geklärt. Eine vertiefte Auseinandersetzung mit den ertragssteuerlichen Folgen eines Ausscheidens aus einer Personengesellschaft unterbleibt, da im Hinblick auf die einkommenssteuerrechtliche Dimension des Anwachsungsprinzips bereits eine eingehende Bearbeitung in der wissenschaftlichen Literatur existiert.[23] Soweit dennoch ein Bezug zu Teilen des Ertragssteuerrechts erfolgt, soll damit das Verständnis für die jeweiligen Eigenheiten des Erbschaft- und Schenkungsteuergesetzes (ErbStG) gefördert werden. Im Rahmen der Überlegungen zur Erbschaft- und Schenkungsteuer wird daher untersucht, ob und unter welchen Voraussetzungen wertmäßige Veränderungen der Gesellschafterbeteiligungen als Folge einer Ausgestaltung von § 738 Abs. 1 Satz 1 BGB Erbschaft- und Schenkungsteuer auslösen können.

Wiederum soll dies an einem Beispiel verdeutlicht werden:

An einer Personengesellschaft[24] *sind wie im obigen Beispiel die Gesellschafter A, B und C zu gleichen Teilen beteiligt und wünschen im Falle des Ausscheidens des B eine Anwachsung dessen Anteil ausschließlich bei A. Bereits als Folge dieser Vereinbarung kommt es zu einer wertmäßigen Veränderung der Gesellschafterbeteiligungen. Während der Anteilswert der A durch die Aussicht auf disquotale Anwachsungsteilhabe steigen dürfte, wird der Anteilswert des C regelmäßig geringer aus-*

23 *Dobler*, Das Anwachsungsprinzip im Zivil- und Einkommensteuerrecht, S. 165ff.

24 Dass die konkrete Rechtsform nicht erheblich ist, wird im Zuge des Dritten Kapitels gezeigt.

fallen. Fraglich ist nun, ob diese Wertveränderung der Gesellschafterbeteiligungen bereits Schenkungsteuer auslösen kann.

Es ist in diesem Kontext zu klären, ob mit der Ansicht der finanzgerichtlichen Rechtsprechung jede wertmäßige Veränderung einer Beteiligung an einer Personengesellschaft als Folge eines Verhaltens eines Gesellschafters Anknüpfungspunkt einer schenkungsteuerlich relevanten Zuwendung sein kann.

Im Gegensatz dazu erscheint es nämlich auch denkbar, diesen Vorgang als schenkungsteuerneutral einzustufen, da es insoweit lediglich zu einer wertmäßigen Änderung der Gesellschafterbeteiligung kommt, ohne dass gleichzeitig ein konkreter Zuwendungsgegenstand zugewendet wird.

Neben der Frage der Reichweite einer Bindungswirkung einer zivilrechtlichen bestimmten Bereicherung für Regelungen des ErbStG ist entscheidend, ob schon die Rechtsform eine schenkungsteuerliche (potentielle) Ungleichbehandlung ansonsten vergleichbarer Sachverhalte rechtfertigt. Verneint man eine Steuerbelastung in Fällen einer disquotalen Anwachsung stärkt dies zusätzlich die gestalterische Attraktivität als Instrument der Nachfolgeplanung.

III. Gang der Arbeit

Die Untersuchung gliedert sich in drei Kapitel.

Im Zuge des *Ersten Kapitels* werden zur Hinführung zum Untersuchungsgegenstand die dogmatischen Grundlagen der Anwachsung erläutert. Das Augenmerk wird dabei auf die historische Entwicklung des Verständnisses der Gesamthand und dessen Auswirkung auf die Figur der Anwachsung nach § 738 Abs. 1 Satz 1 BGB gelegt. Nach der Erläuterung dieser Grundlagen wird sodann das Zusammenspiel von zwingendem Regelungsgehalt und Dispositivität im Hinblick auf § 738 Abs. 1 Satz 1 BGB untersucht. Zum Abschluss des Ersten Kapitels werden Varianten einer vertraglichen Einflussnahme auf die Anwachsung aufgezeigt. Gleichzeitig werden Voraussetzungen und Grenzen der Ausgestaltung begutachtet, um so die Tauglichkeit einer disquotalen Anwachsung als Instrument der Unternehmensnachfolge zu ergründen.

Gegenstand des *Zweiten Kapitels* sind die Auswirkungen der vertraglichen Gestaltung der Anwachsung auf bestehende gesellschaftsrechtliche Regelungen. So wird auf das Zusammenspiel von Anwachsung und Gewinnverteilung eingegangen. Zudem wird geklärt, ob eine Einflussnahme auf § 738 Abs. 1 Satz 1 zu einer Veränderung der Haftsumme anwachsungsmäßig privilegierter Kommanditisten führt. Ferner erfolgt in diesem Kapitel eine Untersuchung, ob die von einer disquotalen Anwachsung Begünstigten Sekundäransprüchen im Verhältnis zu dem ausgeschiedenen Gesellschafter oder sonstigen verbleibenden Gesellschaftern ausgesetzt sind.

Die Bedeutung von Absprachen zur disquotalen Anwachsungsteilhabe innerhalb des Erbschaft- und Schenkungsteuerrechts wird im *Dritten Kapitel* dargelegt. Dort wird unter anderem dem Gedanken nachgegangen, ob die Rechtsfolgen einer disquotalen Anwachsung abschließend in §§ 3 Abs. 1 Nr. 2, 7 Abs. 7 ErbStG Niederschlag gefunden haben. In diesem Zusammenhang ist zu klären, ob die Figur der Anwachsung nach einer vertraglichen Gestaltung zwischen den Gesellschaftern auch unter den allgemeinen Tatbestand des § 7 Abs. 1 ErbStG subsumiert werden kann[25] oder ob ein schenkungsteuerlich maßgeblicher Vermögenstransfer unter Beachtung weiterer Regelung des § 7 ErbStG vorliegt. Dabei wird dem Verhältnis der Rechtsbeziehungen der Gesellschafter eine besondere Rolle zukommen. Auch auf die Thematik einer schenkungsteuerlichen Rechtsubjektivität der Personengesellschaft im Vergleich zu dieser Eigenschaft bei Kapitalgesellschaften wird eingegangen.

25 Nur eine solche Schenkung unter Lebenden wird innerhalb des § 7 ErbStG normiert. Den Erwerb von Todes wegen im Zuge eines Ausscheidens aus einer Personengesellschaft hat § 3 Abs. 1 Nr. 2 ErbStG zum Gegenstand.

1. Kapitel: Das Anwachsungsprinzip

Im Rahmen des Ersten Kapitels wird der Klärung einer der wesentlichen Thesen der Arbeit, nämlich der Möglichkeit der Einflussaufnahme auf die Anwachsungsregel des § 738 Abs. 1 Satz 1 BGB nachgegangen. Einleitend wird zunächst Grundlegendes im Zusammenhang mit der Regelung der Anwachsung nach § 738 Abs. 1 Satz 1 BGB und anderen normierten Fallgruppen der Anwachsung dargestellt. Im Anschluss wird dem Regelungsobjekt der Anwachsung, dem „Anteil am Gesellschaftsvermögen" Aufmerksamkeit geschenkt, um so erste Rückschlüsse auf einen potentiellen dispositiven Charakter der Anwachsung herauszuarbeiten. Darauf aufbauend erfolgt ein systematischer Vergleich von Gestaltungsmöglichkeiten im Hinblick auf neben § 738 Abs. 1 Satz 1 geregelte Konstellationen der Anwachsung.

I. Dogmatische Grundlagen der Anwachsung

„Wer nicht von dreitausend Jahren
Sich weiß Rechenschaft zu geben,
Bleib im Dunkel unerfahren,
Mag von Tag zu Tage leben."[26]

---

26 *Johann Wolfgang von Goethe* in West-östlicher Divan, Buch des Unmuts.

Auf den ersten Blick mag man sich verwundert fragen, warum ein solches Zitat zu Beginn einer rechtswissenschaftlichen Untersuchung aufzufinden ist. Weder soll der Untersuchung ein literarischer „Anstrich" verpasst werden, noch soll diese Arbeit im Wege einer Hybris mit einem Werk Goethes verglichen werden. Vielmehr soll ein Augenmerk auf Folgendes gerichtet werden: Nur durch eine Auseinandersetzung auch und insbesondere mit dem (historischen) Hintergrund einer Aussage[27] ist es möglich, weitere, neue Erkenntnisse im Hinblick auf den Untersuchungsgegenstand zu gewinnen. Ziel der folgenden Ausführungen soll daher zuvorderst eine einführende Darstellung der Grundstruktur der Anwachsung nach § 738 Abs. 1 Satz 1 BGB sein. Können die Grundelemente dieser Rechtsfigur, die systematische Stellung im Gesetz und die mit dieser Regelung normierten Gedanken hinreichend präzisiert werden, kann auf Grundlage dieser Erkenntnisse eine weitergehende Untersuchung nach einem möglichen dispositiven Charakter von § 738 Abs. 1 Satz 1 BGB erfolgen.

1. Systematische Stellung der Anwachsung im Gesetz

Zunächst sollen die systematische Stellung sowie die Erscheinungsformen der Anwachsung dargestellt werden, um so einen ersten Überblick über die Einordnung dieser Rechtsfigur im Gesamtgefüge des Bürgerlichen Gesetzbuches zu ermöglichen. Dabei wird unterschieden, ob eine Anwachsung in Zusammenhang mit einer Personengesellschaft oder anderen Gemeinschaften der Gesamthand steht.

27 Übertragen auf die vorliegende Untersuchung bedeutet dies eine (historische) Auseinandersetzung mit der gesetzlichen Regelung der Anwachsung nach § 738 Abs. 1 Satz 1 BGB.

A. Stellung im Gesellschaftsrecht

Maßgebliche Norm, die sich mit der Rechtsfigur der Anwachsung als Folge des Ausscheidens aus einer Personengesellschaft beschäftigt, ist § 738 Abs. 1 Satz 1 BGB. Diese Norm gilt unmittelbar nur für die Gesellschaft bürgerlichen Rechts. Dies folgt schon aus der Stellung im 2. Buch Abschnitt 8 Titel 16 im Bürgerlichen Gesetzbuch. Aus dieser Stellung wird ebenso deutlich, dass es für den Anwendungsbereich der Anwachsung grundsätzlich keinen Unterschied macht, ob es sich um eine Außen- oder Innengesellschaft bürgerlichen Rechts handelt.[28] Dieser Anwendungsbereich der Anwachsung in Bezug auf die Gesellschaft bürgerlichen Rechts ist aber alles andere als abschließend. Er erfährt zusätzliche Bedeutung dadurch, dass es an speziellen handelsrechtlichen Regelungen in Zusammenhang mit der Anwachsung fehlt. So findet die Regelung des § 738 Abs. 1 Satz 1 BGB über die Verweisungsnorm des § 105 Abs. 3 HGB ebenso für die offene Handelsgesellschaft (OHG) und über § 105 Abs. 3 HGB i.V.m. § 161 Abs. 2 HGB gleichsam für die Kommanditgesellschaft (KG) Anwendung.[29] Ferner ist die Regelung des § 738 Abs. 1 Satz 1 BGB maßgeblich, wenn ein Gesellschafter einer Partnerschaftsgesellschaft aus einer solchen Gesellschaft ausscheidet, vgl. § 1 Abs. 4 PartGG.[30] Zuletzt greifen die Rechtsfolgen der Anwachsung nach § 738 Abs. 1 Satz 1 BGB auch für ein Ausscheiden aus einer Europäisch wirtschaftlichen Interessenvereinigung (EWIV) ein, da insofern die Verweisungskette der Verordnung (EWG) Nr. 2137/85 des Rates vom 25. Juli

---

28 *Hadding/Kießling* in Soergel BGB, § 738 Rn. 2; *Schöne* in Beck'scher OK-BGB, Stand 01.11.2012, § 738 Rn. 1; *Ulmer/Schäfer* in Münchener Kommentar BGB, § 738 Rn. 10.

29 *Kilian* in Henssler/Strohn, Gesellschaftsrecht, § 738 Rn. 2; *Westermann* in Erman, BGB, § 738 Rn. 2.

30 *Schöne* in Beck'scher OK-BGB, Stand 01.11.2012, § 738 Rn. 1; *Ulmer/Schäfer*, GbR, § 738 Rn. 10.

1985 i.V.m. § 1 EWIV-Ausführungsgesetz i.V.m. § 105 Abs. 3 HGB einschlägig ist.[31]

Eine Sonderrolle kommt in diesem Zusammenhang dem nicht rechtsfähigen Verein nach § 54 BGB zu. Nach Anerkennung der (Teil-)Rechtsfähigkeit der Außen-GbR[32] ist gleichsam auf Grund des Wortlauts von § 54 Satz 1 BGB auch die Rechtsfähigkeit des Vereins, also die Eigenschaft als Rechtsträger aufzutreten, anzuerkennen.[33] Daher ist es folgerichtig, wenn in Folge des Ausscheidens eines Mitglieds eines solchen Vereins eine Anwachsung nach § 738 Abs. 1 Satz 1 BGB bei den übrigen Mitgliedern stattfindet.[34] Keine Anwendung findet hingegen § 738 Abs. 1 Satz 2 BGB, wonach der ausscheidende Gesellschafter einen Abfindungsanspruch für den Verlust seiner Mitgliedschaft erhält.[35]

B. Stellung im sonstigen Zivilrecht

Das Prinzip der Anwachsung als Folge des Ausscheidens aus einer Gemeinschaft ist nicht allein auf die oben genannten Gesellschaftsformen beschränkt. Vielmehr weist das Bürgerliche

31 Zur Gleichstellung von EWIV und OHG vgl. *Ulmer* in Münchener Kommentar BGB, Vorb. Rn. 21f.; *Müller-Gugenberger*, NJW 1989, 1449 [1453]; *Böhringer*, BWNotZ 1990, 129 [130].

32 BGH, Urteil v. 29.01.2001 – II ZR 331/00, NJW 2001, 1156 (ARGE Weißes Ross).

33 *Ellenberger* in Palandt, BGB, § 54 Rn. 7; *Schöpflin* in Beck'scher OK-BGB, Stand 01.11.2012, § 54 Rn. 19ff.; *Westermann* in Erman, BGB, § 54 Rn. 1; *Reuter* in Münchener Kommentar BGB, § 54 Rn. 16 m.w.N.

34 *Ellenberger* in Palandt BGB, § 54 Rn. 7; *Weick* in Staudinger BGB, § 54 Rn. 47.

35 BGH, Urteil v. 01.07.1968 – VII ZR 63/66, NJW 1968, 1830; AG Grevenbroich, NJW-RR 2001, 967; *Westermann* in Erman BGB, § 54 Rn. 7; *Ellenberger* in Palandt BGB, § 54 Rn. 7; differenzierend zwischen Idealverein und wirtschaftlichen Verein: *Weick* in Staudinger BGB, § 54 Rn. 47; *Schöpflin* in Beck'scher OK-BGB, Stand 01.11.2012, § 54 Rn. 52.

Gesetzbuch weitere Konstellationen der Anwachsung auf. Zu nennen sind in diesem Zusammenhang die Normen §§ 1490, 1491 Abs. 4, 1935, 2094 und 2158 BGB. Zusammen mit der Normierung der Anwachsung für die zuvor genannten Gesellschaften nach § 738 Abs. 1 Satz 1 BGB ist mit diesen Fallgruppen die Rechtsfolge der Anwachsung im Falle eines Ausscheidens aus einer Gemeinschaft zur Gesamten Hand abschließend erfasst. Im Folgenden werden diese Fallgruppen näher beleuchtet, um so im Vergleich zu § 738 Abs. 1 Satz 1 BGB Gemeinsamkeiten und Unterschiede erkennen zu können.

a) §§ 1490, 1491 Abs. 4 BGB

§ 1490 BGB betrifft den Fall, dass bei einer fortgesetzten Gütergemeinschaft ein anteilsberechtigter Abkömmling verstirbt ohne seinerseits Abkömmlinge zu haben, die berechtigt sind an der fortgesetzten Gütergemeinschaft teilzuhaben. Für einen solchen Fall bestimmt § 1490 BGB, dass dieser Anteil des verstorbenen anteilsberechtigten Abkömmlings nicht in seinen Nachlass fällt. Vielmehr erfolgt eine Anwachsung bei den übrigen anteilsberechtigten Abkömmlingen. Diese Anwachsung erfolgt unter dem Rechtsgedanken des § 1503 BGB nach dem Verhältnis ihrer gesetzlichen Erbteile am Nachlass des verstorbenen Ehegatten.[36] Existieren solche Abkömmlinge nicht, erfolgt eine Anwachsung bei dem überlebenden Ehegatten. Letzterer Fall bedeutet dabei gleichzeitig das Ende der fortgesetzten Gütergemeinschaft, da die Gütergemeinschaft nicht alleine aus dem überlebenden Ehegatten bestehen kann.[37] Durch die Regelung des § 1490 BGB wird der Anteil des verstor-

36 *Thiele* in Staudinger BGB, § 1490 Rn. 11; *Mayer* in Beck'scher OK-BGB, Stand 01.08.2012,§ 1490 Rn. 3; *Hausch* in juris-PK-BGB, Stand 01.10.2012, § 1490 Rn. 13.

37 *Kanzleiter* in Münchener Kommentar BGB, § 1490 Rn. 3.

ben Abkömmlings demnach unvererblich gestellt.[38] Eine fortgesetzte Gütergemeinschaft liegt dabei vor, wenn nach dem Tod eines Ehegatten der überlebende Ehegatte die Gütergemeinschaft mit gemeinschaftlichen Abkömmlingen fortsetzt.[39] Offensichtlicher Gedanke hinter dieser Regelung ist der Erhalt des Familienvermögens in den Händen der Mitglieder der Familie.[40] Gleichzeitig sollen vermögensbelastende Pflichtteilsansprüche Dritter vermieden werden, da der Anteil des verstorbenen Abkömmlings nicht in dessen Nachlass fällt.[41]

Durch § 1491 Abs. 4 BGB wird der Verzicht eines anteilsberechtigten Abkömmlings einem solchen Fall gleichgestellt, dass dieser Abkömmling ohne Hinterlassung von eigenen Abkömmlingen verstorben wäre, die seine Stellung hätten einnehmen können.[42] Durch den Verzicht erfolgt demnach eine Anwachsung bei den übrigen anteilsberechtigten Abkömmlingen. Mangelt es an solchen Abkömmlingen, erfolgt die Anwachsung zugunsten des übrigen überlebenden Ehegatten.[43] Durch die Regelung des § 1491 Abs. 4 BGB wird damit der Verzicht eines Abkömmlings dessen Tod gleichgestellt, soweit es um die Vermögensverteilung innerhalb der fortgesetzten Gütergemeinschaft geht.[44]

---

38 *Brudermüller* in Palandt BGB, § 1490 Rn. 1.

39 Die Abkömmlinge des verstorbenen Ehegattens treten also an dessen Stelle in die Gütergemeinschaft ein, sie wird mit ihnen fortgesetzt, vgl. *Mai*, BWNotZ 2003, 55.

40 *Mayer* in Beck'scher OK-BGB, Stand 01.08.2012, § 1490 Rn. 1.

41 Kammergericht, KGJ 44, 108; *Kanzleiter* in Münchener Kommentar BGB, § 1490 Rn. 2; *Brudermüller* in Palandt BGB, § 1490 Rn. 1.

42 Der Verzicht wird dabei auch als „Vorsterbensfiktion" bezeichnet, vgl. *Völker* in Nomos-Kommentar BGB, § 1491 Rn. 8.

43 *Kanzleiter* in Münchener Kommentar BGB, § 1491 Rn. 5.

44 *Hausch* in juris-PK-BGB, Stand 01.10.2012, § 1491 Rn. 14; *Kanzleiter* in Münchener Kommentar BGB, § 1491 Rn. 5; *Völker* in Nomos-Kommentar BGB, § 1491 Rn. 8; *Mayer* in Beck'scher OK-BGB, Stand 01.08.2012, § 1491 Rn. 4.

b) § 1935 BGB

Die Regelung von § 1935 beschäftigt sich mit einer Umverteilung von Erbteilen innerhalb einer Erbengemeinschaft für den Fall, dass ein Mitglied dieser Gemeinschaft wegfällt. Im Falle eines Wegfalls eines gesetzlichen Erben tritt nach § 1935 BGB eine gleichzeitigte Erhöhung des Erbteils der übrigen gesetzlichen Erben ein. Zwar spricht die Norm nicht explizit von einer Anwachsung, doch ist es allgemein anerkannt, dass der Begriff der „Erhöhung" mit dem Rechtsgedanken der Anwachsung korrespondiert.[45] Bezugspunkt dieser Erhöhung des Erbteils sind demnach die übrigen (gesetzlichen) Erben, diese dabei in ihrer Eigenschaft als Mitglieder der Erbengemeinschaft nach § 2032 BGB. Da der Erbengemeinschaft als Gemeinschaft zur gesamten Hand – nach weit überwiegender Meinung auch nach Anerkennung der Rechtsfähigkeit der (Außen-)GbR – nicht eine solche Fähigkeit Trägerin von Rechten und Pflichten zu sein zukommt[46], wirkt sich dies auf die Reichweite der Anwachsung aus. Sind alleine die (Mit-)Erben zur gesamten Hand Rechtsträger des Nachlasses[47], hat dies zur Folge, dass den Erben eine dingliche oder „sachenrechtliche" Beteiligung an den Nachlassgegenständen zukommt.[48] Folge dieser dinglichen Teilhabe der Miterben ist, dass eine Erhöhung des Erbteils in Folge eines Wegfalls eines gesetzlichen Erben zu einer Änderung der dinglichen

45 *Weidlich* in Palandt BGB, § 2094 Rn. 6; *Schlichting* in Münchener Kommentar BGB, § 2094 Rn. 1; *Hoeren* in Schulze BGB, § 1935 Rn. 2; *Staats*, ZEV 2002, 11; *Kiefner*, FS Sandrock, S. 478 will einen Unterschied zwischen Erhöhung und Anwachsung dahingehend festmachen, dass bei testamentarischer Erbeinsetzung eine Anwachsung, bei einem durch Gesetz Berufenen eine Erhöhung des Erbteils eintritt.

46 BGH, Urteil v. 11.09.2002 – XII ZR 187/00, NJW 2002, 3389; BGH, Beschluss v. 17.10.2006 – VIII ZB 94/05, NJW 2006, 1545; *Gergen* in Münchener Kommentar BGB, Vorb. § 2032 Rn. 5; *Edenhofer* in Palandt BGB, Vorb. § 2032 Rn. 1; *Hoeren* in Schulze BGB, Vorb. § 2032 Rn. 1; a.A.: *Eberl-Borges*, NJW 2006, 1313 [1314].

47 *Gergen* in Münchener Kommentar BGB, § 2032 Rn. 12.

48 *Gergen* in Münchener Kommentar BGB, § 2032 Rn. 11.

Beteiligung bei den übrigen Erben als Mitglieder der Erbengemeinschaft führt. Dass die Rechtsfigur der Anwachsung auch eine dingliche Wertveränderung zum Gegenstand haben kann, gilt es im Vergleich zu der zu untersuchenden Regelung des § 738 Abs. 1 Satz 1 BGB im Auge zu behalten.[49]

c) § 2094 BGB

Ebenso wie die Norm des § 1935 BGB beschäftigt sich § 2094 BGB mit der Rechtsfolge des Wegfalls eines Mitglieds einer Erbengemeinschaft. Nach § 2094 BGB führt der Wegfall eines Erben, der diese Stellung im Wege einer letztwilligen Verfügung durch den Erblasser erhalten hat[50], zu einer Anwachsung dieses Erbteils bei den übrigen Gesellschaftern nach dem Verhältnis ihrer Anteile. Hervorzuheben ist dabei insbesondere der letzte Halbsatz. Danach erfolgt eine Anwachsung bei den übrigen Erben *„nach dem Verhältnis ihrer Erbteile."* Die Normierung der Quote der Anwachsung ist dabei alleine der Regelung des § 2094 BGB sowie der nachfolgend dargestellten Regelung des § 2158 BGB vorbehalten. Eine vergleichbare Regelung für andere Komplexe der Anwachsung erfolgt durch den Gesetzgeber nicht. Diese gesetzliche Regelung des Verhältnisses der Anwachsung einerseits und dem sonstigen Schweigen des Gesetzgebers in Bezug zu dieser Rechtsfolge gilt es zu einem späteren Zeitpunkt eingehender zu untersuchen.[51]

Weitere Besonderheit innerhalb des Regelungskomplexes des § 2094 BGB ist die Möglichkeit des Erblassers die Anwachsung auszuschließen, vgl. § 2094 Abs. 3 BGB. Diesbezüglich steht es im

49 Vgl. Ausführungen zum Gegenstand der Anwachsung S.77ff.

50 Insofern unterscheidet sich die Regelung des § 2094 BGB von § 1935 BGB, als bei § 1935 BGB der gesetzliche Erbe Gegenstand der Regelung ist.

51 Vergleiche Ausführungen zur Begründung eines dispositiven Charakters der Anwachsung auf S. 111ff.

Ermessen des Erblassers die Anwachsung nach § 2094 Abs. 1 BGB in toto oder lediglich hinsichtlich einzelner Erben abzubedingen.[52] Rechtsfolge eines solchen Ausschlusses ist, dass die ausgeschlossenen Erben nicht an einer Anwachsung teilhaben.[53] Dies führt demnach zu einer relativen Minderung ihres Erbteils, da sie im Vergleich zu anderen Erben keine Steigerung ihrer Erbquote in Folge einer Anwachsung erreichen können. Betrachtet man § 2094 Abs. 3 BGB unter dem Blickwinkel einer Disposivität der Anwachsung, so wird das durch den Gesetzgeber grundsätzlich vorgegebene Institut der Anwachsung als disponibel eingestuft. Durch diese Disposivität soll dem Willen des Erblassers Priorität vor einer zwingend gleichen Teilhabe an der Anwachsung eigeräumt werden. Dem Willen des Erblassers kommt im Vergleich zu der Aussicht auf Vermögenssteigerung einzelner Miterben ein stärkeres Gewicht zu. Daraus folgt auch, dass eine gleichmäßige Anwachsung nach § 2094 Abs. 1 BGB lediglich eine Vermutung des Erblasserwillens beinhaltet.[54] Diese gesetzliche Vermutung hat hinter dem tatsächlichen Willen des Erblassers zurückzutreten.

Wie auch im Rahmen einer Anwachsung nach § 1935 sind im Rahmen von § 2094 die gewillkürten Miterben Regelungssubjekte. Dies führt dazu, dass auch im Rahmen dieser Norm der Anwachsung eine dingliche Komponente zukommt. [55] Aus der Zusammenschau von § 2094 Abs. 3 BGB mit dieser dinglichen Beteiligung der Miterben am Nachlass dürfte folgen, dass jedenfalls im Rahmen einer Erbengemeinschaft eine dingliche Beteiligung der Miterben

---

52 *Edenhofer* in Palandt BGB, § 2094 Rn. 3; *Litzenburger* in Beck'scher OK-BGB, Stand 01.11.2012, § 2094 Rn. 1; *Schlichting* in Münchener Kommentar BGB, § 2094 Rn. 4; *Keller*, ZEV 2002, 439 [440].

53 *Loritz* in Soergel BGB, § 2094 Rn. 13; *Edenhofer* in Palandt BGB, § 2094 Rn. 3.

54 *Edenhofer* in Palandt BGB, § 2094 Rn. 3.

55 Vgl. Ausführung zu § 1935 auf S. 25.

nicht gegen eine Dispositivität der Anwachsung ins Feld geführt werden kann.[56]

d) § 2158 BGB

Eine im Vergleich zu § 2094 BGB zu weiten Teilen identische Regelung beinhaltet die Norm des § 2158 BGB. Der Unterschied zwischen diesen beiden Normen besteht darin, dass letztere Norm den Wegfall eines Vermächtnisnehmers[57] betrifft, wohingegen § 2094 BGB das Verhältnis gewillkürter Erben untereinander regelt. So ordnet § 2158 BGB an, dass bei Wegfall eines Vermächtnisnehmers dessen Anteil am Vermächtnisanspruch den übrigen Bedachten nach dem Verhältnis ihrer Anteile anwächst. Ferner gestattet es § 2158 Abs. 2 BGB, dass der Erblasser im Rahmen der ihm zustehenden Testierfreiheit die Möglichkeit der Anwachsung ausschließt.[58] Im Unterschied zu den Regelungen der §§ 1935, 2094 BGB, denen wie gezeigt eine dingliche Seite innewohnt, erschöpft sich die Regelung des § 2158 BGB nicht auf einer sachenrechtlichen Ebene. Sind die Vermächtnisnehmer auf einen schuldrechtlichen Anspruch nach § 2174 BGB gegenüber den Erben beschränkt[59], kommt ei-

---

56 Zum Verhältnis von der Möglichkeit der Einflussnahme auf die Anwachsung und Grundsätzen des Sachenrechts vgl. S. 93f.

57 *Burandt* in Burandt/Rojahn Erbrecht, § 2158 Rn. 3f.

58 Die Reichweite des Ausschlusses ist parallel zu § 2094 Abs. 3 BGB, sodass der Erblasser lediglich einzelne Vermächtnisnehmer oder aber die Anwachsung gänzlich ausschließen kann, vgl. *Müller-Christmann* in Beck'scher OK-BGB, Stand 01.11.2012, § 2174 Rn. 4; Reymann in juris-PK-BGB, Stand 08.11.2012, § 2174 Rn. 5.

59 *Edenhofer* in Palandt BGB, § 2174 Rn. 1; *Hoeren* in Schulze, BGB, § 2714 Rn. 1; *Reymann* in juris-PK-BGB, Stand 08.11.2012, § 2174 Rn. 1; *Müller-Christmann* in Beck'scher OK-BGB, Stand 01.11.2012, § 2174 Rn. 2; *Linnartz* in Damrau Erbrecht, § 2174 Rn. 1, 24; *Schlichting* in Münchener Kommentar BGB, § 2174 Rn. 1; *Bengel/Reinmann* in Beck'sches Notar – Handbuch, C. Rn. 69.

ner Änderung hinsichtlich der Inhaberschaft an dieser Forderung im Zuge der Anwachsung eine dingliche Seite zu. Im Hinblick auf die Beteiligung am Nachlass liegt darüber hinaus aber auch eine schuldrechtliche Seite, die der Erblasser durch eine Ausgestaltung der Anwachsung nach § 2158 BGB ausgestalten kann.

Bedeutender Unterschied zwischen den Regelungen der §§ 2094, 2158 BGB ist die Gruppe der Rechtssubjekte, zwischen denen eine Anwachsung erfolgt. Abweichend von § 2094 BGB regelt § 2158 BGB nämlich die Möglichkeit der Anwachsung nicht innerhalb einer Gesamthand. Vielmehr bilden mehrere Vermächtnisnehmer im Hinblick auf einen vermachten Gegenstand gerade keine Gesamthandsgemeinschaft, sondern eine Bruchteilsgemeinschaft im Sinne der §§ 741ff.[60] Der Gesetzgeber gestattet es demnach durch die §§ 2094 Abs. 3, 2158 Abs. 2 BGB Einfluss auf eine grundsätzlich vorgesehene Anwachsung zu nehmen, wobei der Anwachsung dabei einerseits ein dinglicher Charakter, andererseits ein schuldrechtlicher Charakter innewohnt.

C. Stellungnahme

Betrachtet man die zuvor genannten Fallgruppen der Anwachsung[61], so wird deutlich, dass die Rechtsfigur der Anwachsung ein „Spezifikum der Gesamthand“ darstellt.[62] Die weit überwiegenden geregelten Fallgruppen der Anwachsung betreffen die Konstellati-

60 *Kiefner*, FS Sandrock S. 479; *Muscheler*, NJW 2012, 1399 [1400]; *Schmidt* in Münchener Kommentar BGB, § 741 Rn. 30; *Reymann* in juris-PK-BGB, Stand 01.10.2012, § 2157 Rn. 7.

61 Insoweit wird die Erhöhung nach § 1935 BGB einer Anwachsung gleichgestellt.

62 *Schmidt*, FS Huber, 970. Allerdings beschränkt sich das Rechtsinstitut der Anwachsung nicht ausschließlich auf Gesamthandsgemeinschaften, sondern eine Anwachsung als Rechtsfolgenanordnung ist auch im Rahmen der Bruchteilsgemeinschaft der Vermächtnisnehmer angeordnet, vgl. § 2158 BGB. *Kiefner*, FS Sandrock, S. 479f. spricht davon, dass *„die*

on eines Ausscheidens aus einer Gesamthandsgesellschaft und der daraus resultierenden Rechtsfolge der Anteilsveränderung unter den verbliebenen Gesamthändern. Das Prinzip der Anwachsung als Verteilung der Anteile an der Gesamthandsgesellschaft stellt somit eine Rechtsfolgenanordnung – anknüpfend an ein Ausscheiden eines Gesamthänders als die Anwachsung auslösendes Moment – dar.[63] Die Rechtsfolge der Anwachsung, nämlich eine Veränderung der Anteilsinhaberschaft, erfolgt auf Ebene der Gesamthänder. Betroffen sind schon nach dem Wortlaut der dargestellten Fallgruppen ausschließlich die Anteile der Gesamthänder an dem Gesamthandsvermögen.[64]

Charakteristisch für die Anwachsung in den zuvor beschriebenen Gruppen ist die Entfaltung der Wirkung der Anwachsung ipso iure. Es bedarf weder weiterer Rechtsakte, noch kommt es auf einen Willen der Betroffenen an. Die Wirkung tritt also unmittelbar mit dem die Anwachsung auslösenden Ereignis ein, d.h. im Rahmen des § 2094 Abs.1 BGB mit dem Tod des Miterben.[65]

Bemerkenswert ist, dass den Fallgruppen der Anwachsung neben § 738 Abs. 1 Satz 1 BGB teilweise dingliche, teilweise schuldrechtliche Wirkung zukommt. Durch eine Anwachsung unter Miterben nach §§ 1935, 2094 BGB erfolgt eine Änderung der dinglichen Rechtslage in Folge des Wegfalls eines (Mit-)Erben. Hingegen weist § 2158 BGB auch eine Änderung von schuldrechtlichen Komponenten auf[66], da die Gruppe der Vermächtnisnehmer auf einen schuldrechtlichen Anspruch gegenüber den Erben beschränkt ist.

Gesamthand aus heutiger Sicht nicht ohne Anwachsung auskommen mag, wohl aber die Anwachsung ohne Gesamthand."

63 *Dobler*, Das Anwachsungsprinzip im Zivil- und Einkommensteuerrecht, S. 38.

64 Die vorstehenden Ausführungen gelten entsprechend für Anteile der Vermächtnisnehmer nach § 2158 BGB.

65 Es wird angenommen, dass bei Wegfall eines Miterben ein Rückbezug auf den Zeitpunkt des Erbfalls eintritt, vgl. *Kiefner*, FS Sandrock, S. 487.

66 Soweit also auf eine Beteiligung am Nachlass abgestellt wird.

Zusätzlich ist die durch den Gesetzgeber eingeräumte Möglichkeit der Disposition der Anwachsung durch die §§ 2094 Abs. 3, 2158 Abs. 2 BGB hervorzuheben. Danach ist dem Willen des Erblassers ein Vorrang einzuräumen, soweit eine Teilhabe an der Anwachsung geregelt werden soll. Es kann innerhalb dieser Regelungen die Systematik der Anwachsung ausgeschlossen werden oder die Wirkungen der Anwachsung können auf bestimmte Mitglieder der Gruppe beschränkt werden. Diese Bedeutung eines voluntativen Elements ist zu einem späteren Zeitpunkt bei der Frage nach einer möglichen Einflussnahme auf die Anwachsungsteilhabe nach § 738 Abs. 1 Satz 1 BGB aufzugreifen. Einer verhältnismäßigen Teilhabe an der Anwachsung gemäß §§ 2094 Abs. 1, 2158 Abs. 1 BGB kommt somit lediglich eine Rolle als Vermutung des die Anwachsung „bestimmenden" Erblassers zu. Raum für eine solche Vermutung ist nur dann, wenn ein vorrangiger Wille nicht feststellbar ist.

2. Anwendungsbereich der Anwachsung nach § 738 Abs. 1 Satz 1 BGB

Nachdem zuvor die systematische Stellung der Anwachsung nach § 738 Abs. 1 Satz 1 BGB innerhalb des Zivilrechts verdeutlicht wurde, wird in den folgenden Ausführungen auf den tatbestandlichen Anwendungsbereich der Anwachsungsregelung eingegangen. Dies ist gleichbedeutend mit einer Darstellung der einzelnen Tatbestandsmerkmale von § 738 Abs. 1 Satz 1 BGB. Im Rahmen der folgenden Darstellung erfolgt zum Zwecke des besseren Verständnisses und der überragenden praktischen Relevanz dieser Gesellschaftstypen eine Beschränkung auf die Gesellschaftsformen der GbR, der OHG sowie die der KG.

A. Erforderliche Fortsetzung der Gesellschaft

Neben der denknotwendigen Voraussetzung, dass eine existierende Gesellschaft mit mehreren Gesellschaftern vorliegt, bedarf es weiterer Voraussetzungen, um die Rechtsfolge einer Anwachsung nach § 738 Abs. 1 Satz 1 BGB auszulösen. Neben dem in dieser Norm ausdrücklich genannten Merkmal des Ausscheidens, bedarf es zuvorderst einer Fortsetzung der Gesellschaft.[67] Nur in dem Fall, dass nach dem Ausscheiden eines Gesellschafters weiterhin mehrere Gesellschafter die Gesellschaft fortführen, können diese in ihrer Eigenschaft als Gesellschafter an der Anwachsung partizipieren.[68]

Geht man von der Gesellschaft bürgerlichen Rechts als Grundtyp einer Personengesellschaft aus[69], so könnte unter Beachtung des Wortlauts von § 738 Abs. 1 Satz 1 BGB angenommen werden, dass ein Ausscheiden eines Gesellschafters keinerlei Folgen für die Existenz der Gesellschaft hat. Dort wird von einem Ausscheiden eines Gesellschafters gesprochen und sodann – ohne weitere Erläuterung – die Rechtsfolge der Anwachsung bei den Gesellschaftern statuiert. Eine Stellung als Gesellschafter kann aber nur derjenige innehaben, der an einer Gesellschaft beteiligt ist. Dies wiederum erfordert das Vorliegen einer Gesellschaft. Dabei ist wiederum zu beachten, dass ein Ausscheiden eines Gesellschafters einer Gesellschaft bürgerlichen Rechts unabhängig davon, ob ein solches Ausscheiden auch unter § 738 Abs. 1 Satz 1 BGB gefasst werden kann,

---

67 *Klein/Lindemeier* in Münchener Handbuch des Gesellschaftsrechts, Band 1, § 11 Rn. 12; *Schiefer*, DStR 1996, 788.

68 Zudem wird nur bei Fortbestehen der Gesellschaft eine vertragliche Gestaltung der Anwachsung wirtschaftlich sinnvoll sein. Regelmäßig wird eine vertragliche Gestaltung der Anwachsung zum Schutz der Interessen der Gesellschafter erfolgen. Diese Interessen sind oftmals im Kontext mit einer Fortführung der Gesellschaft zu sehen.

69 *Servatius* in Henssler/Strohn, Gesellschaftsrecht, § 705 Rn. 1; *Saenger* in Schulze, BGB, § 705 Rn. 1; *Pyszka/Brauer* in Kessler/Kröner/Köhler, Konzernsteuerrecht, § 3 Rn. 517; *Hopt* in Baumbach/Hopt, HGB, Einl. vor § 105 Rn. 14; *Froning* in Sudhoff, Unternehmensnachfolge, § 38 Rn. 11; *Scholz*, NZG 2002, 153 [154].

grundsätzlich zur Auflösung der Gesellschaft führt.[70] Insoweit wird durch die Regelungen der §§ 705ff. BGB vermutet, dass sich die Gesellschaft als höchstpersönlicher Zusammenschluss der Gesellschafter gerade in dieser Zusammensetzung darstellt.[71] Demnach ist die Mitgliedschaft jedes einzelnen Gesellschafters essentiell für die (Fort-)Existenz der Gesellschaft.[72] Gleichzeitig kann schon aus dem Wortlaut von § 727 Abs. 1 BGB entnommen werden, dass diese Grundregel nur dann Wirkung entfaltet, wenn die Gesellschafter keine von der gesetzlichen Grundregel abweichende Vereinbarung im Gesellschaftsvertrag aufgenommen haben.[73] Wünschen die Gesellschafter eine Fortexistenz der Gesellschaft auch im Falle eines Ausscheidens eines Gesellschafters, bedarf es der Aufnahme einer sogenannten Fortsetzungsklausel im Gesellschaftsvertrag.[74] Eine solche Klausel bestimmt, dass im Falle des Ausscheidens eines Gesellschafters die Gesellschaft mit den übrigen Gesellschaftern fortgesetzt wird, sodass es nicht zur Auflösung der Gesellschaft kommt. [75] Gleichzeitig wird durch eine Klausel dieser Art klargestellt, dass die Stellung des ausscheidenden Gesellschafters nicht von einem

70 Beispielhaft zu nennen sind §§ 723 Abs. 1, 725 Abs. 1, 727 BGB, wonach ein „Ausscheiden" eines GbR – Gesellschafters grundsätzlich zur Auflösung der Gesellschaft führt.

71 *Ulmer/Schäfer* in Münchener Kommentar BGB, § 727 Rn. 1; *Schöne* in Beck'scher OK-BGB, Stand 01.11.2012, § 727 Rn. 1; *Kilian* in Henssler/Strohn, Gesellschaftsrecht, § 727 Rn. 1.

72 *Piehler/Schulte* in: Münchener Handbuch des Gesellschaftsrechts, Band 1, § 10 Rn. 35; *Ulmer/Schäfer* in Münchener Kommentar BGB, § 736 Rn. 1; *Schöne* in Beck'scher OK-BGB, Stand 01.11.2012, § 736 Rn. 1.

73 Vgl. Wortlaut von § 727 Abs. 1 BGB: Die Gesellschaft wird durch den Tod eines der Gesellschafter aufgelöst, sofern nicht aus dem Gesellschaftsvertrag sich ein anderes ergibt.

74 *Kilian* in Henssler/Strohn, Gesellschaftsrecht, § 727 Rn. 10, *Schilling*, BWNotZ 1995, 4 [5].

75 Formulierungsvorschläge zu finden bei: *Hund v. Hagen*, Formularbuch Recht und Steuern, A.5.20 Rn. 1–4; *Nieder/Otto* in Münchener Vertragshandbuch, § 10 Ziffer 3; *Giehl* in Beck'sche Online-Formulare, 7.4.1.2.

Dritten übernommen wird.[76] Vielmehr soll nach dem Grundbild von § 738 BGB bei dem Vorliegen weiterer Tatbestandsmerkmale eine Anwachsung bei den übrigen Gesellschaftern erfolgen.

Gerade konträr stellt sich das Regel-Ausnahme-Verhältnis im Hinblick auf Personenhandelsgesellschaften dar. Für die OHG nennt § 131 Abs. 3 HGB Fallgruppen, die zwar zu einem Ausscheiden des betroffenen Gesellschafters führen, dabei aber zumindest nicht eo ipso die Auflösung der Gesellschaft zur Folge haben.[77] Eine insoweit zumindest in Teilen identische Regelung enthält § 177 HGB, der für den Fall des Todes eines Kommanditisten eine Fortsetzung der Gesellschaft vorsieht. Sowohl § 131 Abs. 3 HGB als auch § 177 HGB stehen dabei zur Disposition der Gesellschafter.[78] Diese können vereinbaren, dass auch die dort genannten Fallgruppen nicht nur zu einem Ausscheiden eines Gesellschafters, sondern darüber hinaus zur Auflösung der Gesellschaft führen können.[79] Letztlich stellen sich die Regelungen der §§ 131 Abs. 3, 177 HGB als eine gesetzgeberische Wertung dar. Diese basiert auf dem Gedanken, dass Personenhandelsgesellschaften zwar auch einen höchstpersönlichen Zusammenschluss einzelner Personen zur gesamten Hand darstellen, aber durch ihre Teilhabe am wirtschaftlichen Verkehr von einem gesteigerten Interesse an einer Fortsetzung der

76 Der Fortsetzungsklausel kommt somit auch die Funktion einer Ausschlusswirkung zu, vgl. *Levedag* in Münchener Handbuch des Gesellschaftsrechts, Band 2, § 59 Rn. 68; *Mutter* in Gummert Personengesellschaftsrecht, § 6 Rn. 498.

77 Erst mit Fassung des HGB durch das HRefG v. 22.06.1998, BGBl. I S. 1474, stellt sich das Verhältnis dergestalt dar. Zuvor führten auch die in § 131 Abs. 3 HGB genannten Gründe grundsätzlich zur Auflösung der Gesellschaft.

78 *Schmidt* in Münchener Kommentar HGB, § 131 Rn. 57; Hopt in Baumbach/Hopt, HGB, § 131 Rn. 83.

79 Dies folgt schon aus dem Wortlaut von § 131 Abs. 3 HGB „*mangels abweichender vertraglicher Bestimmung*“, vgl. *Schmidt* in Münchener Kommentar HGB, § 131 Rn. 57.

Gesellschaft – auch im Falle des Ausscheidens eines Gesellschafters – auszugehen ist.[80]

Es ist festzuhalten, dass es nur dann zu einer Anwachsung im Sinne von § 738 Abs. 1 Satz 1 BGB bei den verbliebenen Gesellschaftern kommen kann, wenn die Fortsetzung der Gesellschaft vereinbart ist. Die Regelung des § 738 Abs. 1 Satz 1 BGB ist gedanklich dahingehend zu ergänzen, dass bei einem Ausscheiden eines Gesellschafters aus der Gesellschaft – bei gleichzeitiger Fortsetzung der Gesellschaft – sein Anteil am Gesellschaftsvermögen den übrigen Gesellschaftern anwächst.

B. Anwachsung als Folge des Ausscheidens aus der Gesellschaft

Bereits der Wortlaut von § 738 Abs. 1 Satz 1 BGB verdeutlicht, dass es eines Ausscheidens eines Gesellschafters bedarf, um die Rechtsfolge der Anwachsung bei den übrigen Gesellschaftern auszulösen. Allerdings führt nicht jedes Ausscheiden im Sinne einer Verringerung des Mitgliederbestandes zu der Rechtsfolge des § 738 Abs. 1 Satz 1 BGB. Es bedarf insoweit einer Präzisierung dieser Begrifflichkeit.

Alleine aus dem Wortlaut der Norm kann kein Rückschluss auf den für § 738 Abs. 1 Satz 1 BGB maßgeblichen Begriff des Ausscheidens erfolgen. Dort wird pauschal von einem „Ausscheiden eines Gesellschafters“ gesprochen, ohne inhaltliche Vorgaben zu dem Ausscheiden zu machen. Im Folgenden soll daher auf die im Gesetz genannten Konstellationen des Ausscheidens aus einer Gesellschaft eingegangen werden und dabei untersucht werden, ob die Rechtsfolge der Anwachsung an ein solches Ausscheiden anschließt. Dabei erfolgt eine Gewichtung dieser Konstellationen nach ihrem Auftreten in der Praxis. Aus der Darstellung der ver-

80 RegE, BT-DruckS. 13/8444, S. 41; *Kamanabrou* in Oetker, HGB, § 131 Rn. 2.

schiedenen Varianten eines Ausscheidens resultiert gleichsam eine Exploration des Tatbestands von § 738 Abs. 1 Satz 1 BGB.

a) Ausscheiden durch Anteilsübertragung

Ein Gesellschafter kann aus der Gesellschaft „ausscheiden", indem er seinen Anteil an der Gesellschaft an eine andere natürliche oder juristische Person überträgt.[81] Eine solche Übertragung von Anteilen an Personengesellschaften war dem historischen Gesetzgeber noch fremd.[82] Die Möglichkeit der Übertragung bedurfte einer rechtshistorischen Entwicklung und wurde erst mehr als 40 Jahre nach in Kraft treten des BGB im Wege der Rechtsfortbildung durch die Gerichte anerkannt.[83] So umstritten diese Möglichkeit noch in den siebziger Jahren des 20. Jahrhunderts gewesen sein mag, so ist es heute als feststehend anzusehen, dass eine Übertragung der Mitgliedschaft eines Gesellschaftsanteils gemäß den §§ 413, 398 BGB erfolgen kann.[84]

Ungeachtet des Umstandes, dass durch eine Übertragung des Anteils unstreitig die Stellung des übertragenden Gesellschafters als Gesellschafter beendet ist, wird eine solche Anteilsübertragung nicht als Fall des Ausscheidens im Sinne des

---

81 Grundlegend zu dieser Thematik: *Schmidt* in Münchener Kommentar HGB § 105 Rn. 210ff.; DNotI-Report 2006, 119.

82 Daher noch ablehnend zur Übertragbarkeit der Mitgliedschaft: *Sann* in Busch/Erler BGB, § 717 Rn. 1, § 719 Rn. 1.

83 Reichsgericht, Urteil v. 30.09.1944, WM 1964, 1130; BGH, Urteil v. 29.06.1981 – II ZR 142/80, NJW 1981, 2747; ausführlich zur Übertragung von Anteilen an Personengesellschaften *Reiff/Nannt*, DStR 2009, 2376.

84 BGH, Urteil v. 29.06.1981, II ZR 142/80, NJW 1981; *Ulmer/Schäfer*, in Münchener Kommentar BGB, § 719 Rn. 21f.; *Piehler/Schulte* in Münchener Handbuch des Gesellschaftsrechts, Band 1, § 73 Rn. 1; *Schmidt* in Münchener Kommentar HGB § 105 Rn. 210ff.; Schmidt Gesellschaftsrecht, § 45 III; Wiedemann, Gesellschaftsrecht, S. 160ff.; *Reiff/Nannt*, DStR 2009, 2376; Michalski, NZG 1998, 95.

§ 738 Abs. 1 Satz 1 BGB angesehen. [85] Charakteristisch für ein Ausscheiden und eine daran anschließende Anwachsung sind der Wegfall der Mitgliedschaft des Ausscheidenden bei gleichzeitiger Surrogation dieser Mitgliedschaft in vermögensmäßiger Weise durch einen Abfindungsanspruch nach § 738 Abs. 1 Satz 2 BGB.[86] Entscheidend und erforderlich ist das Zusammenspiel dieser beiden Komponenten. Während bei einer Abtretung zwar die Mitgliedschaft des Zedenten entfällt, fehlt es an dem zweiten Merkmal der vermögensmäßigen Surrogation der Mitgliedschaft durch Abfindung.[87] Die Mitgliedschaft des Zedenten wandelt sich gerade nicht in einen Abfindungsanspruch des Ausscheidenden, sondern geht auf den Zessionar über. Als Ersatz für seinen Anteil erhält der Zedent keinen Anspruch nach § 738 Abs. 1 Satz 2 BGB, sondern einen Kaufpreis von dem Erwerber des Anteils.[88] Nicht überzeugen vermag dabei das Argument, dass ein Ausscheiden durch Anteilsübertragung nicht unter § 738 Abs. 1 Satz 1 BGB zu subsumieren

85 BGH, Urteil v. 20.10.1980 – II ZR 257/79, NJW 1981 1095 [1096]; OLG Hamm, Rpfleger 985, 289 [290]; *Wertenbruch* in E/B/J HGB, § 105 Rn. 165; *Schmidt* Gesellschaftsrecht § 45 III; derselbe in Münchner Kommentar HGB, § 131 Rn. 98; *Schöne* in Beck'scher OK-BGB, Stand 01.11.2012, § 738 Rn. 2; *Hadding* in Soergel BGB, § 738 Rn. 2; *Habermeier* in Staudinger BGB, § 738 Rn. 5; *Berger* in Jauernig BGB, Anmerkung §§ 738–740 Rn. 5; *Piehler/Schulte* in Münchener Handbuch des Gesellschaftsrechts, Band 1, § 10 Rn. 37.

86 *Oppenheim*, Abfindungsklauseln in Personengesellschaftsverträgen, S. 18; OLG Köln, NZG 2001, 467 [468]. Dies bedeutet aber nicht, dass für den Fall, dass ein Abfindungsanspruch vertraglich ausgeschlossen ist, keine Anwachsung stattfinden kann. Begründen kann man diesen Ansatz damit, dass die Beschränkung des Anspruchs nach § 738 Abs. 1 Satz 2 BGB letztlich einen Verzicht des ausscheidenden Gesellschafters darstellt, der eine Anwachsung zwischen den übrigen Gesellschaftern unberührt lässt. So fingiert § 7 Abs. 7 ErbStG bei einer Begrenzung des Abfindungsanspruchs eine Schenkung durch den ausscheidenden Gesellschafter.

87 *Habermeier* in Staudinger § 719 Rn. 6.

88 *Schmidt*, FS Huber, S. 988.

sei, da eine Anwachsung nur solche Fälle eines Ausscheidens erfasse, bei denen es zu einer Verringerung der Gesamthandsberechtigten komme.[89] Führt man eine solche Argumentation streng fort, so müsste eine Anteilsübertragung an Mitgesellschafter als Unterfall einer Anwachsung angesehen werden. In solchen Fällen kommt es nämlich zu einer Verringerung des Gesellschafterbestandes. Dennoch ist anerkannt, dass eine Anteilsübertragung, erfolgt sie auch gegenüber Mitgesellschaftern, nicht zur Anwachsung nach § 738 Abs. 1 Satz 1 BGB führt.[90] Denn dem Wegfall der Gesellschafterstellung des Zedenten stehen die bereits existenten Gesellschafter als Zessionare gegenüber, womit sich die Zahl der Gesellschafter lediglich um den Zedenten verringert. Ein solches Ergebnis vermag aber nicht zu überzeugen. Im Falle der Anteilsübertragung erfolgt gerade eine Rechtsnachfolge in den fortdauernden Anteil, es handelt sich damit um einen Fall der Sonderrechtsnachfolge.[91] Dahingegen ist es den Fällen der Anwachsung und damit dem vorangehenden Ausscheiden gerade zu Eigen, dass die Mitgliedschaft des Ausscheidenden erlischt, damit gerade keine Nachfolge in diesem Anteil mehr möglich ist.[92] Folglich wird eine Übertragung der Anteile an Mitgesellschafter nicht unter den Anwendungsbereich der Anwachsung nach § 738 Abs. 1 Satz 1 BGB subsumiert, sondern dieses Verfügungsgeschäft unterliegt den allgemeinen Grundsätzen des Erwerbs von Rechten im Sinne des § 413 BGB.[93] Überzeugend ist daher auch die Rechtsprechung der Finanzgerichte, die im Rahmen der erbschaft- und schenkungsteuerlichen Beurteilung dieser Konstellation von einer Trennung zwischen einerseits einem Aus-

89 *Dobler*, Das Anwachsungsprinzip im Zivil – und Einkommenssteuerrecht, S. 92.

90 *Ulmer/Schäfer* in Münchener Kommentar BGB, § 718 Rn. 21.

91 *Schmidt* in Münchener Kommentar HGB, § 105 Rn. 222; *Wertenbruch* in E/B/J HGB, § 105 Rn. 163; *Röthel* in Henssler/Strohn, Gesellschaftsrecht, § 105 Rn. 111.

92 RGZ 65, 227, 238; DNotI-Report 2010, 23 [25f.].

93 *Schmidt*, FS Huber, S. 989; *Huber*, Vermögensanteil S. 380ff.

scheiden eines Gesellschafters und anschließender Anwachsung und andererseits einer Anteilsübertragung im Rahmen einer gesonderten Abrede ausgehen.[94] Denn während letztere Konstellation ausschließlich an § 7 Abs. 1 ErbStG, der sich mit Schenkungen unter Lebenden im Allgemeinen beschäftigt, zu messen ist, unterliegt ein Ausscheiden und eine anschließende Anwachsung den Sonderregelungen des § 7 Abs. 7 ErbStG.[95]

Die zuvor getätigten Ausführungen gelten auch dann, wenn ein Ausscheiden eines Gesellschafters den Eintritt einer aufschiebenden Bedingung darstellt und als Folge daraus eine Übertragung des Anteils des ausscheidenden Gesellschafters resultiert.[96] In diesem Kontext haben die Gesellschafter vertraglich eine Übertragung an einen einzelnen oder alle übrigen Gesellschafter für den Fall festgelegt, dass ein Gesellschafter aus der Gesellschaft ausscheidet. Das Ausscheiden eines Gesellschafters ist dann als Bedingungseintritt einzusehen, sodass mit dem Ausscheiden eine Übertragung des Anteils erfolgt. Die mit dem Bedingungseintritt erfolgende Übertragung stellt sich als rechtsgeschäftliche Übertragung dar, die gerade nicht dem Regelungsbereich der Anwachsung nach § 738 Abs. 1 Satz 1 BGB unterfällt.[97] Im Hinblick auf diese Rechtsfolge ist also nicht zu unterscheiden, ob die rechtsgeschäftliche Nachfolgeklausel auf einen Gesellschafter als Bedachten abstellt oder ob der Bedachte außerhalb des Gesellschafterkreises steht.[98]

---

94 Als entscheidend wird angesehen, dass der „Übergang" des Anteils nicht auf Gesetz/Gesellschaftsvertrag beruht, sondern auf einer davon zu trennenden gesonderten Abrede. Grundlegend dazu BFH, Beschluss v. 24.01.1990 – II B 132/89; BFH/NV 90, 675; ebenso *Gebel* in Tröll, ErbStG, § 7 Rn. 404; *Meincke*, ErbStG, § 7 Rn. 143.

95 Ausführlich zu den Unterschieden dieser beiden Regelungskomplexe unter Kapitel 3.

96 Letztlich ist eine solche Gestaltung als rechtsgeschäftliche Nachfolgeklausel zu verstehen, vgl. *Klöhn* in Henssler/Strohn, Gesellschaftsrecht, § 131 Rn. 83ff.

97 *Nieder/Otto* in Münchener Vertragshandbuch, § 10 Ziffer 3.

98 *Schmidt* in Münchener Kommentar HGB, § 131 Rn. 23ff.

b) Ausscheiden kraft Gesetzes

Kann ein Untergang der mitgliedschaftlichen Stellung auf einer Abrede zweier Parteien beruhen, finden sich bereits im Gesetz Fallgruppen, die ein Ausscheiden eines Gesellschafters zum Gegenstand haben. So regelt § 736 Abs. 1 BGB Konstellationen, die in einem Ausscheiden eines GbR-Gesellschafters enden können. Daneben statuiert § 727 BGB dass der Tod eines Gesellschafters zum Ausscheiden dieses Gesellschafters führt.[99] Insoweit einen vergleichbaren Regelungsgehalt weist § 177 HGB auf, der den Tod eines Kommanditisten zum Gegenstand hat. Maßgebliche Norm für die OHG ist dabei § 131 Abs. 3 HGB, der eine nicht abschließende Normierung von Konstellationen eines Ausscheidens eines Gesellschafters enthält. Da nicht alle genannten Fallgruppen zwingend zu einem die Anwachsung auslösendem Ausscheiden führen, ist im Folgenden auf ausgewählte Gruppierungen des Ausscheidens einzugehen.

(1) Ausscheiden durch Tod eines Gesellschafters

Wohl nirgends wird ein Ausscheiden eines Gesellschafters deutlicher als im Falle eines Todes. Daher findet die Fallgruppe des Versterbens eines Gesellschafters für alle hier zu behandelnden Gesellschaftstypen eine ausdrückliche Regelung im Gesetz.[100] So deutlich die Verbindung zwischen Versterben und Ausscheiden aus der Gesellschaft ist, folgt daraus keine zwingende Eröffnung des Tatbestands des § 738 Abs. 1 Satz 1 BGB. Ist vereinbart, dass im Falle des Todes eines Gesellschafters die Gesellschaft mit den

99 Dabei ist immer die Existenz einer Fortsetzungsklausel notwendig um eine Anwachsung bei den übrigen Gesellschaftern eintreten zu lassen, da es ansonsten zu einer Auflösung der GbR kommt.

100 Vgl. § 727 BGB; § 131 Abs. 1 Satz 1 Nr. 1 HGB; § 177 HGB.

Erben des Gesellschafters fortgesetzt wird[101], kann wiederum nicht die Rechtsfolge der Anwachsung nach § 738 Abs. 1 Satz 1 BGB eingreifen. Bei der Existenz einer solchen Klausel kommt es zu keinem Ausscheiden des verstorbenen Gesellschafters im Sinne von § 738 Abs. 1 Satz 1 BGB, sondern die Gesellschaft besteht ungeachtet des Todes nunmehr mit den Erben des Gesellschafters fort. Der Regelungsgehalt einer solchen Nachfolgeklausel liegt damit in Abgrenzung zu einer reinen Fortsetzungsklausel, die rechtstechnisch einen Ausschluss der Erben bewirkt[102], in der Einstufung der Beteiligung am Gesamthandsvermögen als vererbliche Rechtsposition.[103] Wie auch bei einer Übertragung der Mitgliedschaft durch Abtretung kommt es nicht zu einem Untergang der Mitgliedschaft, sondern die Mitgliedschaft geht ohne Erlöschen auf den Nachfolger über.[104] Unbeachtlich ist es, ob sich eine solche Klausel wie zuvor beschrieben als einfache Nachfolgeklausel darstellt oder ob die Klausel weitere Beschränkungen des Erblassers beinhaltet. So kann der Gesellschaftsvertrag auch bestimmen, dass die Beteiligung des Erblassers nur zugunsten ausgewählter Personen als vererblich anzusehen ist.[105] Im Hinblick auf die übrigen Erben wirkt eine solche Klausel dann als reine Fortsetzungsklausel mit Ausschlie-

---

101 Eine solche Klausel ist als einfache erbrechtliche Nachfolgeklausel zu verstehen, vgl. Übersicht bei *Reimann*, ZNotP 2006, 162; *Becker*, ZEV 2011, 157 [158]; *Klein/Lindemeier* in Münchener Handbuch des Gesellschaftsrechts, Band 2, § 41 Rn. 20f.; *Lorz* in E/B/J, HGB, § 139 Rn. 7ff.

102 Daher wird teilweise auch der Begriff einer Ausschlussklausel verwendet, vgl. *Schmidt* in Münchener Kommentar HGB, § 139 Rn. 7a.

103 BGH, Urteil v. 21.12.1970 – II ZR 258/67, BGHZ 55, 267, 269; *Crezelius*, Unternehmenserbrecht, Rn. 257ff; *Kössinger* in Nieder, Testamentsgestaltung, § 20 Rn. 20ff.; *Hopt* in Baumbach/Hopt, HGB § 139 Rn. 10; *Reimann*, ZNotP 2006, 161 [166f.]; *Becker*, ZEV 2011, 157 [158].

104 *Kössinger* in Nieder, Testamentsgestaltung, § 20 Rn. 20; *Söffing*, DStR 1991, 798 [799]; *Schäfer*; BB Special 2004, 14 [15f.].

105 Grundlegend: BGH, Urteil v. 04.05.1983 – IV a ZR 229/81, NJW 1983, 2376; *Kössinger* in Nieder, Testamentsgestaltung, § 20 Rn. 33; *Reimann*, ZNotP 2006, 162 [171]; *Becker* ZEV 2011, 157 [158].

ßungswirkung.[106] Der durch die sog. qualifizierte Nachfolgeklausel begünstigte Erbe tritt im Erbfall an die Stelle des Erblassers, was wiederum eine Sonderrechtsnachfolge in die Stellung des Erblassers bedeutet.[107]

Ein Ausscheiden, das die Rechtsfolge der Anwachsung auslöst, liegt im Fall des Ausscheidens durch den Tod eines Gesellschafters somit nur dann vor, wenn der Gesellschaftsvertrag (lediglich) eine einfache Fortsetzungsklausel beinhaltet. Nur in einem solchen Fall wird die Gesellschaft ausschließlich unter den verbliebenen Gesellschaftern fortgesetzt. Bei Existenz einer reinen Fortsetzungsklausel kommt es nicht zu einer Rechtsnachfolge in den Anteil des verstorbenen Gesellschafters, sondern der Anteil des Erblassers erlischt mit seinem Tode.[108] In einem zweiten Schritt erfolgt eine Neuverteilung der Gesellschaftsanteile im Wege der Anwachsung zwischen den übrigen Gesellschaftern. Dieses Eingreifen der Rechtsfolgenanordnung der Anwachsung bietet den Gesellschaftern dann gegebenenfalls den Raum, im Wege einer Absprache auf § 738 Abs. 1 Satz 1 BGB einzuwirken, um so nur einzelnen Mitgesellschaftern im Falle eines Todes eine Stärkung der Gesellschafterbeteiligung zukommen zu lassen.

(2) Ausscheiden durch Kündigung

Neben dem Tod als fremdbestimmten Grund eines Ausscheidens kann ein Gesellschafter seine Gesellschafterstellung aus freien Stücken beenden, indem er eine Kündigung ausspricht. Spricht man

106 *Reimann*, ZNotP 2006, 162 [171].

107 BFH, Urteil v. 27.07.1993 – VIII R 72/90, NJW 1994, 3311 [3312]; *Hadding* in Soergel BGB, § 727 Rn. 26; *Müller-Christmann* in Beck'scher OK-BGB, Stand 01.11.2012, § 1922 Rn. 71; *Froning* in Sudhoff, Unternehmensnachfolge, § 40 Rn. 39; *Schäfer*, BB 2004 Special, 14 [16].

108 RGZ 65, 227 [238]; OLG Stuttgart, NZG 2004, 766; *Schäfer* in Staub, HGB § 131 Rn. 115; *Kamanabrou* in Oetker, HGB, § 131 Rn. 39; *Schmidt* in Münchener Kommentar HGB, § 131 Rn. 98.

von einer Kündigung durch einen Gesellschafter, so bedarf es im Hinblick auf ein Ausscheiden nach § 738 Abs. 1 Satz 1 BGB einer näheren Erläuterung des Begriffs der Kündigung.

Im Rahmen von Kündigungen von Gesellschaftsverhältnissen wird zwischen Austritts- und Auflösungskündigungen unterschieden.[109] Diese Unterscheidung erfolgt aus dem Blickwinkel der Rechtsfolge, die an eine erfolgte Kündigung anschließt. Während im Rahmen einer Austrittkündigung die Kündigung der Rechtsstellung als Gesellschafter bezweckt ist[110], hat eine Auflösungskündigung ein Mehr, nämlich die Auflösung der Gesellschaft zum Gegenstand.[111] Stellt man diesen Begrifflichkeiten die Überlegungen gegenüber, die bereits im Rahmen der Notwendigkeit der Fortsetzung einer Gesellschaft für die Eröffnung des Anwendungsbereichs des § 738 Abs. 1 Satz 1 BGB getätigt wurden, so wird deutlich, dass lediglich eine Austrittskündigung zu einer anschließenden Anwachsung führen kann. Nur durch eine zum Austritt erfolgende Kündigung kommt es zum Ausscheiden des kündigenden Gesellschafters unter Fortsetzung der Gesellschaft, sodass eine Anwachsung bei den übrigen Gesellschaftern erfolgen kann. Soll hingegen die Kündigung zur Auflösung der Gesellschaft führen, fehlt es an der Fortsetzung der gesamthänderischen Verbundenheit der Gesellschafter als notwendiges (ungeschriebenes) Tatbestandsmerkmal von § 738 Abs. 1 Satz 1 BGB.

Bei der Bestimmung der Rechtsfolgen einer Kündigung ist wiederum eine Unterscheidung zwischen der Gesellschaft bürgerlichen Rechts einerseits und Personenhandelsgesellschaften auf

---

109 Zur Terminologie vgl. *Schmidt,* Gesellschaftsrecht, § 50 II 4a; *Schäfer* in Staub HGB, § 131 Rn. 99; *Bälz* in Münchener Handbuch des Gesellschaftsrechts, Band 1, § 100 Rn. 271ff.

110 *Gummert* in Münchener Handbuch des Gesellschaftsrechts, Band 1, § 21 Rn. 46; *Brück von Oertzen* in Saenger/Aderhold, GesR, § 5 Rn. 102.

111 *Bälz* in Münchener Handbuch des Gesellschaftsrechts, Band 1, § 100 Rn. 272; *Stodolkowitz,* NZG 2011, 1327 [1328ff.]; grundlegend zur Kündigung innerhalb Personengesellschaften nach Neufassung des § 131 HGB, *Schmidt,* BB 2001, 1ff.

der anderen Seite angebracht. Während die Kündigung in Bezug auf einen GbR-Gesellschafter nach §§ 723, 725 BGB grundsätzlich die Auflösung der Gesellschaft mit sich bringt, ist eine solche Rechtsfolge bei Personenhandelsgesellschaften nur dann einschlägig, wenn dies der Gesellschaftsvertrag vorsieht, § 131 Abs. 3 Satz 1 Nr. 3 und Nr. 4 HGB. Doch auch die grundsätzliche Rechtsfolge der §§ 723, 725 BGB steht insoweit unter der Einwirkung einer gesellschaftsvertraglichen Fortsetzungsklausel. So führt eine Kündigung eines GbR-Gesellschafters bei Existenz einer Fortsetzungsklausel grundsätzlich nicht zum Erlöschen der Gesellschaft.[112]

Von diesen Rechtsfolgen der erklärten Kündigung zu unterscheiden ist der Rechtsgrund der Kündigung. Dabei ist im Hinblick auf die zu untersuchende Rechtsfrage einer möglichen Dispositivität von § 738 Abs. 1 Satz 1 BGB aber der Grund der Kündigung von geringem Interesse. Entscheidend ist für eine Präzisierung des Anwendungsbereichs der Anwachsung lediglich die von der Kündigung ausgelöste Rechtsfolge. Dennoch soll nicht unerwähnt bleiben, dass die wesentlichen Gründe auf denen eine für § 738 Abs. 1 Satz 1 BGB relevante Austrittskündigung beruht, entweder den kündigenden Gesellschafter selbst oder einen Gläubiger des Gesellschafters zur Kündigung der Gesellschafterstellung veranlasst haben. Die Voraussetzungen letzterer Fallgruppe sind dabei für die Gesellschaft bürgerlichen Rechts in § 725 BGB und in ähnlicher Weise mit zusätzlichen Voraussetzungen für die OHG und KG in § 135 HGB (ggf. i.V.m. § 161 Abs. 2 HGB) geregelt. Festzuhalten bleibt in diesem Zusammenhang, dass es in Folge der Kündigung durch einen Privatgläubiger nicht zu einer Anwachsung nach § 738 Abs. 1 Satz 1 BGB bei diesem Gläubiger kommt.[113] Durch

---

112 *Ulmer/Schäfer* in Münchener Kommentar BGB, § 723 Rn. 19; *Killian* in Henssler/Strohn, Gesellschaftsrecht, § 723 Rn. 24; *Schöne* in Beck'scher OK-BGB, Stand 01.11.2012, § 736 Rn. 2ff.

113 So erlangt ein Privatgläubiger schon nicht die für § 738 Abs. 1 Satz 1 BGB erforderliche Stellung als Gesellschafter, vgl. *Behr* NJW 2000, 1137 [1143]; *Ulmer* in Münchener Kommentar BGB, § 725 Rn. 11; *Schmidt* in Münchener Kommentar HGB, § 135 Rn. 13.

die Kündigung soll dem Privatgläubiger lediglich die Möglichkeit gegeben werden, auf das Vermögen des Gesellschafters in Form des Kapitalwerts des Anteils an der Gesellschaft zuzugreifen. [114] Durch die Kündigung kommt es somit nicht zu einer Rechtsnachfolge in die Stellung als Gesellschafter[115], sondern die Kündigung führt alleine zum Ausscheiden des (Schuldner-)Gesellschafters, sodass bei den übrigen Gesellschaftern die Rechtsfolgenanordnung nach § 738 Abs. 1 Satz 1 BGB eingreifen kann.

Sind die entsprechenden gesellschaftsvertraglichen Regelungen getroffen, die Kündigung durch einen Gesellschafter als Austrittskündigung einzustufen und ist zumindest für den Fall der Gesellschaft bürgerlichen Rechts eine Fortsetzung der Gesellschaft vereinbart, führt die Kündigung zu einem Ausscheiden des kündigenden Gesellschafters im Sinne des § 738 Abs. 1 Satz 1 BGB.

(3) Ausscheiden kraft ad-hoc Vereinbarung

Neben den zuvor beispielhaft genannten Fallgruppen des Ausscheidens, die dabei oftmals eine gesellschaftsvertragliche Verankerung aufweisen, steht es den Gesellschaftern frei, eine ad-hoc Vereinbarung zum Ausscheiden eines Gesellschafters zu treffen.[116] Diese Möglichkeit fußt auf dem Grundsatz der innerhalb des Gesellschaftsrechts geltenden Privatautonomie.[117] Danach lässt sich eine solche Vereinbarung zum Ausscheiden als Gegenstück zur

114 *Lorz* in E/B/J HGB § 135 Rn. 2.

115 *Lorz* in E/B/J HGB § 135 Rn. 1f.

116 BGH, Urteil v. 13.01.2003 – II ZR 58/00, NJW-RR 2003, 533; *Killian* in Henssler/Strohn, Gesellschaftsrecht, § 131 Rn. 59; *Hopt* in Baumbach/Hopt, HGB, § 131 Rn. 82.

117 *Wertenbruch* in E/B/J, HGB, § 105 Rn. 72ff.; *Enzinger* in Münchener Kommentar HGB, § 109 Rn. 6ff.; umfassend zur Reichweite der Privatautonomie: *Weber*, Privatautonomie und Außeneinfluß im Gesellschaftsrecht, S. 205ff.

ebenso autonomen Gründung der Gesellschaft ableiten.[118] Aus dem Vergleich von autonomer Gründung und autonomer Beendigung der Gesellschafterstellung folgt, dass eine Beteiligung aller Gesellschafter erforderlich ist.[119] Nur wenn alle Gesellschafter gemeinsam einen Konsens über das Ausscheiden eines Gesellschafters finden, kann ein Gesellschafter aus der gesamthänderischen Verbundenheit und damit aus der gesamthänderischen und individuellen Haftung entlassen werden.[120]

Zu einem Ausscheiden im Sinne des § 738 Abs. 1 Satz 1 BGB kommt es bei einer solchen ad-hoc Vereinbarung immer und nur dann, wenn sich die Regelung auf den Austritt eines Gesellschafters und gegebenenfalls noch auf Modalitäten des Abfindungsanspruchs beschränkt. Kommt es daneben zu einer (zusätzlichen) Vereinbarung eines Übernahmerechts oder sonstigen Abreden, die einen Übergang des Gesellschaftsanteils mit sich bringen, so rückt der Charakter einer rechtsgeschäftlichen Übertragung in den Vordergrund.[121] In einem solchen Falle ist der Anwendungsbereich der Anwachsung wie zuvor gezeigt nicht eröffnet.[122]

(4) Ausscheiden kraft Ausschließung

Ob auch ein Ausscheiden kraft Ausschließung eines oder mehrerer Gesellschafter zum Eingreifen der Rechtsfolgenanordnung des

118 *Jäger* in Sudhoff Unternehmensnachfolge, § 30 Rn. 17.

119 *Schmidt* in Münchner Kommentar HGB, § 131 Rn. 93; *Piehler/Schulte* in Münchner Handbuch des Gesellschaftsrechts, Band 1, § 10 Rn. 36.

120 Davon zu unterscheiden ist selbstverständlich die Reichweite einer gesellschaftsrechtlichen Nachhaftung gem. § 160 HGB.

121 Vgl. zur oftmals in der Praxis fließenden Abgrenzung zwischen Übertragung und (reinem) Ausscheiden: *Piehler/Schulte* in Münchner Handbuch des Gesellschaftsrechts, Band 1, § 10 Rn. 37.

122 Vgl. Ausführungen zur rechtsgeschäftlichen Übertragung auf S. 45f.

§ 738 Abs. 1 Satz 1 BGB führen kann, hängt maßgeblich von der Anzahl, der nach der Ausschließung verbliebenen Gesellschafter ab.

aa) Existenz mehrerer Gesellschafter nach Ausschließung

Denkbar ist, dass bei Existenz mehrerer Gesellschafter lediglich ein einzelner Gesellschafter ausgeschlossen wird. Möglich ist auch eine Ausschließung mehrerer Gesellschafter. Entscheidend ist dabei, dass nach der Ausschließung mindestens zwei Gesellschafter übrig bleiben.

(aa) Ausschließung durch Urteil/Beschluss

Zu einem Ausscheiden eines Gesellschafters kann es durch einen Ausschluss eines Gesellschafters kommen. Ein Ausschluss kann dabei Folge eines darauf gerichteten Beschlusses der übrigen Gesellschafter sein.[123] Zum anderen besteht für Gesellschafter einer Personenhandelsgesellschaft die Möglichkeit, den Ausschluss eines Gesellschafters im Wege eines Ausschließungsurteils im Sinne von § 140 HGB zu erreichen.[124] Beiden Varianten ist gemeinsam, dass die zur Ausschließung folgende Aktion grundsätzlich durch alle übrigen Gesellschafter erfolgt.[125] Eine weitere Gemeinsamkeit der beiden Möglichkeiten zur Ausschließung besteht darin, dass

123 Ein Beschluss zum Ausschluss eines Gesellschafters muss grundsätzlich eine gesellschaftsvertragliche Grundlage haben, *Wiedemann*, Gedächtnisschrift Lüderitz, 839 [849]; *Schäfer* in Staub HGB, § 131 Rn. 106; *Schmidt* in Münchner Kommentar HGB, § 131 Rn. 93.

124 *Piehler*, DStR 1991, 716 [717]; *Klöhn* in Henssler/Strohn, Gesellschaftsrecht, § 140 Rn 26; *Kamanabrou* in Oetker HGB, § 140 Rn. 36; *Lorz* in E/B/J, HGB, § 140 Rn. 34ff.; grundlegend zur Rechtsnatur eines solchen Urteils, *Hueck*, FS Heymann, S. 287.

125 BGH, Urteil v. 19.9.1988 – II ZR 329/87, NJW 1989, 834 [835]; BGH, Urteil v. 21.06.2011 – II ZR 262/09, NZG 2011, 90; *Piehler/Schulte* in Mün-

der Ausschluss regelmäßig gegen den Willen des betroffenen Gesellschafters erfolgen wird. Bestünde ein Einvernehmen über das Ausscheiden, besteht wie gerade gezeigt mit der Möglichkeit einer ad-hoc Vereinbarung ein einfacher Weg zur Erreichung des angestrebten Ziels. Die Ausschließung eines Gesellschafters wird daher auch als zwangsweises Ausscheiden beschrieben.[126]

Für GbR-Gesellschafter gelten die dargelegten Grundsätze zur Ausschließung eines Gesellschafters nur eingeschränkt. Für sie besteht einzig die Möglichkeit nach § 737 BGB bei Existenz einer Fortsetzungsklausel im Wege eines Beschlusses zur Ausschließung eines Gesellschafters zu gelangen. Einer Ausschließungsklage, dem Rechtsgedanken des § 140 HGB entsprechend, dürfte es im Rahmen eines Ausschlusses von GbR-Gesellschaftern an einem Rechtsschutzbedürfnis mangeln.[127] Insoweit stellt nämlich bereits der Beschluss nach § 737 BGB ein einfacheres Mittel dar.[128] Wehrt sich ein Gesellschafter einer Gesellschaft bürgerlichen Rechts gegen einen solchen Beschluss, so kann eine Feststellungsklage zur Klärung der Rechtmäßigkeit des Ausschlussbeschlusses angestrebt werden.[129] Betrachtet man einen Beschluss nach § 737 BGB aus dem Blick-

---

chener Handbuch des Gesellschaftrechts, Band 2, § 36 Rn. 54; Schmidt in Münchener Kommentar HGB, § 140 Rn. 66.

126 *Schmidt*, Gesellschaftsrecht, § 50 II.

127 *Oppenheim*, Abfindungsklauseln in Personengesellschaftsverträgen, S. 24 spricht von einer fehlenden Erforderlichkeit einer Klage nach § 140 HGB. Die unterschiedlichen Möglichkeiten des Ausschlusses eines Gesellschafters bei Personenhandelsgesellschaften und GbR liegen dabei in einem durch den Gesetzgeber eingeräumten erhöhten Bestandsinteresse der Gesellschafterstellung. So wird unterstellt, dass die Stellung als Gesellschafter einer OHG/KG wirtschaftlich bedeutender ist als eine Stellung als GbR-Gesellschafter. Daher ist ein Ausschluss von Personenhandelgesellschaftern grundsätzlich nur im Wege eines Urteils möglich, vgl. insoweit Begr. zu § 131 HGB RegE, BT-DruckS. 13/8444, S. 65f.

128 Ein durch einen solchen Beschluss ausgeschlossener Gesellschafter hat seinerseits ein gerichtliches Verfahren anzustreben. Insofern ändert sich also die Prozessrolle im Vergleich zu § 140 HGB.

129 *Ulmer/Schäfer* in Münchener Kommentar BGB, § 737 Rn. 12.

winkel des Ergebnisses, so kann ein Ausschließungsbeschluss auch als „Ausschließungskündigung" durch die übrigen Gesellschafter bezeichnet werden. Dabei ist eine Trennung zu der Begrifflichkeit des § 723 BGB aufrecht zu erhalten. So sind die Umstände, die die Gesellschafter zu einer solchen Beschlussfassung berechtigen, in diesen beiden Normen gleichlaufend geregelt. Voraussetzung einer derartigen Beschlussmöglichkeit ist aber schon nach dem Wortlaut von § 737 BGB, dass der Gesellschaftsvertrag eine Fortsetzung der Gesellschaft vorsieht. Ausreichend dürfte es allerdings sein, wenn eine generelle Fortsetzungsklausel vorgesehen ist, die eine Fortsetzung der Gesellschaft für sämtliche Fälle des Ausscheidens eines Gesellschafters regelt.[130]

Wie gezeigt unterscheiden sich also die Möglichkeiten zum Ausschluss eines Gesellschafters. Auf Grund eines vom Gesetzgeber eingeräumten Bestandsschutzes für Personenhandelsgesellschaften[131] ist grundsätzlich die Ausschließung durch Urteil nach § 140 HGB für Gesellschafter von Personenhandelsgesellschaften die vorrangige Möglichkeit, sich von einem Gesellschafter auch gegen seinen Willen zu trennen.[132] Es steht solchen Gesellschaftern einer OHG/KG daneben frei, im Gesellschaftsvertrag die Möglichkeit festzulegen, im Wege eines Beschlusses im Sinne von § 131 Abs. 1 Satz 1 Nr. 6 HGB das Ausscheiden eines Gesellschafters zu regeln. Insoweit kann § 737 BGB für Handelsgesellschaften gesellschaftsvertraglich nachgebildet werden.[133] Eine gesell-

130 *Habermeier* in Staudinger BGB, § 737 Rn. 8; *Schöne* in Beck'scher OK-BGB, Stand 01.11.2012, § 737 Rn. 4.

131 Vgl. insoweit Begr. zu § 131 HGB RegE, BT-DruckS. 13/8444, S. 65f.

132 Möglich ist auch im Gesellschaftsvertrag eine Kompetenz der Gesellschafter zu statuieren, dass im Rahmen einer Mehrheitsentscheidung ein Gesellschafter aus der Gesellschaft ausgeschlossen werden kann.

133 Der Unterschied besteht darin, dass bei Handelsgesellschaften die Möglichkeit einen Gesellschafter durch Beschluss auszuschließen gesellschaftsvertraglich niedergelegt sein muss, während bei einer GbR die Möglichkeit bereits aus Gesetz, nämlich aus § 737 BGB folgt, vgl. *Klöhn* in Henssler/Strohn, Gesellschaftsrecht, § 131 Rn. 57 m.w.N.

schaftsvertragliche Regelung dieser Art eröffnet die Chance, dass die Kündigung auslösende Moment zur gesellschaftsvertraglichen Disposition zu stellen.[134] Diese Möglichkeit geht soweit, dass einem Beschlussverfahren der Vorrang gegenüber dem Weg nach § 140 HGB eingeräumt werden kann. Die Regelung des § 140 HGB ist damit als dispositiv anzusehen[135], sodass durch die Gesellschafter im Hinblick auf die Möglichkeit eines Ausschlusses ein Gleichlauf von Personenhandelsgesellschaften und Gesellschaft bürgerlichen Rechts erreicht werden kann.

(bb) Ausschließung durch Erklärung

Gesellschaftsvertraglich kann für sämtliche Personengesellschaften zusätzlich statuiert werden, dass nicht erst durch Beschluss der Gesellschafter, sondern bereits durch Erklärung gegenüber einem Gesellschafter ein Ausscheiden dieses Gesellschafters bewirkt werden kann.[136] Der Unterschied zwischen diesen beiden Konstruktionen besteht darin, dass bei einer Beschlussfassung grundsätzlich alle Gesellschafter zusammen zu wirken haben, während eine Ausschließung durch Erklärung nicht von allen Gesellschaftern mitgetragen werden muss.[137] Vielmehr ist bereits eine Erklärung durch einen ermächtigten Gesellschafter ausreichend.[138] Ein wei-

134 Eine Darstellung verschiedener Konstellationen, die zu einem Ausscheiden eines Gesellschafters nach Beschluss führen, vgl. *Hey*, Gestaltung in Gesellschaftsverträgen, S. 212ff; *Henssler*, FS Konzen, 267ff.

135 BGH, Urteil v. 03.02.1997 – II ZR 71/96, NJW-RR 1997, 925, *Hopt* in Baumbach/Hopt HGB, § 140 Rn. 28; Lorz in E/B/J HGB, § 140 Rn. 43; *Schäfer* in Staub HGB, § 140 Rn. 52; *Schmidt* in Münchener Kommentar HGB, § 140 Rn. 88.

136 BGH, Urteil v. 05.06.1989 – II ZR 227/88; NJW 1991, 2681; *Priester*, DStR 1991, 716 [718].

137 *Schmidt* in Münchener Kommentar HGB, § 140 Rn. 91.

138 *Kamanabrou* in Oetker, HGB, § 140 Rn 4. Davon zu trennen ist die Frage, aus welchen Gründen ein Ausschluss durch einen oder bestimmte Ge-

terer wesentlicher Vorteil eines solchen Vorgehens im Vergleich zu einer Ausschließungsklage nach § 140 HGB ist der Zeitvorteil, den die ausschließenden Gesellschafter gewinnen. Denn tritt der Ausschluss nach § 140 HGB erst mit Rechtskraft des Gestaltungsurteiles ein, so wird diese Wirkung bereits mit Zugang der Ausschließungserklärung erreicht. Dies zumindest, wenn die materiell-rechtlichen Voraussetzungen zur Ausschließung vorgelegen haben.[139] Besteht Streit über die Wirksamkeit der Ausschließung wendet sich somit die Regelungstechnik. Wird nach § 140 HGB der Ausschluss gerichtlich statuiert, ist für den Fall der Ausschließungserklärung der betroffene Gesellschafter gehalten, gegen die Ausschließung gerichtlich im Wege einer Feststellungsklage vorzugehen.[140] Im Vergleich zu einer Ausschließung durch Beschlussfassung besteht der bereits erwähnte Vorteil, dass nicht alle Gesellschafter an dem Ausschluss mitwirken müssen, sodass ein Konfliktpotential insoweit erheblich reduziert ist.

Im Hinblick auf ein Ausscheiden im Sinne von § 738 Abs. 1 Satz 1 BGB gilt für eine Ausschließung: Folge einer solchen Ausschließung, sei es durch Beschluss, Erklärung oder Urteil, ist das Ausscheiden des betroffenen Gesellschafters. Da kein Gesellschafter an die Stelle des ausscheidenden Gesellschafters tritt, kommt es nicht zu einer Nachfolge in dessen Anteil. Der Anteil des Ausgeschlossenen erlischt. Folglich besteht ein Bedürfnis nach der Verteilung der „untergegangenen" Position(en) des ausgeschlossenen Gesellschafters. Dieses Bedürfnis kann durch das Institut der Anwachsung befriedigt werden, das eine vermögensmäßige Verteilung der Gesellschafterposition ermöglicht. Der Anwendungsbe-

sellschafter erfolgen kann. Näher dazu: *Miesen*, RNotZ 2006, 522 [529ff.]; *Gehrlein*, NJW 2005, 1969.

139 Zu diesem Erfordernis der materiell-rechtlichen Wirksamkeit, vgl. *Matz/Müllner*, WM 2009, 683.

140 BGH, Urteil v. 21.10.1991 – II ZR 211/90; DStR 1992, 120; *Breithaupt* in Breithaupt/Ottersbach, Kompendium Gesellschaftsrecht, § 2 Rn. 140; *Ulmer/Schäfer* in Münchener Kommentar BGB, § 737 Rn. 12; *Matz/Müllner*, WM 2009, 683 [684].

reich von § 738 Abs. 1 Satz 1 BGB ist bei einer Ausschließung eines Gesellschafters eröffnet, der Ausschluss eines Gesellschafters führt zu einem Ausscheiden im Sinne von § 738 Abs. 1 Satz 1 BGB.[141]

bb) Existenz lediglich eines Gesellschafters nach Ausschließung

Wie zuvor gezeigt führt die Ausschließung eines Gesellschafters grundsätzlich zu dessen Ausscheiden im Sinne von § 738 Abs. 1 Satz 1 BGB, sodass die Rechtsfolgenanordnung der Anwachsung eingreifen kann. Nunmehr ist zu klären, ob auch die Konstellation des § 140 Abs. 1 Satz 2 HGB dem Anwendungsbereich der Anwachsung nach § 738 Abs. 1 Satz 1 BGB zuzurechnen ist.

Nach § 140 Abs. 1 Satz 2 HGB kann eine Ausschließungsklage auch dann durch einen Gesellschafter angestrebt werden, wenn nach dem Ausschluss nur noch ein Gesellschafter verbleibt.[142] Eine Darstellung des Zusammenspiels von § 140 Abs. 1 Satz 2 HGB mit § 738 Abs. 1 Satz 1 BGB rechtfertigt sich ungeachtet der Tatsache, dass diese Konstellation in keinem unmittelbaren Bezug zu der zu untersuchenden Fragestellung der Möglichkeit einer Einflussnahme auf § 738 Abs. 1 Satz 1 BGB steht. Denn verbleibt nach dem Ausscheiden eines Gesellschafters[143] lediglich ein Gesellschafter in der Gesellschaft, besteht kein Bedürfnis nach einer Ausgestaltung von § 738 Abs. 1 Satz 1 BGB im Sinne einer Ausgestaltung der Anwachsungsquoten. Vielmehr übernimmt der verbliebene Gesellschafter ohne Einschränkung das Vermögen der Gesellschaft in toto, d.h. mit allen Aktiva und Passiva.[144]

141 *Lorz* in E/B/J, HGB § 140 Rn. 34.

142 Vgl. Übersicht bei *Koller* in Koller/Roth/Morck, HGB, § 140 Rn. 4.

143 Die Ausführungen gelten entsprechend, wenn mehrere Gesellschafter ausscheiden und lediglich ein Gesellschafter übrig bleibt.

144 Der übernehmende Gesellschafter tritt in Gesamtrechtsnachfolge in die Stellung der Gesellschaft ein, BGH, Urteil v. 10. 12. 1990 – II ZR 256/89, BB 1992, 230; BGH, Urteil v. 06. 05. 1993 – IX ZR 73/92, NJW 1993, 1917

In den nachfolgenden Ausführungen soll durch die Darstellung des Zusammenspiels von § 140 Abs. 1 Satz 2 BGB und der Anwachsung als Rechtsinstitut versucht werden, Schärfung des dogmatischen Verständnisses des Anwachsungsprinzips zu erreichen. So wird im Nachgang insbesondere zu beachten sein, dass Konstellationen einer Nachfolge grundsätzlich gegen die Annahme einer Anwachsung sprechen.[145] Dabei kann die Frage einer Rechtsnachfolge in Abgrenzung zur Anwachsung auf Ebene einer Haftung entscheidend sein.[146]

(aa) § 140 Abs. 1 Satz 2 HGB als mögliche Fallgruppe der Anwachsung

Führt man die zuvor dargestellten Gedanken zum Anwendungsbereich der Anwachsung fort, wonach ein Ausscheiden aus der Gesellschaft grundsätzlich eine Anwachsung bei den übrigen Gesellschaften auslöst, so verwundert es nicht, dass vielfach zu lesen ist, dass eine (analoge[147]) Anwendung des § 738 Abs. 1 BGB für die Übernahme durch den letzten Gesellschafter geboten sei.[148] Begründet wird dies mit einem Vergleich von § 140 Abs. 1 HGB und der Vorgängervorschrift § 142 HGB a.F.[149] In dessen dritten Absatz war zu lesen, dass *„auf die Auseinandersetzung die für den Fall des Ausscheidens eines Gesellschafters aus der Gesellschaft geltenden Vor-*

[1918]; *Koller* in Koller/Roth/Morck, HGB, § 140 Rn. 4; *Lorz* in E/B/J, HGB, § 140 Rn. 39; *Vossler* in Oetker, HGB, Anhang zu §§ 25–28 Rn. 6; *Schäfer* in Staub, HGB, § 140 Rn. 51 m.w.N.

145 DNotI-Report 2010, 23ff.

146 Vgl Ausführungen zur Übernahme der Haftsumme in Kapitel 2.

147 BFH, Urteil v. 26.10.2006 – II R 32/05; BStBl II 2007, 323; BFH, Urteil v. 16.07.1997 – II R 27/95, BStBl II 1997, 663; *Hadding/Kießling* in Soergel BGB, § 738 Rn. 2; *Canter* NJW 1965, 1553.

148 *Breiteneicher*, DStR 2004, 1405.

149 Aufgehoben durch Art. 3 Nr. 32 Gesetz v. 22.06.1998 I 1474 mit Wirkung vom 01.07.1998.

schriften entsprechende Anwendung finden". Daraus wurde vielfach nicht nur auf eine Anwendung von § 738 Abs. 1 Satz 2 BGB für einen Abfindungsanspruch des zuletzt ausgeschiedenen Gesellschafters geschlossen.[150] Bereits das Reichsgericht ging im Rahmen von § 142 HGB a.F. von einem weiten Verständnis dieser Norm, nämlich von der Anwendbarkeit des Prinzips der Anwachsung als Ganzem aus.[151] So wurde angenommen, dass der Rechtsübergang des zuvor gesamthänderisch gebundenen Vermögens auf den „übernehmenden" letzten Gesellschafter im Wege der Anwachsung nach § 738 Abs. 1 Satz 1 BGB zu erfolgen habe.[152] Eine solche Übernahme wurde mit den Worten beschrieben, dass „*bei Ausscheiden des vorletzten Gesellschafters [...] dem letzten verbleibenden Gesellschafter das Vermögen der GbR anwächst, d.h. Aktiva und Passiva im Wege der Gesamtrechtsnachfolge auf ihn übergehen, ohne dass es eines Übertragungsaktes oder einer Übernahmeerklärung bedarf.*"[153] Der Bundesgerichtshof selbst bezeichnet eine solche Auffassung als ständige Rechtsprechung.[154]

Trotz der Beharrlichkeit mit der Rechtsprechung und Literatur seit Jahrzenten ihre Auffassung fortführen, die eine Vermi-

150 *Ulmer/Schäfer* in Münchener Kommentar BGB, § 738 Rn. 14; *Hadding* in Soergel BGB, § 738 Rn. 9.

151 RGZ 65, 227, 236f.

152 RGZ 65, 227, 236f.

153 BGH, Urteil v. 07.07.2008 – II ZR 37/07, NJW 2008, 2992.

154 Uneinheitlich ist indes die Terminologie: Zum Teil wird nur die Begrifflichkeit der Gesamtsrechtsnachfolge angesprochen, vgl. BGH, Urteil v. 07.07.2008 – II ZR 37/07, NJW 2008, 2992; BGH, Urteil v. 10.05.1978 – VIII ZR 32/77 – NJW 1978, 1525; zum anderen tritt eine Vermischung der Begrifflichkeiten auf, vgl. BGH, Urteil v. 22.09.1993 – IV ZR 183/92, NJW-RR 1993, 1443 [1444] m.w.N.; DNotI-Report 2001, 9 [10]; zuletzt wird auch vertreten, dass der Rechtsübergang isoliert durch Anwachsung erfolgt, vgl. BGH, Urteil v. 13. 12. 1965 – II ZR 10/64, NJW 1966, 62; BGH, Urteil v. 09.03.1992 – II ZR 195/90, NJW 1992, 2757 [2758]; AG Bremerhaven, WM 2011, 181 [182]; die Anwachsung als eine Alternative der Gesamtrechtsnachfolge bezeichnend *Sagasser*/Bula/Brünger Umwandlungen, § 29 Rn. 5; differenzierend *Eckardt*, NZG 2000, 449 [451f.].

schung der Begriffe Gesamtrechtsnachfolge und Anwachsung beinhaltet, kann dieser Ansicht aus dem dogmatischen Blickwinkel des Anwachsungsprinzips nicht uneingeschränkt gefolgt werden. So scheint zwar das Ergebnis des Ausscheidens des vorletzten Gesellschafters klar zu sein: Der letzte Gesellschafter tritt im Wege der Nachfolge an die Stelle der Gesellschaft, ohne dass es weiterer Übertragungsakte bedarf.[155] So mag es eindeutig sein, dass aus wirtschaftlicher Sicht eine Differenzierung nicht notwendig ist.[156] Gleichzeitig scheint die Entscheidungsfindung dogmatisch zumindest zweifelhaft.

(bb) Abgrenzung Anwachsung und Gesamtrechtsnachfolge

Es erscheint vielmehr eine Unterscheidung zwischen den Begrifflichkeiten „Anwachsung" und „Gesamtrechtsnachfolge" im Sinne des § 140 Abs. 1 Satz 2 HGB angebracht.

Betrachtet man die zuvor beschriebenen Merkmale der Anwachsung, so wird deutlich, dass die Situation des Ausscheidens nach § 140 Abs. 1 Satz 2 HGB mit der der Anwachsung zumindest insoweit vergleichbar ist, als dass beiden Konstellation ein Erlöschen der Mitgliedschaft der ausscheidenden Gesellschafter zu eigen ist. Tritt das Ende der Mitgliedschaft im Rahmen der Anwachsung durch das Ausscheiden aus der Gesellschaft ein, wird dieses Ergebnis für ein Ausscheiden des vorletzten Gesellschafters kumulativ dadurch erreicht, dass die Gesellschaft zu existieren aufhört und damit auch keine Mitgliedschaft an ihr bestehen kann. Voraussetzung für ein Bestehen einer Personengesellschaft ist der Zusam-

155 RGZ 65, 227, 236f.; BGH, Urteil v. 07.07.2008 – II ZR 37/07, NJW 2008, 2992.

156 Beispielhaft die regelmäßig die wirtschaftliche Komponente eines Rechtsvorgangs betonende steuerrechtliche Rechtsprechung, BFH, Urteil v. 26.10.2006 – II R 32/05; BStBl II 2007, 323; BFH, Urteil v. 16.07.1997 – II R 27/95, BStBl II 1997, 663.

menschluss mehrerer Personen.[157] Daher kann es nach überwiegender Auffassung keine Einmann-Personengesellschaft geben.[158] Somit kann der letzte verbliebene Gesellschafter nicht weiter als Gesellschafter agieren. Er wird in eigener Rechtspersönlichkeit selbst Träger der Rechten und Pflichten, die zuvor der Gesellschaft zugeordnet waren. Seine Mitgliedschaft an der Gesellschaft erlischt zwangsläufig mit dem Untergang dieses Rechtsträgers. Im Unterschied zu dem Erlöschen der Mitgliedschaft in den oben genannten Fällen bleibt es bei der Konstellation des § 140 Abs. 1 Satz 2 HGB aber nicht bei einem solchen Erlöschen, sondern es tritt daneben ein Untergang des Rechtssubjekts ein, welches zuvor Trägerin der zu übernehmenden Rechte und Pflichten war. Schon dadurch unterscheiden sich die Fallgestaltung einer „gewöhnlichen Anwachsung" und die Konstellation des § 140 Abs. 1 Satz 2 HGB.

Geht man von einem grundsätzlichen Widerspruch von Anwachsung im Sinne des § 738 Abs. 1 Satz 1 BGB und einer Gesamtrechtsnachfolge aus[159], so wird unter diesem Gesichtspunkt deutlich, dass das Ausscheiden des letzten Gesellschafters im Sinne des § 140 Abs. 1 Satz 2 HGB dogmatisch nicht mit dem Anwendungsbereich der Anwachsung vergleichbar ist. Vielmehr liegt eine Gesamtrechtsnachfolge des letzen Gesellschafters vor.[160] Dem Begriff der Gesamtrechtsnachfolge ist es zu Eigen, dass zu-

157 BGH, Urteil v. 13.07. 1967 – II ZR 268/64; NJW 1967, 2203; BGH, Urteil v. 19.02.1990 – II ZR 42/89, NJW-RR 1990, 798; OLG Schleswig DNotZ 2006, 374; *Schmidt* in Münchener Kommentar HGB, § 105 Rn. 24 m.w.N.

158 *Ulmer* in Münchener Kommentar BGB, § 705, 60ff.; *Weipert* in E/B/J HGB, § 161, Rn. 1; a.A.: *Weimar*, ZIP 1997, 1769; *Baumann*, BB 1998, 225, [230]; *Pfister*, Die Einmann-Personengesellschaft, S. 195f., ausführlich *Lamprecht*, Die Zulässigkeit der mehrfachen Beteiligung an einer Personengesellschaft.

159 Dies wurde zuvor bereits daran deutlich, dass bei einer Übertragung der Mitgliedschaft auf einen Dritten eine Nachfolge des Dritten erfolgt und damit keine Anwachsung nach § 738 Abs. 1 Satz 1 BGB durch das „Ausscheiden" des veräußernden Gesellschafters ausgelöst wird.

160 Zu dieser Terminologie: *Koller* in Koller/Roth/Morck HGB, § 140 Rn. 4.

sammen mit der Nachfolge des neuen Rechtsinhabers ein Untergang des „übergebenden" Rechtssubjekts verbunden ist.[161] Da es bei der Anwachsung aber nicht zu dem Untergang eines Rechtssubjekts kommt[162], spricht dies zusätzlich gegen eine Einordnung der zuvor genannten Konstellationen in den Regelungsbereich des § 738 Abs. 1 Satz 1 BGB.

Soweit argumentiert wird, dass bereits die Vorgängerregelung des § 142 Abs. 1 HGB a.F. eine Anwachsung angeordnet habe und die entsprechende Anwendung auch von § 738 Abs. 1 Satz 1 BGB im Rahmen des neugefassten § 140 HGB fortzuführen sei, ist diesen Erwägungen wie folgt zu widersprechen: Für eine solche Auffassung lassen sich keine zwingenden Anhaltspunkte in den maßgeblichen Gesetzesmaterialien finden. Im Rahmen der Aufhebung des § 142 HGB a.F. wurde lediglich festgehalten, dass eine Aufhebung des § 142 Abs. 3 HGB möglich sei, da die Anwendung der *Abfindungsregeln* Folge der Ausschließung des Gesellschafters nach § 140 Abs. 1 HGB sei.[163] Eine darüber hinausgehende Aussage des gesetzgeberischen Willens in Bezug auf eine (entsprechende) Anwendung der *Anwachsungsregeln insgesamt* für die Konstellation einer Übernahme des letzten verbliebenen Gesellschafters ist in den einschlägigen Materialien nicht zu finden.

(cc) Anwachsung als Internum der Gesellschafter

Gegen eine Einordnung als Anwachsungsvorgang in dogmatischer Sicht spricht zudem, dass die Rechtsfolgenanordnung der Anwachsung dem Grundsatz nach auf eine Anpassung der Beteiligung der Gesellschaft untereinander ausgerichtet ist. Eine Regelung der An-

161 *Bork/Jacoby*, ZGR 2005, 611 [628]. Beispielhaft kann hier die Universalsukzession nach § 1922 BGB genannt werden, wo eine Gesamtrechtsnachfolge erst durch den Tod des Erblassers ausgelöst wird.

162 Es ist gerade erforderlich, dass die Gesellschaft fortbesteht, vgl. S. 15ff.

163 BT-Drs 13/8444 S. 68.

wachsung soll damit zwischen den Gesellschaftern Anwendung finden. Im Falle des Ausscheidens des letzten Gesellschafters ist für eine solche Regelung kein Platz, sodass die Wirkung des Ausscheidens und damit auch eine Rechtsnachfolge im Verhältnis Gesellschaft und letztem Gesellschafter stattfindet und wie üblicherweise bei der Anwachsung zwischen den (verbliebenen) Gesellschaftern. Für das Verhältnis Gesellschaft zu Gesellschafter ist der Anwendungsbereich der Anwachsung nach § 738 Abs. 1 Satz 1 BGB aber nicht eröffnet. Dies wird schon aus dem Wortlaut der Norm deutlich, die von einem „Anteil am Gesellschaftsvermögen“ spricht.[164] Einen solchen Anteil als Bezugspunkt der Anwachsung kann es nicht geben, wenn die Gesellschaft als Anknüpfungspunkt des Anteils nicht weiter existiert.

Dennoch darf – bei den beschriebenen Unterschieden zu der Anwachsung nach § 738 Abs. 1 Satz 1 BGB – nicht vergessen werden, dass auch die Konstellation des § 140 Abs. 1 Satz 2 HGB Auswirkungen auf das Verhältnis der früheren Mitgesellschafter hat. Der ausscheidende Gesellschafter wird mit seinem Ausscheiden Gläubiger eines Abfindungsanspruchs. Dieser richtet sich mangels Fortexistenz der Gesellschaft zwingend und ausschließlich gegen den übernehmenden Gesellschafter.[165] Im Gegensatz zu einer „Rechtsnachfolge“ des übernehmenden Gesellschafters im Zuge einer Anwachsung nach § 738 Abs. 1 Satz 1 BGB kann die entsprechende Anwendung von § 738 Abs. 1 Satz 2 BGB auch auf eindeutige Äußerungen des Gesetzgebers zurückgeführt werden.[166] Die Anwendung dieser Vorschrift regelt dabei den Ausgleich der vorherigen Mitgesellschafter und kann damit auch im Verhältnis des ausgeschiedenen Gesellschafters zu dem die Gesellschaft übernehmenden Gesellschafters angewendet werden. Gleichzeitig kann damit aber begründet werden, ob für Konstellationen nach

164 *Schmidt*, FS Huber, S. 993.

165 Offen bleiben kann insoweit, ob die Haftung als Rechtsnachfolger der Gesellschaft oder als originäre Haftung des Übernehmers besteht.

166 BT-Drs 13/8444 S. 68.

§ 140 Abs. 1 Satz 2 HGB nun der Anwendungsbereich der Anwachsung eröffnet ist oder ob sich diese Konstellation nicht vielmehr als eigene Art der Gesamtrechtsnachfolge darstellt. Letztlich beschränkt sich die Figur der Anwachsung darauf, die Auswirkungen eines Ausscheidens eines Gesellschafters auf die relative Beteiligung der Gesellschafter untereinander zu beschreiben.[167]

(dd) Fazit

Entgegen der weitverbreitenden Auffassung, dass das Ausscheiden aus einer zweigliedrigen Personengesellschaft und diesem gleichgestellte Konstellationen unter den Anwendungsbereich von § 738 Abs. 1 BGB zu fassen seien, sprechen aus dogmatischer Sicht gewichtige Gründe gegen eine solche Annahme. Gesamtrechtsnachfolge und Anwachsung sind zu trennende Rechtsinstitute mit teilweise identischer Wirkung. Maßgeblich ist, dass eine Gesamtrechtsnachfolge durch den übernehmenden Gesellschafter erfolgt, eine Anwachsung aber getrennt von einer Rechtsnachfolge zu beurteilen ist.[168] Eine Anwachsung steht dabei dogmatisch einer Rechtsnachfolge entgegen, da es durch das Ausscheiden eines Gesellschafters zu einem Untergang des Anteils kommt. Folglich mangelt es einer nachfolgefähigen Rechtsposition für den letzten verbliebenen Gesellschafters. Die Begrifflichkeit der Anwachsung im Sinne des § 738 Abs. 1 Satz 1 BGB lässt sich daher besser auf die Aussage beschränken, dass sich mit dieser Konstruktion die Auswirkungen eines Mitgliederwechsels erklären lassen, die alleine zu einer wertmäßigen Veränderung der Beteiligung von Gesell-

---

167 *Bork/Jacoby*, ZGR 2005, 628.

168 *Schmidt* in Münchener Kommentar HGB, § 131 Rn. 105; *Piehler/Schulte* in Münchener Handbuch des Gesellschaftsrechts, Band 1, § 10 Rn. 75; *Koller* in Koller/Roth/Morck HGB, § 140 Rn. 4; *Bork/Jacoby*, ZGR 2005, 628.

schaftern an der (fortbestehenden) Gesellschaft führen.[169] Mit einer Rechtsnachfolge im Sinner einer Universalsukzession hat dies aber grundsätzlich nichts gemeinsam. Dieses Zusammenspiel bzw. der Widerspruch zwischen Anwachsung und Gesamtrechtsnachfolge gilt es im Zweiten Kapitel bei der Frage einer Haftsummenveränderung in Folge einer Anwachsung zu beachten.[170]

C. Kapitalmäßige Beteiligung des ausgeschiedenen Gesellschafters

Besonders in Konstellationen einer GmbH & Co. KG tritt häufig das Phänomen einer fehlenden kapitalmäßigen Beteiligung der Komplementär GmbH an der KG auf.[171] Der GmbH steht in diesen Fällen oftmals weder ein Stimmrecht noch eine Beteiligung an Gewinn und Verlust zu.[172] Auch kommt einem solchen Gesellschafter keine wertmäßige Beteiligung an den Wirtschaftsgütern des Gesellschaftsvermögens zu.[173] Zu untersuchen ist demnach, wie sich diese fehlende Beteiligung am Kapital auf die Regelung des § 738 Abs. 1 Satz 1 BGB auswirkt, d.h. welche Rechtsfolge sich an ein Ausscheiden eines am Kapital nicht beteiligten Gesellschafters anschließt. Von dieser Fragestellung zu unterscheiden ist die Problematik, ob ein kapitalmäßig nicht beteiligter Gesellschafter an einer Anwachsung teilhaben kann, die gerade durch das Ausscheiden eines am Kapital der Gesellschaft beteiligten Gesellschafters ausgelöst wird.

169 Für ein rein vermögensmäßiges Verständnis in der Konstellation des § 140 Abs. 1 Satz 2 HGB, vgl. *Schmidt*, FS Huber, S. 993.

170 Vgl. Ausführungen au S. 180ff.

171 Beispielhaft für eine solche Ausgestaltung: *Lorz* in Beck'sches Formularbuch GmbH-Recht, N III 1.

172 *Gummert* in Münchener Handbuch des Gesellschaftsrechts, Band 2, § 50 Rn. 22.

173 DNoti-Report 2000, 197 [198].

Betrachtet man zunächst den Wortlaut der maßgeblichen Regelung, so ist eine kapitalmäßige Beteiligung des ausscheidenden Gesellschafters kein gefordertes Merkmal des Tatbestands, um die Rechtsfolgenanordnung nach § 738 Abs. 1 Satz 1 BGB auszulösen. Anders verhält es sich, wenn man die Rechtsfigur der Anwachsung als vornehmlich gesetzgeberisches Regelungswerk zur Veränderung der vermögensmäßigen Beteiligung der Gesellschafter an der Gesellschaft für den Fall des Ausscheidens eines Gesellschafters ansieht. So dürfte festzuhalten sein, dass es durch das Ausscheiden eines Gesellschafters ohne Kapital gerade nicht zu einer vermögensmäßigen Umverteilung innerhalb des Gesellschafterkreises kommt. Durch das Ausscheiden wird kein „Anteil am Gesellschaftsvermögen" aus der mitgliedschaftlich fixierten Gruppe der Gesamthänder frei, den es zwischen den übrigen Gesellschaftern zu verteilen gilt. Diese Erkenntnis gilt dabei ungeachtet der noch näher durchzuführenden Erläuterung der Begrifflichkeit „Anteil am Gesellschaftsvermögen".[174] So mag zwar durch das Ausscheiden eines Gesellschafters der Tatbestand von § 738 Abs. 1 Satz 1 BGB grundsätzlich eröffnet sein, es mangelt indes aber jedenfalls an einer zu regelnden Materie im Hinblick auf einen bei den übrigen Gesellschaftern anzuwachsenden „Anteil am Gesellschaftsvermögen".

Auch das Zusammenspiel zwischen dem einerseits durch das Ausscheiden bedingten Untergang der mitgliedschaftlichen Stellung und andererseits die Surrogation dieser mitgliedschaftlichen Rechte durch den Abfindungsanspruch nach § 738 Abs. 1 Satz 2 BGB zeigt, dass ein kapitalmäßig nicht beteiligter Gesellschafter keine Anwachsung samt der daran anschließenden weiteren Rechtsfolgen auszulösen vermag.[175] Mangelt es an einer Beteiligung am Kapital, kann ein Untergang dieser Beteili-

174 Vgl. Ausführungen auf S. 78ff.

175 Davon zu unterscheiden ist der Fall, dass ein kapitalmäßig beteiligter Gesellschafter unter Ausschluss des Abfindungsanspruchs ausscheidet vgl. Fn. 78 S. 19.

gung zusammen mit dem erwähnten Untergang der Mitgliedschaft nicht zu einer Abfindung des Ausscheidenden führen. Regelungsgehalt von § 738 Abs. 1 Satz 2 BGB ist es u.a. den ausscheidenden Gesellschafter alleine durch sein Ausscheiden nicht wirtschaftlich nachteiliger zu stellen, als er durch seine vorherige Beteiligung gestellt war.[176] Ist er aber vorher mit keinerlei Kapital an der Gesellschaft und daher regelmäßig auch nicht an einer Verteilung eines positiven Ergebnisses auf Ebene der Gesellschaft beteiligt, so wird diesem Gesellschafter in den weit überwiegenden Fällen ebenso kein Abfindungsanspruch zustehen. Insgesamt ist die Regelung des § 738 Abs. 1 BGB demnach nicht auf ein Ausscheiden eines Gesellschafters ausgelegt, welcher nicht am Kapital der Gesellschaft beteiligt ist.

D. Stellungnahme

Von den zuvor untersuchten Fallgruppen des Ausscheidens aus der Gesellschaft können nur wenige in den Anwendungsbereich der Anwachsung nach § 738 Abs. 1 Satz 1 BGB gerechnet werden. Voraussetzung ist stets, dass die Gesellschafter einer Gesellschaft bürgerlichen Rechts eine Fortsetzung der Gesellschaft für den Fall eines Ausscheidens eines Gesellschafters vereinbart haben. Fehlt eine solche Fortsetzungsklausel kommt es ansonsten zur Auflösung der Gesellschaft und für eine Anwachsung ist kein Raum. Für Personenhandelsgesellschaften ist das Ergebnis des Fortbestandes der Gesellschaft durch den Gesetzgeber als Grundsatz vorgesehen, sodass es insoweit keiner vertraglichen Regelung der Gesellschafter bedarf. Die Rechtsfolge der Anwachsung kann nur dann eingreifen, wenn mit dem Ausscheiden eines Gesellschafters keine

---

176 *Habermeier* in Staudinger BGB, § 738 Rn. 1; *Schöne* in Beck'scher OK-BGB, Stand 01.11.2012, § 738 Rn. 13. Insoweit wird nämlich auch davon gesprochen, dass der Abfindungsanspruch ein „vollwertiges Äquivalent" der vorherigen Beteiligung darstellen soll, vgl. *Hadding* in Soergel BGB, § 738 Rn. 10.

Rechtsnachfolge in den Anteil des Ausgeschiedenen stattfindet.[177] Denn in einem solchen Fall kommt es nicht zu einer Neuverteilung, sprich Anwachsung in Zusammenhang mit Anteil des Ausgeschiedenen, sondern dieser Anteil bleibt fortbestehen, sodass insoweit eine die Anwachsung ausschließende Rechtsnachfolge erfolgt. Dieser Unterschied zwischen Rechtsnachfolge und Anwachsung zeigt einen alternativen Anwendungsbereich einer Einflussnahme auf § 738 Abs. 1 Satz 1 BGB auf. Die regelmäßig in der Praxis verwendeten Gestaltungsinstrumente – seien es einfache oder qualifizierte Nachfolgeklauseln – setzen eine Rechtsnachfolge voraus. Eine für die Anwachsung charakterisierende (Um-)Verteilung der Gesellschafterbeteiligungen tritt nicht ein, wenn lediglich ein Gesellschafter ohne kapitalmäßige Beteiligung ausscheidet. Insoweit geht eine Anwachsung ins Leere.

3. Rechtsfolgen des Ausscheidens: Anwachsung

Nachdem der Anwendungsbereich der Regelung des § 738 Abs. 1 Satz 1 BGB beschrieben wurde, ist nun auf den Wirkungsmechanismus der Anwachsung einzugehen. Durch diese Beschreibung wird zu dem zentralen Thema, einer möglichen gestalterischen Einflussnahme der Gesellschafter gerade auf die an ein Ausscheiden eines Gesellschafters anknüpfende Anwachsung hingeleitet.

Wie gezeigt handelt es sich bei § 738 Abs. 1 Satz 1 BGB um die Anordnung einer Rechtsfolge. Für den Fall, dass ein Gesellschafter aus der Gesellschaft ausscheidet, sind dessen Anteile zwischen den übrigen Gesellschaftern zu verteilen oder, um es in den Worten von § 738 Abs. 1 Satz 1 BGB zu beschreiben: Es wächst dessen Anteil am

177 Ein Einrücken in die Stellung als Gesellschafter erfolgt dabei auch nicht bei regelmäßig gleichzeitig stattfindender Pfändung des Gesellschaftsanteils nach §§ 859 Abs. 1, 857 Abs. 1 ZPO, vgl. *Behr*, NJW 2000, 1137 [1139]; *Salger* in Sudhoff Unternehmensnachfolge, § 44 Rn. 18; *Smid* in Münchener Kommentar ZPO, § 859 Rn. 3; *Wertenbruch*, FS Gerhardt, S. 1084ff.

Gesellschaftsvermögen den übrigen Gesellschaftern an. Liegt ein Ausscheiden im Sinne von § 738 Abs.1 Satz 1 BGB vor und sieht der Gesellschaftsvertrag zumindest bei der Gesellschaft bürgerlichen Rechts die Fortsetzung der Gesellschaft auch nach dem Ausscheiden eines Gesellschafters vor, so tritt die Anordnung der Rechtsfolge der Anwachsung ein. Da Gegenstand dieser Arbeit eine Begutachtung einer Möglichkeit der Einflussnahme auf das Institut der Anwachsung im Wege einer gesellschaftsvertraglichen Regelung ist, bietet es sich nach einer Darstellung des Anwendungsbereichs der Anwachsung – in einem zweiten Schritt – nunmehr an, die genaue Rechtsfolge einer Anwachsung nach § 738 Abs. 1 Satz 1 BGB zu bestimmen. Entscheidend ist in diesem Zusammenhang neben einer Bestimmung der Begrifflichkeit „Anteil am Gesellschaftsvermögen“ auch die rechtshistorische Entwicklung der Gesamthand als solche.

A. Auswirkungen der Rechtsnatur der Gesamthand auf Anwachsungsfolge

Betrachtet man die Dogmatik der Anwachsung, so lässt sich nicht leugnen, dass diese grundsätzlich auf der Ebene der Gesellschafter stattfindet. Regelungsgegenstand ist dabei der „Anteil am Gesamthandsvermögen“, der den übrigen Gesellschaftern anwächst. Um demnach eine Bestimmung des Anteils in einem zweiten Schritt vornehmen zu können, ist zunächst der übrige Wortteil dieser Bestimmung, nämlich der der Gesamthand näher zu beleuchten.

Über lange Zeit umstritten und eines der „Mysterien der Rechtswissenschaft“[178] war dabei vor allem die Rechtsnatur der Gesamthandsgemeinschaft der Gesellschaft bürgerlichen Rechts. Letztere Gesellschaftsform stellt zwar den Grundtypus für alle anderen Personengesellschaften dar, doch trat die Diskussion über die Rechtsnatur der Gesamthand nur für die Gesellschaft bürgerlichen Rechts offen zu Tage. Grund dafür war, dass für Personenhandels-

178 *Weber-Grellet*, AcP (182) 1982, 316,

gesellschaften mit der Existenz der Regelung des § 124 HGB ggf. in Verbindung mit § 161 Abs. 2 HGB eine Klärung der rechtlichen Unsicherheit der Natur der Gesamthandsgemeinschaft vorliegt. Durch die gesetzliche Vorgabe dieser Normen können diese Personenhandelsgesellschaften selbst Träger von Rechten und Pflichten sein. Für Partnerschaftsgesellschaften existiert insoweit mit § 7 Abs. 2 PartGG eine Regelung, die durch einen Verweis auf § 124 HGB zu einer vergleichbaren rechtlichen Verselbstständigung der Partnerschaftsgesellschaft führt. Im Zuge der vorliegenden Untersuchung soll die Auseinandersetzung mit der Rechtsnatur der Gesamthand zwar in gebotener Weise, allerdings nicht schwerpunktmäßig erfolgen. Diese Thematik hat bereits ausgiebige wissenschaftliche Beachtung und Bearbeitung gefunden[179], sodass ein weiterer Erkenntnisgewinn diesbezüglich schwerlich zu erreichen sein wird. Vielmehr soll im Hinblick auf den Untersuchungsgegenstand dieser Arbeit in der gebotenen Kürze die Entwicklung der Rechtsnatur der Gesamthand am Beispiel der Gesellschaft bürgerlichen Rechts skizziert werden. Für eine solche erläuternde Darstellung der Entwicklungen des dogmatischen Verständnisses der Gesellschaft bürgerlichen Rechts bietet sich eine chronologische Darstellung beginnend mit den Lehren zur Gesamthand zur Zeit des 19. Jahrhunderts an.

179 *Von Gierke*, Deutsches Privatrecht, S. 682; *Flume*, ZHR 136 (1972), 177ff.; *Buchda*, Gesamthandslehre, S. 166ff.; *Buchner*, AcP 169 (1969], 483ff.; *Bloymeyer*, JR 1971, 397ff; *Schulze-Osterloh*, Das Prinzip der gesamthänderischen Bindung, S. 171ff.; *Schulte* in FS Grofeld, S. 1079; *Kessal-Wulf* in FS Sonnenschein, S. 671ff.; *Habersack*, JuS 1990, 179 [180f.]; *Tat*, Rechtssubjektivität der GbR, S. 41ff.; aktuell: *Meschkowski*, Zur Rechtsfähigkeit der BGB-Gesellschaft, S. 25ff.

a) Gesamthandslehre im 19. Jahrhundert

Die wohl herausragende Persönlichkeit im 19. Jahrhundert, die Überlegungen zur Rechtsnatur der Gesamthand als solche[180] anstellte, war Otto von Gierke. Nach der Auffassung von *von Gierke* sollte der Gesamthand Kraft der Verbundenheit als Personenmehrheit zur gesamten Hand Rechtsfähigkeit zukommen.[181] Der Charakter der Gesamthand als Verband ist in den Vordergrund gerückt und löst damit die Gesamthand von einer alleinigen Verknüpfung mit dem Gesamthandsvermögen.[182] Die Gesamthand erschöpfe sich also nicht in einer Trennung von Vermögensmassen, sondern die Gesamthand als Personeneinheit der Gesellschafter tritt im Außenverhältnis als rechtsfähige Einheit auf.[183] Der Charakter der Gesamthand als Einheit wird dabei auch und insbesondere deutlich bei *von Gierkes* Darstellung der Vertretung der Gesamthand. Eine solche erfolge durch die Gesamthänder, dabei allerdings nicht als teilweise Vertretung für sich selbst, „*sondern ausschließlich die von ihm als Träger dargestellte Personenmehrheit.*“[184] Die Gesamthand rekurriert sich dabei alleine aus denen in ihrer Gemeinschaft verbundenen Personen, ihrer Gesellschafter oder der Gesamthänder. Durch die Annahme der Rechtsfähigkeit der Gesamthand kommt *von Gierke* daneben zu der Erkenntnis, dass er die Existenz der Gesamthand als Gesellschaft auch dann für möglich hält, wenn ein Wechsel der Gesamthänder stattfindet.[185]

180 Die Untersuchung von *von Gierke* konnte sich noch nicht auf die GbR als eine wesentliche Fallgruppe der Gesamthandsgemeinschaften richten, da die GbR erst nach Veröffentlichung des Grundlagenwerkes von *von Gierke* in das BGB eingeführt wurde.

181 *Von Gierke*, Deutsches Privatrecht, S. 682.

182 *Schmidt*, NJW 2011, 993 [994ff.].

183 *Von Gierke*, Deutsches Privatrecht, S. 682.

184 *Von Gierke*, Deutsches Privatrecht, S. 687.

185 *Von Gierke*, Deutsches Privatrecht, S. 690f.

b) Kodifikation der Gesamthand

Da durch die Gründung des Deutschen Reiches im Jahre 1871 ein immer größer werdendes Bedürfnis bestand, die bestehende Rechtszersplitterung zumindest teilweise zu beseitigen, erfolgte gegen Ende des 19. Jahrhunderts durch die Einführung des Bürgerlichen Gesetzbuches eine Vereinheitlichung des bürgerlichen Rechts. Dabei kam es ebenfalls zur Neukonzeption der Gesellschaft bürgerlichen Rechts. Bis zum In-Kraft-Treten des Bürgerlichen Gesetzbuches im Jahre 1900 existierten mit den Personenhandelsgesellschaften zwar bereits normierte Gesellschaftsformen von Gesamthandsgemeinschaften.[186] Es mangelte allerdings an einer einheitlichen gesetzlichen Regelung im Hinblick auf eine nicht gewerblich tätige Gesamthandsgemeinschaft. Im Zuge dieser Kodifikation der Gesellschaft bürgerlichen Rechts als Grundform des personenrechtlichen Zusammenschlusses[187] prallten verschiedene Rechtsauffassungen aufeinander, ohne das der Gesetzgeber eine eindeutige Regelung von zu erwartenden Fragen vorgeben wollte.[188] So wollte die Kommission im Zuge der Beratungen des Bürgerlichen Gesetzbuches noch von einem rein schuldrechtlichen Vertragsverhältnis zwischen den Gesellschaftern ausgehen.[189] Dieser Sichtweise schloss sich die zweite Kommission allerdings nicht an, sondern legte der Gesellschaft bürgerlichen Rechts die Konstruktion der Gesamthandsgesellschaft zu Grunde, um so eine stärkere Bindung der Gesellschafter miteinander zu erreichen.[190]

Im Anschluss an die gesetzliche Niederlegung der Gesellschaft bürgerlichen Rechts als Gesamthandsgemeinschaft mangelte

186 So fanden Personenhandelsgesellschaften bereits eine Regelung in den §§ 614ff. ALR.

187 *Hadding* in Soergel BGB, vor § 705 Rn. 25f.

188 *Mugdan*; Protokolle, S. 990; die Gruppenlehre *von Gierkes* war dem Gesetzgeber aus chronologischer Sicht bekannt.

189 *Mugdan*, Protokolle, S. 330.

190 *Schubert*/Jakobs, Beratung des BGB, III, S. 350ff.; *Mugdan*, Protokolle, S. 330, 353, 1000f.

es nicht an dogmatischen und praktischen Deutungsmöglichkeiten dieses Gesellschaftstypus, die seitens der Wissenschaft Diskussion gestellt wurden. Im Gegensatz zur Lehre *von Gierkes* setzte sich zunächst die Ansicht durch, dass lediglich in vermögensmäßiger Hinsicht der Gesellschaft ein eigenständiger Charakter in Form eines Sondervermögens zu komme, letztlich als Träger dieses (gebundenen) Vermögens aber alleine die Gesellschafter im Rechtsverkehr auftreten sollen.[191] Der Zweck der Gesamthand besteht nach dieser Ansicht vorrangig darin, eine Trennung zwischen den Privatvermögen der Gesellschafter und dem gesamthänderisch gebundenen Sondervermögen zu erreichen.[192] Wesentliche Grundaussagen dieser Lehre ist damit, dass die Gesellschaft bürgerlichen Rechts als Gesamthandsgemeinschaft nicht selbst Trägerin von Rechten und Pflichten sein könne, da diese Fähigkeit grundsätzlich nur natürlichen oder aber juristischen Personen vorbehalten sei und die Regelung des § 124 HGB keinerlei Anwendung im Rahmen der Gesellschaft bürgerlichen Rechts finde.[193] Anknüpfend an eines der wesentlichen Motive des Gesetzgebers, der Trennung des Gesellschaftsvermögens als gemeinschaftliches Vermögen der Gesellschafter von dem Privatvermögen dieser, erklärt diese Lehre die Gesamthand als schlichtes Schuldverhältnis auf Grund vertraglicher Vereinbarung zwischen den Gesellschaftern.[194] Die Gesellschaft sei kein eigenes Zuordnungsobjekt für Rechte und Pflichten.[195] Dies seien nach wie vor lediglich die Gesellschafter,

---

191 Diese Lehre wurde als individualistische bzw. vermögensrechtliche Lehre bezeichnet. Vertreter dieser Lehre war dabei zunächst vor allem *Larenz*, vgl. *Larenz*, Schuldrecht BT, § 60 IV; *Larenz*/Wolf, AT, § 9 Rn. 73; diese Lehre aufgreifend *Medicus*, Schuldrecht II, Rn. 481ff.; *Schulze-Osterloh*, Das Prinzip der gesamthänderischen Bindung, S. 163ff., 278ff.

192 *Buchner*, AcP 169 (1969) 483ff.

193 *Schulze-Osterloh*, Das Prinzip der gesamthänderischen Bindung, S. 171ff.

194 *Buchner*, AcP 169 (1969) 483ff.; *Hueck*, OHG, § 16 m.w.N.; *G. Hueck*, FS Zöllner, 275 [279ff.].

195 *Lobe* in Planck, BGB, § 714 Anm. 3.

allerdings miteinander in einer gesamthänderischen Konstruktion verbunden.[196] Beklagte aus einer Verbindlichkeit gegenüber der Gesellschaft könnten dabei lediglich die Gesellschafter sein, was aus der vollstreckungsrechtlichen Vorschrift des § 736 ZPO zu folgern sei.[197]

Somit besteht ein augenscheinlicher Unterschied zwischen der Gesamthandslehre *von Gierkes* und der vermögensrechtlichen Lehre basierend auf der Lehre Larenz'. Während im Rahmen letzterer Lehre der Gesamthand keine eigene Rechtssubjektivität zukommt, soll nach der personenrechtlichen Lehre gerade die Gesamthand selbst Träger von Rechten und Pflichten sein.

c) Wiederentdeckung der Idee der Rechtsfähigkeit der Gesamthand

Nicht nur durch beginnende praktische Umsetzungsschwierigkeiten hinsichtlich nicht rechtsfähiger Gesamthandsgesellschaften erfolgte zur späten Mitte des 20. Jahrhunderts eine Art Rückbesinnung auf die bereits von *von Gierke* entwickelte Grundidee der Möglichkeit der selbstständigen Rechtsfähigkeit der gesamten Hand. Federführend bei dieser „Renaissance" der Gruppenlehre war *Flume*. Er war der Ansicht, dass die Gesamthand als Gesellschaft nur aus der Gesamtheit ihrer Gesellschafter in Verbundenheit dieser bestehe, ihr dabei aber durchaus ein eigener Rechtssubjektcharakter zukommen kann.[198] Wesentliche Grundaussage *Flumes* war dabei neben der Postulation der Rechtsfähigkeit der Gesamthand, dass die Gesellschaft zwingend mit der Gruppe der Gesellschafter identisch sei.[199] Aufbauend auf diese Grundideen setzte sich gegen Ende des 20. Jahrhunderts die Auffassung durch, dass die Gesellschaft selbst als Gruppe von Personen Trägerin von

196 *Pinner* in Staub HGB, 9. Auflage 1912, § 105 Anm. 8.

197 Vgl. Übersicht *Ulmer* in Münchener Kommentar BGB, § 705 Rn. 296f.

198 *Flume*, AT BGB, S. 68ff.; derselbe ZHR 136 (1972), 177ff.

199 *Flume*, ZHR 136 (1972), 177, 189f.

Rechten und Pflichten sei, wenn sie als „unternehmenstragende Gesellschaft“ ausgestaltet sei.[200] Damit wurde gewissen Gesellschaftstypen der Gesellschaft bürgerlichen Rechts eine Rechtsfähigkeit zugesprochen.[201]

d) Entscheidung des Bundesgerichtshofs vom 29. Januar 2001

Angeregt durch die Neuentfachung der traditionellen Gesamthandslehre auf wissenschaftlicher Ebene und der dadurch aufgezeigten Vorteile für die Praxis war seit den 80er Jahren des 20. Jahrhunderts eine Tendenz der Rechtsprechung dahingehend festzustellen, dass möglicherweise eine Rechtsfähigkeit gewisser Gesellschaften bürgerlichen Rechts anzuerkennen sei.[202] Mit seiner Grundsatzentscheidung vom 29. Januar 2001 hat der Zweite Senat festgestellt, dass der (Außen-)GbR Rechtsfähigkeit zukomme, soweit sie durch Teilnahme am Rechtsverkehr eigene Rechten und Pflichten begründet.[203] Gegenstand dieser Entscheidung war die Frage, ob eine ARGE Beklagte in einem Rechtstreit sein kann. Entgegen den vorinstanzlichen Entscheidungen sprach sich der Zweite Senat für die Parteifähigkeit der Gesellschaft bürgerlichen Rechts nach § 50 ZPO aus. Aus dieser Möglichkeit Partei eines Recht-

---

200 Vertreter der Gruppenlehre in jüngerer Zeit waren u.a. *Reiff*, ZIP 1999, 1329 [1336f.]; *Ulmer*, ZIP 1999, 554 [563]; *Kindl*, NZG 1999, 517 [519]; *Wertenbruch*, Die Haftung von Gesellschaften und Gesellschaftsanteilen in der Zwangsvollstreckung, S. 211ff.

201 *Ulmer*, AcP 198 (1998), 113 [126ff.]; *Dauner-Lieb*, DStR 1999, 1992 [1996].

202 Vgl. BGH, Beschluss v. 03.011.1980 – II ZB 1/79, NJW 1981, 682 zur Feststellung, dass die GbR selbst Mitglied einer GmbH sein könne; zur Frage der Rechtsfähigkeit der (Außen-)GbR bereits schemenhaft BGH, Beschluss v. 04.11.1991 – II ZB 10/91, BGHZ 116, 86; Anerkennung der Scheck – und Wechselfähigkeit BGH, Urteil v. 15.07.1997 – IX ZR 154/96, NJW 1997, 2754.

203 BGH, Urteil v. 29.01.2001 – II ZR 331/00, NJW 2001, 1056.

streits zu sein, folgerte der Bundesgerichtshof sodann, dass die Gesellschaft bürgerlichen Rechts ebenso die Möglichkeit habe, eine Rechtsfähigkeit nach den Vorschriften des Bürgerlichen Gesetzbuches zu erlangen. In seiner wegweisenden Entscheidung stützt sich das Gericht maßgeblich auf die praktischen Bedürfnisse, die für eine Annahme der Rechtsfähigkeit der Gesellschaft bürgerlichen Rechts sprechen, solange durch diese Gesellschaft eine Teilhabe am wirtschaftlichen Verkehr stattfindet. Ebenso entscheidend für den Bundesgerichtshof war es, dass diese pragmatische Lösung nicht in einem zwingenden Widerspruch mit dem Willen des historischen Gesetzgebers des Bürgerlichen Gesetzbuches steht.[204] Denn dem Gesetzgeber war, wie bereits an einigen Stellen aufgezeigt, kein zwingendes dogmatisches Verständnis des Gesamthandsprinzips zu eigen. Vielmehr habe er auf Grundlage des Verständnisses der Ersten Kommission, die von einer rein schuldrechtlich geprägten römischen „societas“[205] ausgegangen sei, ein nicht vorhandenes Prinzip der Gesamthand „darüber gestülpt“.[206] Daher lässt die Unvollständigkeit der gesetzlichen Regelung „*Raum für eine an den praktischen Bedürfnissen orientierte Beurteilung der Rechtsnatur der GbR*“.[207] Vorrangige praktische Erwägungen seien dabei insbesondere, die Möglichkeit einen Wechsel des Mitgliederbestandes ohne Einfluss auf bestehende Dauerschuldverhältnisse der Gesellschaft vornehmen zu können.[208] Daneben ermögliche die Anerkennung der Rechtsfähigkeit auch eine identitätswahrende Umwandlung der Gesellschaft bürgerlichen Rechts von oder in eine andere Rechtsform.[209] Als eine Art „demokratischer Verankerung“

204 BGH, Urteil v. 29.01.2001 – II ZR 331/00, NJW 2001, 1056 [1057f.]

205 Vgl. *Mugdan*, Protokolle, S. 335ff.; *Schubert*/Jakobs, Beratung des BGB, III, S. 350ff.; Flume, AT BGB, S. 68ff.

206 *Flume*, BGB AT S. 3 f; ausführlich zu dem fehlenden Verständnis des Gesetzgebers für das Gesamthandsprinzip: *Ulmer*, FS Fischer, S. 788f.

207 BGH, Urteil v. 29.01.2001 – II ZR 331/00, NJW 2001, 1056 [1057].

208 BGH ebenda.

209 BGH ebenda.

seiner Rechtsauffassung führt der Zweite Senat zusätzlich an, dass es der Gesetzgeber selbst ist, der von einer (Teil-)Rechtsfähigkeit der Gesellschaft bürgerlichen Rechts ausgeht, wenn er diese zum Gegenstand gesetzlicher Regelungen wie § 11 Abs. 2 Nr. 1 InsO oder § 191 Abs. 2 Nr. 1 UmwG macht.[210]

e) Fortentwicklung der Rechtsprechung seit dem 29. Januar 2001

Die Annahme der Rechtfähigkeit der (Außen-)GbR fand in der Literatur weit überwiegend positive Beachtung.[211] Dies verwundert nicht, da es gerade die wissenschaftlichen Denkanstöße waren, die dieses Ergebnis der Rechtsfähigkeit mit auf den Weg gebracht haben. So führte der Bundesgerichtshof seine Entscheidungen im Einklang mit dem weit überwiegenden Teil der wissenschaftlichen Literatur konsequent fort, indem er zunächst für neu eintretende Gesellschafter der Gesellschaft bürgerlichen Rechts zur entsprechenden Anwendung des § 130 HGB gelangte.[212] Folgerichtig ist nunmehr § 31 BGB analog im Hinblick auf die Frage der Haftungszurechnung von Gesellschafterverschulden zu Lasten der Gesellschaft anzuwenden.[213] Anzumerken ist in diesem Zusammenhang, dass durch diese Entscheidungen zwar eine Annäherung der Gesellschaft bürgerlichen Rechts an Personenhandelsgesellschaften erfolgte, diese Annäherung aber ausschließlich auf Gesellschaften bezogen war, welche am Rechtsverkehr teilnahmen. Es erfolgte dabei keine inhaltliche Erweiterung der Rechtsprechung auf sonstige

---

210 BGH ebenda.

211 *Schmidt*, NJW 2001, 995 [997] ; *Westermann*, NZG 2001, 289; *Ulmer*, ZIP 2001, 585; *Wertenbruch*, NJW 2002, 324; *Derleder*, BB 2001, 2485; kritisch hingegen *Heil*, NZG 2001, 300 [305]; sowie *Peifer*, NZG 2001, 193; in neuerer Zeit *Beuthien*, NZG 2011, 481.

212 BGH, Urteil v. 07.04.2003 – II ZR 56/02, NJW 2003, 1803 [1804].

213 BGH, Urteil v. 24.02.2003 – II ZR 385/99, NJW 2003, 1445.

Gesamthandsgemeinschaften, insbesondere nicht auf die Erbengemeinschaft.[214]

Eines der letzten „Problemfelder“ in Zusammenhang mit der Anerkennung der Rechtsfähigkeit der Gesellschaft bürgerlichen Rechts auch nach 2001 ist die Frage, ob die Gesellschaft selbst als Eigentümerin eines Grundstücks eingetragen werden kann oder ob dies nicht vielmehr unter Angabe aller Gesellschafter unter Bezeichnung der Gesellschafterstellung der Gesamthand erfolgen müsse.[215] Kann auch für diese Frage die Rechtsfähigkeit der Gesellschaft bürgerlichen Rechts bejaht werden, so dürfte diese Erkenntnis nicht für Zwecke dieser Untersuchung als feststehend anzusehen sein.

Zunächst weigerten sich verschiedene Oberlandesgerichte, einen parallelen Lauf zwischen der Rechtsfähigkeit der Gesellschaft bürgerlichen Rechts und deren (alleiniger) Eintragung als Inhaberin von Grundeigentum anzuerkennen.[216] Als erstes Gericht auf Ebene der Oberlandesgerichte erkannte das Oberlandesgericht Stuttgart 2007 an sich denknotwendig an, dass nach Bejahung der Rechtsfähigkeit der Gesellschaft bürgerlichen Rechts, diese Rechtsfähigkeit faktisch unterlaufen werden würde, wenn man ihr eine Eintragung im Grundbuch untersage.[217] So verwunderte es nicht, wenn auch der Bundesgerichtshof den unterschiedlichen Auffassungen der Oberlandesgerichte dahingehend begegnete, dass er sich mit seiner Entscheidung vom 4. Dezember 2008 inhaltlich dem Oberlandesgericht Stuttgart anschloss und feststellte, dass die Rechte der Gesellschaft Inhaberin von Grundeigentum zu sein, di-

214 BGH, Beschluss v. 17.10.2006 – VIII ZB 94/05, NJW 2006, 3715; BGH, Urteil v. 11.09.2002 – XII ZR 187/00, NJW 2002, 3389; die Rechtsfähigkeit der Erbengemeinschaft befürwortend *Eberl-Borges*, ZEV 2002, 125; dies., NJW 2006, 1313

215 Zu den dogmatische Grundlagen dieser unterschiedlichen Ansätze, vgl. *Giebel*, WM 2007, 1496 [1502].

216 BayObLG, NJW 2003, 70 [72]; OLG Celle NJW 2006, 2194 [2195].

217 OLG Stuttgart, NJW 2007, 304; Diese Entscheidung bejahend, *Tavakoli/Fehrenbacher*, DB 2007, 382.

rekt und ausschließlich auf die Gesellschaft bezogen seien.[218] Daher müsse die Gesellschaft in dieser Form in das Grundbuch eingetragen werden.[219] Von Seiten der Praktiker wurde diese Entscheidung mit einem „Aufschrei"[220] zur Kenntnis genommen. Hauptgrund für diese Reaktion, war das Fehlen eines dem Handelsregister vergleichbaren Registers für Gesellschafter einer Gesellschaft bürgerlichen Rechts.[221] Dadurch wurde eine Gefahr für die Sicherheit des Grundbuchverkehrs gesehen, da sich nicht feststellen lasse, ob die tatsächlich verfügenden Gesellschafter diese Verfügung wirksam im Namen der Gesellschaft vornehmen konnten.[222]

Der Gesetzgeber reagierte auf die Entscheidung des Bundesgerichtshofs mit der Einführung des § 899a BGB sowie des § 47 Abs. 2 GBO.[223] Durch die Einführung dieser Normen wurde die Diskussion zur Grundbuchfähigkeit der Gesellschaft bürgerlichen Rechts aber keineswegs beendet, sondern diese Thematik beschäftigt nach wie vor die Wissenschaft und in mindestens gleichem Umfang diejenigen, die sich im Alltag mit der Anwendung des Rechts zu beschäftigen haben. Oftmals verkannt wird in diesem Kontext, dass die Frage der Grundbuchfähigkeit der GbR, sowie die Möglichkeit der Bezeichnung dieser im Rahmen einer Eintragung im Grundbuch dabei nicht als ein in Frage stellen der Rechtsfähigkeit der Außen-GbR anzusehen ist.[224] Vielmehr wird gefordert, dass die Auseinandersetzung auf die Frage zu reduzieren sei, unter

218 BGH, Beschluss v. 04. 12. 2008 – V ZB 74/08, NZG 2009, 137.

219 BGH, ebenda.

220 *Kesseler*, NJW 2011, 1909.

221 *Heil*, RNotZ 2009, 227; *Reymann*, BB 2009, 350; *Kesseler*, NZM 2009, 190; positiv *Teben*, NZG 2009, 288; Umfassende Darstellung der Kritikpunkte an der Entscheidung des BGH: *Kraft*, Die Grundbuchfähigkeit der Gesellschaft bürgerlichen Rechts, S. 79ff.

222 *Langenfeld*, ZEV 2009, 91; *Reymann*, BB 2009, 350ff.

223 Beide Normen wurden eingeführt durch ERVGBG v. 11.8.2009 (BGBl. I S. 2713).

224 *Wilhelm*, NZG 2011, 801 [803].

welcher Bezeichnung die als rechtsfähig anzusehende Gesellschaft im Grundbuch einzutragen ist.[225] Nicht überzeugen kann daher die Ansicht, die durch die Einführung der Normengruppe[226] einen Rückschritt in der Anerkennung der Rechtsfähigkeit der GbR sehen will.[227] Denn gerade die Rechtsfähigkeit der Gesellschaft wird von diesen Regelungen als Voraussetzung angesehen.[228]

Befasst man sich mit den Regelungen der §§ 899a BGB, § 47 Abs. 2 GBO, so kann trotz der Annahme der Rechtsfähigkeit der Gesellschaft und der damit grundsätzlich einhergehenden alleinigen Vermögenszuordnung nicht geleugnet werden, dass auch die Regelungstechnik insofern unglücklich gelungen zu sein scheint. Es verwundert, dass das Grundbuch, welches die Gesellschaft als Eigentümerin des Grundstücks ausweist, unrichtig werden soll, wenn ein der Gesellschaft zugehöriger Gesellschafter wechselt.[229] Ein solches Verständnis einer Gesellschafterstellung legt nämlich nahe, dass durch die Einführung der Regelungen des § 899a BGB sowie des § 47 GBO eine Beteiligung der Gesellschafter an dem Vermögen der Gesellschaft bestehe, denn andernfalls kann alleine durch ein Wechsel im Gesellschafterbestand keine Unrichtigkeit des Grundbuchs angenommen werden. Wie eine solche „doppelte Rechtszuständigkeit", d.h. einerseits als Zuweisung an die Gesellschaft und andererseits als Teilhabe der Gesellschafter, dogmatisch verankert werden kann, ist allerdings mehr als fraglich, wenn nicht sogar unmöglich.[230]

---

225 *Wilhelm*, NZG 2011, 801 [803]; ähnlich *Ulmer* in Münchener Kommentar BGB, § 705 Rn. 312.

226 Gemeint sind die §§ 899a BGB und 47 Abs. 2 GBO.

227 *Beuthien*, NZG 2011, 481 [485]; insgesamt kritisch Führ, RNotz 2011, 155; einen Gleichlauf von GbR und oHG befürwortend *Scherer*, NJW 2009, 3063 [3065].

228 Vgl. BT-DrucksS. 16/13437, S. 23f.; *Lautner*, DNotZ 2009, 650.

229 Vgl. *Altmeppen*, NJW 2011, 1905.

230 *Altmeppen*, NJW 2011, 1905.

f) Fazit

Betrachtet man den Werdegang der Gesamthand unter dem Blickwinkel der Rechtssubjektivität so blickt man auf eine der herausforderndsten und meist diskutierten juristischen Fragestellungen der letzten 200 Jahre.

Festzuhalten ist zumindest: Das Gesamthandsprinzip ist und wird wohl ein nie versiegender Quell eines wissenschaftlichen Diskurses darstellen. Dessen ungeachtet entspricht es (gegenwärtig) der allgemeinen Meinung, dass der Gesellschaft bürgerlichen Rechts, soweit sie am Geschäftsleben beteiligt ist, die Fähigkeit zukommt, Trägerin von Rechten und Pflichten zu sein.[231] De facto findet damit die Regelung des § 124 HGB eine analoge Anwendung für solche Gesellschaften bürgerlichen Rechts.[232] Diese Erkenntnis ist bei der Bestimmung des „Anteils am Gesellschaftsvermögen" insofern zu beachten, als dass dieser Anteil jedenfalls bei einer Gesellschaft bürgerlichen Rechts, die die oben genannten Kriterien erfüllt, niemals alleine eine Rechtszuständigkeit der Gesellschafter ausdrücken kann. Vielmehr steht der Gesellschaft selbst diese Rechtszuständigkeit zu. Der „Anteil" der Gesellschafter ist somit von der Gesellschaft zustehenden Rechtspositionen zu unterscheiden. Diese Erkenntnisse gilt es nunmehr, für die zu untersuchende

231 A.A. *Beuthien*, NZG 2011, 481; *Bachmayer*, BWNotZ 2009, 122. Ungeachtet der Frage der Fähigkeit Rechtsträger sein zu können und damit einer rechtsdogmatischen Annäherung von GbR und OHG, sind in Rechtsprechung und Praxis dennoch Fallgruppen offensichtlich, in denen kein Gleichlauf zwischen diesen beiden Gesellschaftsformen vorliegt. So wird beispielsweise bei der Frage, ob Eigenbedarf eines Gesellschafters für die Kündigung eines Wohnraummietverhältnisses durch die Gesellschaft ausreichend ist, für die Gesellschaftsform der OHG abweichend entscheiden, als im Rahmen der GbR, ohne das die Rechtsfähigkeit beider Gesellschaften als maßgeblich erachtet wird, vgl. BGH, Urteil v. 15.12.2010 – VIII ZR 210/10, NJW 2011, 993 im Unterschied zu BGH, Urteil v. 16.07.2009 – VIII ZR 231/08, NJW 2009, 2738, BGH, Urteil v. 27.06. 2007 – VIII ZR 271/06, NJW 2007, 2845; zusammenfassend zu dieser Frage: Wedemann, NZG 2011, 533.

232 *Ulmer* in Münchener Kommentar BGB, § 705 Rn. 302.

Frage der Möglichkeit einer gesellschaftsvertraglichen Einflussnahme auf § 738 Abs. 1 Satz 1 BGB fruchtbar zu machen. Dabei gilt es das moderne Verständnis der Gesamthand mit den Auffassungen zur Wirkungsweise des Rechtsinstituts der Anwachsung in Einklang zu bringen.

B. Gegenstand der Anwachsung

Betrachtet man die Regelung des § 738 Abs. 1 Satz 1 BGB unter dem Gesichtspunkt des Gegenstandes der Anwachsung, so zeigt diese Regelung, dass bei einem Ausscheiden eines Gesellschafters dessen „Anteil am Gesellschaftsvermögen" den übrigen Gesellschaftern anwächst. Nach der gesetzlichen Regelung wird damit für den Ablauf der Anwachsung auf das Gesellschaftsvermögen und einer Beteiligung der Gesellschafter an diesem abgestellt.[233] Was sich letztlich hinter diesem Anteil an dem Gesellschaftsvermögen versteckt, eröffnet sich nicht auf den ersten Blick und verwundert dabei nicht allein ob der mehrmaligen Verwendung des Begriffs durch den Gesetzgeber.[234] So ist es nicht überraschend, wenn mannigfaltige Ansätze zu erkennen sind, die eine Erläuterung dieser Begrifflichkeit zum Gegenstand haben.[235] Die Reichweite der Aussagen reicht dabei von einem solchen Verständnis, dass mit „Anteil am Gesellschaftsvermögen" lediglich eine Umschreibung für Vermögenspositionen versucht wird, die einem Gesellschafter im Falle seines Ausscheidens zukommt.[236] Diese Ansicht knüpft offen-

233 *Dobler*, Das Anwachsungsprinzip im Zivil- und Einkommensteuerrecht, S. 37.

234 Insofern wird auch von „rätselhaften Begriffen" gesprochen, vgl. *Reinhardt/Schultz*, Gesellschaftsrecht, S. 20.

235 Eine diesbezügliche Übersicht der vielfältigen Auslegungsansätze enthält *Fischer*, Der Anteil an einer Personengesellschaft als Gegenstand der Zwangsvollstreckung, S. 12ff.

236 *Endemann*, BGB, S. 1139ff.

sichtlich an die Anwachsung an, da regelmäßig nur in solchen Fällen eine Abfindung an den ausgeschiedenen Gesellschafter gezahlt wird. Ein davon stark abweichendes Verständnis will dagegen den Anteil am Gesellschaftsvermögen nur als sprachliche Verknappung aller dem Gesellschafter zustehenden Rechte verstanden wissen.[237] Es wird demnach nicht auf die Stellung beim Ausscheiden abgestellt, sondern maßgeblich soll zeitlich an die Stellung als Gesellschafter anknüpft werden.

Um ein Verständnis dieses offensichtlich verklausulierten Begriffs zu schärfen, bietet es sich daher zunächst an, die weiteren Fallgruppen zu beachten, in denen der Gesetzgeber einen „Anteil am Gesellschaftsvermögen" als Begrifflichkeit verwendet. Denn der „Anteil am Gesellschaftsvermögen" ist nicht nur Regelungsgegenstand von § 738 Abs. 1 Satz 1 BGB. Vielmehr wird diese Begrifflichkeit durch den Gesetzgeber allein in Zusammenhang mit der Gesellschaft bürgerlichen Rechts als Grundform der personenrechtlichen Gesamthandsgesellschaft an mehreren Stellen verwendet. Besonders augenscheinlich ist der identische Wortlaut dabei in § 719 Abs. 1 BGB. Auf das Zusammenspiel dieser Norm mit § 738 Abs. 1 BGB wird noch näher einzugehen sein.[238] Aber auch die Regelung des § 859 ZPO verwendet die Formulierung eines „Anteils am Gesellschaftsvermögen", wenn klargestellt wird, dass eine Pfändung dieses Anteils am Gesellschaftsvermögen möglich ist. Ebenfalls im Rahmen einer Pfändung zeigt die Regelung des § 725 BGB, dass ein Pfändungspfandgläubiger zur Kündigung der Gesellschaft berechtigt ist, nachdem er zuvor den Anteil des Gesellschafters am Gesellschaftsvermögen erwirkt hat. Aufgegriffen wird der Anteil am Gesellschaftsvermögen darüber hinaus auch von steuerrechtlichen Regelungen wie u.a. von § 1 Abs. 2a GrEStG. Danach kann der Übergang von mindestens 95% vom Hundert der Anteile am Gesellschaftsvermögen einer Personengesellschaft einen grunderwerbsteuerlich relevanten Vorfall darstellen, wenn die

237 *Hadding*, FS Reinhardt. S. 249ff.

238 Vgl. insoweit Ausführungen unter II. A.

Personengesellschaft Inhaberin von Grundbesitz ist. Im Rahmen der Grunderwerbsteuer erfolgt dabei eine Abgrenzung zu der Begrifflichkeit „Anteil an der Gesellschaft".[239] Letztere Begrifflichkeit wird dabei auch in Zusammenhang mit der erbschaft- und schenkungsteuerlichen Behandlung des Anwachsungsvorgangs nach den §§ 3 Abs. 1 Nr. 2 Satz 2, 7 Abs. 7 ErbStG verwendet.[240]

Im Folgenden soll nunmehr durch eine vergleichende Betrachtung der zuvor genannten Regelungskomplexe versucht werden näher zu bestimmen, was sich hinter dem „Anteil am Gesellschaftsvermögen" verbirgt. Dabei gilt es zu beachten, ob dieser Begrifflichkeit ein einheitliches Verständnis zu Grunde gelegt werden kann oder ob eine individuelle Auslegung abhängig vom Regelungsbereich der maßgeblichen Norm zu erfolgen hat.

a) Anteil am Gesamthandsvermögen

Bevor auf ein Verständnis der Begrifflichkeit im Rahmen von § 738 BGB eingegangen wird, soll zunächst ein genereller Überblick über ein Verständnis des „Anteils am Gesellschaftsvermögens" gegeben werden.

(1) § 719 Abs. 1 BGB

Für eine vergleichende Untersuchung des „Anteils am Gesellschaftsvermögen" bietet es sich an, mit der Regelung des § 719

239 Vgl. § 1 Abs. 3 GrEStG; Zu einer Unterscheidung dieser Begrifflichkeiten auch für Fälle über die GrESt hinaus, vgl. *Hübner/Maurer*, ZEV 2009, 361 [366].

240 § 3 Abs. 1 Nr. 2 ErbStG statuiert dabei eine Schenkung auf den Todesfall für den Fall, dass der Abfindungsanspruch des Ausscheidenden geringer zu bewerten ist, als sein vorheriger Anteil an der Gesellschaft. § 7 Abs. 7 ErbStG stellt dabei die Parallelregelung für Schenkungen unter Lebenden dar.

Abs. 1 BGB zu beginnen, insbesondere da diese Norm in einer engen Beziehung zum maßgeblichen § 738 Abs. 1 Satz 1 BGB steht. Durch die Regelung des § 719 Abs. 1 BGB wird es dem Gesellschafter einer Gesellschaft bürgerlichen Rechts untersagt, über seinen „Anteil an dem Gesellschaftsvermögen" zu verfügen. Daneben wird ferner normiert, dass sich dieses Verfügungsverbot auch über einzelne zu dem Gesellschaftsvermögen zählende Gegenstände erstreckt. Aus historischer Sicht wurde dieses Verfügungsverbot durch den Gesetzgeber als Ausdruck der gesamthänderischen Bindung zwischen den Gesellschaftern aufgenommen.[241] Zudem sollte eine ausdrückliche Trennung des gesamthänderisch gebundenen Vermögens von den reinen Privatvermögen der einzelnen Gesellschafter erfolgen.[242] Die Möglichkeit der Verfügung über die Gesamthandsbeteiligung am Vermögen der Gesellschaft in toto, sollte dabei nicht nur mit schuldrechtlicher Wirkung, sondern darüber hinausgehend auch mit dinglicher Wirkung ausgeschlossen werden.[243] Diese dingliche Wirkung sollte im Vergleich zur Konstruktion des Gesellschaftsvermögens als rein obligatorisches Verhältnis Ausdruck eines Mehr an Rechtssicherheit für das Gesamthandsverhältnis sein, um so die gemeinsame Zweckerreichung zu sichern. [244] Darüber hinaus wird der Regelungsgehalt von § 719 Abs. 1 BGB zum Teil dergestalt verstanden, dass durch diese Norm nicht nur ein Verfügungsverbot zu Lasten der Gesellschafter besteht, son-

---

241 *Mugdan,* Protokolle, S. 430f.

242 *Schöne* in Beck'scher OK-BGB, Stand 01.11.2012, § 719 Rn. 1.

243 Von *Ditfurth* in Prütting/Wegen/Weinreich BGB, § 719 Rn. 1. Diese dingliche Komponente wurde nachfolgend immer wieder verwendet, um eine Rechtszuständigkeit alleine der Gesellschaft zu begründen. Denn stünde den Gesellschaftern keine Rechtszuständigkeit am Gesellschaftsvermögen zu, so bedarf es keines dinglichen Verfügungsverbotes, *Schulze-Osterloh,* Das Prinzip der gesamthänderischen Bindung, S. 74ff.

244 Mugdan, Protokolle, S. 424ff.

dern zusätzlich eine Zuweisung des Gesellschaftsvermögens zu der Gesellschaft als alleinige Inhaberin dieser Rechte erfolge.[245]

aa) Auswirkungen der Rechtsfähigkeit von Gesamthandsgesellschaften

Betrachtet man in diesem Zusammenhang die rechtsdogmatische Entwicklung der Gesamthand als solche, so wird deutlich, dass eine Frage der Zuweisung von Rechten an die Gesamthand nur dort Anspruch erheben kann, wo gleichzeitig die Fähigkeit der Gesamthand bejaht wird, selbst Trägerin von Rechten und Pflichten zu sein. Eine solche Auffassung als zwingende Verknüpfung dürfte bei Aufnahme der Regelung des § 719 BGB in das Bürgerliche Gesetzbuch von 1900 dem historischen Gesetzgeber aber fremd gewesen sein.[246] Ferner stellt der „Anteil an dem Gesellschaftsvermögen" nach § 719 Abs. 1 BGB auch kein subjektives Rechts des einzelnen Gesellschafters dar, das sich dabei lediglich als Bruchteil an dem Gesellschaftsvermögen darstellen würde.[247] Denn durch die Aufnahme der Gesellschaft bürgerlichen Rechts in das Bürgerliche Gesetzbuch wollte der Gesetzgeber gerade keine Variante einer Bruchteilsgemeinschaft inkorporieren, sondern eine neue Gattung der Gesamthandsgesellschaft normieren.[248]

245 *Hadding* in Soergel BGB, § 719 Rn. 1 ohne Bezugnahme auf eine sonstige Rechtssubjektivität der Gesamthand, ähnlich insoweit *Schmidt*, NJW 2001, 993 [996], für eine „mittelbare Regelung der Rechtssubjektivität durch § 719 Abs. 1 BGB, vgl. *Schöne* in Beck'scher OK-BGB, Stand 01.11.2012, § 719 Rn. 1.

246 Vgl. Darstellung der verschiedenen Theorien zur Rechtsnatur der Gesamthand auf S. 39ff.

247 *Hadding* in Soergel BGB, § 719 Rn. 5.

248 Mugdan, Protokolle, S. 990.

bb) § 719 BGB als Ausdruck einer Vermögensbeteiligung

Der „Anteil am Gesellschaftsvermögen" kann dabei auch nicht lediglich eine Zusammenfassung der Anteile an zum Gesellschaftsvermögen gehörender Gegenstände sein, da schon auf Grund der Verwendung der unterschiedlichen Begrifflichkeiten durch den Gesetzgeber eine Differenzierung impliziert sein muss.[249] Ebenso soll damit keine eigenständige Rechtsposition beschrieben werden.[250] Verbreitet ist daher die Ansicht, dass mit einem Anteil an dem Gesellschaftsvermögen ein Teilbereich der Stellung als Gesellschafter abgebildet ist, nämlich die vermögensmäßige Teilhabe an der Gesamthand.[251] Dieser vermögensrechtliche Teil der Gesellschafterstellung sei dabei als Unterbereich der Mitgliedschaft zu verstehen.[252] Diese vermögensmäßige Seite der Mitgliedschaft ist dabei aber weder als unmittelbare noch mittelbare Beteiligung am Vermögen der Gesellschaft anzusehen. Denn wenn eine Zuweisung dieses Vermögens alleine zur Gesamthand erfolgt, sei es über die Regelung des § 719 BGB oder sei es alleine aus der Rechtsnatur der Gesamthand, so bleibt kein Platz für eine Beteiligung des Gesellschafters.[253]

Liegt keine Beteiligung am Gesellschaftsvermögen im Sinne einer irgendwie gearteten Mitberechtigung vor, so fragt man, worin z.B. bei einem kapitalmäßig nicht beteiligten Gesellschafter der Vermögenswert der Beteiligung liegt. Die Antwort dürfte in der Bindung des Gesellschafterkreises zu finden sein. Der vermögensmäßige Wert stellt sich dabei in der Beschränkung der übrigen Gesellschafter dar, nicht frei über ihre Mitgliedschaft verfügen zu können. So erfährt die Stellung des einzelnen Gesellschafters einen Schutz vor ungewollten Änderungen des Gesellschafterbe-

249 *Huber*, Vermögensanteil, S. 144.

250 *Wössner*, Die Pfändung des Gesellschaftsanteils bei Personengesellschaften, S. 21.

251 *Hadding* in Soergel BGB, § 719 Rn. 5.

252 *Ditfurth* in Prütting/Wegen/Weinreich BGB, § 719 Rn. 1.

253 Vgl. *Bergmann* in juris-PK-BGB, Stand. 01.10.2012, § 719 Rn. 2.

standes. Dazu passt es auch, dass die Beteiligung als Gesamthänder lediglich von der Stellung als Mitglied der Gesellschaft und nicht von der individuellen Beteiligung am Kapital der Gesellschaft abhängt.[254] In diesem Sinne dürften auch Stimmen in der Literatur zu verstehen sein, die in dem Anteil am Gesellschaftsvermögen keine vermögensmäßige Beteiligung sehen wollen, sondern als minus lediglich eine *„rechtliche Stellung des Gesellschafters als Beteiligter des Gesamthandsverhältnisses“*.[255]

cc) Wertmäßiger Charakter der Beteiligung

Eine besonders tiefgehende Bearbeitung des „Anteils am Gesellschaftsvermögen“ hat *Huber* in seiner Habilitationsschrift vorgenommen. Zu erwähnen ist dabei, dass *Hubers* Ausführungen unter der seinerseits noch vorherrschenden individualistischen Lehre von der Gesamthand erfolgten. Nach der Ansicht *Hubers* lasse sich der Anteil am Gesellschaftsvermögen als *„Sammelbegriff für die Gesamtheit der dinglichen Mitberechtigungen des Gesellschafters an den einzelnen Sachen, Forderungen und sonstigen Rechten der Gesellschaft“* beschreiben.[256] Als Besonderheit ist der Auffassung *Hubers* zu eigen, dass er bei der Beschreibung des „Anteils am Gesellschaftsvermögen“ nicht nur das Merkmal des Anteils im Sinne einer Beteiligung näher untersucht, sondern darüber hinaus auch im Rahmen des § 719 BGB zu einem eigenen Verständnis des „Gesellschaftsvermögens“ gelangt. Dabei setzt er voraus, dass sich das Gesellschaftsvermögen im Sinne von § 719 BGB als „Reinvermögen“, d.h. als Inbegriff der positiven Vermögensrechte aber auch der Schulden der Gesellschaft darstellt.[257] So geht *Huber* mit der da-

254 *Ulmer/Schäfer* in Münchener Kommentar BGB, § 719 Rn. 4.

255 *Hadding in* Soergel BGB, § 719 Rn. 5, nicht beschrieben wird hingegen, welche Rechte bei einem solchen Verständnis erfasst werden.

256 *Huber*, Vermögensanteil, S. 142.

257 *Huber*, Vermögensanteil, S. 143.

mals herrschenden individualistischen Lehre von der Gesamthand davon aus, dass mit dem „Anteil an dem Gesellschaftsvermögen" im Sinne des § 719 Abs. 1 BGB eine dingliche Mitberechtigung der Gesellschafter an den Vermögensgegenständen verbunden sei.[258] Ausgehend von dieser dinglichen Mitberechtigung am Reinvermögen der Gesellschaft, stelle sich der Anteil des Gesellschafters zwar nicht als realer Anteil wie im Rahmen einer Bruchteilsgemeinschaft dar, doch erfolge durch die dingliche Komponente eine Wertzuweisung des Anteils am Gesellschaftsvermögen zugunsten der Gesellschafter.[259]

Auf die Aussagen *Hubers* aufbauend will *Schmidt* der Begrifflichkeit „Anteil am Gesellschaftsvermögen" ein neues Verständnis geben und dabei die Thesen *Hubers* an die rechtsdogmatische Entwicklung der Gesamthand anpassen.[260] *Schmidt* versteht die Anteile eines Gesellschafters am Gesellschaftsvermögen als Wertrecht des einzelnen Gesellschafters. Mit Wertrecht will er dabei eine Zuweisung des Wertes einer Beteiligung zu den Gesellschaftern erreichen.[261] Dies bedeutet, dass alleine die Gesellschaft das Gesellschaftsvermögen beherrscht. Die hinter der Gesellschaft stehenden Gesellschafter haben durch ihre vermögensmäßige Beteiligung an dieser, beispielsweise durch Erbringung einer gesellschaftsvertraglich statuierten Einlage, aber ebenso eine Art „Beteiligungsquote" an dem Vermögen der Gesellschaft.[262] Offen lässt *Schmidt* hingegen worin er dabei die vermögensmäßige Beteiligung der Gesellschafter sieht, wenn man gleichzeitig die Rechtszuständigkeit an dem

258 *Huber*, Vermögensanteil, S. 144.

259 *Huber*, Vermögensanteil, S. 143.

260 *Schmidt*, FS Huber, S. 985f.

261 *Huber* sah in dem „Anteil am Gesellschaftsvermögen" auch eine wertmäßige Zuweisung, allerdings sah er in dem „Anteil am Gesellschaftsvermögen den Anteil am Wert des Gesellschaftsvermögens, vgl. *Huber*, Vermögensanteil, S. 145.

262 *Schmidt*, FS Huber, S. 986 versteht den Begriff Wertanteil dabei als anteiligen Vermögenswert.

Gesellschaftsvermögen alleine der Gesellschaft zuweist. So stellt *Schmidt* auch klar, dass er mit der Verwendung des Begriffs Wertrecht keine Herrschaftszuweisung des Gesellschaftsvermögens erreichen will, sondern vielmehr eine Wertzuweisung.[263] Doch auch diese Klarstellung hilft nicht über die Frage hinweg, worin genau die wertmäßige Beteiligung der Gesellschafter besteht. Wo keine vermögensmäßige Beteiligung im Sinne einer irgendwie gearteten Berechtigung durch die Gesellschafter vorliegt, kann auch keine Zuweisung eines wirtschaftlichen Wertes erfolgen.

dd) Kernelemente der Beteiligung bei § 719 BGB

Es ist augenscheinlich, dass im Rahmen von § 719 BGB eine Vielfalt unterschiedlicher Auffassungen zu dem „Anteil am Gesellschaftsvermögen" vorherrschen. Es droht die Gefahr, dass es anstatt zu einer Erhellung eher zu einer Verwirrung eines diesbezüglichen Verständnisses der Begrifflichkeit kommt. Es gilt daher, die den dargestellten Aussagen gemeinsamen Punkte hervortreten zu lassen: Keine eindeutige Klarheit besteht, ob und wenn ja inwieweit mit dem „Anteil am Gesellschaftsvermögen" eine irgendwie geartete Beteiligung der Gesellschafter an einem der Gesellschaft zustehenden Vermögen ausgedrückt wird. Betrachtet man den Zweck der Regelung von § 719 BGB so dürfte aber zumindest festzuhalten sein, dass durch das Verfügungsverbot im Hinblick auf den „Anteil am Gesellschaftsvermögen" eine Beschränkung der Rechte der Gesellschafter erfolgen sollte. Diese Beschränkung hatte dabei vorrangig die Erhaltung des Gesellschaftsvermögens im Auge, um so die Erreichung des Gesellschaftszwecks zu sichern. Gleichzeitig ist den dargestellten Auffassungen gemeinsam, dass die Mitgliedschaft eines Gesellschafters Voraussetzung sowie Anknüpfungspunkt des § 719 Abs. 1 BGB und somit eines „Anteils am Gesellschaftsvermögen" ist. Unabhängig von einem sonstigen Verständnis der

263 *Schmidt*, FS Huber, S. 986.

Begrifflichkeit ist § 719 BGB grundsätzlich die Aussage zu Eigen, dass ein Gesellschafter über sein Recht der Mitgliedschaft nicht frei, sondern nur mit Zustimmung aller Gesellschafter verfügen darf.[264] Diese Beschränkung der Verfügungsmöglichkeit bleibt damit als Ausfluss der Gesamthandsbeteiligung übrig, wenn man von einer alleinigen vermögensmäßigen Zuordnung des Gesellschaftsvermögens zu der Gesellschaft selbst ausgeht und in diesem Zusammenhang auch eine irgendwie geartete (Mit-)Berechtigung der Gesellschafter verneint.[265]

(2) § 859 ZPO

§ 859 Abs. 1 Satz 1 ZPO statuiert, dass eine Pfändung des „Anteils am Gesellschaftsvermögen" für Gläubiger eines Gesellschafters möglich ist, wohingegen in Satz 2 dieser Norm eine Pfändbarkeit diesbezüglicher Anteile an Gegenständen, die zum Gesellschaftsvermögen zählen, ausgeschlossen wird. Ratio dieser Regelung ist es, einzelnen (Privat-)Gläubigern eines Gesellschafters die vollumfängliche Verwertung des (Privat-)Vermögens dieses Gesellschafters zu ermöglichen[266], ohne gleichzeitig ein Eintreten des Gläubigers in die Gesellschaft zu bewirken.[267] Als Gegenstück im Rahmen der Zwangsvollstreckung ist dabei auf die Regelung des § 736 ZPO hinzuweisen, wonach gerade mit einem Titel gegen einen Gesellschafter nicht in das Vermögen der Gesellschaft

---

264 So *Habermeier* in Staudinger BGB, § 719 Rn. 2, ansonsten wird dort aber ein weiterer Anwendungsbereich von § 719 abgelehnt. Vom Ergebnis her ähnlich, wird die Regelung des § 719 BGB auch als wenig präzise Formulierung durch den historischen Gesetzgeber angesehen, vgl. *Cosack* BGB, S. 31.

265 *Kießling*, FS Hadding S. 488f.; *Habermeier* in Staudinger BGB, § 719 Rn. 2f.; *Beuthin*, NZG 2011, 161.

266 *Koch* in Kindl/Hannich-Meller/Wolf Zwangsvollstreckung, § 859 Rn. 2.

267 *Hüßtege* in Thomas/Putzo ZPO, § 859 Rn. 4; *Riedel* in Beck'scher OK-ZPO, Stand: 30.10.2012, § 859 Rn. 7.

zwangsvollstreckt werden kann. Für eine solche Verwertung muss entweder ein Titel gegen die Gesellschaft selbst oder aber ein Titel gegen alle Gesellschafter vorliegen.[268] Insofern erfolgt durch die Regelung der §§ 736, 859 ZPO eine Trennung der Vermögensmassen im Rahmen der zwangsvollstreckungsrechtlichen Verwertung.[269] Die praktische Umsetzung im Sinne der Realisierung des in dem Anteil am Gesellschaftsvermögen steckenden Wertes erfolgt durch den Pfändungspfandgläubiger im Anschluss an die Pfändung dieses Anteils nach der Regelung des § 725 BGB. Danach kann ein Gesellschaftergläubiger die Gesellschafterstellung kündigen und sich aus dem Abfindungsanspruch des Gesellschafters befriedigen.

aa) Reichweite der Beteiligung am Gesamthandsvermögen

Nicht geklärt ist damit aber noch nicht, was genau sich hinter dem Anteil am Gesellschaftsvermögen im Sinne von § 859 Abs. 1 ZPO verbirgt. Es wird vertreten, dass mit einer Pfändung eines Gesellschafteranteils am Gesellschaftsvermögen lediglich eine Pfändung des dem Gesellschafter zustehenden Wertrechtes[270] erfolge. Dieses Wertrecht dient dabei als Ausdruck der Gesamtheit der zum Gesellschaftsanteil gehörenden Vermögensrechte. Gleichzeitig ist eine Pfändung dieses Wertrechtes auf die vermögensmäßige Seite der mitgliedschaftlichen Stellung beschränkt, eine Pfändung der „verwaltungsrechtlichen Seite der Mitgliedschaft“ erfolge gerade nicht.[271] Damit wird es dem Gläubiger ermöglicht eine umfassen-

268 Zur Reichweite des § 736 ZPO, vgl. zuletzt BGH, Urteil v. 22.03.2011 – II ZR 249/09, WM 2011, 1036 [1037].

269 Damit stellen die §§ 736, 859 ZPO das zwangsvollstreckungsrechtliche Gegenstück zu dem ebenfalls die Vermögenstrennung propagierenden § 719 BGB dar.

270 BGH, Urteil v. 21.04.1986, II ZR 198/85, NJW 1986, 1991 [1992].

271 BGH, Urteil v. 21.04.1986, II ZR 198/85, NJW 1986, 1991 [1992]; OLG Stuttgart, OLGR Stuttgart 2000, 151 [152]; *Behr*, NJW 2000, 1137 [1139f.].

de Befriedigung aus den Vermögenswerten des Gesellschafters zu suchen, da ihm als Pfändungsgläubiger nach erfolgter Pfändung ein Anspruch auf den Gewinn sowie auf ein mögliches Guthaben resultierend aus einer Auseinandersetzung zustehe.[272]

Hingegen erfolgt nach überwiegender Ansicht in der Literatur durch eine Pfändung des Anteils am Gesellschaftsvermögen nichts anderes als eine Pfändung der Mitgliedschaft mit all ihren Rechten und Pflichten.[273] Begrifflich kann nach dieser Ansicht der Anteil am Gesellschaftsvermögen im Sinne von § 859 Abs. 1 ZPO mit dem Gesellschaftsanteil eines PersonenGesellschafters gleichgestellt werden, da sämtliche aus dem Gesellschaftsverhältnis folgenden Rechte im Rahmen einer Pfändung zu erfassen sind.[274] Fraglich ist somit, ob es eines solchen Kunstgriffes der Rechtsprechung, d.h. der Schaffung eines „Wertrechtes" als die vermögensrechtliche Seite der Mitgliedschaft überhaupt bedarf. Dies gilt insbesondere unter dem aus § 717 Satz 1 BGB folgten grundsätzlichen Verbot der Abspaltung von Gesellschafterrechten.[275] Daher bedarf es dieser rechtlichen Konstruktion dort nicht, wo bereits ein eigen-

272 *Westermann* in Erman BGB, § 725 Rn. 3.

273 *Hüßtege* in Thomas/Putzo ZPO, § 859 Rn. 1; *Koch* in Kindl/Hannich-Meller/Wolf Zwangsvollstreckung, § 859 Rn. 2; Becker in Musielak ZPO, § 859 Rn. 2ff.; *Habersack* in Staub HGB, § 124 Rn. 7; *Schmidt* in Schlegelberger HGB, § 135 Rn. 9; Strukturell kann die Mitgliedschaft in einer PersG sogar einer solchen in einer KapG verglichen werden, nachdem die PersG selbstständiges Objekt der Rechtsträgerschaft ist, vgl. *Habersack*, Mitgliedschaft als subjektives Recht, S. 49ff.; *Wössner*, Die Pfändung des Gesellschaftsanteils an der Personengesellschaft, S. 36.

274 *Wössner*, Die Pfändung am Gesellschaftsanteil bei den Personengesellschaften, S. 20; *Lutter*, ZGR 1990, 393; *Ulmer*, FS Schilling S. 83. Insofern erfolgt eine Vereinheitlichung der Beteiligung eines Gesellschafters an einer Personengesellschaft und einer solchen an einer Kapitalgesellschaft. Teilweise wird auch vertreten, dass zwar die Mitgliedschaft Gegenstand der Pfändung sei, aber keine Pfändung von Gesellschafterpflichten als Teil der Mitgliedschaft gewollt sei, vgl. *Marotzke*, ZIP 1988, 1509 [1513].

275 Grds. zum Abspaltungsverbot und dessen Reichweite: *Schöne* in Beck'scher OK-BGB, Stand 01.11.2012, § 717 Rn. 6; *Ulmer/Schäfer* in

ständiges Recht besteht, dass einer Pfändung unterworfen werden kann, welches dabei gleichzeitig die Besonderheit des persönlichen Charakters des personengesellschaftrechtlichen Zusammenschlusses beachtet.

Weder zwingend gegen eine Pfändbarkeit der Rechtsposition der Mitgliedschaft im Rahmen von § 859 Abs. 1 ZPO noch eindeutig dafür spricht der Wortlaut der Norm. Die Rechtsnatur der Mitgliedschaft als einheitliche Rechtsposition war dem damaligen Gesetzgeber nicht bewusst.[276] sodass auch die von diesem gewählte Ausdrucksweise nicht gegen eine Pfändbarkeit der Mitgliedschaft ins Feld geführt werden kann.[277]

Betrachtet man die Mitgliedschaft in einer Personengesellschaft, so wurde bereits dargestellt, dass eine solche nach langer rechtsdogmatischer Entwicklung der Übertragung zugänglich ist. Die Übertragung der Mitgliedschaft erfolgt gemäß §§ 413, 398 BGB. Darauf alleine dürfte schon der Schluss möglich sein, dass die Mitgliedschaft als eigenständige Rechtsposition anzusehen ist, die dabei nicht nur abgetreten, sondern auch gepfändet werden kann. Nicht geklärt ist mit dieser Erkenntnis aber die Problematik, dass den übrigen Gesellschaftern durch eine Pfändung der umfänglichen Mitgliedschaft ein neuer Gesellschafter gegen ihren Willen aufgedrängt werden könnte. Besteht bei einer Pfändung der Mitgliedschaft als Anteil an der Gesellschaft aber die Gefahr, dass die übrigen Gesellschafter verwaltungsmäßiger Einflussnahme durch

---

Münchener Kommentar BGB, § 717 Rn. 16; *Habermeie*r in Staudinger BGB, § 717 Rn. 1.

276 *Mugdan*, Protokolle, S. 990. Zudem kann auch die Ansicht der Rechtsprechung den Wortlaut nicht für sich ins Feld führen, da das Institut des „Wertrechts" dem historischen Gesetzgeber wohl genauso fremd war wie die mitgliedschaftliche Stellung als subjektives, übertragbares Recht des einzelnen Gesellschafters anzusehen.

277 *Wössner*, Die Pfändung am Gesellschaftsanteil bei den Personengesellschaften, S. 38. Dass das Gesamthandsprinzip vielmehr aber auch lediglich als Prinzip der Vermögenszuordnung angesehen wurde, vgl. *Ascheuer*, Der Anteil des Gesamthänders am Gesamthandsvermögen, S. 213ff.

den Pfändungsgläubiger ausgesetzt sind, so hat eine solche Pfändung aus den oben genannten Gründen dennoch zu unterbleiben.[278] Die Begrenzung auf lediglich vermögensmäßige Positionen erfolgt dabei im Gegensatz zum Ansatz der Rechtsprechung im Rahmen der Ansicht der Literatur nicht auf Ebene des Pfändungsgegenstandes, sondern bei der Frage der Möglichkeit der Ausübung von Rechten.[279] Rechtsgrundlage einer solchen Limitierung der Rechte des Pfändungsgläubigers ist dabei § 725 Abs. 2 BGB. Danach ist die Rechtstellung des Pfändungsgläubigers für die Dauer des Bestehens der Gesellschaft auch nach einer Überweisung des „Anteils am Gesellschaftsvermögen" auf die Ausübung vermögensrechtlicher Einzelforderungen beschränkt.[280] Folgt man der Ansicht der Literatur, so wird der Regelung des § 725 Abs. 2 BGB konstitutive Wirkung zugesprochen, sodass nicht nur von einer deklaratorischen und damit letztlich überflüssigen Bedeutung ausgegangen werden kann.[281]

278 Dies ist als Folge des höchstpersönlichen Zusammenschlusses der Gesellschafter anzuerkennen, vgl. *Paschke* Zwangsvollstreckung in Personengesellschaftsanteile, S. 76.

279 Zu unterscheiden ist grundsätzlich auch, dass keinesfalls durch eine Pfändung die Ausübung von mitgliedschaftlichen Rechten erfolgen kann, sondern erst durch eine anschließende Überweisung im Zuge der Verwertung, vgl. *Smid* in Münchener Kommentar ZPO, § 835 Rn. 2.

280 *Schöne* in Beck'scher OK-BGB, Stand 01.11.2012, § 725 Rn. 3; unsicher ist dabei noch der Zeitpunkt ab welchem die Beschränkung nach § 725 Abs. 2 BGB fortfällt, vgl. *Ulmer/Schäfer* in Münchener Kommentar BGB, § 725 Rn. 24.

281 Ein solches Verständnis ergibt sich, wenn man lediglich die vermögensmäßige Seite der Mitgliedschaft als Pfändungsobjekt nach § 859 Abs. 1 ZPO ansieht.

bb) Vermögensmäßiges Verständnis

Unabhängig welcher der oben genannten Ansichten man den Vorzug geben mag, kann es zumindest nicht geleugnet werden, dass der Begrifflichkeit „Anteil am Gesellschaftsvermögen" im Rahmen von § 859 ZPO eine vermögensmäßige Komponente innewohnt. Damit unterscheidet sich das Verständnis innerhalb dieser von § 859 ZPO von einem solchen, wie es von einigen Stimmen innerhalb der Regelung des § 719 BGB gefordert wird.[282] Geht man dort nämlich von einer kompletten und alleinigen Zuweisung des Vermögens an die Gesamthand selbst aus, bleibt kein Platz für eine unmittelbare oder mittelbare Vermögensbeteiligung eines Gesellschafters. Ein solches Verständnis kann aber innerhalb der Regelung des § 859 ZPO keine Geltung beanspruchen, da ansonsten die wirtschaftliche Verwertung des Privatvermögens des Gesellschafters nicht hinreichend zugunsten eines Gläubigers erfolgen kann. Festzuhalten ist damit schon im Vergleich der Regelungen der §§ 719 BGB, 859 ZPO, dass der Begrifflichkeit „Anteil am Gesellschaftsvermögen" kein einheitlicher Sinngehalt zugeschrieben werden muss, sondern dass ungeachtet des gleichen Wortlauts eine eigenständige Bestimmung dieser Begriffe erfolgen kann. [283]

(3) § 1 Abs. 2a Satz 1 GrEStG

Nachdem bereits der Vergleich zweier Regelungskomplexe unterschiedliche Auslegungsvarianten des „Anteils am Gesellschaftsvermögen" aufgezeigt hat, ist nun das Verständnis für grunder-

282 Gegen eine vermögensmäßige Sicht des Anteils am Gesellschaftsvermögens im Rahmen von § 719 BGB aufgrund der alleinigen Rechtszuständigkeit der Gesellschaft, *Kießling*, FS Hadding, S. 488.

283 Zu einem solchen Verständnis scheint auch *Fischer*, Der Anteil an der Personengesellschaft als Gegenstand der Zwangsvollstreckung, S. 15 zu kommen; ebenso *Wössner*, Die Pfändung am Gesellschaftsanteil bei den Personengesellschaften S. 20ff.; *Heinsheimer*, Über die Teilhaberschaft, S. 32f.

werbsteuerrechtliche Zwecke zu beleuchten. In Folge von § 1 Abs. 2a Satz 1 GrEStG gilt ein Übergang von mindestens 95% der Anteile am Gesellschaftsvermögen an einer Personengesellschaft als Übereignung eines Grundstücks auf eine neue Personengesellschaft, wenn zum Vermögen der Personengesellschaft inländischer Grundbesitz zählt. Mit Wirkung zum 31. Dezember 2001 war die Regelung dergestalt geändert worden, dass dem Begriff „Anteil" noch der Zusatz „am Gesellschaftsvermögen" hinzugefügt wurde.[284] Zuvor war damit lediglich von einem „Anteil" an einer Personengesellschaft die Rede. Gleichzeitig wurde damit eine Unterscheidung zu § 1 Abs. 3 GrEStG erreicht, wonach eine unmittelbare oder mittelbare Übertragung von 95% der Anteile einer grundbesitzenden Gesellschaft einer Übertragung eines Grundstückes gleichgestellt wird.

Mit dem Anteil am Gesellschaftsvermögen soll dabei *„der Wertanteil am Reinvermögen als schuldrechtlicher, gesellschaftsvertraglicher Anspruch des einzelnen Gesellschafters gegen die Gesamthand*" beschrieben werden.[285] Demgemäß wird eine kapitalmäßige Beteiligung an der Gesamthand vorausgesetzt, damit ein „Anteil am Gesellschaftsvermögen" vorliegen kann, da der Gesellschafter nur dann einen Wertanteil am Reinvermögen haben kann.[286] Nur in einem solchen Fall kann durch den „Anteil am Gesellschafts-

284 Die Änderung erfolgte durch Art. 13 Nr.1a des StÄndG 2001 v. 20.12.2001, BGBL I 2001, 3794ff.

285 *Fischer* in Boruttau GrEStG, § 1 Rn. 842; *Gottwald* Grunderwerbsteuer, Rn. 230; BFH, Urteil v. 03.03.1993 – II R 4/90, BFH/NV 1993, 494 zu der Begrifflichkeit „Vermögensanteil" i.R.v. § 6 Abs. 3 GrEStG 1983; *Behrens*, DStR 2010, 777 [784].

286 Vgl. *Götz*, BB 2006, 578 [579], wonach es im Unterschied zu § 1 Abs. 2a GrEStG bei § 1 Abs. 3 GrEStG nicht auf eine kapitalmäßige Beteiligung ankomme, sodass auch die Mitgliedschaft, der kein Anteil am Gesamthandsvermögen zusteht als „Anteil an der Gesellschaft" zu beschreiben ist; Für die Bestimmung des „Anteils am Gesellschaftsvermögen" kann regelmäßig auf die festen Kapitalanteile abgestellt werden, vgl. *Gottwald* Grunderwerbsteuer Rn. 231.

vermögen" der wirtschaftliche Wert der Beteiligung der einzelnen Gesellschafter abgebildet werden, der über die reine mitgliedschaftliche Stellung eines Gesellschafters hinaus diesem zukommt. Darüber hinaus wird es im Rahmen der Bestimmung eines „Anteils am Gesellschaftsvermögen" für möglich erachtet, bestimmte Vermögenswerte – insbesondere Grundbesitz – einzelnen Gesellschaftern abweichend von ihrer sonstigen Beteiligung an der Gesellschaft zuzuweisen.[287] Für ein solches Verständnis im Sinne einer zwingenden kapitalmäßigen Beteiligung streitet schon der Wortlaut von § 1 Abs. 2a Satz 1 GrEStG. Dieser spricht gerade von einem „Anteil am Vermögen", wohingegen die vergleichbare Regelung des § 1 Abs. 3 GrEStG lediglich von einem „Anteil an der Gesellschaft" ausgeht. Ebenso kann nur mit einer solchen Auslegung in der Folgevorschrift § 5 Abs. 1 GrEStG, die sich mit einer Steuerbefreiung eines im Grundsatz steuerpflichtigen Vorganges nach § 1 Abs. 2a GrEStG befasst, eine systemgerechte Steuerbefreiung gewährt werden. Denn nur in dem Verhältnis, in dem der Gesellschafter gesamthänderisch mit den Mitgesellschaftern an dem Gesamthandvermögen beteiligt ist, kann eine entsprechende Steuerbefreiung gewährt werden. Für die Gewährung der Befreiung ist dabei „das Innenverhältnis der Gesamthänder zueinander"[288] maßgeblich.

Für das aktuelle dogmatische Verständnis der Beteiligung der Gesellschafter klingt es allerdings verwunderlich, wenn in der Rechtsprechung des Bundesfinanzhofs nach wie vor zu lesen ist, dass „*ein Übergang eines Mitgliedschaftsrechtes einschließlich der anteiligen sachenrechtlichen Mitberechtigung am Gesellschaftsvermögen*" erfolge.[289] Auch in der Folgevorschrift § 5 Abs. 1 GrEStG, die sich mit einer Steuerbefreiung eines im Grundsatz steuerpflichtigen Vorganges nach § 1 Abs. 2a GrEStG befasst, ist stets von einer dinglichen Mitberechtigung an Gesamthandsvermögen die

287 *Gottwald* Grunderwerbsteuer, Rn. 231; *Fischer* in Boruttau GrEStG, § 1 Rn. 843; *Behrens/Schmidt*, UVR 2005, 382.

288 *Behrens/Schmidt*, UVR 2005, 378 [379].

289 BFH, Urteil v. 27.04.2005 – II R 61/03, BStBl II 2005, 649.

Rede.[290] Dabei ist es als gängige Meinung anzusehen, dass bei der Beurteilung, was sich hinter den jeweiligen Anteilen verbirgt, ein Gleichlauf zwischen den §§ 1 Abs. 2a und den §§ 5 und 6 GrEStG angestrebt werden soll.[291] Folgerichtig – wenn auch unter Beachtung der zivilrechtlichen Rechtsprechung befremdlich – ist insofern, wenn der Bundesfinanzhof anführt, dass *„unabhängig von der grunderwerbsteuerlichen Behandlung der Gesamthand als eigenständiger Rechtsträger es zivil- und handelsrechtlich dabei bleibe, dass nach § 718 BGB […] das Gesellschaftsvermögen gemeinschaftliches Vermögen der Gesellschafter ist und nicht etwa Vermögen der Gesellschaft.“*[292]

Betrachtet man die zuvor dargestellte Rechtsprechung der Finanzgerichte, so ist fraglich, ob wirklich eine sachenrechtlich Beteiligung am Vermögen der Gesamthand gefordert werden muss oder mit dieser Beschreibung nicht vielmehr eine Unterscheidung in unmittelbare und mittelbare Beteiligung getroffen werden sollte.[293] Durch die Finanzgerichte wird oftmals die rechtliche Einschätzung betont, dass lediglich ein Innehaben einer bürgerlich-rechtlichen bzw. handelsrechtlichen Beteiligung geeignet sein kann, die Steuerbefreiung nach den §§ 5, 6 GrEStG zu gewähren.[294] Nimmt man insoweit einen Gleichlauf von § 1 Abs. 2a GrEStG und der Regelungen der §§ 5, 6 GrEStG an, so ist für den „Anteil am Gesell-

290 BFH, Beschluss v. 08.08.2000 – II B 134/99, BFH/NV 2001, 66; FG Hamburg, UVR 2011, 169; *Viskorf* in Boruttau GrEStG § 5 Rn. 18f; *Gottwald* Grunderwerbsteuer Rn. 515; *Pahlke* in Pahlke GrEStG, § 1 Rn. 306, § 5 Rn. 30.

291 FG Hamburg, UVR 2011, 169; *Fischer* in Boruttau GrEStG, § 1 Rn. 842.

292 BFH, Beschluss v.11.09.2002 – II B 113/02, BStBl II 2002, 777; beachtlich ist insoweit die zeitliche Einordnung der Entscheidung nach der historischen Entscheidung des BGH v. 29.01.2001, Az. II ZR 331/00.

293 Ansatzweise findet sich dieser Gedanke wieder bei *Traunecker*, BWNotZ 2000, 133 [134], wenn davon gesprochen wird, dass „eine mittelbare Beteiligung oder eine Unterbeteiligung nicht genüge“ um einen Anteil am Gesellschaftsvermögen annehmen zu können.

294 BFH, Beschluss v.11.09.2002 – II B 113/02, BStBl II 2002, 777.

schaftsvermögen" im Rahmen § 1 Abs. 2a GrEStG wohl auch unter Beachtung der einschlägigen zivil- und steuerrechtlichen Rechtsprechung und dazugehöriger Literatur keine sachenrechtliche/dingliche Beteiligung im Sinne einer Herrschaftszuweisung zu fordern. Vielmehr dürfte mit diesem Kriterium eine Abgrenzung zu einer rein wirtschaftlich erfolgenden Betrachtung nach § 39 Abs. 2 AO gemeint sein, sodass ein Auseinanderfallen von Mitgliedschaft und Beteiligung am Vermögen vermieden werden soll.

Festzuhalten ist, dass der „Anteil am Gesellschaftsvermögen" nach § 1 Abs. 2a GrEStG jedenfalls die Mitgliedschaft in der Gesamthand sowie eine kapitalmäßige Beteiligung an dieser fordert. Nicht zwingend erscheint hingegen eine dingliche Teilhabe am Vermögen der Gesamthand. Erforderlich ist dabei das kumulative Vorliegen dieser Voraussetzungen, sodass beispielsweise ein Fehlen einer kapitalmäßigen Beteiligung, beispielsweise einer typischen Komplementär-GmbH einer GmbH & Co. KG, dazu führt, dass kein „Anteil am Gesellschaftsvermögen" nach § 1 Abs. 2a GrEStG vorliegt. Hervorzuheben ist dabei nochmals, dass interne, d.h. lediglich schuldrechtlich wirkende Vereinbarungen der Gesellschafter zur Zuweisung des Wertes des Gesamthandsvermögens im Rahmen von § 1 Abs. 2a GrEStG (steuer-)rechtliche Anerkennung finden.

(4) §§ 3 Abs. 1 Nr. 2 Satz 2/7 Abs. 7 Satz 1 ErbStG

Wie auch im Rahmen von § 1 Abs. 2a GrEStG befassen sich die Regelungen der §§ 3 Abs. 1 Nr. 2 Satz 2, 7 Abs. 7 Satz 1 ErbStG mit Fiktionen, die zur Begründung einer objektiven Steuerpflicht führen. So gilt es als Schenkung auf den Todesfall[295] bzw. als Schenkung unter Lebenden[296], wenn der Wert des Abfindungsanspruchs

295 Zugleich greift damit die Fiktion eines Erwerbs von Todes wegen, vgl. 3 Abs. 1 Nr. 2 Satz 2 ErbStG.

296 § 7 Abs. 7 Satz 1 ErbStG

des ausgeschiedenen Gesellschafters und ein aus dem Ausscheiden „*beruhender Übergang des Anteils oder des Teils eines Anteils eines Gesellschafters einer Personengesellschaft*“[297], geringer ist als der bewertungsrechtliche Wert dieses Anteils.[298] Mit anderen Worten gilt es als Schenkung zugunsten der verbliebenen Gesellschafter, wenn der Abfindungsanspruch des ausscheidenden Gesellschafters nach § 738 Abs. 1 Satz 2 BGB nicht seinem tatsächlichen wirtschaftlichen Wert entspricht. Ratio dieser Normengruppe ist es also eine Bereicherung der Gesellschafter zu erfassen, die dadurch entsteht, dass sich in Folge einer Minderabfindung das Vermögen der Gesellschaft nicht in dem Maße mindert, wie es sich nach dem gesetzlichen Regelfall gem. § 738 Abs. 1 Satz 2 BGB darstellen würde.[299] Ausgehend von einer Abfindung auf Niveau des Verkehrswertes der Beteiligung, „erhöht sich aufgrund dieser wirtschaftlichen Belastung des Verbandes der Anteilswert der Beteiligungen der verbliebenden Gesellschafter nicht.“[300]

Im Unterschied zu den zuvor genannten Regelungen stellt das Erbschaft- und Schenkungsteuergesetz in den dargestellten Regelungen dabei auf den „Anteil an der Personengesellschaft“ ab, wohingegen zuvor immer von einem „Anteil an dem Gesellschaftsvermögen“ die Rede war. Dies verwundert, da die Regelungen der §§ 3 Abs. 1 Nr. 2 Satz 2, 7 Abs. 7 Satz 1 ErbStG inhaltlich auf die Regelung des § 738 Abs. 1 BGB Bezug nehmen, dort aber von einem „Anteil am Gesellschaftsvermögen“ die Rede ist.[301] Interessanterweise erfolgt durch die Finanzverwaltung eine eigenständige Auslegung zumindest der Regelung des § 3 Abs. 1 Nr. 2 Satz 2 ErbStG. In den diese Norm erläuternden Richtlinien wird die Begrifflichkeit „Anteil am Gesellschaftsvermögen“ verwendet,

297 Vgl. Wortlaut von § 7 Abs. 7 Satz 1 ErbStG.

298 Die Wertermittlung des Anteils erfolgt dabei nach § 12 ErbStG.

299 *Gebel* in Troll/Gebel/Jülicher ErbStG, § 7 Rn. 395.

300 *Kießling*, FS Hadding, S. 490.

301 *Hübner/Maurer*, ZEV 2009, 361 [366].

ohne eine nähere Beschreibung dieses Anteils vorzunehmen oder eine Divergenz zu dem Wortlaut des Gesetzes aufzuzeigen.[302]

Mit Blick auf das dogmatische Verständnis der Anwachsung, wonach gerade keine Nachfolge in den Anteil des Ausscheidenden erfolgt, verwundert der Wortlaut der Regelungen der §§ 3 Abs. 1 Nr. 2 Satz 2, 7 Abs. 7 Satz 1 ErbStG, der einen Übergang eines Anteils voraussetzt. Daher soll mit dem Begriff „Übergang" keine Rechtsnachfolge beschrieben werden, sondern der Begriff sei bestenfalls wirtschaftlich zu verstehen.[303] Denn der Anteil eines ausscheidenden Gesellschafters erlischt zivilrechtlich mit dem Ausscheiden. So kann es zu keinem Übergang eines Anteils kommen.[304] Nicht zu überzeugen vermag dagegen der Erklärungsversuch *Gebel's*, der die Begründung für diese Terminologie darin sieht, dass die Finanzrechtsprechung nach wie vor von einem traditionellen Gesamthandsbild ausgehe.[305] Die Beantwortung der Frage welche Rechtsnatur der Gesamthand zukommt ist dabei zwar für die Art der Beteiligung der Gesellschafter maßgeblich. Ungeachtet davon kommt es aber auch nach der traditionellen Lehre nicht zu einem Übergang eines Anteils, da auch in diesem Fall die Mitgliedschaft und damit die (dingliche/unmittelbare) Beteiligung des Gesellschafters mit seinem Ausscheiden erlischt.

---

302 R 7 Abs. 1 Satz 1 ErbStR.

303 Ähnlich *Meincke*, ErbstG, § 2 Rn. 62.

304 Ungeachtet dessen wird durch die Finanzgerichte ein „Übergang des Gesellschaftsanteil in Form der Anwachsung" angenommen, vgl. BFH, Urteil v. 01.07.1992 – II R 70/88, BStBl II1922, 921 [925].

305 *Gebel*, Gesellschafternachfolge S. 126f. Diese Terminologie findet sich schon in den Gesetzesmaterialien zu § 7 Abs. 7 ErbStG, da auch dort unter Bezugnahme auf Rechtsprechung des Reichsfinanzhofes davon ausgegangen wird, dass eine Erbschaftsteuerpflicht dann gerechtfertigt sei, „wenn und soweit beim Tode eines Gesellschafters dessen Anteil an den offenen und stillen Reserven auf die anderen Gesellschafter oder einen von ihnen überging", Gutachten der Steuerreformkommission 1971, VII Rn. 224ff.

Sprachlich erfolgt in der Kommentarliteratur oftmals eine Gleichstellung des „Anteils an der Gesellschaft" mit der Beteiligung des Gesellschafters.[306] Dabei wird diese Beteiligung im Sinne der Mitgliedschaft verstanden.[307] Der Begriff der Beteiligung als die vollständige Umschreibung der Gesellschafterstellung wird daneben von der Finanzverwaltung aufgegriffen, wonach „*§ 7 Abs. 7 auch in den Fällen anwendbar ist, sofern der Teil, um den die Beteiligung*[308] *gemindert wird, den verbleibenden Gesellschaftern oder der Gesellschaft zuwächst.*"[309] Erklären lässt sich der Wortlaut sowie die anschließende Interpretation der Begrifflichkeit damit, dass beide Normen nicht nur einen Regelungsgehalt im Hinblick auf Beteiligungen an Personengesellschaften aufweisen, sondern daneben ebenso eine Gesellschafterstellung im Rahmen von Kapitalgesellschaften Anknüpfungspunkt für die Regelungen der §§ 3 Abs. 1 Nr. 2 Satz 2, 7 Abs. 7 Satz 1 ErbStG ist.[310] Insoweit erfolgt steuerrechtlich eine Gleichstellung von Beteiligungen an Personengesellschaften und Körperschaften.[311]

Insgesamt kann die Verwendung der Begrifflichkeit „Anteil an der Personengesellschaft" nur als sprachliche Ungenauigkeit und daher als Fehlgriff seitens des steuerrechtlichen Gesetzgebers bezeichnet werden. Folge einer solchen Ungenauigkeit ist[312],

306 *Gebel* in Tröll/Gebel/Jülicher ErbStG, § 3 Rn. 136.

307 *Holthusen/Burgmann* in Tiedtke ErbStG, § 7 Rn. 168; *Gebel* in Tröll/Gebel/Jülicher ErbStG, § 3 Rn. 136. Auch dieses Verständnis erklärt umso weniger, wie es zu einem Übergang des Anteils i.S. d. Mitgliedschaft kommen kann, wenn letztere mit dem Ausscheiden untergeht.

308 Hervorhebung nicht im Original.

309 FinMin Saarland v. 27.01.1987, DStR 1987, 295. Vgl. weitere Ausführungen zu diesem Themenbereich in Kapitel 3.

310 Vgl. R 7 Abs. 1, H 22 ErbStR.

311 Gegen eine Unterscheidung dieser Art für rechtsfähige Personengesellschaften auch im Zivilrecht: *Hadding*, FS Kraft, S. 145f.; *Kießling*, FS Hadding, S. 492f.

312 Von einem ungenauen Wortlaut der Regelung geht auch *Moench*, ErbStG, § 3 Rn. 137 aus.

dass diese Regelungen trotz ihres inhaltlichen Zusammenhangs mit dem Rechtsinstitut der Anwachsung keine klare Bestimmung eines „Anteils am Gesellschaftsvermögen" ermöglichen. Dies gilt umso mehr, als dass keine Unterscheidung von Personen- und Kapitalgesellschaftsbeteiligungen zu erfolgen scheint. Als Erkenntnis kann allenfalls noch resümiert werden, dass mit dem „Anteil an der Gesellschaft" im Sinne der §§ 3 Abs. 1 Nr. 2 Satz 2, 7 Abs. 7 Satz 1 ErbStG jedenfalls eine vermögensmäßige Beteiligung der Gesellschafter am Gesellschaftsvermögen zu verstehen ist. Dies erschließt sich aus dem Regelungszweck des ErbStG, als Besteuerung eines Vermögenszuwachses ohne entsprechende Gegenleistung. Dieser Vermögenszuwachs kann unter Berücksichtigung der Rechtsprechung des Bundesfinanzhofs nur auf Ebene der Gesellschafter eintreten, da der Bundesfinanzhof als Vertreter der traditionellen Gesamthandslehre die Gesellschafter als partielle Träger des Gesamthandsvermögens ansieht und demgemäß die Gesellschafter als Bereicherte nach einem Ausscheiden eines Gesellschafters einstuft.[313]

(5) § 2033 BGB

Betrachtet man die Regelung von § 2033 Abs. 1 BGB, fällt zunächst eine Ähnlichkeit zu § 719 BGB auf. So wird dem Miterben als Mitglied der Erbengemeinschaft - diese ist wie die Gesellschaft bürgerlichen Rechts eine weitere Form der Gesamthandsgemeinschaft[314]- zwar die Möglichkeit eingeräumt über seinen Anteil am Nachlass zu verfügen. Gleichzeitig erfolgt über § 2033 Abs. 2 BGB aber eine Einschränkung dahingehend, dass eine Verfügung des Miterben über seinen Anteil an den einzelnen Nachlassgegenständen nicht zulässig ist. Aufgrund der Strukturähnlichkeit von § 2033 BGB zu § 719 BGB als mit § 738 BGB eng verbundene Norm bietet sich

313 BFH Urteil v. 14.09.1994 – II R 95/92, BStBl II 1995, 81.

314 *Werner* in Staudinger BGB, § 2032 Rn. 1.

eine Annäherung der Begrifflichkeit „ Anteil am Nachlass" an, um so möglicherweise gleichzeitig eine Annäherung an den „Anteil am Gesellschaftsvermögen" zu erreichen.

Augenscheinlich ist im Vergleich zu § 719 BGB, dass es den Miterben gerade gestattet wird, dinglich[315] über den „Anteil am Nachlass" zu verfügen, wohingegen diese Möglichkeit dem Gesellschafter einer Gesellschaft bürgerlichen Rechts gerade untersagt ist. Insoweit ist die aus der Mitgliedschaft der Gesamthandgemeinschaft folgende Bindung gelockert.[316] Der hinter dieser Regelung stehende Sinn ist dabei, dass die Gesellschafter einer Gesellschaft bürgerlichen Rechts dauerhaft zu einer gemeinsamen Zweckverfolgung zusammengeschlossen sind, daher nicht durch individuelle Verfügungen über Teile der Gesamthand diese Zweckerreichung gefährden sollen.[317] Hingegen ist die Erbengemeinschaft von vorneherein nicht auf einen dauerhaften Zusammenschluss ausgerichtet[318], sodass es durch die Regelung des § 2033 Abs. 1 BGB zu einer raschen Verwertung des Erbteils durch den Miterben kommen kann.[319]

Der Anteil eines Miterben (am Nachlass) wird durch das Gesetz im Rahmen von § 1922 Abs. 2 BGB als Erbteil definiert. Fügt man § 2033 Abs. 1 BG mit § 1922 Abs. 2 BGB zusammen, so ist

315 *Otto* in juris-PK-BGB, Stand 04.10.2012, § 2033 Rn. 29; *Weidlich* in Palandt BGB, § 2033 Rn. 1; *Gergen* in Münchener Kommentar BGB, § 2033 Rn. 11.

316 *Werner* in Staudinger BGB, § 2033 Rn. 2; *Ann*, Die Erbengemeinschaft, S. 173ff.

317 Vgl. Ausführungen zu § 719 BGB unter S. 79ff.

318 BGH, Urteil v. 11.09. 2002 – XII ZR 187/00, NJW 2002, 3389; *Muscheler*, ZErb 2010, 40; *Pötting*, MittBayNot 2007, 273.

319 *Lohmann* in Beck'scher OK-BGB, Stand 01.03.2012, § 2033 Rn. 1, *Werner* in Staudinger BGB, § 2033 Rn. 2; *Hoeren* in Schulze BGB, § 2033 Rn. 1; *Gergen* in Münchener Kommentar BGB, § 2033 Rn. 1; *Otto* in juris-PK-BGB, Stand 04.10.2012, § 2033 Rn. 8.

dem Miterben eine Verfügung über seinen Erbteil gestattet.[320] Als Nachlass in diesem Sinne ist dabei „das von einem Verstorbenen hinterlassene Vermögen“ zu verstehen.[321] Der Erbteil oder Anteil am Nachlass wird daher als „ideelle quotale Berechtigung am Gesamthandsvermögen“ beschrieben.[322] Zwingende Voraussetzung für das Bestehen eines Erbteils ist daher die Existenz von Gesamthandsvermögen, also der Existenz eines Nachlassgegenstandes.[323] Diese Beteiligung am Nachlass umfasst dabei nicht nur eine quotale Beteiligung an Vermögensgegenständen im Sinne positiver Vermögenswerte, sondern ist daneben auch Ausdruck für eine anteilige Haftung für Nachlassverbindlichkeiten nach den §§ 2059ff. BGB.[324]

Der Anteil des Miterben am Nachlass im Sinne des § 2033 Abs. 1 BGB stellt somit einen Teilbereich der Erbenstellung als Ganzes dar und beschreibt die vermögensrechtliche Seite der Miterbenstellung. Insoweit dürfte die Stellung als Miterbe einer Stellung als Gesellschafter in einer Personengesellschaft entsprechen. Hervorzuheben ist, dass – im Unterschied zu einer Verfügung eines Gesellschafters – durch eine Verfügung eines Miterben über den Anteil am Nachlass, keinesfalls die komplette Stellung als Erbe untergeht.[325] Es erlischt lediglich die vermögensmäßige

320 *Muscheler*, ZErb 2010, 40; zum ähnlichen Sprachgebrauch von Anteil am Nachlass und Erbteil: *M. Schmidt* in juris-PK-BGB, Stand 01.10.2012, § 1922 Rn. 104.

321 *Ann*, Die Erbengemeinschaft, S. 174.

322 *Edenhofer* in Palandt BGB, § 2033 Rn. 1; *Gergen* in Münchener Kommentar BGB, § 2033 Rn. 7.

323 Werner in Staudinger BGB, § 2033 Rn. 5; Ausreichend ist, wenn nur noch ein Gegenstand zum Nachlass zählt, *Lohmann* in Beck'scher OK-BGB, Stand 01.03.2012, § 2033 Rn. 3; *Gergen* in Münchener Kommentar BGB, § 2033 Rn. 7.

324 *Wolf* in Soergel BGB, § 2033 Rn. 2.

325 BGH, Urteil v. 22.04. 1971 – III ZR 46/68, NJW 1971, 1264; *Werner* in Staudinger BGB, § 2033 Rn. 23a; *Ann*, Die Erbengemeinschaft, S. 174; *Muscheler*, FS Kanzleiter, S. 291.

Seite dieser Erbenstellung.[326] Während es bei der Verfügung über den Gesellschaftsanteil zu einem Erlöschen der Mitgliedschaft inklusive der vermögensmäßigen Seite kommt, kann es im Rahmen einer Erbengemeinschaft durch eine Verfügung des Miterben über seinen „Anteil am Nachlass" zu einem Auseinanderfallen von Erbenstellung und vermögensmäßiger Beteiligung am Nachlass kommen. Während die Übernahme einer Gesellschafterbeteiligung der Zustimmung aller Beteiligten, d.h. der übrigen Gesellschafter, des veräußernden Gesellschafters, sowie des übernehmenden Gesellschafters bedarf, kann dieser umfängliche Konsens für eine „Übertragung" der Erbenstellung nicht mehr erreicht werden. Da eine Verfügung über den Anteil am Nachlass ist erst nach Eintritt des Erbfalls erfolgen kann[327], ist eine Beteiligung des Erblassers nicht mehr möglich, sodass durch eine Abrede ohne den Erblasser keine Erbenstellung begründet werden kann.[328]

(6) Zwischenergebnis

Wie aus den vorstehenden Überlegungen ersichtlich, erfährt der „Anteil am Gesellschaftsvermögen" kein einheitliches Verständnis.[329] Vielmehr unterscheiden sich die verschiedenen Auslegungen dieser Begrifflichkeit je nach Regelungsgegenstand und -zweck. Der Grund einer solchen nicht einheitlich zu erfolgenden Auslegung dürfte dabei bei der Figur der Gesamthand zu suchen sein. Hatte der historische Gesetzgeber selbst noch kein endgültiges

326 *Muscheler*, ZErb 2010, 40 [41].

327 *Wolf* in Soergel BGB, § 2033 Rn. 5; *Werner* in Staudinger BGB, § 2033 Rn. 5.

328 BGH, Urteil v. 22.04. 1971 – III ZR 46/68, NJW 1971, 1264; BayObLG, NJW 1968, 505; *Werner* in Staudinger BGB, § 2033 Rn. 23a; *Wolf* in Soergel BGB, § 2033 Rn. 13.

329 So auch: *Wössner*, Die Pfändung des Gesellschaftsanteils bei Personengesellschaften, S. 20; *Heinsheimer*, Über die Teilhaberschaft, S. 32.

Verständnis von der Gesamthandsgesellschaft als solcher, so wird verständlich warum ein abweichendes Verständnis einer einheitlichen Begrifflichkeit auftritt. Da dies auch schon dem historischen Gesetzgeber bewusst war, überließ er es Wissenschaft und Rechtsprechung zu einer näheren Konkretisierung des Wesens der Gesamthand und damit gleichzeitig einer Konkretisierung eines „Anteils am Gesamthandsvermögen" beizutragen.[330] So kam es, dass durch das Leben der Gesamthand im Rechtsalltag eine individuelle Auslegung des Begriffs erfolgte, um so der Ratio der jeweiligen Norm größtmögliche Geltung zu verschaffen. Der „Anteil am Gesellschaftsvermögen" kann damit nicht als festgeschriebenes Dogma angesehen sehen, sondern ist einer sachgerechten oftmals von wirtschaftlichen Motiven geleiteten Auslegung zugänglich.

b) Anteil am Gesellschaftsvermögen im Rahmen von § 738 Abs. 1 Satz 1 BGB

Geht man mit den obigen Ausführungen davon aus, dass es keine einheitliche Auslegung der Begrifflichkeit „Anteil am Gesellschaftsvermögen" gibt, so ist demnach auch innerhalb der Regelung des § 738 Abs. 1 Satz 1 BGB eine solche Annäherung an diesen Begriff geboten. Dabei ist der von der Anwachsung erfasste Regelungsbereich zu beachten. Insgesamt hat neben einer Explikation des „Anteils am Gesellschaftsvermögen" vor allen Dingen eine Beschreibung der Anwachsung als eigenständiges Rechtsinstitut zu erfolgen.

(1) Zweck von § 738 Abs. 1 Satz 1 BGB

Um den hinter dieser Norm stehenden Regelungsgehalt überhaupt umschreiben zu können, bietet es sich zunächst an, dem Weg zu

330 *Mugdan*, Protokolle, S. 430.

folgen, den der historische Gesetzgeber beschritten hat, als er erstmals eine Kodifikation der Gesamthand vornahm. Denn gleichzeitig mit der Entscheidung für die Gesamthand als Modell der Gesellschaft bürgerlichen Rechts erfolgte auch eine Normeirung der Rechtsfolgen des Ausscheidens aus der Gesellschaft bürgerlichen Rechts als Gesamthandsgesellschaft.[331] Während der Überlegungen zur Bildung für ein Bürgerliches Gesetzbuch für das Deutsche Reich hatte der Erste Entwurf zu § 658b, der dem heutigen § 738 Abs. 1 Satz 1 BGB im Wesentlichen entspricht[332], dahingehend gelautet, dass „*der ausscheidende Gesellschafter verpflichtet ist, seinen Antheil an dem Gesellschaftsvermögen den übrigen Mitgesellschaftern nach dem Verhältniß ihrer Antheile zu übertragen.*“ Noch in derselben Beratung wurde ein anderslautender Wortlaut dahingehend vereinbart[333], wonach „*der Antheil des ausscheidenden Gesellschafters am Gesellschaftsvermögen den übrigen Gesellschaftern zuwächst*“.[334] Maßgebliches Argument für diesen Entschluss war das Zusammenspiel der Rechtsfolge eines Ausscheidens aus der Gesellschaft mit einem Verfügungsverbot des Gesellschafters, nicht über seinen Anteil an dem Vermögen der Gesamthand verfügen zu können[335], also das Zusammenspiel zwischen den heutigen Regelungen des § 738 Abs. 1 Satz 1 BGB und dem gegenwärtigen § 719 Abs. 1 BGB. Denn wenn dem einzelnen Gesellschafter schon die Verfügung über seinen Anteil (am Vermögen der Gesamthand)

331 Das Zusammenspiel von Rechtsnatur der Gesamthand und der Wirkung des Ausscheidens wird deutlich bei *Kiefner*, FS Sandrock, S. 479f. dort in Fn. 17.

332 Beschlossen wurde letztendlich § 673 Abs. 1 des Zweiten Entwurfes, *Schubert/Jakobs*, Beratung des BGB, III, S. 350ff.

333 Hinzuweisen ist, dass sich eine Minderheit dem ursprünglichen Antrag verpflichtet fühlte und eine Pflicht zur Übertragung der Anteile festgeschrieben sehen wollte, *Mugdan*, Protokolle, S. 1001.

334 *Mugdan*, Protokolle, S. 1001; *Schubert*/Jakobs, Beratung des BGB, III, S. 350ff.

335 Dies entspricht nach heutiger Gesetzeslage § 719 BGB.

entzogen sei[336], so könne ihm nicht gleichzeitig eine Verpflichtung zur Übertragung dieses Anteils an die übrigen Gesellschafter auferlegt werden. Andererseits wurde aber auch anerkannt, dass diese mögliche Verpflichtung des Gesellschafters nicht die Sicherung des Gesellschaftszwecks gefährdet und daher grundsätzlich mit dem Rechtsgedanken des heutigen § 719 BGB vereinbar sei.[337] Schon an diesem früheren Zeitpunkt war es dem historischen Gesetzgeber wichtig, damit das Zusammenspiel zwischen Verfügungsverbot des Gesellschafters und den Rechtsfolgen des Ausscheidens aus der Gesellschaft festzulegen. Dies ist umso mehr zu betonen, als dass der Gesetzgeber von dem konkreten Modell der Gesamthand noch kein endgültiges Verständnis festgelegt wissen wollte.[338]

Zusätzlich zu diesem interaktiven Verhältnis zwischen den modernen §§ 719, 738 BGB stellte der Gesetzgeber klar, dass die Rechtsfolgen der Anwachsung als Folge gesetzlicher Regelungen ausgelöst wurden.[339] Es sollten gerade keine weiteren Rechtsakte zwischen den Gesellschaftern erforderlich sein.[340] Mit anderen Worten: Eine Anwachsung tritt automatisch kraft Gesetzes ein und wird nicht durch Rechtsgeschäft ausgelöst.[341] Denn ein Eintreten der Anwachsung ipso iure verhindert, dass der ausscheidende Gesellschafter durch ein Verweigern der Anteilsübertragung die Stellung der übrigen Gesellschafter schwächen kann.[342] Umfasst von einer solchen Anwachsung sollte also ein Übergang von Rechten, die zuvor dem ausscheidenden Gesellschafter zugeordnet waren, auf

336 Vgl. geänderter § 645 Abs. 1 des Zweiten Entwurfes. Darstellung der Entscheidungsfindung bei *Mugdan*, Protokolle, 988ff.

337 *Mugdan*, Protokolle, S. 1001.

338 *Mugdan*, Protokolle, S. 430.

339 Insbesondere durch den Wechsel von einer Verpflichtung des ausscheidenden Gesellschafters zur Übertragung des Anteils zu der Endfassung des § 658b des Zweiten Entwurfes, *Mugdan*, Protokolle, S. 1001.

340 *Schubert*/Jakobs, Beratung des BGB, III, 350ff.

341 *Kiefner*, FS Sandrock, S. 479f.; *Schmidt*, FS Huber, S. 974.

342 *Mugdan*, Protokolle, S. 1001.

die verbleibenden Gesellschafter erfolgen. Auch der automatische Eintritt der Anwachsung nach einem Ausscheiden eines Gesellschafters verdeutlicht die Ratio des von dem historischen Gesetzgeber gewählten Modells der Anwachsung: Durch das Ausscheiden eines Gesellschafters soll es nicht zu einem Auseinanderfallen von Gesellschafterstellung und Beteiligung an der Gesellschaft kommen. Nur eine zwingende Verknüpfung von Mitgliedschaft und (vermögensmäßiger) Beteiligung bietet eine sichere Grundlage zur Erreichung des gemeinschaftlichen Zwecks.

(2) Anwachsung des „Anteils am Gesellschaftsvermögen"

Nachdem zuvor versucht wurde, den in dem Institut der Anwachsung enthaltenen Regelungszweck aufzuzeigen, gilt es nunmehr zu ergründen, was mit dem „Anteil am Gesellschaftsvermögen" nach § 738 Abs. 1 Satz 1 BGB gemeint sein könnte. Dies erfolgt dabei durch ein synoptisches Zusammenfügen der verschiedenen Auffassungen zu der Begrifflichkeit „Anteil am Gesellschaftsvermögen" oder vergleichbarer zuvor dargestellter Synonyme.[343] Gleichzeitig ist im Zuge dieser Zusammenschau der Regelungszweck der Anwachsung zu beachten, da der Begrifflichkeit „Anteil am Gesellschaftsvermögen" wie gezeigt kein einheitliches Dogma zukommt. Vielmehr ist eine individuelle normgerechte Auslegung des Begriffs geboten. Maßgeblich dürfte bei der Klärung des „Anteils am Gesellschaftsvermögen" im Sinne von § 738 Abs. 1 Satz 1 BGB u.a. sein, wie weit man den Begriff der Gesamthandsberechtigung verstanden wissen will.[344] Denn wie bereits zu Beginn dieser Arbeit dargestellt, ist die Anwachsung ein den Gesamthandsgemeinschaften zugehöriges Spezifikum.

343 Gemeint sind damit die Begrifflichkeiten der §§ 719, 2033 BGB, § 859 ZPO, § 1 Abs. 2a GrEStG sowie § 7 Abs. 7 ErbStG.

344 *Schmölz*, FS Beuthien, S. 240.

aa) Gesamthandsvermögen im Sinne von § 738 Abs. 1 Satz 1 BGB

Bevor eine Bestimmung der Art und Weise der Beteiligung der Gesellschafter erfolgt, wird zunächst versucht, eine Annäherung des von der Anwachsung betroffenen Gesamthandsvermögens vorzunehmen. So scheint es, dass bereits auf dieser Ebene Unterschiede zu der mit § 738 BGB verbundenen Regelung des § 719 BGB vorliegen sollen.[345] So wird vertreten, dass der Vermögensbegriff im Kontext von § 738 BGB im Unterschied zu dem Vermögen in Zusammenhang mit § 719 BGB lediglich positive Vermögenswerte abbilde.[346] Nach *Huber* bezieht sich der „Anteil am Gesellschaftsvermögen" nach § 738 BGB nur auf den Anteil des Gesellschafters am „Aktivvermögen".[347] Dies zeige sich vor allem daran, dass „die Gesellschaftsschulden in der Vorschrift unberührt bleiben, sie den Vorgang der Anwachsung nicht mitmachen."[348] Dieser Ansicht folgend sieht *Schmölz*[349] darin einen Widerspruch zu der Rechtsprechung des Bundesgerichtshofs, wenn dieser in seinem Urteil vom 7. Juli 2008[350] von einem Übergang „des Vermögens der GbR, d.h. der Aktiva und Passiva" ausgeht. Ein Widerspruch im Sinne unterschiedlicher Auffassungen des Vermögensbegriffs des § 738 Abs. 1 BGB dürfte allerdings nicht vorliegen. So hatte die zitierte Entscheidung des zweiten Senats einen Fall des § 140 Abs. 1 Satz 2 HGB - ein Ausscheiden des vorletzten Gesellschafters - zum Gegenstand. Da der Bundesgerichtshof in diesem Kontext die Begrifflichkeiten „Anwachsung" und „Gesamtrechtsnachfolge" synonym benutzt[351], blieb dem Bundesgerichtshof in diesem Fall keine andere Möglichkeit als bei der Gesamtrechtsnachfolge des letzten

345 Vgl. *Huber*, Vermögensanteil, S. 142; *Siebert*, Gesellschaftsvertrag, S. 6f.

346 *Huber*, Vermögensanteil, S. 142; *Schmölz*, FS Beuthien, S. 240.

347 *Huber*, ebenda.

348 *Huber*, ebenda.

349 *Schmölz*, FS Beuthien, S. 242.

350 Az. II ZR 37/07, NJW 2008, 2992.

351 Zu dem Verhältnis von Gesamtrechtsnachfolge und Anwachsung aus dogmatischer Sicht, vgl. Ausführungen auf S. 45ff.

Gesellschafters von einem Übergang von Aktiva und Passiva der Gesellschaft auf diesen Gesellschafter auszugehen. Rückschlüsse auf die Auffassung des Bundesgerichtshofs, was sich hinter dem Gesellschaftsvermögen des § 738 Abs. 1 BGB versteckt, dürften daraus aber nicht zu schließen sein.

Insgesamt ist bei der Bestimmung des Gesellschaftsvermögens für Zwecke des § 738 BGB kein Unterschied zu der Verwendung des Begriffs in § 719 BGB vorzunehmen. Denn ebenso wie die Regelung des § 719 BGB durch die Diskussion zur Rechtsnatur der Gesamthand geprägt wurde, spiegelt sich diese Prägung bei der verwandten Regelung des § 738 Abs. 1 BGB wieder. Ist von einer ungeteilten Rechtszuständigkeit der Gesellschaft auszugehen, bedarf es keines unterschiedlichen Vermögensbegriffs für die Regelung des § 738 Abs. 1 BGB einerseits und Regelungen der § 719 BGB bzw. § 859 ZPO andererseits.[352] Alleine der Gesellschaft steht das Gesellschaftsvermögen zu, sodass die Überlegungen zur Anwachsung von Schulden[353] zu Lasten der verbliebenen Gesellschafter nicht länger benötigt werden. Insofern besteht kein Widerspruch zu Grundsätzen der Nachhaftung eines ausgeschiedenen Gesellschafters, da für Verbindlichkeiten der Gesellschafter eine umfängliche Haftung – auch des ausgeschiedenen Gesellschafters – nach § 128 HGB analog besteht.[354] Mit Gesellschaftsvermögen im Sinne von § 738 BGB ist damit, um mit den Worten *Hubers* zu sprechen, von dem „Reinvermögen" der Gesellschaft auszugehen.[355] Dies setzt sich aus allen Aktiva und Passiva der der Gesellschaft zustehenden Rechte und Pflichten zusammen. Damit stimmt das

352 *Huber* will nämlich auch im Rahmen von § 859 ZPO von einem von § 738 Abs. 1 BGB abweichenden Vermögensbegriff ausgehen, *Huber*, Vermögensanteil, S. 143.

353 *Huber*, Vermögensanteil, S. 142.

354 Für den ausgeschiedenen Gesellschafter ist selbstverständlich die haftungslimitierende Vorschrift des § 160 HGB (i.V.m. § 736 Abs. 2 BGB) zu beachten, vgl. *Schöne* in Beck'scher OK-BGB, Stand 01.11.2012, § 736 Rn. 11ff.

355 *Huber*, Vermögensanteil, S. 141f.

Gesamthandsvermögen im Sinne von § 738 Abs. 1 BGB mit dem Gesamthandsvermögen des § 719 BGB überein. Eine Unterscheidung ist insoweit obsolet.

bb) „Anteil am Gesellschaftsvermögen"

Nachdem schon im Rahmen der Bestimmung des Gesellschafsvermögens die Vermögenszuständigkeit der Gesellschaft die entscheidende Rolle eingenommen hat, ist dieser Punkt auch bei der Bestimmung des „Anteils am Gesellschaftsvermögen" der einzelnen Gesellschafter, also deren Beteiligung an der Gesellschaft ausschlaggebend.

(aa) Auswirkungen der Rechtsfähigkeit der Gesamthand

Steht alleine der Gesellschaft als Rechtsträgerin das Gesellschaftsvermögen im Sinne eines „Reinvermögens" zu, so kann keine unmittelbare oder sachenrechtliche Beteiligung der Gesellschafter an diesem Vermögen der Gesellschaft bestehen. Dinglich berechtigt sind an den einzelnen Vermögensgegenständen der Gesellschaft nach der modernen Gesamthandslehre gerade nicht die einzelnen Gesellschafter, sondern die Gesellschaft als eigenes Rechtssubjekt.[356] Nicht überzeugen kann daher die Ansicht, wenn in der Beteiligung der Gesellschafter und in der die Beteiligung verändernden Anwachsung eine sachenrechtliche Komponente gesehen wird.[357]

---

356 Gemeint sind dabei nur die Personenhandelsgesellschaften und sonstige (teil-) rechtsfähige Personengesellschaften.

357 *Sauter* in Beck'sches Handbuch der Personengesellschaft, § 7 Rn. 201; ähnlich *Windbichler,* Gesellschaftsrecht, § 10 Rn. 11.

(bb) Vermögensmäßige Beteiligung

Scheidet damit eine dingliche, absolut gegenüber Dritten wirkende Beteiligung der Gesellschafter am Gesellschaftsvermögen aus, so stellt sich darüber hinaus die Frage, ob dem Anteil am Gesellschaftsvermögen bei § 738 Abs. 1 Satz 1 BGB eine irgendwie geartete vermögensmäßige Komponente zukommt. Dabei bietet sich eine vergleichende Darstellung an: So wurde bei den Ausführungen zu § 719 BGB festgehalten, dass jedenfalls in der Beschränkung der Verfügungsmöglichkeit der Gesellschafter ein vermögensrechtlicher Charakter des „Anteils am Gesellschaftsvermögen" liegt. Auch allen anderen Regelungsbereichen der „Anteile am Gesellschaftsvermögen"[358] ist es gemeinsam, dass eine wertmäßige Beteiligung der Gesellschafter am Gesellschaftsvermögen ausgedrückt werden soll.[359] Diese wertmäßige Beteiligung liegt bei dem „Anteil am Gesellschaftsvermögen" im Rahmen von § 738 Abs. 1 Satz 1 BGB darin, dass durch den Wegfall eines Gesellschafters eine potentielle Verteilung des Vermögens der Gesellschaft auf weniger Gesellschafter erfolgt.[360] Unabhängig ob eine Ergebnisverteilung nach Köpfen oder Kapitalanteilen erfolgt, erhöht sich das auf den einzelnen Gesellschafter zu verteilende Ergebnis.[361] Diese Verän-

358 Erfasst ist auch der Anteil am Nachlass im Sinne von § 2033 BGB als „idelle quotale Mitberechtigung" am Nachlass.

359 Vgl. Ausführungen zu §§ 2033 BGB, 859 ZPO, § 1 Abs. 2a GrEStG oder § 7 Abs. 7 ErbStG.

360 Nicht gemeint ist damit eine direkte Beteiligung der Gesellschafter an dem Gesamthandsvermögen.

361 Zu den Grundsätzen der Gewinnverteilung nach Kapitalanteilen als Abweichung von dem für die GbR vorgesehenen Kopfprinzip des § 722 BGB vgl. Ausführungen im 2. Kapitel. Wenn *Kießling*, FS Hadding, S. 477ff. fragt, worin nach Anerkennung der Rechtsfähigkeit der GbR noch der verbleibende Regelungsbereich des Gesamthandsprinzips ist, wird folgendes verkannt: Alleine durch das Gesamthandsprinzip wird sichergestellt, dass eine zwingende Verknüpfung von Mitgliedschaft und Beteiligung am Gesamthandsvermögen besteht. Im Unterschied zu einer Beteiligung an einer juristischen Person besagt das Prinzip der gesamten Hand, dass gerade die Gesellschafter gemeinsam die Gesellschaft verkör-

derung der wertmäßigen Beteiligung kann einerseits bei einer laufenden Ergebnisverteilung aber auch bei einer Teilhabe einer Auseinandersetzung nach den §§ 732ff. BGB maßgeblich sein. Wird oftmals von einer mittelbaren Beteiligung der Gesellschaft gesprochen[362], sollte damit ausschließlich die wertmäßige Beteiligung der Gesellschafter gemeint sein, die diese im Falle einer Verteilung eines auf Ebene der Gesellschaft erwirtschafteten Ergebnisses erhalten. In diesem Sinne dürfte auch *Schmidt* zu verstehen sein, wenn er versucht, die Thesen *Hubers* zum „Wertrecht" des Gesellschafters an die moderne Gesamthandslehre anzupassen.[363] *Schmidt* will mit dem Wertanteil der Gesellschafter gerade keine Herrschaftszuweisung bezwecken, sondern lediglich eine (mittelbare) Zuweisung des Wertes der Gesellschaftsbeteiligung erreichen.[364]

Festzuhalten ist damit, dass dem „Anteil am Gesellschaftsvermögen" im Sinne von § 738 Abs. Satz 1 BGB im Unterschied zu dem Anteilsbegriff des § 719 BGB keine absolute, d.h. dingliche Wirkung zukommt. Vielmehr wird mit dem „Anteil am Gesellschaftsvermögen" in Zusammenhang mit § 738 Abs. 1 Satz 1 BGB lediglich das relative Beteiligungsverhältnis der Gesellschaf-

pern. Für Verbindlichkeiten der Gesamthand – als Rechtssubjekt – haften die Gesellschafter zusätzlich selbst unmittelbar und persönlich. Darüber hinaus sind nur die Gesellschafter selbst nach dem Prinzip der Selbstorganschaft zur Vertretung der Gesellschaft nach den Grundgedanken des Gesetzgebers berechtigt. Kritisch zur Anwachsung als Ausdruck des Gesamthandsprinzips bei rechtsfähigen „Mitunternehmer-BGB-Gesellschaften, *Schmidt*, Gutachten, S. 467ff., insbesondere S. 547f. Eine kritische Erwiderung auf diese Vorschläge von *Schmidt* findet sich bei *Ulmer*, ZGR 1984, 313ff, Ausführungen zur Anwachsung auf S. 319, 333.

362 Vgl. *Dobler*, Das Anwachsungsprinzip im Zivilrecht und Einkommensteuerrecht, S. 87; zu einer „indirekten" Zuordnung zu den Gesellschaftern, vgl. *Schäfer* in Staub HGB, § 131 Rn. 117 m.w.N.

363 Vgl. *Huber*, Vermögensanteil, S. 168ff., insbesondere S. 172.

364 *Schmidt*, FS Huber, S. 986.

ter untereinander beschrieben.[365] Dazu passt zum einen, dass ein Gesellschafter ohne eine Beteiligung am Kapital zwar einen „Anteil am Gesellschaftsvermögen" im Sinne von § 719 BGB inne hat, das Ausscheiden eines solchen Gesellschafters aber nicht die Rechtsfolge der Anwachsung auslöst. Relativ gesehen tritt nämlich keine Veränderung der „Anteile am Gesellschaftsvermögen" ein. Auch erfolgt durch ein solches Verständnis des Anteils von § 738 Abs. 1 Satz 1 BGB eine Adaption der Begrifflichkeit an die moderne Gesamthandslehre wie sie bereits in § 719 BGB stattgefunden hat. Übrig bleibt bei beiden Normen die Bindung des „Anteils am Gesellschaftsvermögen" an die Mitgliedschaft des Gesellschafters.[366] Ebenso wie bei § 719 BGB kann dem „Anteil am Gesellschaftsvermögen" bei § 738 Abs. 1 BGB eine vermögensrechtliche Komponente zukommen, doch ist diese Komponente an das modernde Verständnis der Gesamthand anzupassen. Berücksichtigt man die Rechtssubjektivität der Gesellschaft als solche, so verbleibt die vermögensmäßige Beteiligung bei § 738 Abs. 1 BGB lediglich in einer Beteiligung an einem Gewinn oder Verlust der Gesellschaft. Alleine diese wirtschaftlichen Vermögenspositionen sind es, die bei anschließender Verteilung auf die Gesellschafter entfallen. Eine solche Beteiligung kann dabei entweder durch eine Ausschüttung eines positiven Ergebnisses an die Gesellschafter erfolgen. Daneben besteht auch die Möglichkeit, dass bei einer Auflösung der Gesellschaft und anschließender Liquidation der Gesellschaft das „Reinvermögen" der Gesellschaft auf die Gesellschafter umgelegt wird. [367]

365 *Schmidt* in Münchener Kommentar HGB, § 131 Rn. 103 spricht von einer lediglich „horizontalen" Wirkung der Anwachsung als die prozentuale Veränderung der relativen Vermögensbeteiligungen.

366 *Dobler*, Das Anwachsungsprinzip im Zivil- und Einkommensteuerrecht, S. 77ff.; *Schmidt*, FS Huber, S. 970ff.

367 Zu dem Verhältnis von einer wertmäßigen Beteiligung am Vermögen und der Liquidation als bestimmenden Zeitmoment, vgl. *Huber*, Vermögensanteil, S. 146.

II. Einflussnahme durch vertragliche Gestaltung der Anwachsung

Zuvor wurde versucht einen Überblick über das Rechtsinstitut der Anwachsung nach § 738 Abs. 1 Satz 1 BGB und deren Anwendungsbereich zu geben. Dabei erfolgte insbesondere ein Schwerpunkt auf der Darstellung, in welcher Form die Gesellschafter im Rahmen von § 738 Abs. 1 Satz 1 BGB einen „Anteil am Gesellschaftsvermögen" inne haben. Denn gerade dieser Anteil ist es, der den verbliebenen Gesellschaftern anwächst. Im Anschluss daran ist auf eine der Thesen der Arbeit einzugehen, ob und inwieweit diese Rechtsfolgenanordnung vertraglich durch die Gesellschafter aus- und umgestaltet werden kann. Es erfolgt zunächst eine Darstellung der vorhandenen Auffassungen zu dieser Rechtsfrage. Sodann wird darauf folgend eine eigene Auffassung vermittelt, die die dogmatischen und wirtschaftlichen Besonderheiten der Anwachsung nach § 738 Abs. 1 Satz 1 BGB versucht zu berücksichtigen.

1. Darstellung der vorhandenen Auffassungen

Untersucht man die Regelung des § 738 Abs. 1 Satz 1 BGB unter dem Gesichtspunkt einer möglichen vertraglichen Einflussnahme auf die Rechtsfigur der Anwachsung, so verwundert es, dass die Menge an wissenschaftlicher Auseinandersetzung mit diesem „Eckpfeiler"[368] des Personengesellschaftsrechts bestenfalls als spärlich bezeichnet werden kann. Die Auswahl juristischer Bearbeitungen verringert sich nochmals und geht gegen Null, wenn man sich nicht mit recht pauschal gehaltenen Aussagen wie „das Prinzip der Anwachsung steht nicht zur Disposition"[369] zufrieden gibt. Ein Grund für diese nur rudimentäre dogmatische Auseinandersetzung mit § 738 Abs. 1 Satz 1 BGB mag darin liegen, dass die Figur

368 *Früchtl*, NZG 2007, 368.

369 Beispielhaft die Ausführungen von *von Gerkan/Haas* in Röhricht/v. Westphalen HGB, § 131 Rn. 38 sowie von *Ditfurth* in Prütting/Wegen/Weinreich BGB, § 738 Rn. 5.

der Anwachsung in der Praxis und/oder der wissenschaftlichen Literatur nicht hinreichend interessant erscheint, um sich mit ihr auseinanderzusetzen. Berücksichtigt man jedoch den anspruchsvollen dogmatischen Hintergrund der Anwachsung und deren erhebliche praktische Relevanz, überzeugt dieser Begründungsansatz weniger. Vielmehr dürfte es wahrscheinlicher sein, dass die Rechtsanwender in der Praxis oftmals zu Gestaltungen in Zusammenhang mit § 738 Abs. 1 Satz 1 BGB greifen, ohne dabei den Hintergrund der gewählten Gestaltungen dogmatisch zu hinterfragen. Selbst wissenschaftliche Auseinandersetzungen zum Rechtsinstitut der Anwachsung als geeignetes Gestaltungsinstrument für Nachfolgeplanungen gehen zwar von der Zulässigkeit einer Einwirkung auf die Beteiligungsquoten im Rahmen der Anwachsung aus.[370] Ein dogmatischer Begründungsansatz für die Zulässigkeit eines solchen Einwirkens fehlt allerdings auch dort.[371] Überzeugend ist daher die Aussage in der wissenschaftlichen Literatur, dass die Zulässigkeit der Vereinbarung einer disquotalen Anwachsung als vertragliche Einwirkung auf die Anwachsung als nicht abschließend geklärt angesehen werden kann.[372] Der Mangel an juristischer Literatur zur Figur der Anwachsung dürfte sich vielleicht damit erklären lassen, dass es innerhalb der Gesellschaft bürgerlichen Rechts über lange Zeit vorrangige Problemfelder zu lösen galt.[373] Da diese Felder nunmehr umfangreiche wissenschaftliche Beachtung gefunden haben und dabei eine Ausstrahlwirkung auf die hier zu untersuchende Frage haben, erscheint es angebracht, nunmehr den Fokus auf das Rechtsinstitut der Anwachsung zu richten.

---

370 *Becker*, Die Organisation von Personengesellschaften nach Familienstämmen, S. 219f.

371 *Becker*, ebenda.

372 *Becker*, ZEV 2011, 157 [162]; Lorz, in E/B/J HGB, § 131 Rn. 57; ebenso *Früchtl*, NZG 2007, 368ff.

373 Vorrangig zu nennen, ist dabei die Problematik der Rechtsnatur der Gesamthand und daran anschließender Fragestellungen, wie beispielsweise die Grundbuchfähigkeit der GbR, vgl. insoweit Ausführungen S. 73ff.

Innerhalb der juristischen Literatur und Rechtsprechung werden grundsätzlich drei unterschiedliche Auffassungen zur möglichen Ausgestaltung von § 738 Abs. 1 Satz 1 BGB vertreten. Nach der weitreichendsten Ansicht ist nicht nur die Regelung zum Abfindungsanspruch nach § 738 Abs. 1 Satz 2 BGB als dispositiv anzusehen, sondern auch das Institut der Anwachsung nach § 738 Abs. 1 Satz 1 BGB unterliege der möglichen Einflussnahme der Gesellschafter.[374] Diametral zu dieser Position findet sich die Aussage, dass § 738 Abs. 1 Satz 1 BGB in toto zwingend ausgestaltet sei.[375] Folge dieser Ansicht ist es, dass weder auf das Prinzip der Anwachsung nach Ausscheiden eines Gesellschafters, noch auf die Höhe der Anwachsung Einfluss genommen werden kann. Eine vermittelnde Ansicht geht schließlich von der Möglichkeit der Gesellschafter zur Vereinbarung einer nicht verhältnismäßigen Teilhabe an der Anwachsung aus.[376] Demnach sei eine atypische, nicht an der kapitalmäßigen Beteiligung angelehnte Ausgestaltung der Anwachsung möglich.[377] Gleichzeitig sei aber das Prinzip der Anwachsung zwingend ausgestaltet.[378] Im Anschluss sollen zunächst die unterschiedlichen Positionen mitsamt den entsprechenden Begründungsansätzen dargestellt werden. Aufbauend auf dieser Darstellung wird sodann eine eigene Auffassung zu einer möglichen dispositiven Form von § 738 Abs. 1 Satz 1 BGB einschließlich dogmatischer Argumentationsvorlagen vorgestellt.

---

374 *Schoor*, BuW 2000, 997.

375 *Sprau* in Palandt BGB, § 738 Rn. 1.

376 Beispielhaft *Lorz* in E/B/J, HGB, § 131 Rn. 57.

377 *Früchtl*, NZG 2007, 368; *Kamanabrou* in Oetker HGB, § 131 Rn. 36; *Ulmer/Schäfer*, GbR, § 738 Rn. 13; *Schäfer* in Staub HGB, § 131 Rn. 115 spricht davon, dass die Gewinn – und Verlustbeteiligung des Ausgeschiedenen einzelnen Gesellschaftern zugeordnet werden kann.

378 *Ulmer/Schäfer* in Münchener Kommentar BGB, § 738 Rn. 13; *Piehler/Schulte* in Münchener Handbuch des Gesellschaftsrechts, § 10 Rn. 75.

A. Vollständige Dispositivität

Eine Extremposition sieht die Regelung des § 738 Abs. 1 insgesamt offen gegenüber einer vertraglichen Einflussnahme.[379] Der Regelungsbereich der Anwachsung finde in § 738 Abs. 1 BGB eine Normierung, die zwei Komponenten enthält. Einerseits werde durch § 738 Abs. 1 Satz 1 BGB klargestellt, dass es durch das Ausscheiden eines Gesellschafters zu einer Anwachsung des Anteils des Ausgeschiedenen bei den verbleibenden Gesellschaftern kommt. Daneben und damit eng verknüpft statuiere § 738 Abs. 1 Satz 2 BGB, dass der ausgeschiedene Gesellschafter als Substitution für den Verlust seiner gesellschaftsrechtlichen Beteiligung einen Abfindungsanspruch gegenüber den verbliebenen Gesellschaftern erhält. Da diese beiden Komponenten zwingend miteinander verknüpft seien, Regelungen zum Abfindungsanspruch dabei gestaltbar sind[380], sei auch die Anwachsungsregel nach § 738 Abs. 1 Satz 1 BGB nicht zwingendes Recht.[381] Aus wirtschaftlicher Sicht sei ein Erwerb durch Anwachsung für die Gesellschafter eines Erwerbs durch Abtretung gleichzustellen, sodass es keinen Unterschied machen könne, wodurch der Gesellschafter an den Anteil gelangt.[382] Ist die Abtretung eines Gesellschaftsanteils aber einer freien Vereinbarung der Parteien der Abtretung zugänglich, so habe diese Erkenntnis auch für einen Erwerb durch Anwachsung zu gelten.[383] Zudem fehle es an der überragenden Bedeutung dieser Regelung

379 *Schoor*, BuW 2000, 997.

380 *Sprau* in Palandt BGB, § 738 Rn. 7 m.w.N.; ausführlich *Oppenheim*, Abfindungsklauseln in Personengesellschaftsverträgen, S. 49ff.

381 *Schoor*, BuW 2000, 997.

382 *Schoor*, BuW 2000, 997; zur Vergleichbarkeit der Rechtsfolgen von Anwachsung und Anteilsübertragung, vgl. *Schmidt*, FS Huber, S. 988ff.

383 *Schoor*, BuW 2000, 997.

für das Gesamthandsprinzip[384], weshalb einer Dispositivität der Vorrang zu gewähren ist.[385]

B. Generell zwingendes Recht

Im Kontrast zu der gerade dargestellten Ansicht findet sich im Hinblick auf die Regelung des § 738 Abs. 1 Satz 1 BGB die Aussage, dass der Regelung in toto der Charakter als zwingendes Recht zuzuschreiben sei.[386] Daher sei eine gesellschaftsvertragliche Modifikation der Anwachsung weder dahingehend möglich, eine andere Rechtsfolge als die der Anwachsung an ein Ausscheiden eines Gesellschafters zu knüpfen[387], noch stehe es den Gesellschaftern zu, eine Vereinbarung über die wertmäßige Teilhabe an der Anwachsung zu treffen.[388] Im Hinblick auf das Eingreifen einer Anwachsung durch Ausscheiden eines Gesellschafters bedeutet dies, dass insbesondere gesellschaftsvertragliche Vereinbarungen unzulässig sind, die eine andere Rechtsfolge als die der Anwachsung an ein Ausscheiden eines Gesellschafters vorsehen.[389] Ebenso folge aus dem zwingenden Charakter des Prinzips der Anwachsung, dass eine Vereinbarung über eine rückwirkende Beseitigung einer erfolgten Anwachsung nicht zulässig sei.[390] Innerhalb dieser Auffassung, dass § 738 Abs. 1 Satz 1 BGB insgesamt zwingend sei, wird vertreten, dass diese Erkenntnis unabhängig davon gelte, ob die Anwachsung als gesellschaftsvertragliche oder sachenrechtliche

384 Ebenfalls einen Zusammenhang von Anwachsung und Gesamthandsprinzip kritisierend, *Kießling*, FS Hadding, S. 489ff.

385 *Schoor*, BuW 2000, 997.

386 OLG Hamm, Rpfleger 1985, 289.

387 BGH, Beschluss v. 28.06.1993 – II ZR 193/92, DStR 1993, 1530 [1531].

388 Kritisch dazu, *Sprau* in Palandt BGB, § 738 Rn. 1.

389 OLG Hamm, Rpfleger 1985, 289.

390 OLG Stuttgart, NZG 2004, 766 [768]; OLG Oldenburg, OLGR 2008, 366; *Schäfer* in Staub HGB, § 131 Rn. 133.

Rechtsfolgenanordnung zu verstehen sei.[391] Andere wiederum folgern den zwingenden Charakter von § 738 Abs. 1 Satz 1 BGB allein aus einer dinglichen Wirkung dieser Vorschrift.[392] Insgesamt müsse § 738 Abs. 1 Satz 1 BGB in toto ein zwingender Charakter zukommen, da der Grundsatz der Anwachsung essentielle Bedeutung für die Gesamthand als solche habe, sich gerade in dieser Regelung das „Wesen einer Gesellschaft bürgerlichen Rechts zeige".[393] Daher könne weder die Anwachsung als Rechtsfolge eines Ausscheidens eines Gesellschafters bei gleichzeitiger Fortsetzung der Gesellschaft von Seiten der Gesellschafter negiert werden, noch sei die Regelung des § 738 Abs. 1 Satz 1 BGB einer sonstigen Gestaltung durch die Gesellschafter zugänglich.[394] Eine Anwachsung erfolge demnach immer nach dem Verhältnis der bisherigen Beteiligung an der Gesellschaft.[395] Der Ausschluss einzelner Gesellschafter und einer damit gleichzeitig erfolgenden Privilegierung anderer Gesellschafter stehe dem in § 738 Abs. 1 Satz 1 niedergelegten Gesamthandsprinzip entgegen.[396]

C. Teilweise Dispositivität

Neben den beiden zuvor dargestellten Positionen zu § 738 Abs. 1 Satz 1 BGB findet sich eine dritte Ansicht. Nach dieser Auffassung

---

391 *Hadding/Kießling* in Soergel BGB, § 738 Rn. 1.

392 *Schneider/Roderburg* in Lüdicke/Sisterman Unternehmenssteuerrecht, § 12 Rn. 91; *Schiefer*, DStR 1996, 788 [789]; *Breiteneicher*, DStR 2004, 1405; zur sachenrechtlichen Wirkung der Anwachsung vgl. *Sauter* in Beck'sches Handbuch der Personengesellschaften, § 7 Rn. 201; ähnlich *Windbichler*, Gesellschaftsrecht § 10 Rn. 11.

393 OLG Köln, NJW-RR 1994, 491 [492]; *Schneider/Roderburg* in Lüdicke/Sisterman Unternehmenssteuerrecht, § 12 Rn. 91.

394 OLG Hamm, Rpfleger 1985, 289; *Schneider/Rodenburg* in Lüdicke/Sisterman Unternehmenssteuerrecht, § 12 Rn. 91.

395 *Von Gerkan/Haas* in Röhricht/Graf von Westphalen HGB, § 131 Rn. 38

396 OLG Hamm, Rpfleger 1985, 289.

muss im Hinblick auf einen zwingenden Charakter von § 738 Abs. 1 Satz 1 BGB eine Unterteilung dieser Norm dahingehend erfolgen, als dass zwischen dem Prinzip der Anwachsung einerseits und den konkret eintretenden Rechtsfolgen bei den verbliebenen Gesellschaftern andererseits zu unterscheiden ist.[397]

Ebenso wie die Vertreter der zweiten Ansicht wird innerhalb dieser Auffassung davon ausgegangen, dass das Prinzip der Anwachsung nicht einer Vereinbarung zugänglich sei.[398] Die Argumentation ist dabei für die Vertreter beider Ansichten identisch. So sei die Bedeutung der Vorschrift des § 738 Abs. 1 Satz 1 BGB für das Prinzip der Gesamthand grundlegend, sodass ein Ausscheiden eines Gesellschafters zwingend zu einer Anwachsung bei den übrigen Gesellschaftern führen müsse.[399] Als Fortführung des bereits in § 719 BGB niedergelegten Gedankens, dass eine Beteiligung an der Gesellschaft zwingend an eine Mitgliedschaft an dieser geknüpft sei, sei in § 738 Abs. 1 Satz 1 BGB statuiert, dass nach dem Ausscheiden eines Gesellschafters die wertmäßige Zuordnung des Gesellschaftsvermögens zu 100 % innerhalb des Kreises der verbliebenen Gesellschafter zu erfolgen habe.[400] Zwingend sei damit, dass der ausscheidende Gesellschafter durch Verlust der Mitgliedschaft auch seinen Anteil an der Gesellschaft verliere, denn Mitgliedschaft und Anteil an der Gesellschaft bilde eine untrennbare Verknüpfung.[401]

Im Unterschied zu den Vertretern der zweiten Ansicht sieht es diese Ansicht aber als zulässig an, wenn die Gesellschafter eine Vereinbarung zur Quote der Anwachsung treffen.[402] Dies bedeutet,

397 *Früchtl*, NZG 2007, 368 [370f.]; *Schmidt*, FS Huber, S. 994; *Lorz* in E/B/J HGB, § 131 Rn. 56f.

398 *Ulmer/Schäfer* in Münchener Kommentar BGB, § 738 Rn. 13; *Ernsthaler* HGB, § 131 Rn. 48.

399 *Schmidt*, FS Huber, S. 987.

400 *Schmidt*, FS Huber, S. 987.

401 *Schmidt* in Münchener Kommentar HGB, § 131 Rn. 124.

402 *Früchtl*, NZG 2007, 368 [370f.]; *Schmidt*, FS Huber, S. 994; *Huber*, Vermögensanteil, S. 234; *Lorz* in E/B/J HGB, § 131 Rn. 56f.; *Ulmer/Schäfer*,

dass es den Gesellschaftern freisteht, dass lediglich einzelne Gesellschafter an einer Anwachsung teilnehmen oder dass an Stelle einzelner Gesellschafter lediglich ein Gesellschafterstamm an der Anwachsung partizipiert.[403] Nur im Falle des Fehlens einer grundsätzlich möglichen Vereinbarung zur Anwachsungsquote habe eine Anwachsung entsprechend nach der bisherigen kapitalmäßigen Beteiligung an der Gesellschaft zu erfolgen.[404] Durch die Einstufung des Prinzips der Anwachsung als zwingendes Recht werde das Gesamthandsprinzips hinreichend gesichert. Auf die Ausgestaltung des Innenverhältnisses einer Anwachsung wirke sich dieser zwingende Teil aber nicht aus.[405] So müsse eine solche Vereinbarung zur Anwachsungsquote möglich sein, da oftmals ein praktisches Bedürfnis besteht, eine Anwachsung insbesondere nur zu Gunsten eines Gesellschafterstammes zu gestalten, sodass ein zuvor bestehendes Gleichgewicht innerhalb des Gesellschafterkreises nicht alleine durch ein Ausscheiden eines Gesellschafters in Schieflage gerät.[406]

2. Eigene Auffassung

Im Ergebnis ist der letztgenannten Auffassung zuzustimmen, die zwar von einem zwingenden Charakter des Anwachsungsprinzips ausgeht, dabei aber eine atypische Ausgestaltung der Anwach-

---

GbR, § 738 Rn. 18; *Piehler/Schulte* in Münchener Handbuch des Gesellschaftsrechts, § 10 Rn. 75; *Koller*/Roth/Morck HGB, § 131 Rn. 21.

403 *Früchtl*, NZG 2007, 368 [370f.]; *Lorz* in E/B/J HGB, § 131 Rn. 57, *Huber*, Vermögensanteil, S. 234 spricht davon, dass es möglich sein müsse, dass z.B. bei einem Ausscheiden eines Kommanditisten, dessen Anteil am Gesellschaftsvermögen alleine einem anderen Kommanditisten anwachse.

404 *Hopt* in Baumbach/Hopt HGB, § 131 Rn. 40; *Koller*/Roth/Morck HGB, § 131 Rn. 9.

405 *Bergman* in juris-PK-BGB, Stand 01.10.2012, § 738 Rn. 1.

406 *Piehler/Schulte* in Münchener Handbuch des Gesellschaftsrechts, § 10 Rn. 75; *Lorz* in E/B/J, HGB, § 131 Rn. 57.

sungsteilhabe für möglich hält. Die Gesellschafter können durch Vereinbarung keine andere Rechtsfolge als die der Anwachsung an ein Ausscheiden eines Gesellschafters knüpfen. Scheidet ein Gesellschafter aus der Gesellschaft aus, so tritt qua Gesetz eine Anwachsung bei den übrigen Gesellschaftern ein. Nicht im Widerspruch zu dem obligatorischen Eintritt der Anwachsung stehen allerdings Vereinbarungen der Gesellschafter, die Rechtsfolgen an ein bevorstehendes Ausscheiden anknüpfen. Gemeint sind damit Vereinbarungen, die ein Ausscheiden als Eintritt einer aufschiebenden Bedingung ansehen, um zum Beispiel eine Abtretung an gewisse Personen eintreten zu lassen.

Sieht man das Prinzip der Anwachsung als zwingend an, so folgt daraus nicht automatisch, dass die Gesellschafter keine Vereinbarungen zur Anwachsungsquote, d.h. auf Rechtsfolgenseite, treffen können. Denn die Rechtsfolge der Anwachsung nach § 738 Abs. 1 Satz 1 BGB schreibt nicht zwingend eine Anwachsung gemäß der vorherigen Beteiligung am Kapital der Gesellschaft vor. Insbesondere sind die von einigen Stimmen in der Literatur zitierten Entscheidungen der Gerichte nicht als Belege eines in toto zwingenden Charakters von § 738 Abs. 1 Satz 1 BGB anzusehen.[407] Denn die Entscheidungen zum Charakter der Regelung des § 738 Abs. 1 Satz BGB befassten sich nicht mit den Folgen einer Anwachsung. Vielmehr ging es in diesen Entscheidungen lediglich um die Frage, inwiefern die Gesellschafter eine andere Rechtsfolge, als die der Anwachsung vereinbaren können.[408] Diese Frage betrifft aber

407 Zu nennen sind insbesondere: BGH, Beschluss v. 28.06.1993 – II ZR 193/92, DStR 1993, 1530 [1531]; OLG Stuttgart, NZG 2004, 766 [768]; OLG Oldenburg, OLGR 2008, 366; OLG Köln, NJW-RR 1994, 491 [492];

408 Die Entscheidungen des OLG Stuttgart und des OLG Oldenburg, zitiert in FN. 38, befassten sich mit der Thematik, dass eine einmal eingetretene Anwachsung nicht mehr rückgängig gemacht werden kann, entgegenstehende Vereinbarungen dabei keinerlei Wirkung entfalten. Das OLG Köln hatte sich mit der Frage zu beschäftigen, inwiefern eine Anwachsung zu einer Veränderung der Haftung eines Gesellschafters führt. Der BGH hatte über eine Klausel zu entscheiden, wonach der ausscheidende

allein das Prinzip der Anwachsung, d.h. den Automatismus zwischen Ausscheiden und Anwachsung als Eintritt einer Rechtsfolge. Rückschlüsse auf eine Ausgestaltung der eintretenden Anwachsung können daraus nicht gezogen werden.

Im Folgenden sollen Begründungsansätze aufgezeigt werden, die die Ansicht zur zulässigen - potentiell disquotalen - Ausgestaltung der Anwachsung stützen. Denn gerade solche Begründungsversuche im Hinblick auf eine Einflussnahme durch die Gesellschafter auf das Institut der Anwachsung sind es, die in der juristischen Literatur soweit ersichtlich nicht oder nur rudimentär vorgenommen wurden.

A. Keine Bedenken aus Sicht des Wortlauts

Alleine aus dem Wortlaut von § 738 Abs. 1 Satz 1 BGB kann keine zwingende Teilhabe an der Anwachsung gefolgert werden, die dabei der bisherigen Beteiligung an der Gesellschaft entsprechen muss. Vielmehr erfolgt keinerlei Vorgabe durch den Gesetzgeber inwieweit die Gesellschafter quotenmäßig an der Anwachsung teilhaben sollen. Durch den Wortlaut der Regelung wird nur statuiert, dass die Anwachsung bei den übrigen Gesellschaftern erfolgt. Damit setzt eine Teilhabe an der Anwachsung lediglich eine Gesellschafterstellung voraus. Der Ansicht, wonach eine Anwachsung zwingend nach der bisherigen Beteiligung zu erfolgen hat, mangelt es an jedweder Grundlage für eine überzeugende Argumentation auf Grundlage des Wortlauts. Vielmehr sind die bisherigen Beteiligungsverhältnisse lediglich als eine Art widerlegliche Vermutung

---

Gesellschafter seinen Anteil an die übrigen Gesellschafter zur Übernahme anzubieten hat. Einer solchen Konstellation wurde aber schon durch den historischen Gesetzgeber eine Absage erteilt, der an das Ausscheiden eines Gesellschafters keine Pflicht des ausscheidenden Gesellschafters zur Übertragung seines Anteils vorsah. Vielmehr sollte eine Anwachsung über diese schuldrechtliche Ebene hinaus automatisch an das Ausscheiden anknüpfen, die Anwachsung also durch Gesetz erfolgen.

bzw. eine Auslegungshilfe anzusehen.[409] Eine Anwachsung entsprechend der kapitalmäßigen Beteiligung entspricht sicherlich dann den Interessen der Gesellschafter, wenn keine abweichenden Regelungen diesbezüglich getroffen wurden. Dies kann aber dann nicht angenommen werden, falls die Gesellschafter gerade eine von dieser Vermutung abweichende Anwachsungsquote vereinbart und so ihren gestalterischen Willen zum Ausdruck gebracht haben.

B. Systematischer Vergleich der Anwachsungsregelungen

Zuvor wurden verschiedene Regelungskomplexe dargestellt, die neben § 738 Abs. 1 Satz 1 BGB ebenfalls das Rechtsinstitut der Anwachsung zum Gegenstand haben. Nunmehr soll durch eine vergleichende Betrachtung dargestellt werden, dass nicht nur innerhalb dieser Fallgruppen eine Einflussnahme auf die Anwachsung möglich ist, sondern dass dieser Gedanke auch auf eine Anwachsung nach § 738 Abs. 1 Satz 1 BGB übertragen werden kann.

a) Primat des Willens

Betrachtet man die §§ 2094 bzw. 2158 BGB als die Anwachsung bei Erbengemeinschaften bzw. einer Gruppe von gemeinsamen Vermächtnisnehmern regelnden Normen, so fällt auf, dass der Gesetzgeber dort die Möglichkeit zur Ausgestaltung der Anwachsung gesetzlich festgehalten hat. Dem Erblasser steht es nach § 2094 Abs. 4 bzw. § 2158 Abs. 2 frei, einzelne Mitglieder dieser Gruppe von einer Anwachsung auszuschließen, sodass solche Mitglieder von einem Wegfall anderer Mitglieder an nachfolgender Anwachsung nicht profitieren. Dabei scheint es unbeachtlich zu sein, ob sich die Beteiligung der Erben/Vermächtnisnehmer als sachenrechtliche oder lediglich schuldrechtliche Beteiligung darstellt. Trifft der

409 *Hopt* in Hopt/Baumbach HGB, § 131 Rn. 40.

Erblasser eine Regelung zur Anwachsung, so geht dessen Willen der Grundregel der §§ 2094 Abs. 1, 2158 Abs. 1 BGB vor. Danach soll den übrigen Mitgliedern der Gruppe der Anteil des ausgeschiedenen Mitglieds nach dem Verhältnis ihrer Beteiligung anwachsen. Dem Willen des Erblassers unterliegt es demnach, ob überhaupt oder wem etwas anwächst. Der Erblasser kann also maßgeblich Anwendung und Umfang der Anwachsung nach den §§ 2094, 2158 BGB bestimmen.

Übertragen auf eine Anwachsung nach § 738 Abs. 1 Satz 1 BGB spricht dies für eine mögliche Einflussnahme der Gesellschafter. Anstelle des Erblassers sind es innerhalb dieser Regelung die Gesellschafter, deren Willen für die Reichweite der Anwachsung maßgeblich sein dürfte.[410] Damit ist kein Konflikt mit der zwingenden Geltung des Anwachsungsprinzips gemeint. Vielmehr sind es die Gesellschafter, die durch die Aufnahme einer Fortsetzungsklausel überhaupt erst einen möglichen Anwendungsbereich für eine Anwachsung nach § 738 Abs. 1 Satz 1 BGB schaffen.[411] Haben sich die Gesellschafter, vergleichbar einem Erblasser in den §§ 2094, 2158 BGB, entschieden, im Falle des Wegfalls eines Mitglieds der Gruppe eine Anwachsung als Rechtsfolge des Ausscheidens eintreten zu lassen, so folgt daraus auch eine weitere Gestaltungsmöglichkeit der Anwachsung. Die Gesellschafter sind befugt, einzelne Gesellschafter im Rahmen der Anwachsung zu privilegieren bzw. andere Gesellschafter spiegelbildlich von der Anwachsung auszu-

410 Eine Übertragbarkeit der Rechtsgedanken der Erbengemeinschaft bzw. Gruppe der Vermächtnisnehmer scheitert nicht allein aus dem Gesichtspunkt, dass erstere Gruppe keine Rechtsfähigkeit zukommt und die zweite Gruppe keine Gesamthandsgesellschaft, sondern eine Bruchteilsgemeinschaft ist. Nach BGH, Urteil v. 27.10.2004 – IV ZR 174/03, NJW 2005, 284 [285) ist zumindest eine Übertragbarkeit in die andere Richtung, d.h. Wertungen des § 738 auf die Regelungen der §§ 2033ff. damit auch § 2094 BGB, möglich; ebenso BGH, Urteil v. 21.1.1998 – IV ZR 346/96, DNotZ 1999, 60 mit Anm. *Rieger*.

411 Eine Fortsetzung der Gesellschaft als zwingendes Tatbestandsmerkmal einer Anwachsung vgl. Ausführungen unter S. 42ff.

schließen. Steht es den Gesellschaftern also frei überhaupt erst eine Anwachsung eintreten zu lassen und können sie die Teilhabe an der Anwachsung gesellschaftsvertraglich regeln, so sind die Gesellschafter die Herren der Rechtsfolgenanordnung der Anwachsung.

Betrachtet man die dargestellten Gruppen der Anwachsung neben § 738 Abs. 1 Satz 1 BGB so fällt auch auf, dass insbesondere in den §§ 2094, 2158 BGB eine gesetzliche Vorgabe zur Teilhabe an der Anwachsung festgelegt ist. So wird innerhalb beider Regelungen normiert, dass die Anwachsung bei den übrigen Mitgliedern der Gruppe nach dem Verhältnis ihrer bisherigen Anteile erfolgt. Im Unterschied dazu schweigt der Gesetzgeber im Rahmen von § 738 Abs. 1 Satz 1 BGB zu der quotenmäßigen Teilhabe der Gesellschafter. Nunmehr bestehen mehrere Möglichkeiten, welche Rückschlüsse aus dieser Normierung der Quote einerseits und dem gesetzgeberischen Schweigen auf der anderen Seite zu ziehen sind. So kann man argumentieren, dass der Gesetzgeber bei der schon länger existierenden Form der Erben-/Bruchteilsgemeinschaft eine quotenmäßige Teilhabe an der Anwachsung als gesetzliche Grundregel vorschreiben wollte. Diese Grundregel solle dann für alle anderen Fallgruppen der Anwachsung sinngemäß gelten. Dies würde dazu führen, dass auch eine Anwachsung (grundsätzlich) nach dem Verhältnis der bisherigen Beteiligung zu erfolgen habe. Konträr lässt sich argumentieren, dass das Schweigen des Gesetzgebers in § 738 Abs. 1 Satz 1 BGB und der gleichzeitigen Quotenvorgabe in den §§ 2094, 2158 BGB andererseits eine bewusste Entscheidung des Gesetzgebers bedeutet.[412] Aus der gesetzgeberischen Wertung keine den §§ 2094, 2158 BGB vergleichbare Formulierung in § 738 Abs. 1 BGB aufzunehmen, folge somit eine gestalterische Freiheit der Gesellschafter, die Teilhabe an der Anwachsung zu regeln. Letztlich fehlt für beide Ansichten eine sichere Verankerung in den historischen Materialien des Gesetzgebers.[413] Vielmehr hat der Gesetzgeber auch dort geschwiegen, welche der beiden Wertungsmus-

412 So *Früchtl*, NZG 2007, 368 [369].

413 *Mugdan*, Protokolle Band 3, S. 555.

ter er bevorzugt. Dies überzeugt unter folgendem Gesichtspunkt: Hätte der Gesetzgeber die quotenmäßige Anwachsung als zwingendes Grundmodell für alle anderen Formen der Anwachsung vorgesehen, so hätte nicht nur ein diesbezüglicher Anhaltspunkt in den Materialien zum Bürgerlichen Gesetzbuch zu finden sein müssen. Darüber hinaus hätte der Gesetzgeber in diesem Zusammenhang auch auf die Möglichkeit des Ausschlusses der Anwachsung nach den §§ 2094 Abs. 3, 2158 Abs. 2 BGB eingehen müssen. Denn dadurch, dass der Gesetzgeber dem Erblasser die Möglichkeit einräumt, die Anwachsung in toto oder nur im Hinblick auf einzelne Erben/Vermächtnisnehmer auszuschließen, zeigt der Gesetzgeber bereits selbst, dass die quotenmäßige Anwachsung nicht mehr als eine Grundregel beinhaltet. Vorrangig kann der Erblasser aber eine von der bisherigen Beteiligung abweichende Teilhabe an der Anwachsung bestimmen. So beschreibt der historische Gesetzgeber die Anwachsung innerhalb der Erbengemeinschaft selbst als „lex dispositiva".[414] Ist die quotenmäßige Teilhabe an der Anwachsung lediglich eine dispositive Grundregel, so kann daraus keine zwingende Geltung für andere Fallgruppen der Anwachsung und damit auch nicht für § 738 Abs. 1 Satz 1 BGB folgen.

b) Zulässige Anwachsung innerhalb einer Gruppe

Vergleicht man § 2094 Abs. 1 Satz 2 BGB sowie § 2158 Abs. 1 BGB mit einer möglichen disquotalen Anwachsung, so wird zusätzlich deutlich, dass es bereits dem historischen Gesetzgeber nicht fremd war, eine Anwachsung lediglich zwischen bestimmten Mitgliedern der Gruppe stattfindet zu lassen. So entschied sich der Gesetzgeber bei der Inkorporierung von § 2158 BGB, dass für den Fall, dass mehrere Vermächtnisnehmer auf denselben Anteil[415] eingesetzt

414 *Schulze*/Jakobs, Beratung BGB, 1 Teilband, §§ 1922 -2385, S. 132.

415 Bei den Beratungen zum Entwurf des heutigen § 2158 BGB lautete es zunächst „gemeinschaftlicher Antheil", vgl. *Schubert*/Jakobs, Beratung BGB,

sind und ein Vermächtnisnehmer innerhalb dieses Anteils wegfällt, eine Anwachsung zunächst nur zwischen den übrigen Vermächtnisnehmern dieses Anteils stattfindet. Eine vergleichbare Regelung findet sich in § 2094 Abs. 1 Satz 2 BGB, der dabei von einem gemeinschaftlichen Erbteil spricht. So ging also bereits der Gesetzgeber davon aus, dass es innerhalb einer Gruppe einer Gesamthand bzw. Bruchteilsgemeinschaft nochmals eine engere Verbindung zwischen einigen dieser Mitglieder der Gruppe geben kann, zwischen welchen eine Anwachsung vorrangig stattfinden soll.

Überträgt man diesen Gedanken nun auf eine Personengesellschaft, an der beispielsweise verschiedene Familienstämme beteiligt sind, folgt daraus folgende Überlegung: Die Gesellschafter einer Familie könnten als Gesellschafter einen „gemeinschaftlichen Anteil" im Sinne einer gemeinschaftlichen Beteiligung an der Gesellschaft inne haben. Fällt nunmehr ein Gesellschafter dieser gemeinschaftlichen Beteiligung durch ein Ausscheiden aus der Gesellschaft heraus, so scheint es im Hinblick auf die vorherigen Überlegungen denkbar, dass bei Vorliegen einer entsprechenden gesellschaftsvertraglichen Regelung, der Anteil des Ausgeschiedenen lediglich den übrigen Gesellschaftern der gemeinschaftlichen Beteiligung anwächst. Sicherlich kann ein gemeinschaftliches Vermächtnis oder ein gemeinschaftlicher Erbteil nicht per se mit einer gemeinschaftlichen Beteiligung im obigen Sinn verwendet werden. Sowohl den Erben eines gemeinschaftlichen Erbteils bzw. eines gemeinschaftlichen Vermächtnisses ist es aber wie Gesellschaftern einer gemeinschaftlichen Beteiligung gemeinsam, dass sie Mitglieder einer besonderen Gruppe sind.[416] Jedenfalls aber findet dieser Ansatz, eine Anwachsung lediglich in einer besonderen Gruppe stattfinden zu lassen, ein Fundament nicht nur bei mit § 738 Abs. 1 BGB vergleichbaren Regelungen der §§ 2094, 2158 BGB, sondern

S. 1213ff.

416 So soll zwischen den Erben eines gemeinschaftlichen Erbteils im Vergleich zu übrigen Miterben eine engere Gemeinschaft begründet sein, BayObLG, MDR 1976, 933; *Stürner* in Jauernig BGB, § 2093 Rn. 1.

darüber hinaus war diese Konstruktion dem historischen Gesetzgeber innerhalb dieser Vergleichsnormen bewusst.

Insgesamt zeigt der Vergleich mit anderen Anwachsungsregeln, dass es den Gesellschaftern auch innerhalb des Anwendungsbereichs des § 738 Abs. 1 Satz 1 BGB möglich sein muss, auf die Anwachsungsquote der verbliebenen Gesellschafter Einfluss zu nehmen. Dabei ist zum einen der Vorrang des tatsächlichen Willens, der die Anwachsung bestimmenden Gesellschafter zu beachten. Zudem war es bereits dem historischen Gesetzgeber bewusst, dass innerhalb einer Gruppe von Gesamthändern nochmals engere Verbindungen bestehen können, die ein Bedürfnis nach einer disquotalen Anwachsung aufkommen lassen.

C. Zulässige Einflussnahme aus teleologischer Sicht

Eine Möglichkeit der Gesellschafter, die Anwachsung gestalterisch zu regeln steht, dabei auch im Einklang mit der wesentlichen Grundaussage von § 738 BGB, nämlich der Bindung des Gesamthandsvermögens an die Mitglieder der Gesamthand. So wird von *Schmidt* zutreffend formuliert, dass *„die Summe der den Gesellschaftern zustehenden Vermögensanteile – wie viele Gesellschafter immer vorhanden sein mögen – allemal 100% ausmacht."* Mit anderen Worten ausgedrückt kann den Gesellschaftern und nur diesen also (in ihrer gesamthänderischen Verbundenheit) nicht mehr zustehen, als der Gesellschaft (selbst) zusteht. Übertragen auf die obige Auffassung des „Anteils am Gesellschaftsvermögen" bei § 738 Abs. 1 Satz 1 bedeutet dies, dass ein durch die Teilhabe am Geschäftsverkehr entstehendes Ergebnis auf Ebene der Gesellschaft im Falle einer Verteilung lediglich und ausschließlich zwischen den Gesellschaftern zu vergeben ist. Gleiches gilt für die Verteilung eines Überschusses im Rahmen einer Abwicklung der Gesellschaft, sowie einer Pflicht zum Verlustausgleich im Sinne des § 735 BGB. Sind diese beiden Teilbereiche einer Einflussnahme durch die Gesellschafter zugänglich, spricht dies zusätzlich für eine zulässige Ausgestaltung der Anwachsung.

a) Gestaltung der Teilhabe am Ergebnis

Sowohl die Gesellschaft bürgerlichen Rechts als auch die OHG bzw. KG stellen Zusammenschlüsse verschiedener Personen dar, die sich der Erreichung eines gemeinsamen Zwecks verschrieben haben.[417] Diese Erreichung eines gemeinsamen Zwecks wird dabei oftmals motiviert sein, den Kapitaleinsatz der Gesellschafter mit einer Rendite zu belohnen. Gleichzeitig besteht aber auch die Möglichkeit, dass die Tätigkeit der Personengesellschaft wirtschaftlich zu einer Minimierung des zur Verfügung gestellten Kapitals führt. Während ersteres einen Gewinn auf Ebene der Gesellschaft voraussetzt, entspricht letzteres einem Verlust. Beiden ist gleich, dass die Gesellschafter einer Gesellschaft bürgerlichen Rechts durch eine Verteilung dieses Ergebnisses nach § 722 BGB an diesem wirtschaftlichen Ergebnis teilhaben.

Nach der gesetzlichen Grundaussage des § 722 Abs. 1 BGB ist bei der Verteilung von Gewinn und Verlust bei der Gesellschaft bürgerlichen Rechts grundsätzlich das Kopfprinzip maßgeblich.[418] Jeder Gesellschafter nimmt zu gleichen Teilen an einer Verteilung des Ergebnisses teil.[419] Für die Gesellschafter einer OHG ist für die Verteilung von Gewinn und Verlust § 121 HGB die maßgebliche Vorschrift. Im Unterschied zu § 722 BGB sieht § 121 Abs. 1 Satz 1 HGB grundsätzlich eine Vorab- Gewinnverteilung in Höhe von

---

417 So für die GbR als Grundform der Personengesellschaft vgl. *Schöne* in Beck'scher OK-BGB, Stand 01.11.2012, § 705 Rn. 9; *Ulmer* in Münchener Kommentar BGB, § 705 Rn. 22; *Stürner* in Jauernig BGB, § 705 Rn. 1; *Saenger* in Schulze BGB, § 705 Rn. 2.

418 *Schöne* in Beck'scher OK-BGB, Stand 01.11.2012, § 722 Rn. 2; *Ulmer/Schäfer* in Münchener Kommentar BGB, § 722 Rn. 1; *Kilian* in Henssler/Strohn, Gesellschaftsrecht, § 722 Rn. 2.

419 *Bergmann* in juris-PK-BGB, Stand 01.10.2010, § 722 Rn. 1f.

4% des Kapitalanteils vor.[420] Erzielt die Gesellschaft einen größeren Gewinn, d.h. ist der Gewinn nicht komplett durch diesen Vorab aufgezehrt, erfolgt nach § 121 Abs. 3 HGB eine Verteilung des überschüssigen Ergebnisses gleichmäßig auf alle Gesellschafter. Damit gilt auch in der OHG wie bei der Gesellschaft bürgerlichen Rechts grundsätzlich das Kopfprinzip.[421] Nach dem gesetzlichen Grundmodell steuern alle Gesellschafter einen gleichmäßigen Beitrag zur Erreichung des gemeinsamen Zwecks bei. Zudem tragen alle Gesellschafter ein gleichmäßiges Risiko.[422] Abweichend stellt sich daher das Bild einer Ergebnisverteilung bei der Kommanditgesellschaft dar. § 168 HGB bestimmt, dass zwar grundsätzlich § 121 Abs. 1 und Abs. 2 HGB Anwendung finden, d.h. eine Gewinnverteilung bis zu 4% nach Kapitalanteilen erfolgen soll. Übersteigt das Ergebnis diese Grenze, verweist § 168 Abs. 2 HGB aber gerade nicht auf § 121 Abs. 3 HGB. Nach der gesetzlichen Grundregel gilt bei der KG gerade nicht das Kopfprinzip. Vielmehr bestimmt § 168 Abs. 2 HGB, dass eine Ergebnisverteilung nach einem „den Umständen angemessenen Verhältnis der Anteile“ erfolgen soll. Dabei sollen die jeweiligen Umstände der einzelnen Gesellschafterstellung wie z.B. ein gesteigertes Haftungsrisiko von Komplementären berücksichtigt werden.[423]

Bei allen hier genannten Gesellschaftsformen stellt das gesetzliche Leitbild aber keine zwingende Vorgabe für eine Ergebnisverteilung dar. Vielmehr ist der Verteilungsschlüssel einer gesellschaftsvertraglichen Vereinbarung der Gesellschafter zugäng-

---

420 *Finckh* in Henssler/Strohn, Gesellschaftsrecht, § 121 Rn. 12; *Weitemeyer* in Oetker HGB, § 121 Rn. 10 m.w.N.

421 *Weitemeyer* in Oetker HGB, § 121 Rn. 16; *Hopt* in Baumbach/Hopt HGB, § 121 Rn. 2; *Priester* in Münchener Kommentar HGB, § 121 Rn. 15.

422 *Priester* in Münchener Kommentar HGB, § 121 Rn. 15.

423 *Von Falkenhausen/Schneider* in Münchener Handbuch des Gesellschaftsrechts, Band 2, § 23 Rn. 9ff.

lich.[424] Dies folgt teilweise schon aus dem Wortlaut der die Ergebnisverteilung regelnden Normen.[425] Ein gängiges Format eines vom Kopfprinzip abweichenden Verteilungsschlüssels ist in der Praxis eine Verteilung des Ergebnisses nach der Höhe des Kapitalanteils.[426] Dies zumindest, wenn ein Gleichlauf von kapitalmäßiger Beteiligung an der Gesellschaft und Ergebnisverteilung erreicht werden soll. Dem Begriff des Kapitalanteils kann in diesem Zusammenhang allerdings eine mehrfache Bedeutung zukommen und bedarf daher einer gesellschaftsvertraglichen Definition.[427] Zum einen kann damit ein variabler Kapitalanteil gemeint sein.[428] Dies bedeutet, dass der Kapitalanteil eines Gesellschafters durch eine Zuschreibung von nicht entnommenen Gewinnen oder getätigten Einlagen und Abschreibung von Verlusten oder Entnahmen in seiner Höhe variabel ist.[429] Zwar kommt einem solchen Verständnis von Kapitalanteil für die Ergebnisverteilung der Vorteil zu, dass so jeweils der tatsächliche Einsatz des Kapitals belohnt wird. Gleichzeitig besteht aber die Gefahr, dass wirtschaftlich potente Gesellschafter durch ein Nichtabrufen von entstandenen Gewinnen das Verhältnis des Gesellschafterkreises beeinflussen und dadurch

424 *Von Falkenhausen/Schneider* in Münchener Handbuch des Gesellschaftsrechts, Band 2, § 23 Rn. 18; *Saenger* in Schulze BGB, § 722 Rn. 1; *Habermeier* in Staudinger BGB, § 722 Rn. 6.

425 § 722 Abs. 1 BGB: „Sind die Anteile der Gesellschafter am Gewinn und Verlust nicht bestimmt […]“; § 168 Abs. 2 HGB: „[…] soweit nicht anders vereinbart […]“.

426 Zur Maßgeblichkeit des Kapitalanteils für Ergebnisverteilung vgl. *Schöne* in Beck'scher OK-BGB, Stand 01.11.2012, § 722 Rn. 3; *Ulmer/Schäfer* in Münchener Kommentar BGB, § 722 Rn. 5; *Gummert* in Münchener Handbuch des Gesellschaftsrechts, Band 1, § 15 Rn. 22ff.

427 *Gummert* in Münchener Handbuch des Gesellschaftsrechts, Band 1, § 15 Rn. 23.

428 *Von Falkenhausen/Schneider* in Münchener Handbuch des Gesellschaftsrechts, Band 2, § 22 Rn. 29.

429 *Priester* in Münchener Kommentar HGB, § 120 Rn. 94; *Hopt* in Baumbach/Hopt HGB, § 120 Rn. 14; *Ehricke* in E/B/J HGB, § 120 Rn. 71.

wirtschaftlich schwächere Gesellschafter „aushungern".[430] Zudem kann ein beweglicher Kapitalanteil durch Zuschreibung von Verlusten negativ werden und dadurch nicht länger zur Bestimmung der Ergebnisverteilung geeignet sein.[431] Daher ist es üblich den Begriff des Kapitalanteils dergestalt zu definieren, dass jedem Gesellschafter ein fester Kapitalanteil zugeordnet wird, der regelmäßig an die vertraglich festgelegte Einlage gebunden ist.[432] Buchhalterisch erfolgt eine Festschreibung auf dem sog. „Kapitalkonto I".[433]

Die Gestaltungsfreiheit der Gesellschafter für einen Verteilungsschlüssel reicht dabei soweit, dass auch im Falle einer wertmäßigen Verschiebung der Beteiligungsverhältnisse der Gesellschafter (durch Anwachsung) weiterhin an der bestehenden Ergebnisverteilung festgehalten werden kann. Wurde beispielsweise eine Beteiligung eines senioren Gesellschafters größtenteils auf einen Gesellschafter der jüngeren Generation im Wege einer Abtretung übertragen, so kann dennoch eine gleichbleibende Ergebnisbeteiligung des übertragenden Gesellschafters vereinbart werden.[434] Eine solche Konstruktion findet sich insbesondere bei Familien-Personengesellschaften, wenn der übergebenden Generation lediglich eine geringe Beteiligung am Kapital verbleibt, sie aber dennoch mit einem hohen Gewinnanteil ausgestattet sein soll.[435] Grenze einer zulässigen Gestaltungsfreiheit der Gesellschafter für einen

430 *Ihrig* in Sudhoff Unternehmensnachfolge, § 23 Rn. 10.

431 *Priester* in Münchener Kommentar HGB, § 120 Rn. 36 m.w.N.; *Bormann/Hellberg*, DB 1997, 2415 [2418].

432 *Von Falkenhausen/Schneider* in Münchener Handbuch des Gesellschaftsrechts, Band 2, § 22 Rn. 16; *Priester* in Münchener Kommentar HGB, § 120 Rn. 101; *Martens* in Schlegelberger HGB, § 120 Rn. 31; *Hopt* in Baumbach/Hopt HGB, § 120 Rn. 15.

433 *Ehricke* in E/B/J HGB, § 120 Rn. 75; *Schäfer* in Staub HGB, § 120 Rn. 54; *Hopt* in Baumbach/Hopt, HGB § 120 Rn. 19, *Koller* in Koller/Roth/Morck HGB, § 120 Rn. 9.

434 *Scherer*, BB 2010, 323ff.

435 Vgl. *Kirchdörfer*/Lorz Unternehmensnachfolge, § 8 Rn. 75ff.

Verteilungsschlüssel bildet lediglich der allgemeine Sittenwidrigkeitstatbestand des § 138 BGB.[436]

b) Gestaltungsmöglichkeit der Auseinandersetzung

Sowohl im Rahmen einer Auseinandersetzung einer Gesellschaft bürgerlichen Rechts als auch einer Liquidation einer Personenhandelsgesellschaft[437] kommt einer Vereinbarung der Gesellschafter grundsätzlich Vorrang gegenüber den gesetzlichen Regelungen zu.[438] Dies gilt zumindest, soweit durch diese Vereinbarung Rechte Dritter, gemeint sind damit insbesondere Gläubigerrechte, nicht geschmälert werden.[439] Bezüglich der Dispositionsfreiheit der Gesellschafter über den Ablauf der Auseinandersetzung bzw. der Liquidation ist demnach zu unterscheiden, ob lediglich das Innenverhältnis betroffen ist oder ob die Vereinbarung auch Rechte Dritter im Außenverhältnis berührt.[440] Ist ausschließlich das Innenverhältnis betroffen, haben die Gesellschafter uneingeschränkte Gestaltungsmacht.[441] Betrifft die Regelung zwar das Außenverhältnis, schmälert aber gleichzeitig nicht Rechte Dritter,

436 *Schöne* in Beck'scher OK-BGB, Stand 01.11.2012, § 722 Rn. 2; *Ulmer/Schäfer* in Münchener Kommentar BGB, § 722 Rn. 5 i.V.m. § 705 Rn. 132ff.

437 Begrifflich stellt die Liquidation einen Unterfall der Auseinandersetzung dar, vgl. *Schmidt* in Münchener Kommentar HGB, § 145 Rn. 6; ebenso *Hillers*, Personengesellschaft und Liquidation, S. 15ff.

438 *Ulmer/Schäfer* in Münchener Kommentar BGB, § 730 Rn. 63 i.V.m § 731 Rn. 3; *Kilian* in Henssler/Strohn, Gesellschaftsrecht, § 731 Rn. 1.

439 *Ulmer/Schäfer* in Münchener Kommentar BGB, § 731 Rn. 3.

440 Zu der Unterscheidung der Dispositionsbefugnis der Gesellschafter nach Innen – und Außenverhältnis, *Sprau* in Palandt BGB, § 731 Rn. 1.

441 *Ulmer/Schäfer* in Münchener Kommentar BGB, § 731 Rn. 3.

ist insoweit von einer Dispositionsfreiheit der Gesellschafter auszugehen.[442]

Das Ergebnis der Einflussmöglichkeit der Gesellschafter auf Art und Weise der Auseinandersetzung gilt für alle hier maßgeblichen Personengesellschaften: In Bezug auf die Gesellschaft bürgerlichen Rechts erfolgt eine gesetzliche Regelung der Auseinandersetzung in den §§ 730ff. BGB. Das Verfahren der Auseinandersetzung wird dabei durch die Regelung des § 731 BGB aufgegriffen, wonach die §§ 732 bis 735 BGB die Auseinandersetzung regeln, allerdings nur wenn es an einer anderen Vereinbarung mangelt. Mit einer solchen Vereinbarung ist dabei eine Vereinbarung innerhalb des Gesellschafterkreises gemeint.[443] Inhaltlich kann eine solche Vereinbarung vorsehen, dass eine Regelung zur Verteilung von Wirtschaftsgütern erfolgt, die sich außerhalb des Anwendungsbereichs der §§ 732ff. BGB abspielt.[444] Ebenso ist es möglich, lediglich einzelnen oder sogar einem einzigen Gesellschafter eine Übernahme des Vermögens der Gesellschaft zu ermöglichen, sodass die übrigen Gesellschafter insoweit nur begrenzt an einer Auseinandersetzung der Gesellschaft teilhaben.[445] Das gesetzliche Verfahren der Auseinandersetzung nach den Regelungen der §§ 732 bis 735

---

442 Daraus folgt z.B. auch, dass die Vorschrift des § 733 Abs. 1 BGB als dispositiv angesehen wird, vgl. *Westermann* in Erman BGB, § 733 Rn. 1 m.w.N. Dritte sind von einer solchen Vereinbarung der Gesellschafter nicht betroffen, da jedenfalls eine Haftung der Gesellschafter nach § 128 HGB analog besteht, vgl. *Ulmer/Schäfer* in Münchener Kommentar BGB, § 733 Rn. 10f.; *Trost* in juris-PK-BGB, Stand 01.10.2012, § 733 BGB Rn. 3; *Schöne* in Beck'scher OK-BGB, Stand 01.11.2012, § 733 Rn. 2.

443 *Schöne* in Beck'scher OK-BGB, Stand 01.11.2012, § 731 Rn. 2; OLG Hamm, NJW-RR 2001, 245.

444 Insbesondere bei der Auseinandersetzung von Freiberufler-Sozietäten erfolgt eine Regelung zur Verteilung des Mandantenstammes, vgl. BGH, Beschluss v. 31.05.2010 – II ZR 29/09, NZG 2010, 982; BGH, Urteil v. 06.12.1993 – II ZR 242/92, NJW 1994, 796; Schleswig-Holsteinisches OLG, OLGR Schleswig 2004, 172.

445 *Sprau* in Palandt, § 731 Rn. 1.

BGB ist damit ganz oder teilweise abdingbar.[446] Eine Vereinbarung zwischen den Gesellschaftern ist also nicht nur zulässig, sondern genießt stets Vorrang gegenüber der gesetzlichen Regeleung. Ausschließlich für den Fall, dass keine gesellschaftsvertragliche Regelung der Auseinandersetzung vorliegt, ist damit auf die Regelungen der §§ 732ff. BGB abzustellen. Nach der damit lediglich subsidiären, widerleglichen Vermutung des § 735 BGB erfolgt eine Verteilung eines Überschusses nach einem solchen Verhältnis, das für eine Verteilung des Gewinnes maßgeblich ist. Aufgrund der Dispositivität dieser Regelung ist es den Gesellschaftern daher möglich, eine lediglich für die Verteilung eines Überschusses abweichende Abrede zu treffen, d.h. einen für die Verteilung eines Überschusses gesonderten Schlüssel zu vereinbaren.[447]

Die Erkenntnis, dass die Interessen der Gesellschafter im Rahmen der Auflösung der Gesellschaft als maßgeblich einzustufen sind, gilt uneingeschränkt auch für die Personengesellschaften des HGB. Insoweit enthält § 145 Abs. 1 HGB[448] die Regelung, dass die gesetzlichen Regeln der Liquidation der Gesellschaft gemäß den §§ 145 ff. HGB nur dann eingreifen, *„sofern nicht eine andere Art der Auseinandersetzung von den Gesellschaftern vereinbart ist.“* Mit der Begrifflichkeit „Art der Auseinandersetzung“ ist dabei nicht nur das Verfahren der Auseinandersetzung als Ganzes erfasst, vielmehr können auch lediglich Einzelheiten der Liquidation durch Gesellschaftsvertrag oder entsprechenden Beschluss der Gesellschafter geregelt werden.[449] Als solche von der gesetzlichen Regelung der §§ 145ff. HGB abweichende Abrede kann dabei eine

446 *Trost* in juris-PK-BGB, Stand 01.10.2012, § 731 Rn. 3; Saenger BGB, § 731 Rn. 1; *Gummert* in Münchener Handbuch des Gesellschaftsrechts, § 21 Rn. 113.

447 *Westermann* in Erman BGB, § 734 Rn. 1.

448 Diese Regelung findet auch Anwendung für die KG, vgl. *Schmidt* in Münchener Kommentar HGB, § 145 Rn. 4 m.w.N.

449 *Schmidt* in Münchener Kommentar HGB, § 145 Rn. 11 spricht insoweit von „Modalitäten der Liquidation“.

disquotale Teilung des Unternehmens ebenso wie eine disquotale Verteilung des Gesellschaftsvermögens nach Veräußerung des Gesellschaftsvermögens innerhalb von § 155 Abs. 1 HGB angesehen werden.[450]

Wie gezeigt setzt sich der „Anteil am Gesellschaftsvermögen" im Rahmen von § 738 Abs. 1 Satz 1 im Wesentlichen aus einer Beteiligung am Ergebnis einer fortbestehenden Gesellschaft sowie einer Teilhabe an einer Vermögensverwertung im Falle der Auflösung der Gesellschaft zusammen. Für diese Beteiligung ist jeweils eine mitgliedschaftliche Stellung unverzichtbar. Auch bei einer Ausgestaltung der Anwachsungsquote als Einfluss auf die Rechtsfolgenanordnung der Anwachsung ist sichergestellt, dass ausschließlich verbleibenden Gesellschaftern ein Anteil am Gesellschaftsvermögen im Sinne des § 738 Abs.1 Satz 1 BGB zukommt. Schaut man sich die beiden oben beschriebenen Komponenten des „Anteils am Gesellschaftsvermögens" im Detail an, so spricht nichts gegen die Möglichkeit auf die Rechtsfolgenanordnung der Anwachsung gesellschaftsvertraglich Einfluss zu nehmen. Die Teile des „Anteils am Gesellschaftsvermögen" sind nämlich einzeln betrachtet einer gesellschaftsvertraglichen Abrede zugänglich, insbesondere kann eine disquotale Beteiligung der Gesellschafter vereinbart werden.[451] Kann auf diese Bereiche individuell durch die Gesellschafter Einfluss genommen werden, so spricht dies für eine Gestaltungsmöglichkeit der Anwachsung als beide Teilbereiche umfassendes Rechtsinstitut.

---

450 *Schmidt* in Münchener Kommentar HGB, § 145 Rn. 40; ähnlich *Hillmann* in E/B/J HGB, § 145 Rn. 24.

451 Zur disquotalen Gewinnverteilung als Gestaltungsmittel zur Unternehmensnachfolge: *Tavakoli*, DB 2006, 1882 [1883f.].

D. Kein Entgegenstehen sachenrechtlicher Publizitätsgrundsätze

Im Anschluss an die Darstellung, dass die Möglichkeit der vertraglichen Einflussnahme auf die einzelnen Komponenten des „Anteils am Gesellschaftsvermögen" auf eine ebensolche Möglichkeit im Hinblick von § 738 Abs. 1 Satz 1 BGB schließen lässt, gilt es nun zu zeigen, dass auch sachenrechtliche Publizitätsgrundsätze[452] nicht gegen eine Vereinbarung einer disquotalen Anwachsung angeführt werden können. Dies gilt dabei ungeachtet der Erkenntnis der modernen Gruppenlehre, wonach alleine die Gesamthand selbst Inhaberin von Rechten und damit auch Eigentümer von Gegenständen ist. Denn auch wenn man mit der bei Schaffung des Bürgerlichen Gesetzbuches vorherrschenden traditionellen Gesamthandslehre von der gesamthänderischen Rechtszuständigkeit der Gesellschafter ausgeht, spricht dies alleine nicht gegen die Möglichkeit der gesellschaftsrechtlichen Einflussnahme auf § 738 Abs. 1 Satz 1 unter dem Gesichtspunkt zwingender sachenrechtlicher Publizitätsgrundsätze. Nach der traditionellen Gesamthandslehre erfolgt in Folge des Ausscheidens eines Gesellschafters eine Veränderung der sachenrechtlichen Zuordnung des gesamthänderisch gebundenen Sondervermögens.[453] Zu welchen Teilen diese Veränderung erfolgt wird für den Rechtsverkehr aber nicht sichtbar. Eines dahingehenden Schutzes für den Rechtsverkehr, der einer Gestaltungsmöglichkeit der Gesellschafter entgegenstehen könnte, bedarf es nicht. Denn die nach diesem Verständnis der Gesamthand auch dingliche Teilhabe am Gesamthandsvermögen richtet sich nach rein internen gesellschaftsvertraglichen Regelungen, wie z.B. oftmals der Beteiligung am Kapital der Gesamthand. Die dingliche Zuordnung nach dem Ausscheiden eines Gesellschafters bleibt dem Rechtsverkehr damit grundsätzlich verborgen. Dies gilt auch unter

452 Zur Grenze von sachenrechtlichen Grundsätzen für die Dispositionsfreiheit der Gesellschafter: *Schmölz*, FS Beuthien, S. 236 [240f.].

453 Vgl. Darstellung der Anwachsung unter Zugrundelegung der traditionellen Gesamthandslehre: *Dobler*, Das Anwachsungsprinzip im Zivil- und Einkommensteuerrecht, S. 73ff.

der Neukonzeption der §§ 47 Abs. 2 GBO, 899a BGB, da nach diesen Regelungen zwar die Gesellschafter und eine Veränderung des Gesellschafterbestandes in das Grundbuch einzutragen sind.[454] Die Höhe der Beteiligung ist aber gerade nicht eintragungsfähig.[455] Ist es für den Rechtsverkehr aber nicht ersichtlich, wie sich die sachenrechtliche Zuordnung des Gesellschaftsvermögens nach erfolgter Anwachsung darstellt, die sich an der Höhe der Kapitalbeteiligung orientiert, ist es für den Rechtsverkehr und damit auch unter dem Gesichtspunkt sachenrechtlicher Offensichtlichkeit unbedeutend, wenn auf die Anwachsung gesellschaftsvertraglich Einfluss genommen wird.

E. Generelle Dispositivität gesellschafterinterner Regelungen

Für die Möglichkeit der Einflussannahme auf die Verteilung des freiwerdenden „Anteils am Gesellschaftsvermögen" spricht neben der Fortführung des Telos der mit der Vorschrift der Anwachsung zusammenhängenden Regelung des § 719 BGB und der bereits vorgetragenen Begründungsansätze auch eine grundsätzliche Gestaltungsfreiheit des Innenverhältnisses der Gesellschafter.[456] Dabei sind selbstverständlich die Grenzen der Gestaltungsfreiheit zu beachten, die nämlich dort zu ziehen sind, wo es des Schutzes einzelner Gesellschafter(rechte) bedarf, ohne die eine Teilhabe an der Gesellschaft faktisch nicht möglich ist.[457] Diesem Grundsatz folgend ist daher von einer grundsätzlichen Gestaltungsfreiheit der Regelungen des Gesellschaftsrechts, damit auch der Regelungen

454 BT-Drucks. 16/13437, S. 23f.

455 *Reetz* in Beck'scher OK-GBO, Stand 01.06.2012, § 47 Rn. 96.

456 Zu dem Zusammenspiel von Vertragsfreiheit im Geflecht der Gesellschafterbeziehungen vgl. *Loritz*, JZ 1986, 1073.

457 Diese Rechte des Gesellschafters werden regelmäßig als „unverzichtbare Rechte" bezeichnet, vgl. *Enzinger* in Münchener Kommentar HGB, § 119 Rn. 68ff. m.w.N.; *Sigle*, FS Hüffer, 975 [976ff.].

der §§ 738–740 BGB auszugehen.[458] Ob durch eine Ausgestaltung der Anwachsung die Grenze einer grundsätzlichen Gestaltungsfreiheit überschritten wird, soll im Nachgang beleuchtet werden.

Betrachtet man die Gesichtspunkte, welche im Hinblick auf eine Einschränkung der Gestaltungsfreiheit des Gesellschaftsverhältnisses ins Feld geführt werden, so wird deutlich, dass eine Reduzierung auf im Wesentlichen drei Fallgruppen möglich ist. Diese können dabei als „materielle Wertungskriterien" der Einschränkung von gesellschaftrechtlicher Gestaltungsfreiheit bezeichnet werden.[459] Eine Limitierung der Gesellschafterrechte wird zunächst dann als zulässig erachtet, wenn sie zum Schutze des Rechtsverkehrs, genauer von Gläubigern, erforderlich ist.[460] Weitere Fallgruppe der Einschränkbarkeit der Gestaltungsfreiheit von Gesellschaftervereinbarungen ist der Schutz der Mitglieder der Gesellschaft.[461] Somit sind neben Interessen des Außenbereichs auch solche des gesellschaftsinternen Bereichs geeignet, als Grenze der Privatautonomie zu dienen. Zuletzt wird die Fallgruppe des öffentlichen Interesses[462] bzw. Ordnungselementen der Rechtsordnung als mögliche Grenze der Gestaltungsfreiheit genannt.[463] Darunter ist letztlich ein allgemeiner Schutz des Rechtsverkehrs zu fassen[464], solange der individualisierbare Schutzbereich der ersten

458 *Habermeier* in Staudinger BGB, § 738 Rn. 6; *Ulmer/Schäfer* in Münchener Kommentar BGB, § 738 Rn. 12; zur generellen Disposivität gesellschaftsinterner Vereinbarungen, *Wiedemann*, Gesellschaftsrecht, S. 83f.

459 Ausführlich *Hey*, Gestaltung von Gesellschaftsverträgen, S. 87ff.

460 *Ulmer/Schäfer* in Münchener Kommentar BGB, § 738 Rn. 48; *Reul*, DNotZ 2007, 184 [189]; *Bydlinski*, Privatautonomie, S. 131ff.

461 *Wiedemann*, Gesellschaftsrecht, S. 173; Teichmann, Gestaltungsfreiheit in Gesellschaftsverträgen, S. 103ff.

462 *Schmidt*, Gesellschaftsrecht, § 5 III 1.

463 *Wiedemann*, Gesellschaftsrecht, S. 72; *Hey*, Gestaltung von Gesellschaftsverträgen, S. 91; *Teichmann*, Gestaltungsfreiheit in Gesellschaftsverträgen, S. 96.

464 *Reul*, DNotZ 2007, 184 [189].

beiden Fallgruppen nicht eröffnet ist. Sind innerhalb dieser drei anerkannten Fallgruppen keine durchschlagenden Argumente zu finden, die für einen zwingenden Charakter der Regelung des § 738 Abs. 1 Satz 1 BGB sprechen, so dürfte unter dem Gesichtspunkt gesellschaftsrechtlicher Privatautonomie eine ebensolche Dispositivität der Ausgestaltung der Anwachsung anzunehmen sein. Denn der Charakter als zwingende Norm kann jedenfalls nicht aus der Norm selbst folgen, da entgegen anderer Normen im Recht der Gesellschaft bürgerlichen Rechts keine Nichtigkeitsfolge bestimmter gesellschaftsvertraglicher Regelungen enthalten ist.[465]

a) Gläubigerschutz

Die Möglichkeit der freien Gestaltung von Gesellschaftervereinbarungen findet dort ihre Grenze, wo Interessen Dritter, gemeint sind damit Gläubiger der Gesellschaft, durch eine solche Vereinbarung eine Schmälerung erfahren.[466] Eine Beschränkung von Drittrechten in Folge einer vertraglichen Vereinbarung kann nämlich nur dort wirksam Rechtswirkungen hervorrufen, wo der von dieser Regelung Betroffene der maßgeblichen Vereinbarung zugestimmt hat.[467] Andernfalls ist in einer Vereinbarung ein generell unzulässi-

---

465 In diesem Kontext zu nennen sind insbesondere die Regelungen der §§ 707, 723 Abs. 3 BGB, wonach sowohl Verpflichtungen zur Erhöhung des vereinbarten Beitrages, sowie Abreden, die die Möglichkeit zur Kündigung erschweren, unwirksam sind. In Bezug zu § 707 BGB ist trotz des Wortlauts der Norm umstritten, ob der Norm ein dispositiver Charakter zukommen kann. Dispositivität befürwortend insoweit: BGH, Urteil v. 05.11.2007 – II ZR 230/06, NJW-RR 2008, 419; *Sprau* in Palandt BGB, § 707 Rn. 1; *Hopt* in Baumbach/Hopt HGB, § 109 Rn. 14; *Schmidt*, ZGR 2008, 1 [20]; *Wertenbruch*, DStR 2007, 1680. Ablehnend demgegenüber: *Ulmer/Schäfer* in Münchener Kommentar BGB, § 707 Rn. 2; *Armbrüster*, ZGR 2009, 1 [9]; *Nenntwig*, WM 2011, 2168 [2169].

466 *Bydlinski*, Privatautonomie, S. 131ff.; *Lange*, NZG 2001, 635 [639].

467 *Hey*, Gestaltung von Gesellschaftsverträgen, S. 93; *Habersack*, Vertragsfreiheit und Drittinteressen, S. 55ff.

ger Vertrag zu Lasten Dritter anzusehen.[468] Entfaltet demnach eine Vereinbarung der Gesellschafter ausschließlich Wirkung innerhalb des Gesellschafterkreises, so kann der Gesichtspunkt des Gläubigerschutzes nicht herangezogen werden, um der Anwachsung nach § 738 Abs. 1 Satz 1 BGB in toto zwingenden Charakter zu verleihen.

Unter Berücksichtigung dieser Gedanken kommt eine vertragliche Ausgestaltung der Anwachsung nicht in Konflikt mit Drittrechten. Maßgeblich ist nämlich insoweit im Hinblick auf eine mögliche Haftung der Gesellschafter im Außenverhältnis allein die Regelung von § 128 HGB. Denn auch bei Vereinbarung einer disquotalen Anwachsung und einer dem Ausscheiden nachfolgenden Anwachsung dieser Art, haften die verbliebenen Gesellschafter unmittelbar und unbeschränkt für alle Verbindlichkeiten der Gesellschaft. Auf ihre Beteiligung an der Gesellschaft als Folge der Anwachsung kommt es dabei nicht an. Vielmehr ist eine solche Beteiligung erst im Falle eines an eine Inanspruchnahme im Außenverhältnis anknüpfenden Regresses *innerhalb* der Gesellschafter maßgeblich.[469] Der regressnehmende Gesellschafter kann nämlich nur insoweit Ersatz für seine Haftung gegenüber den anderen Gesellschaftern verlangen, als er ihnen im Rahmen eines Gesamtschuldnerinnenausgleichs zur Leistung verpflichtet wäre, wobei die Beteiligung an der Gesellschaft als anderweitige Vereinbarung im Sinne des § 426 BGB angesehen wird.[470]

468 *Grüneberg* in Palandt BGB, vor § 328 Rn. 10; im Hinblick auf eine unzulässige Bestimmungen zu einem Haftungsausschluss der Gesellschafter einer GbR (mbH), vgl. BGH, Urteil v. 27.09.1999 – II ZR 371/98; NJW 1999, 3483 [3485].

469 Dies gilt wiederum nur, wenn die Verlustbeteiligung an die kapitalmäßige Beteiligung angepasst ist, vgl. *Schmidt* in Münchener Kommentar HGB, § 128 Rn. 34; *Steitz* in Henssler/Strohn, Gesellschaftsrecht, § 128 Rn. 33ff.; zur Anwendbarkeit dieser Grundsätze auch auf die GbR: BGH, Urteil v. 15.10.2007 – II ZR 136/06; NJW-RR 2008, 256 [257].

470 BGH, Urteil v. 17.12.2001 – II ZR 382/99, NJW-RR 2002, 455; *Hopt* in Baumbach/Hopt HGB, § 128 Rn. 27; *Boesche* in Oetker HGB, § 128 Rn. 38; *Koller* in Koller/Roth/Morck HGB, § 128 Rn. 8; *Habersack* in

Der Vereinbarung einer disquotalen Anwachsung kommt damit im Hinblick auf Haftungsfragen und somit auch für eine potentielle Beeinträchtigung von Gläubigerinteressen lediglich im Innenverhältnis Regelungswirkung zu. Alleine dort kann eine Veränderung der Beteiligungsverhältnisse an der Gesellschaft zu einer geänderten Haftung der einzelnen Gesellschafter führen. Begrenzt man somit die Regelungswirkung auf das reine Innenverhältnis der Gesellschafter untereinander, so kann der Schutz von Gläubigern der Gesellschaft nicht als materielles Kriterium angeführt werden, um eine Ausgestaltung der Anwachsung – insbesondere der Anwachsungsquote – zwingend zu negieren.

b) Gesellschafterschutz

Eine weitere Grenze des grundsätzlich den Gesellschaftern zustehenden Rechts zur freien Gestaltung ihres Rechtsverhältnisses zueinander besteht dort, wo sich ein Gesellschafter Rechten begibt, die seine Stellung als Gesellschafter schlechthin ausmachen oder ohne welche seine Stellung als Gesellschafter empfindlich gestört ist.[471] Betrachtet man den Charakter des Gesellschaftsvertrags als Dauerschuldverhältnis so verwundert es nicht, wenn eine wesentliche Fallgruppe des unantastbaren Gesellschafterschutzes Beschränkungen des Rechtes zur Kündigung eines Gesellschafters im Sinne des § 723 Abs. 3 BGB sind. Daneben wird durch die Rechtsprechung im Rahmen einer Inhaltskontrolle von Gesellschaftervereinbarung der Grundsatz der gleichmäßigen Behandlung der Gesellschafter als Rechtsgrundsatz angesehen, der gegen eine Wirksamkeit einer gesellschaftsrechtlichen Vertragsklausel sprechen kann.[472] Werden Grenzen der gesellschaftsrechtlichen

Staub HGB, § 128 Rn. 47; *Hillmann* in E/B/J HGB, § 128 Rn. 32; *Schmidt* in Münchener Kommentar HGB, § 128 Rn. 34.

471 *Weitemeyer* in Oetker HGB, § 119 Rn. 40ff.; *Schmidt*, ZGR 2008, 1 [19].

472 *Hey*, Gestaltung von Gesellschaftsverträgen, S. 99.

Vertragsfreiheit doch nicht aus allgemeinem Verfassungsrecht, sondern grundsätzlich aus einfachem Recht abgeleitet[473], so dürfte es letztlich dennoch offensichtlich sein, dass hinter dem Gleichbehandlungsgrundsatz der Rechtsgedanke des Art. 3 GG zu erblicken ist. Folgerichtig verbietet der Grundsatz der gleichmäßigen Behandlung aller Gesellschafter auch lediglich eine willkürliche Ungleichbehandlung.[474] Ungleichbehandlungen, die sich auf einen sachlichen Grund zurückführen lassen, stehen folglich nicht im Konflikt mit der Pflicht einer gleichmäßigen Behandlung aller Gesellschafter.[475] Denn nur eklatante Eingriffe in den Schutzbereich der Gesellschafter rechtfertigen es, durch eine gerichtliche Inhaltskontrolle die Unwirksamkeit einzelner Vereinbarungen festzustellen, obwohl sich der einzelne Gesellschafter in Ausübung seiner freien Willensentscheidung einer solchen Klausel unterworfen hat.

Betrachtet man eine Vereinbarung einer disquotalen Anwachsung unter diesem Blickwinkel, so dürfte durch eine solche Vereinbarung auf erster Stufe zwar eine Ungleichbehandlung der Gesellschafter vorliegen. Einigen Gesellschaftern kommt durch eine privilegierte Teilhabe an der Anwachsung eine Stärkung ihrer Stellung als Gesellschafter zu. Die übrigen, nicht vollumfänglich an der Anwachsung partizipierenden Gesellschafter erfahren keine solche Stärkung ihrer mitgliedschaftlichen Position. Vielmehr erfolgt eine relative Schlechterstellung gegenüber anderen Gesellschaftern, wenn man davon ausgeht, dass eine Beteiligung am Gewinn der Gesellschaft sowie eine Stimmrechtsmacht regelmäßig nach der kapitalmäßigen Beteiligung der Gesellschafter ausgestaltet sind. Demnach greift die Auffassung zu kurz, die in der Vereinbarung einer nicht verhältnismäßig ablaufenden Anwachsung im Gegensatz zu einer Vereinbarung einer Klausel zur Beschränkung des Abfindungsanspruchs nach § 738 Abs. 1 Satz 2 BGB keinen

473 *Hey*, Gestaltung von Gesellschaftsverträgen, S. 85f.; *Reul*, DNotz 2007, 184 [201].

474 *Heinrichs*, Mehrheitsbeschlüsse bei Personengesellschaften, S. 239ff.

475 *Heinrichs*, ebenda.

Eingriff in Kernbereiche der Mitgliedschaftsrechte sieht.[476] So zählt insbesondere eine Beteiligung an der Beschlussfassung der Gesellschaft, die mittelbar durch eine disquotale Anwachsung beeinflusst wird, zu den wesentlichen Rechten eines Gesellschafters.[477]

Eine solche Ungleichbehandlung zwischen den Gesellschaftern erfolgt bei einer Vereinbarung einer disproportionalen Anwachsung allerdings nicht willkürlich. Folglich steht auch der Grundsatz einer Gleichbehandlung aller Gesellschafter einer solchen Ausgestaltung der Anwachsung nach § 738 Abs. 1 Satz 1 BGB nicht entgegen. Denn diejenigen Gesellschafter, die lediglich beschränkt an der Anwachsung teilhaben, können nicht gegen eine solche Klausel vorgehen, wenn sie ein Ausscheiden eines Gesellschafters als ein die disquotale Anwachsung auslösendes Ereignis vorgesehen haben. Denn jedenfalls unter der Prämisse, dass eine solche Klausel zur Anwachsung bei Gründung der Gesellschaft gesellschaftsvertraglich zwischen den Gesellschaftern vereinbart worden ist, stellt sich ein Berufen auf eine Unwirksamkeit der Klausel als rechtsmissbräuchliches Verhalten nach dem Rechtsgedanken des *venire contra factum proprium* im Sinne von § 242 BGB dar.[478] Mit der Zustimmung zum Gesellschaftsvertrag hat sich jeder Gesellschafter den Regelungen unterworfen und kann sich nicht auf eine Unwirksamkeit einzelner Klauseln berufen. Dies kann zusätzlich auch auf den Aspekt einer gesellschaftsrechtlichen Treuepflicht gestützt werden.[479] Einer solchen Zustimmung fehlt es auch unter dem Gesichtspunkt der Kernbereichslehre nicht an einer Wirksamkeit. Wie gezeigt sind die maßgeblichen Veränderungen innerhalb der Gesellschafter in Folge der disproportionalen Anwachsung im

476 Vgl. *Früchtl*, NZG 2007, 368 [371].

477 BGH, Urteil v. 10.10.1994 – II ZR 18/94, NJW 1994, 194; *Ulmer* in Staub HGB, § 119 Rn. 36; *Heidel/Pade* in Dauner-Lieb, BGB, § 709 Rn. 31ff.; *Enzinger* in Münchener Kommentar HGB, § 119 Rn. 72; *Schmidt*, ZGR 2008, 1 [16f.].

478 *Grüneberg* in Palandt BGB, § 242 Rn. 55ff. m.w.N.

479 Vgl. *Früchtl*, NZG 2007, 368 [372].

Bereich der Stimmrechte sowie der Gewinnverteilung zu finden. Diese mitgliedschaftlichen Rechte werden zwar dem Kernbereich der Gesellschafterrechte zugeordnet[480], wobei es aber ebenso anerkannt ist, dass mit Zustimmung des betroffenen Gesellschafters, Eingriffe in diese Rechte möglich sind.[481] Insoweit sind zwar unentziehbare aber gerade nicht unverzichtbare Gesellschafterrechte betroffen.

Zusammenfassend rechtfertigt eine Zustimmung der Gesellschafter einen Eingriff in eine unterschiedliche Partizipation an der Anwachsung. Somit liegt keine willkürliche Ungleichbehandlung der Gesellschafter vor, die einer disquotalen Ausgestaltung der Anwachsung widersprechen könnte. Folglich stehen keine zwingenden Schutzbedürfnisse aus dem Gesellschafterkreis einer potentiellen Ausgestaltung der Anwachsung auf Rechtsfolgenseite entgegen.

c) Schutz des öffentlichen Interesses

Eine dritte anerkannte Fallgruppe des Vorrangs von zwingendem Recht vor internen autonomen Gesellschaftervereinbarungen bedarf es zum Schutze des öffentlichen Interesses. Greifbar wird diese Fallgruppe auch unter dem Begriff des (allgemeinen) Verkehrsschutzes beschrieben.[482] In Abgrenzung zu der Gruppe der Gläubiger bedarf es gerade keines konkreten obligatorischen

480 *Schmidt*, ZGR 2008,1 [16]; *Weitemeyer* in Oetker HGB, § 119 Rn. 43.

481 Zu diesen unterschiedlichen Gruppen von Gesellschafterrechten, vgl. BGH, Urteil v. 15.01.2007 – II ZR 245/05, NJW 2007, 1685 [1687]; *Enzinger* in Münchener Kommentar HGB, § 119 Rn. 68ff.; *Goette*, FS Sigle, S. 149; *Schmidt*, ZHR 158 (1994) 205ff.; *Priester*, DStR 2008, 1386 [1387], weitere Ausführungen zu der Unterscheidung dieser beiden Kategorien von Gesellschafterrechten finden sich im Rahmen der Ausführungen der Wirksamkeit eines Mehrheitsbeschlusses zu einer nachträglichen Aufnahme einer disquotalen Anwachsung in den Gesellschaftsvertrag, S. 140ff.

482 *Reul*, DNotz 2007, 184 [189].

Rechtsverhältnisses zu einzelnen Dritten.[483] Ausreichend aber auch erforderlich ist bereits ein Bezug zu dem Allgemeininteresse.[484] Daher ist dieser Schutzbereich als Einfallstor zwingenden Rechts als Beschränkung gesellschaftsrechtlicher Privatautonomie dann nicht eröffnet, wenn durch die zu beurteilende Regelung gerade kein Kontakt zu Interessen der Allgemeinheit erfolgt.

Das Rechtsinstitut der Anwachsung entfaltet wie dargestellt lediglich auf Ebene der Gesellschafter Rechtswirkungen. So sind es alleine die Gesellschafter, die durch die Regelung des § 738 Abs. 1 Satz 1 BGB in ihrer Stellung als Mitglieder der Gesamthandsgemeinschaft berührt werden. Auch die Vereinbarung einer Anwachsung mit nicht verhältnismäßigen Quoten stellt sich damit als reines Internum der Gesellschafter dar. Damit ist unter diesem Gesichtspunkt der Schutzbereich des öffentlichen Interesses an einer zwingenden Ausgestaltung des § 738 Abs. 1 Satz 1 BGB nicht eröffnet. Dies gilt umso mehr, als dass nach Anerkennung der Rechtsfähigkeit der Außen-Gesellschaft bürgerlichen Rechts der Regelung der Anwachsung nicht länger eine sachenrechtliche Komponente innewohnt.[485]

Betrachtet man die drei wesentlichen materiellen Fallgruppen der Begrenzungen der Gestaltungsfreiheit des Gesellschaftsverhältnisses so ergibt sich die Dispositionsbefugnis der Gesellschafter auch im Hinblick auf eine Gestaltung der Anwachsungsquoten. Maßgeblich ist dabei, dass die Einflussnahme ein reines Internum der Gesellschafter darstellt. Rechte Dritter werden nicht tangiert und damit nicht unzulässig begrenzt. Im Innenverhältnis der Gesellschafter entfaltet die Zustimmung der Gesellschafter Rechtfertigungswirkung in Zusammenhang mit einer disquotalen Teilnahme an der Anwachsung.

483 *Hey*, Gestaltung von Gesellschaftsverträgen, S. 95f.

484 *Teichmann*, Gestaltungsfreiheit in Gesellschaftsverträgen, S. 97ff.

485 Wie gezeigt besteht auch unter Beachtung von sachenrechtlichen Publizitätsgrundsätzen kein Bedenken gegen eine disquotale Ausgestaltung der Anwachsung, vgl. S. 92ff.

F. Steuerrechtliche Gleichstellung von Anwachsung und Abtretung

Betrachtet man die steuerrechtliche Rechtsprechung zur Anwachsung, so wird deutlich, dass in diesem Rechtsgebiet eine weitestgehende Gleichstellung von Anwachsung und Anteilsabtretung erfolgt.[486] Diese Rechtsprechung ist dabei regelmäßig von einem wirtschaftlichen, d.h. von Ergebnisseite zu betrachtenden Verständnis beeinflusst. So stellt der Bundesfinanzhof deutlich heraus, dass auf Rechtsfolgenseite Anwachsung und Übertragung der Anteile des Ausscheidenden an die verbliebenen Gesellschafter im Zuge einer Abtretung identische Wirkungen entfalten.[487] So kann es nicht geleugnet werden, dass eine disquotale Anwachsung zu Gunsten bestimmter Gesellschafter bei gleichzeitigem (teilweisen) Ausschluss anderer Gesellschafter letztlich ebenso über eine Klausel im Gesellschaftsvertrag, die eine Abtretung zum Gegenstand hat, erreicht werden kann. Eine solche Klausel würde dabei dergestalt aussehen, dass gesellschaftsvertraglich eine aufschiebend bedingte Abtretung der Anteile des ausscheidenden Gesellschafters an gewisse, in der Gesellschaft verbleibende Gesellschafter erfolgt. Ebenso wäre eine Annahme der Abtretung durch diese Gesellschafter Teil einer solchen Klausel. Maßgebliche Bedingung wäre dabei das Ausscheiden eines Gesellschafters. Die Abtretung der Anteile des ausscheidenden Gesellschafters würde in einer solchen Konstellation eine juristische Sekunde vor dem tatsächlichen Ausscheiden eintreten. Aus diesem Grund steht eine solche Klausel auch nicht mit der Aussage in Konflikt, dass das Prinzip der Anwachsung zwingendes Recht sei. So hat der Bundesgerichtshof in diesem Zusammenhang entschieden, dass eine Klausel, die einen ausgeschiedenen Gesellschafter *nach* seinem Ausscheiden zur Abtretung der Anteile an die verbliebenen Gesellschafter verpflichtete, wegen eines Verstoßes gegen die zwingende Regelung

---

486 Zu den Unterschieden zwischen Anteilsveränderung durch Anwachsung oder durch Abtretung vgl. Darstellung S. 18ff.

487 BFH, Urteil v. 12.12.1996 – IV R 77/93, BStBl II 1998, 180 [182].

der Anwachsung nach § 738 Abs. 1 Satz 1 BGB unwirksam sei.[488] Im Unterschied zu der hier vorgeschlagenen Klausel besteht allerdings der Unterschied, dass bei der dem Bundesgerichtshof zur Entscheidung vorgelegenen Klausel lediglich eine schuldrechtliche Verpflichtung zur Abtretung *nach* Ausscheiden vereinbart war. *Nach* Ausscheiden konnte der ausgeschiedenen Gesellschafter in Folge der durch Gesetz eintretenden Anwachsung aber nicht mehr über seinen Anteil verfügen, da dieser durch sein Ausscheiden untergegangen war. Ihm war also eine Verfügung unmöglich. Im Unterschied dazu greift eine auf das Ausscheiden bedingte Klausel bereits *vor* dem Ausscheiden ein. Die Abtretung erlangt also bereits *vor* Wirksamwerden des Ausscheidens Gültigkeit. Der ausscheidende Gesellschafter verliert seine Befugnisse als Gesellschafter damit in Folge der Abtretung und gerade nicht durch sein Ausscheiden aus der Gesellschaft. Es kommt schon nicht zum Eingreifen der Rechtsfolgenanordnung der Anwachsung.

Ist demnach die wirtschaftliche Rechtsfolge einer disquotalen Anwachsung ebenso über gesellschaftsrechtliche Gestaltungen zur Abtretung von Gesellschaftsanteilen innerhalb des Gesellschafterkreises zu erreichen, so kann dies zumindest als Indiz für die Möglichkeit der Einflussnahme auf eine Gestaltung der Anwachsung angeführt werden. Mag dieser Gesichtspunkt unter Beachtung der doch zum Teil widersprechenden Dogmatik der Auffassung des Bundesfinanzhofs zum Rechtsinstitut der Anwachsung alleine gesehen nicht in Gänze überzeugen, zusammen mit den zuvor untersuchten Gesichtspunkten fügt er sich als wirtschaftliches Argument in die Zulässigkeit einer Vereinbarung der disquotalen Anwachsung ein.

488 BGH, Beschluss v. 28.06.1993 – II ZR 193/92, DStR 1993, 1530.

3. Gestaltungsgrenzen

Nachdem zuvor die grundsätzliche Möglichkeit der Einflussnahme auf die Rechtsfolgenseite der Anwachsung durch Zuweisung von Anwachsungsquoten, die nicht der vorherigen Beteiligung an der Gesellschaft entsprechen, bejaht wurde, gilt es in einem zweiten Schritt zu klären, ob eine solche Vereinbarung Gestaltungsgrenzen unterliegt. Dies ist für die Rechtsanwendung in der Praxis von besonderem Interesse, wenn eine disproportionale Anwachsung als Instrument der Unternehmensnachfolge genutzt werden soll. Denn eine Vereinbarung einer disquotalen Anwachsung dürfte oftmals dazu genutzt werden, um lediglich gewisse Personengruppen, wie beispielshaft einen Familienstamm[489] oder auch lediglich einzelnen Personen, wie im Falle einer Publikumsgesellschaft dem geschäftsführenden Gesellschafter, an der Anwachsung teilhaben zu lassen.[490] Dies ist allerdings nur dann möglich, wenn eine Einwirkung soweit gehen kann, dass einzelne Gesellschafter bzw. Gesellschaftergruppen von einer Anwachsung ausgeschlossen werden können. Wie auch bei der Darstellung einer zulässigen grundsätzlichen Gestaltungsmöglichkeit wird versucht, im Anschluss mit den gängigen Auslegungsmethoden die Frage nach einer möglichen Gestaltungsgrenze zu beantworten.

A. Wortlaut als Grenze

Vergegenwärtigt man sich nochmals den Wortlaut der Regelung, so wird von einer Anwachsung zugunsten der „übrigen Gesellschafter" gesprochen. Dieses Merkmal kann wiederum in mehrere Aussagen aufgeteilt werden. So steht es fest, dass eine Anwachsung nur einem solchen Rechtsträger zukommen kann, welcher zum Zeitpunkt des Ausscheidens Gesellschafter der Gesellschaft ist. So erfolgt damit eine negative Abgrenzung der an der Anwachsung

489 *Becker*, ZEV 2011, 157 [162].

490 *Früchtl*, NZG 2007, 368 [370].

teilhabenden Rechtsträger. Daneben scheint der Wortlaut vorauszusetzen, dass nach dem Ausscheiden eines Gesellschafters mindestens noch zwei Gesellschafter vorhanden sind, da insoweit von den übrigen Gesellschaftern, also im Plural gesprochen wird.[491] Mit dieser Verwendung des Plural kann darüber hinaus Verschiedenes gemeint sein. So besteht die Möglichkeit, dass eine Anwachsung lediglich mehrere Gesellschafter, damit eine fortbestehende Gesellschaft voraussetzt. Die Mehrzahl der „übrigen Gesellschafter" kann aber auch bedeuten, dass an einer Anwachsung mindestens zwei Gesellschafter partizipieren sollen. Zuletzt könnte man auch meinen, dass mit „den übrigen Gesellschaftern" alle verbliebenen Gesellschafter gemeint sind.[492] Für letzteres Verständnis spricht die Verwendung des Artikels „den". Dadurch könnte auf alle übrigen Gesellschafter Bezug genommen werden, da ansonsten die Formulierung „übrigen Gesellschaftern" eine weitere Auslegung zugelassen würde. Folgt aus dem Wortlaut – wie bereits dargestellt – keine zwingende Vorgabe zur konkreten Anwachsungsquote, so scheint der Wortlaut damit zumindest eine Teilhabe mehrerer verbliebener Gesellschafter vorzugeben. Ob eine solche Teilhabemöglichkeit allerdings zwingend ist oder ob insoweit Raum für gesellschaftsvertragliche Gestaltungen verbleibt, ist damit nicht geklärt. Überzeugend dürfte insoweit eine wirtschaftliche Betrachtung sein: Letztlich kann es keinen Unterschied machen, ob einem Gesellschafter eine nominelle Quote bei der Anwachsung zukommt oder ob er insoweit vollkommen von einer Anwachsung ausgenommen ist. So gleicht die wirtschaftliche Stellung eines Gesellschafters, der lediglich mit einem geringen Prozentsatz an der Anwachsung teilnimmt, einem solchen Gesellschafter, der vollumfänglich nicht an der Anwachsung partizipiert. Aus dem Wortlaut von § 738 Abs. Satz 1 BGB folgt also weder ein zwingender Grund für, noch gegen einen

491 Eine solche Auffassung korrespondiert mit dem Erfordernis der Fortsetzung der Gesellschaft auch im Falle des Ausscheidens eines Gesellschafters.

492 So versteht *Früchtl*, NZG 2007, 368 [370] den Wortlaut.

möglichen Ausschluss einzelner Gesellschafter bei der Teilhabe an der Anwachsung.

B. Telos als Grenze

Die Anordnung der Anwachsung zugunsten der übrigen Gesellschafter dient der Verwirklichung des Gesamthandsprinzips.[493] Auch das Ausscheiden eines Gesellschafters darf nicht dazu führen, dass das Vermögen der Gesellschaft nicht der Gesamthand als solcher und den gesamthänderisch verbundenen Gesellschaftern zugwiesen ist.[494] Erfolgt eine Sicherung dieses Gesamthandsprinzips bei einer bestehenden Gesellschafterstellung durch § 719 Abs. 1 BGB, so wird dieser Sicherungszweck bei der Anwachsung durch § 738 Abs. 1 Satz 1 BGB fortgeführt. Ein Ausscheiden aus der Gesellschaft darf demnach nicht dazu führen, dass Mitgliedschaft und Gesamthandsberechtigung auseinanderfallen.[495] Ausfluss dieser zwingenden Verknüpfung ist es unter anderem, dass der ausscheidende Gesellschafter durch sein Ausscheiden nicht nur seine mitgliedschaftlichen Rechte verliert, sondern ebenso eine zuvor bestehende Gesamthandsberechtigung. Diese untrennbare Verknüpfung von Mitgliedschaft und Gesamthandsberechtigung regelt § 738 Abs. 1 Satz 1 BGB im Falle eines Ausscheidens aus der Gesellschaft. Im Hinblick auf eine Gestaltung der Anwachsungsquote gilt aus dieser Erkenntnis folgendes: Selbst bei einer Vereinbarung der Gesellschafter, dass lediglich ein Gesellschafter an der Anwachsung teilhaben soll und gleichzeitig die anderen Gesellschafter auf ihre bisherige Beteiligung an der Gesamthand verwiesen sind, wird diesem Zweck von § 738 Abs. 1 Satz 1 BGB entsprochen. Der ausscheidende Gesellschafter verliert wie bei ei-

493 Vgl. Ausführungen S. 97f.

494 Dies dient der Sicherung des vereinbarten Gesellschaftszwecks, vgl. *Mugdan*, Protokolle, S. 1000f.

495 *Schmidt*, FS Huber, S. 970.

ner quotenmäßigen Anwachsung seine Gesamthandsberechtigung. Die Gesamthandsberechtigung wird – selbstverständlich neben der primär berechtigten Gesamthand selbst – lediglich den verbliebenen Gesellschaftern zugeordnet. Dadurch wird deutlich, dass selbst bei einer derartigen Ausgestaltung der Anwachsung die elementare Aussage von § 738 Abs. 1 Satz 1 BGB, keine Gesamthandsberechtigung ohne gleichzeitige mitgliedschaftliche Stellung, positiv beantwortet werden kann. Eine Gestaltung der Anwachsung zugunsten eines einzelnen Gesellschafters in extremo oder zugunsten eines gewissen Personenkreises (Gesellschafterstamm) steht daher nicht in Konflikt mit dem Telos der Regelung des § 738 Abs. 1 Satz 1 BGB.

C. Zulässigkeit einzelfallbezogener Vereinbarung der Anwachsung

Geht man von der grundsätzlichen Möglichkeit einer gesellschaftsinternen Vereinbarung eines disproportionalen Verteilungsschlüssels innerhalb der Regelung des § 738 Abs. 1 Satz 1 BGB aus, so stellt sich nicht nur dem Rechtsanwender die Frage, ob das Eingreifen einer vereinbarten disquotalen Anwachsung noch an weitere Voraussetzungen geknüpft werden kann.

a) Fallgruppen disquotaler Anwachsung

Eine denkbare Konstellation ist dabei, dass eine disquotale Anwachsung nicht bei jedem Ausscheiden eines Gesellschafters Anwendung findet, sondern lediglich für gewisse Fälle des Ausscheidens eingreifen soll. Eine mögliche Motivation zu einer Aufnahme einer solchen Klausel im Gesellschaftsvertrag können dabei nachfolgerechtliche Planungen sein. So soll eine disproportionale Anwachsung lediglich dann Rechtswirkung entfalten, wenn ein bestimmter Gesellschafter, welcher der vermögensübergebenden Generation zuzurechnen ist, aus gewissen Gründen aus der Gesellschaft ausscheidet. Eine disquotale Anwachsung dürfte als Element zur Nachfolgeplanung insbesondere in solchen Fällen vereinbart werden, in denen das Ausscheiden eines Gesellschafters auf Grund des Todes dieses Gesellschafters erfolgt.

Weitaus wichtiger dürfte in der Praxis eine Erhaltung der Stammesparität[496] innerhalb des Gesellschafterkreises Anlass einer nicht verhältnismäßig erfolgenden Anwachsung sein. Dabei wird das Ausscheiden eines Gesellschafters aus einem bestimmten Gesellschafterkreises – beispielsweise eines Familienstammes – dazu benutzt, um lediglich diesem Gesellschafterkreis die Anteile zukommen zu lassen, die zuvor dem ausscheidenden Gesellschafter zugeordnet waren. Nur bei einer solchen Ausgestaltung einer Anwachsung, wird ein vor dem Ausscheiden bestehendes Gewicht innerhalb des Gesellschafterkreises durch das Ausscheiden nicht beeinflusst. Beispielhaft könnte eine Klausel innerhalb eines Gesellschaftsvertrags, die es hier zu untersuchen gilt, lauten:

> *„Scheidet einer oder mehrere der Gesellschafter X, Y, Z (X, Y, Z zusammen der „Gesellschafterstamm I.“) aus der Gesellschaft aus, hat eine Anwachsung nur zugunsten der übrigen verbliebenen Gesellschafter des Gesellschafterstammes I. entsprechend ihrer Beteiligung an der Gesellschaft zu erfolgen.*[497] *Andere als diese Gesellschafter nehmen in einem solchen Fall nicht an der Anwachsung teil. Alle Gesellschafter erklären sich mit einem solchen Vorgehen einverstanden.“*[498]

496 Zu der Begrifflichkeit der „Stammesparität“ vgl. *Becker*, Die Organisation von Personengesellschaften nach Familienstämmen, S. 201ff.

497 Bei einem kompletten Wegfall des Gesellschafterstammes ist eine Nachfolgeklausel zu bedenken, um so eine Anwachsung bei stammesfremden Gesellschaftern zu vermeiden.

498 Zu empfehlen ist auch zusätzlich eine Regelung für den Fall, dass kein Gesellschafter des Stammes mehr existiert. In einer solchen Konstellation erscheint die Kombination von Nachfolge- und Fortsetzungsklausel zur Vererbung des Anteils angebracht.

Solche Klauseln[499] haben zur Folge, dass Regelungen zur disquotalen Anwachsung zu einer Ungleichbehandlung der Gesellschafter führen. Dies erscheint jedenfalls im Hinblick auf eine zu fordernde Rechtssicherheit unbedenklich, da wie bereits zuvor angedeutet, Gesellschafterfremde durch eine disquotal erfolgende Anwachsung nicht in ihren (Gläubiger-)Rechten berührt werden. Ihr Schutz ist durch die Regelung des § 128 HGB gegenüber allen Gesellschaftern gleich gegeben. Zu untersuchen gilt es in diesem Zusammenhang daher, ob Regelungen der Anwachsung an bestimmte weitere Merkmale geknüpft werden können, seien es bestimme Ausscheidensgründe oder das Ausscheiden bestimmter Gesellschafter(-kreise) oder ob durch solche Regelungen nicht ein Verstoß gegen das zwingende Anwachsungsprinzip vorliegt.

b) Verhältnis zu bedingtem Ausscheiden

Die Antwort auf diese Frage dürfte darin zu suchen sein, inwieweit ein Ausscheiden aus der Gesellschaft an den Eintritt einer Bedingung geknüpft werden kann. Kann nämlich jedes Ausscheiden von einer Bedingung abhängig gemacht werden, die zuvor gesellschaftsvertraglich niedergelegt wurde, so dürfte aus dieser Möglichkeit auch die Zulässigkeit des Eingreifens einer disproportionalen Anwachsung lediglich für bestimmte Fallgruppen folgen. Letztlich liegt darin also nur eine Bedingung in Bezug auf ein „Ausscheiden" aus der Gesellschaft. So gibt es sonstige Formen des Ausscheidens aus einer Gesellschaft, die zwar zu einer Beendigung der Gesellschafterstellung führen, gleichzeitig aber nicht zwingend eine Anwachsung nach § 738 Abs. 1 Satz 1 BGB auslösen.[500] Insofern steht es den Gesellschaftern also frei, durch eine interne Vereinbarung die an das Ausscheiden anknüpfenden Rechtsfolgen, wie z.B. die

499 Gemeint sind damit nicht nur Klauseln zur Erhaltung einer Stammesparität, sondern auch zu einer möglichen Nachfolgeplanung.

500 Vgl. z.B. Ausführungen auf S. 45ff.

Anwachsung zu beeinflussen. Als Beispiel kann hier der Tod eines Gesellschafters genannt werden. Liegt lediglich eine schlichte Fortsetzungsklausel vor, so scheidet der verstorbene Gesellschafter aus der Gesellschaft aus und es kommt zu einer Anwachsung bei den verbliebenen Gesellschaftern. Existiert darüber hinaus aber eine einfache oder qualifizierte Nachfolgeklausel, scheidet der Gesellschafter zwar weiterhin aus der Gesellschaft aus. Da aber ein Nachfolger an die Stelle des Verstorbenen tritt, kommt es aber nicht zu einer Anwachsung. Maßgebliches Unterscheidungsmerkmal ist damit also die Art der zwischen den Gesellschaftern getroffenen Vereinbarung im Falle eines Todes eines Gesellschafters. Bei solchen Klauseln ist es immanent, dass eine Unterscheidung nach den Gründen des Ausscheidens gemacht wird. So kommt z.B. eine einfache Nachfolgeklausel, die auf die Erben des verstorbenen Gesellschafters lautet, denknotwendig nur Sinn bei einem Versterben des Gesellschafters zu. Somit entscheidet die „Art" des Ausscheidens, ob eine schlichte Fortsetzungsklausel oder aber eine Nachfolgeklausel zum Zuge kommt. Damit ist den Gesellschaftern bei den Gründen des Ausscheidens eine weitgehende Gestaltungsfreiheit einzuräumen. Es obliegt den Gesellschaftern über die gesetzlich vorgegeben Varianten hinaus, weitere Fallgruppen des Ausscheidens zu vereinbaren.[501] Demnach ist es zulässig, den Eintritt einer Bedingung als Auslöser eines Ausscheidens zu machen.[502] Eine mögliche Konstellation ist dabei, dass die Gesellschafterstellung und dabei die Beteiligung an der Gesellschaft mit einer geschäftsführenden Stellung verbunden sind. Mit Beendigung der Stellung als Geschäftsführer soll ein oftmals als externer Geschäftsführer eingestellter Gesellschafter automatisch auch seine Gesellschafterstellung verlieren. Denkbar ist dabei auch ein aufschiebend bedingtes Ausscheiden einzelner aber auch aller übrigen Gesellschafter

501 Dies gilt unabhängig davon, welche Gesellschaftsform vorliegt. Für Personenhandelsgesellschaften folgt dies explizit aus § 131 Abs. 3 Nr. 5 HGB.

502 *Schmidt* in Münchener Kommentar HGB, § 105 Rn. 207.

zu einem konkreten Stichtag oder einem einzelnen Ereignis.[503] Da sich das Ausscheiden dabei automatisch mit Eintritt des vereinbarten Ereignisses vollzieht, muss allerdings der vereinbarte Grund für das Ausscheiden hinreichend bestimmt sein.[504]

c) Verhältnis zu zwingendem Anwachsungsprinzip

Durch die Vereinbarungen weiterer Voraussetzungen für das Eingreifen einer disquotalen Anwachsung erfolgt kein Verstoß gegen das insoweit als zwingend anzusehende Prinzip der Anwachsung. Danach geht mit dem Ausscheiden eines Gesellschafters dessen Gesamthandsberechtigung als Teil seiner Mitgliedschaft unter.[505] Lediglich die verbliebenen Gesellschafter rücken automatisch in diese Stellung auf. All diese Merkmale sind auch unter den hier gegenständlichen Klauseln erfüllt: So führt ein Ausscheiden im Sinne dieser Klauseln jedenfalls zum Verlust der mitgliedschaftlichen Stellung des Ausscheidenden. Gleichsam kommt es zu einer „Neuverteilung" der gesellschaftsrechtlichen Beteiligung ausschließlich innerhalb der übrigen Mitglieder. Zudem erfolgt auch im Rahmen solcher Klauseln diese Umverteilung automatisch qua Gesetz.[506] Die Anwachsung bei den einzelnen Gesellschaftern folgt alleine auf das Ausscheiden eines anderen Gesellschafters. Damit unterscheidet sich eine Klausel zur disquotalen Anwachsung wie oben beschrieben von einer Klausel, die nach dem Ausscheiden eine Verpflichtung zu einer quotenmäßigen Übertragung der Mit-

503 BGH, Urteil v. 17.12.2002 – II ZR 31/00, ZEV 2002, 111; *Koller* in Koller/Roth Morck HGB, § 131 Rn. 26.

504 *Wiedemann*, Gedächtnisschrift Lüderitz, S. 839 [847]; *Schmidt* in Münchener Kommentar HGB, § 131 Rn. 86; *Kamanabrou* in Oetker HGB, § 131 Rn. 36.

505 RGZ 65, 227 [238].

506 Ebenso *Becker*, ZEV 2011, 157 [162f.].

gliedschaft für den Ausscheidenden vorsieht.[507] Letztlich stellen sich auch die hier zu untersuchenden Klauseln lediglich als besondere Fallgruppen einer Modifizierung des Verteilungsschlüssels innerhalb der Regelung des § 738 Abs. 1 Satz 1 BGB dar. Es erfolgt nur eine Verbindung zweier zulässiger Elemente. Das erste Element ist dabei in der Vereinbarung einer Bedingung im Hinblick auf ein Ausscheiden eines Gesellschafters zu sehen. In der Modifikation des Anwachsungsschlüssels dahingehend, dass gewisse Gesellschafter nicht oder nur teilweise an der Anwachsung teilhaben, liegt die zweite Komponente.

d) Einzelfallbezogene Anwachsung als Gestaltungsmittel

Wurde eine Vereinbarung einer disquotalen Anwachsung zu Beginn als mögliches Gestaltungsmittel im Kontext einer Unternehmensnachfolge genannt, haben die vorangegangenen Untersuchungen eine dahingehende Tauglichkeit aufgezeigt. Kann eine Anwachsung in extremo ausschließlich zugunsten eines einzelnen Gesellschafters statuiert werden, gleicht dies in der Wirkung einer einfachen Nachfolgeklausel und simultaner Alleinerbeneinsetzung.[508] In beiden Fällen erhält alleine eine Person sämtliche Anteile des ausgeschiedenen Erblassers. Unterschiede bestehen allerdings, soweit es um eine mögliche Haftung in Zusammenhang mit dem angewachsenen bzw. geerbten Gesellschaftsanteil geht. Wesentlicher Vorteil einer Einwirkung auf die Anwachsung im Vergleich zu einer gesellschaftsvertraglich verankerten einfachen Nachfolgeklausel ist die Verringerung des Risikos eines Abweichens von gesellschaftsvertraglichem und erbrechtlich relevanten Willen. Für den Fall einer disquotalen Anwachsung entspringt die Berechtigung des privilegierten Gesellschafters alleine aus einem Rechtsverhältnis, nämlich dem Gesellschaftsvertrag. Im Gegensatz

507 BGH, Beschluss v. 29.06.1993 – II ZR 193/02, DStR 1993, 1530.

508 Dies setzt voraus, dass der Erbe bereits Gesellschafter ist.

dazu, bedarf es für eine Vererbung einer Gesellschafterbeteiligung in Zusammenhang mit einer Nachfolgeklausel einer zwingenden Übereinstimmung von Gesellschaftsvertag und letztem Willen. Diese erforderliche Kongruenz stellt ein Gestaltungsrisiko dar[509], welches bei Vereinbarung einer disquotalen Anwachsung zugunsten eines einzelnen Gesellschafters nicht besteht.

Aus dem zuvor Gesagten folgt somit insgesamt die Möglichkeit für die Gesellschafter, eine disquotale Anwachsung entweder nur an bestimmte Arten des Ausscheidens oder aber lediglich an das Ausscheiden gewisser Gesellschafter zu knüpfen. Den Gesellschaftern ist insoweit vollumfängliche Gestaltungsfreiheit einzuräumen. Ein Konflikt mit dem Prinzip der Anwachsung als Ausdruck des Gesamthandsprinzips besteht darin nicht. Die wesentlichen hinter dem Anwachsungsprinzip stehenden Kernaussagen bleiben auch bei einer Ausgestaltung der Anwachsung wie zuvor beschrieben gänzlich erhalten. Diese Punkte führen dazu, dass eine Vereinbarung einer disquotalen Anwachsung als attraktives Gestaltungsmittel genutzt werden kann.

4. Anforderungen an die Vereinbarung einer disquotalen Anwachsung

Folgt man der vorangegangenen Darstellung, so steht es dem Charakter der Regelung des § 738 Abs. 1 Satz 1 BGB nicht entgegen, dass die Gesellschafter Absprachen treffen, wie sich ihre Beteiligung an der Gesellschaft nach Ausscheiden eines Gesellschafters, d.h. nach anschließender Anwachsung darstellt. Es steht den Gesellschaftern frei, einzelne Gesellschafter vollumfänglich von der Anwachsung auszuschließen. Auch kann bestimmt werden, dass eine solche Rechtsfolge nur bei bestimmten Fällen des Ausscheidens ausgelöst werden soll. Fehlt eine solche Absprache so gilt allerdings als grundsätzliche Auslegungsregel, dass die Gesellschafter nach dem Verhältnis ihrer Kapitalanteile an der Anwachsung

509 *Schäfer*; BB Special 2004, 14 [16].

teilhaben sollen.[510] Einer Absprache zur disquotalen Anwachsung kann also erhebliche Bedeutung für das Verhältnis der Gesellschafterbeteiligung nach erfolgter Anwachsung zukommen. Dies kann erhebliche Auswirkungen auf das Miteinander der Gesellschafter haben. Im Folgenden gilt es daher zu klären, welche formellen Voraussetzungen an eine solche Vereinbarung anzulegen sind. Dabei erfolgt eine Unterscheidung, ob eine Übereinkunft zur Einwirkung auf die Anwachsung bereits bei Gründung der Gesellschaft erfolgt oder ob die Gesellschafter ein solches Bedürfnis erst später erkennen und gesellschaftsvertraglich regeln wollen. Losgelöst von dem Umstand, dass im Kontext mit einem Ausscheiden eines Gesellschafters oftmals auch Vereinbarungen zum Abfindungsanspruch nach § 738 Abs. 1 Satz 2 BGB stattfinden, sind die nachfolgenden Ausführungen alleine auf eine Einflussnahme auf § 738 Abs. 1 Satz 1 BGB gerichtet.

A. Bei Gründung einer Gesellschaft

Die Rahmenbedingungen des gesellschaftsrechtlichen Miteinanders regeln Gesellschafter bei Gründung innerhalb des Gesellschaftsvertrages. Das Vorliegen eines Gesellschaftsvertrages ist dabei notwendige Voraussetzung der Entstehung einer Personengesellschaft.[511] D.h. erst mit Abschluss dieses Vertrages kann die Gesellschaft mit Wirkung für das Außenverhältnis entstehen.[512] Obligatorischer Inhalt eines solchen Gesellschaftsvertrages ist in

510 *Hopt* in Baumbach/Hopt HGB, § 131 Rn. 40.

511 BGH, Urteil v. 29.01. 1951 – IV ZR 171/50, NJW 1951 308; *Ulmer* in Münchener Kommentar BGB, § 705 Rn. 1; *Sprau* in Palandt BGB, § 705 Rn. 1; *Saenger* in Schulze BGB, § 705 Rn. 8; *Schöne* in Beck'scher OK-BGB, Stand 01.11.2012, § 705 Rn. 19; *Happ/Möhrle* in Münchener Handbuch des Gesellschaftsrechts, Band 1, § 5 Rn. 1; *Schmidt* Gesellschaftsrecht, § 59 I 2; im Hinblick auf Personenhandelsgesellschaften, vgl. *Wertenbruch* in E/B/J HGB, § 105 Rn. 11; *Oetker* HGB, § 161 Rn. 6.

512 *Froning* in Sudhoff Unternehmensnachfolge, § 39 Rn. 3.

Anlehnung an den Wortlaut von § 705 BGB die Einigung der Gesellschafter, welcher gemeinsame Zweck durch die personengesellschaftsrechtliche Verbindung der Gesellschafter erreicht werden soll.[513] Zudem sollen die Beiträge der einzelnen Gesellschafter festgelegt werden, die diese zur Erreichung des gemeinsamen Zwecks zu leisten haben.[514] Daneben steht es den Gesellschaftern frei sämtliche Rahmenbedingungen ihres Verhältnisses untereinander zu regeln. Der Abschluss eines Gesellschaftsvertrages erfolgt dabei durch Abgabe sich inhaltlich entsprechender Willenserklärungen aller Gesellschafter.[515] Bei Gründung der Gesellschaft besteht demnach ein zwingender Konsens der Gesellschafter.[516] Die Vereinbarung der Gesellschafter unterliegt grundsätzlich keinem Formerfordernis.[517]

Vereinbaren die Gesellschafter demnach bei Gründung der Gesellschaft eine Klausel zur disproportionalen Anwachsung als Teil des Gesellschaftsvertrages, so bedarf es zur Wirksamkeit dieser Klausel der Zustimmung aller Gesellschafter. Ein Zwang eines Gesellschafters, einer Klausel zur disquotalen Anwachsung zuzustimmen, besteht damit nicht. Keinem Gesellschafter kann ohne dessen Zustimmung eine Regelung aufgezwungen werden. Erfolgt die Vereinbarung zu einer Einflussnahme auf die Anwachsung bei Gründung der Gesellschaft mit Zustimmung aller, sind die Gesellschafter an diese vertragliche Regelung gebunden. Ein späteres Vorgehen gegen diese Klausel zur Erreichung einer proportionalen Anwachsung ist nicht möglich und stellt sich als treuwidrig dar.[518]

---

513 *Johansson* in Gummert Personengesellschaftsrecht, § 2 Rn. 72ff.

514 *Schmidt* in Münchener Kommentar HGB, § 105 Rn. 119, 177ff.

515 *Sprau* in Palandt BGB, § 705 Rn. 11; *Giedinghagen/Fahl*, DStR 2007, 1965.

516 *Ulmer* in Münchener Kommentar BGB, § 705 Rn. 20.

517 *Schöne* in Beck'scher OK-BGB, Stand 01.11.2012, § 705 Rn. 45; *Servatius* in Henssler/Strohn, Gesellschaftsrecht, § 705 Rn. 27; *Ulmer* in Münchener Kommentar BGB, § 705 Rn. 32.

518 *Früchtl*, NZG 2007, 368 [372].

B. Nachträgliche Vereinbarung

Sollten die Gesellschafter nicht bereits bei Gründung der Gesellschaft eine Regelung zur Anwachsung vereinbart haben, können sie dies auch nach Gründung der Gesellschaft nachholen. Der Grundsatz, dass eine Regelung innerhalb eines Gesellschaftsvertrages nicht ohne Zustimmung der Gesellschafter beschlossen werden kann, findet auch bei nachträglichen Vereinbarungen, die Teil des Vertrages werden sollen Anwendung.[519] Möglich ist es daher in jedem Fall, dass mit Zustimmung aller Gesellschafter nachträglich eine Klausel zur disquotalen Anwachsung vereinbart werden kann. Eine solche nachträgliche Vereinbarung stellt sich dabei als Änderung des Gesellschaftsvertrages dar. Eine Änderung des Gesellschaftsvertrages kann aber nicht nur einstimmig erfolgen, sondern daneben besteht die Möglichkeit, dass die Gesellschafter im Rahmen einer Mehrheitsentscheidung Änderungen des Gesellschaftsvertrages beschließen.[520] Dies setzt voraus, dass der ursprüngliche Gesellschaftsvertrag eine die Änderung des Gesellschaftsvertrages legitimierende Mehrheitskompetenz festgelegt hat.[521] Doch selbst im Falle der Existenz einer gesellschaftsvertraglich begründeten Mehrheitskompetenz zur Änderung des Gesellschaftsvertrages können von dieser Mehrheit nicht sämtliche Änderungen beschlossen werden. Zum Schutz der in einem solchen Fall überstimmten Gesellschafter wurde durch die Rechtsprechung der Bestimmtheitsgrundsatz entwickelt.[522] Auf einer weiteren Ebene wird

519 Vgl. *Happ/Möhrle* in Münchener Handbuch des Gesellschaftsrechts, Band 1, § 5 Rn. 67ff.

520 *Breithaupt* in Breithaupt/Otterbach, Kompendium Gesellschaftsrecht, § 4 Rn. 441; *Johansson* in Gummert Personengesellschaftsrecht, § 2 Rn. 145f.

521 *Hermanns* in Beck'sches Notar-Handbuch, D II Rn. 69.

522 Ausführlich zu dem Bestimmtheitsgrundsatz als Schutzelement von Gesellschafterrechten: *Heinrichs*, Mehrheitsbeschlüsse bei Personengesellschaften, S. 69ff; *Göbel*, Mehrheitsentscheidungen, S. 96.

zur Absicherung der Gesellschafter mit der Lehre vom Kernbereich der Gesellschafterrechte gearbeitet.[523]

a) Bestimmtheitsgrundsatz

Bei der Festlegung des Grundsatzes der Bestimmtheit von Mehrheitsklauseln stellt die Rechtsprechung und Literatur darauf ab, ob eine gesetzestypische Personengesellschaft vorliegt. Im Unterschied dazu gelten abweichende Voraussetzungen für Mehrheitsklauseln bei Publikumsgesellschaften.

(1) Gesetzestypische Personengesellschaft

Inwiefern eine Mehrheitsklausel hinreichend bestimmt eine nachträgliche Beschlussfassung zu einer disquotalen Anwachsung legitimieren kann, wird nach einer Darstellung genereller Erwägungen zum Bestimmtheitsgrundsatz untersucht.

aa) Grundsätzliches

Dem Bestimmtheitsgrundsatz wird Genüge getan, wenn aus dem Gesellschaftsvertrag hinreichend deutlich hervorgeht, dass für bestimmte Änderungen des Gesellschaftsvertrages die Beschlussfassung mit der Mehrheit der Stimmen der Gesellschafter ausreichend ist.[524] So war bereits durch das Reichsgericht anerkannt, dass eine Mehrheitsklausel, die pauschal sämtliche Änderungen des Gesell-

---

523 Grundlegend BGH, Urteil v. 15.01.2007 – II ZR 245/05, DStR 2007; *Schmidt*, ZGR 2008, 1 [16ff.]; *Priester*, DStR 2008 1386 [1387]; *Dumser*, Beschränkungen der Mehrheitsmacht, S. 117ff.

524 *Heinrichs*, Mehrheitsbeschlüsse bei Personengesellschaften, S. 70f.; *Dumser*, Beschränkungen der Mehrheitsmacht, S. 75.

schaftsvertrages ermöglichen sollte, jedenfalls nicht für Änderungen ausreicht, die über gewöhnliche oder übliche Vertragsänderungen hinausgehen.[525] Der Zweck des Bestimmtheitsgrundsatzes als Warnfunktion soll damit jedem Gesellschafter bei Begründung der Mehrheitskompetenz vor Augen führen, dass er mit der Vereinbarung einer solchen Klausel den Schutzbereich der Regelungen der §§ 709 BGB, 119 HGB - also der Einstimmigkeit - verlässt. Nicht erforderlich ist nach dem Bestimmtheitsgrundsatz, dass der Gesellschaftsvertrag sämtliche möglichen Beschlusskonstellationen einer Mehrheitskompetenz auflistet.[526] Ausreichend, aber auch erforderlich ist es, wenn sich durch Auslegung ermitteln lässt, ob der maßgebliche Beschluss von der im Gesellschaftsvertrag formulierten Mehrheitsklausel gedeckt ist.[527] Ist nach diesen Kriterien die Kompetenz einer Mehrheitsentscheidung hinreichend bestimmt niedergelegt, so gilt das insoweit nach den § 709 BGB, § 119 HGB geltende Prinzip der Einstimmigkeit unter den Gesellschaftern als abbedungen.[528] In der Vereinbarung einer solchen Mehrheitskompetenz liegt eine antizipierte Zustimmung aller Gesellschafter für die von der Mehrheitskompetenz gedeckten Beschlussgegenstände.[529] Dem Bestimmtheitsgrundsatz kommt damit die Rolle als

525 RG v. 23.11.1917 - II ZR 242/17; RGZ 91, 166ff.; RG v. 15.05.1936 - II 291/35, RGZ 151, 321 [327].

526 BGH, Urteil v. 15.01.2007 - II ZR 245/05, DStR 2007; BGH, Urteil v. 24.11.2008 - II ZR 116/08, NJW 2009, 669 [671]; *Schmidt*, ZGR 2008, 1 [8].

527 BGH, Urteil v. 15.01.2007 - II ZR 245/05, DStR 2007; *Ulmer/Schäfer* in Münchener Kommentar BGB, § 709 Rn. 84, 86; *Schmidt,* ZGR 2008, 1 [10ff.]; derselbe, ZHR 158 (1994), 206; *Bohlken/Sprenger*, DB 2010, 263; *Giedinghagen/Fahl*, DStR 2007, 1965 [1969] sprechen auf Grund dieser Auslegungsfähigkeit einer Mehrheitsklausel nicht länger von einem „Bestimmtheitsgrundsatz", sondern sehen dies als „formelle Zulässigkeitsprüfung einer Mehrheitsentscheidung" an.

528 *Priester*, DStR 2008 1386 [1387].

529 *Weitemeyer* in Oetker, HGB, § 119 Rn. 44; vgl. zu den dogmatischen Unterschieden dieser beiden Ansätze *Marburger*, NJW 1984, 2252 [2254];

„wertneutrale Verfahrensregel“[530] zu, ohne dass es auf dieser 1. Stufe zu einer materiell-rechtlichen Prüfung kommt.[531] Werden hingegen die Voraussetzungen des Bestimmtheitsgrundsatzes nicht erreicht, so führt dies zu einer Unwirksamkeit des mit der Mehrheit der Stimmen gefassten Beschlusses.[532] Jeder der überstimmten Gesellschafter kann diese Unwirksamkeit gerichtlich feststellen lassen.[533]

bb) Reichweite einer Mehrheitsklausel

Sollte, wie sicherlich in den meisten Fällen, keine gesonderte Regelung zur nachträglichen Vereinbarung einer disquotalen Anwachsung durch Mehrheitsbeschluss Teil des Gesellschaftsvertrages sein, so ist durch Auslegung zu ermitteln, ob eine solche Vereinbarung nach dem Willen der Gesellschafter einer Mehrheitsentscheidung zugänglich ist. Andernfalls ist eine Zustimmung jedes Gesellschafters erforderlich. Im Rahmen einer solchen Auslegung ist es dabei entscheidend, dass allen Gesellschaftern bereits im Zeitpunkt der Vereinbarung der Mehrheitskompetenz deutlich wird, dass der maßgebliche spätere Beschlussgegenstand von einer Mehrheit der Gesellschafter beschlossen werden kann.[534] Bei der Beantwortung der Frage, ob der konkrete Gegenstand von der Mehrheitsklausel erfasst sein soll, ist auch und zwar wesentlich auf die Intensität des Eingriffes in Gesellschafterrechte abzustellen.[535] Dies bedeutet im Rahmen einer Auslegung, dass gesellschaftsvertraglich normierte Eingriffe ähnlicher Intensität zumindest als Indiz für eine Einbezie-

kritisch *Dumser*, Beschränkungen der Mehrheitsmacht, S. 82.

530 BGH, Urteil v. 24.11.2008 - II ZR 116/08, NJW 2009, 669 [671].

531 *Holler*, DB 2008, 2067 [2068] beschreibt diese Prüfung auf 1. Stufe als Prüfung auf „Vertragsebene“.

532 *Ulmer/Schäfer* in Münchener Kommentar BGB, § 709 Rn. 84.

533 *Bohlken/Sprenger*, DB 2010, 263 [265].

534 *Schmidt*, ZGR 2008, 1 [10].

535 *Bohlken/Sprenger*, DB 2010, 263.

hung des vergleichbaren Beschlussgegenstandes angesehen werden können, solange keine unterschiedliche Behandlung aus anderen Gründen gerechtfertigt ist.

Führt der Gesellschaftsvertrag also an, dass eine Änderung der Stimmverteilung oder aber eine Änderung der Gewinnverteilung durch Mehrheitsbeschluss erfolgen kann, so ist dies bei einer Auslegung der Klausel zu berücksichtigen. Es kann aus einer solchen Vereinbarung ein Rückschluss auf eine mögliche Zulässigkeit einer Mehrheitsentscheidung zur Vereinbarung einer disquotalen Anwachsung gezogen werden. Geht man davon aus, dass die Verteilung der Stimmrechte sowie die Verteilung des Gewinnes innerhalb der Gesellschaft an die kapitalmäßige Beteiligung der Gesellschafter anknüpfen, kommt es durch die Vereinbarung einer solchen Anwachsung zu einer Verschiebung des Stimmgewichtes sowie der Gewinnverteilung innerhalb des verbliebenen Gesellschafterkreises.[536] Derjenige Gesellschafter(-kreis), der durch die disproportionale Anwachsung privilegiert wird, ist nach erfolgter Anwachsung im Vergleich zu den übrigen Gesellschaftern sowohl in seiner Stimmrechtsausübung als auch bei der Verteilung des Gewinnes bestärkt, da ihm jetzt „ein größeres Stück des Kuchens" zusteht. Hinzuweisen ist in diesem Zusammenhang, dass darin grundsätzlich keine Veränderung des Verteilungsschlüssels zur Stimm- oder Gewinnverteilung liegt, da nach wie vor die kapitalmäßige Beteiligung als maßgebliches Kriterium vereinbart ist. Lediglich die Höhe dieser Beteiligung hat eine Änderung erfahren. Ergebnismäßig betrachtet kommt die nachträgliche Vereinbarung einer disquotalen Anwachsung einer Veränderung der Stimm-/Ergebnisverteilung gleich. Für den nicht in vollem Umfang an der Anwachsung teilhabenden Gesellschafter macht es keinen Unterschied, ob beispielsweise sein Stimmrecht durch eine Änderung der Stimmrechtsverteilung reduziert wird oder ob seine Stimmmacht durch eine disproportionale Anwachsung geschmälert wird, ohne

536 Zu den gesellschaftsrechtlichen Auswirkungen einer disquotalen Anwachsung vgl. Ausführungen im Zweiten Kapitel S. 160ff.

das dabei der Stimmrechtsverteilungsschlüssel geändert wird. Sind aber diese beiden Konstellationen von ihrer Wirkung für den Gesellschafter vergleichbar, so spricht viel dafür, die für eine Veränderung der Stimmrechtsverteilung vereinbarte Mehrheitskompetenz darüber hinaus auf die Vereinbarung einer disquotalen Anwachsung zu erstrecken. Gleiches gilt insofern für eine Veränderung einer Gewinnverteilung zwischen den Gesellschaftern. Dabei kommt es im Zuge einer disquotalen Anwachsung im Sinne eines Weniger nicht (einmal) zu einer Änderung des Gewinnverteilungsschlüssels. Nach wie vor bleibt der kapitalmäßige Einsatz der Gesellschafter für die Verteilung des Gewinnes maßgeblich bleibt. Zudem bleibt der absolute Gewinnanteil des Gesellschafters ohne Teilhabe an der Anwachsung, gleich[537], lediglich die Anteile der privilegierten Gesellschafter erhalten durch die disquotale Anwachsung eine überproportionale Steigerung.

cc) Stellungnahme

Sieht der Gesellschaftsvertrag eine Mehrheitskompetenz für eine Änderung des Gesellschaftsvertrages vor und nennt als Bespiele möglicher Änderungen eine Änderung des Stimmquorums oder eine Abänderung des Gewinnverteilungsschlüssels so dürfte man im Wege der Auslegung regelmäßig zu dem Ergebnis kommen, dass auch eine nachträgliche Vereinbarung einer disproportionalen Anwachsung einer Mehrheitskompetenz zugänglich ist. Denn unter dem Blickwinkel der Intensität des Eingriffes in Gesellschafterrechte ist eine Mehrheitsentscheidung zu einer zulässigen disquotalen Anwachsung mit einer Änderung der Stimmrechts- und Gewinnverteilung vergleichbar. Auch sind Veränderungen der Anwachsungsquote und Eingriffe in die gerade beschriebenen Verteilungsmechanismen nicht wesensfremd. Letzteres ist für einen

537 Vgl. Beispiel S. 152.

Vergleich der Eingriffsintensität und der damit verbundenen Auslegung des Bestimmtheitsgrundsatzes erforderlich.

Zu einem abweichenden Ergebnis gelangt man, wenn man einer möglichen Verwässerung der Beteiligung[538] des nicht (vollumfänglich) an der Anwachsung partizipierenden Gesellschafters ein gesteigertes Interesse zukommen lässt. Maßgeblich dürfte dann sein, dass dem Gesellschafter ein schützenswertes Interesse an der Beibehaltung der Beteiligungsverhältnisse einzugestehen.[539] Berücksichtigt man nun, dass bei Bindung von Stimmrecht und Gewinnbeteiligung an die Kapitalanteile eine relative Veränderung der Gesellschafterbeteiligungen und dadurch eine Verwässerung bestimmter Anteile erfolgt, soll die Bestimmtheit einer damit zusammenhängenden Mehrheitsklausel besonders ausgeprägt ausfallen.[540]

Letztlich dürfte bei den Anforderungen an den Bestimmtheitsgrundsatz zur Vereinbarung einer disquotalen Anwachsung ein Vergleich von Personengesellschaft und Kapitalgesellschaft zielführend sein. Je eher die Personengesellschaft kapitalistische Züge aufweist, sei es durch eine Verknüpfung von Kapital mit Stimmrechten und Gewinnbeteiligung, sei es durch eine gesellschaftsvertraglich vereinbarte freie Übertragbarkeit der Gesellschafterbeteiligung, desto eher wird eine weite Auslegung einer Mehrheitsklausel möglich sein.[541] Entscheidendes Auslegungsmerkmal sollte aber weiterhin ein Vergleich der Eingriffsintensitäten sein. Dies jedenfalls dann, wenn die Gegenstände der Mehrheitsklausel zumindest auf einen gemeinsamen Kern zurückzuführen sind. So ergibt gerade ein wirtschaftlicher Vergleich einer geänderten Stimmrechts-/Gewinnverteilung zu einer Vereinbarung einer disquotalen Anwachsung eine Annäherung dieser beiden Bereiche, die es recht-

538 Vgl. *Lockowandt*, Stimmrechtsbeschränkungen, S. 187.

539 *Struckmeier*, Mehrheitliche Kapitalerhöhungen, S. 53, dort FN. 121.

540 So *Röttger*, Kernbereichslehre Personenhandelsgesellschaften, S. 183; vergleichbar Wiedemann, ZGR 1977, 690 (695).

541 Ähnlich *Hennerkes/Binz*, BB 1983, 713 [717].

fertigten dürfte, zumindest bei einer sonstigen kapitalgeprägten Struktur der Personengesellschaft von einer Ausdehnung einer solchen Mehrheitsklausel auf eine disproportionale Anwachsung auszugehen. [542]

(2) Sonderfall Publikumsgesellschaft

Besonderheiten bei der Bestimmung einer wirksamen Mehrheitskompetenz gelten im Rahmen einer Änderung des Gesellschaftsvertrages von Publikumspersonengesellschaften.[543] Dabei dürfte insbesondere für solche Gesellschaften eine nachträgliche Vereinbarung einer disquotalen Anwachsung als Gestaltungsmittel interessant erscheinen, um eine Anteilszersplitterung zu vermeiden.[544] Im Gegensatz zu der grundsätzlich personalistisch organisierten Personengesellschaft, für welche das Prinzip der Einstimmigkeit nach den §§ 709 BGB, 119 HGB zumindest im Ansatz sinnvoll erscheint, liegt der Schwerpunkt einer Publikumsgesellschaft darin, möglichst zahlreiche Mitglieder zu gewinnen. Nur so kann eine Maximierung der Kapitalanleger erreicht werden.[545] Daher erscheint es schon in Folge der Struktur einer solchen Gesellschaft gerechtfertigt, nicht von dem grundsätzlichen Vorrang des Einstimmigkeitsprinzips auszugehen, sondern eine erleichterte Mehrheitsentscheidung zu ermöglichen. Daher werden bereits pauschale Mehrheitsklauseln in Gesellschaftsverträgen einer Publikumsgesellschaft als hinreichend für eine wirksame Statuierung ei-

542 Zu einem abweichenden Ergebnis dürfte *Struckmeier*, Mehrheitliche Kapitalerhöhungen, S. 150ff. kommen, wenn er bei der Frage einer Mehrheitskompetenz für Kapitalerhöhungen bei Personengesellschaften zu dem Ergebnis kommt, dass eine eindeutige Mehrheitsklausel notwendig ist, um den Gesellschafter seine Stimmrechts – und sonstigen Beteiligungsverhältnisse zu bewahren.

543 *Ulmer/Schäfer* in Münchener Kommentar BGB, § 709 Rn. 94.

544 *Früchtl*, NZG 2007, 368 [370].

545 *Picot*, BB 1993, 13 [14].

ner Mehrheitskompetenz für sämtliche, d.h. auch außerordentliche Beschlussgegenstände angesehen.[546] Demnach kann ein Beschluss, durch welchen eine disquotale Anwachsung beispielsweise lediglich zu Gunsten der Komplementär GmbH erfolgen soll, bereits dann durch eine Mehrheitsentscheidung in den Gesellschaftsvertrag aufgenommen werden, wenn dieser grundsätzlich eine Änderung durch Mehrheitsentscheidung vorsieht und das erforderliche Quorum eingehalten ist. Insoweit hat der Schutz der Minderheitsgesellschafter hinter dem Gestaltungsinteresse der Mehrheit zurückzutreten.

b) Kernbereichslehre

Erfolgt im Rahmen der Prüfung des Bestimmtheitsgrundsatzes noch keine materiell-rechtliche Inhaltskontrolle des Beschlusses, so wird eine solche Kontrolle durch die Gerichte am Maßstab der sogenannten Kernbereichslehre innerhalb der zweiten Stufe vorgenommen.[547]

(1) Grundsätzliches

Innerhalb des Kernbereichs der Mitgliedschaft erfolgt eine Unterscheidung von Gesellschafterrechten. So sind einem Gesellschafter Rechte zugeordnet, die diesem relativ unentziehbar zustehen.[548] Einen weiteren Teilbereich der Mitgliedschaft bilden daneben

546 BGH, Urteil v. 24.11. 1975 – II ZR 89/74, NJW 1976, 568; BGH, Urteil v. 05.11. 2007 – II ZR 230/06, NJW-RR 2008, 419; *Grunewald* in Münchener Kommentar HGB, 161 Rn. 120.

547 *Holler*, DB 2008, 2067 [2068] spricht insofern von „Beschlussebene".

548 BGH, Urteil v. 15.01.2007 – II ZR 245, 05, DStR 2007, 494; *Enzinger* in Münchener Kommentar HGB, § 119 Rn. 70f.; *Weitemeyer* in Oetker HGB, § 119 Rn. 43; *Löffler*, NJW 1989 2656 [2657ff.]

auch unverzichtbare Rechte eines Gesellschafters.[549] Ein Eingriff in relativ unentziehbare Rechte ist dabei mit Zustimmung des Gesellschafters möglich.[550] Diese Zustimmung kann auch bereits im Vorfeld des Beschlusses abgegeben werden.[551] Demgegenüber steht eine Zustimmung in unverzichtbare Rechte des Gesellschafters schon nicht mehr zu dessen Disposition und entfaltet keine Wirkung.[552] Dies hat zur Folge, dass ein Beschluss, der einen Eingriff in unverzichtbare Rechte des Gesellschafters manifestiert, selbst dann unwirksam ist, wenn er einstimmig, d.h. auch mit Zustimmung des betroffenen Gesellschafters gefasst wurde.[553]

Eine solche Trennung der Wirksamkeitsprüfung eines Gesellschafterbeschlusses auf zwei Ebenen ist dabei innerhalb der Literatur nicht gänzlich unumstritten.[554] So wird insbesondere vorgebracht, dass ein unterschiedliches Ergebnis der Prüfung innerhalb der jeweiligen Stufe nur dann vorliegen könne, wenn es um einen Eingriff in unverzichtbare Gesellschafterrechte gehe.[555] Denn geht man auf der 1. Stufe davon aus, dass eine für eine Mehrheitsentscheidung hinreichend bestimmte Klausel im Gesellschaftsvertrag vereinbart wurde, so dürfte zumindest für Fälle, in denen durch den Beschluss ein Eingriff in relativ unentziehbare Rechte erfolgt,

549 BGH v. 15.01.2007 – II ZR 245, 05, DStR 2007, 494; *Enzinger* in Münchener Kommentar HGB, § 119 Rn. 68f.; *Weitemeyer* in Oetker HGB, § 119 Rn. 42.

550 BGH, Urteil v. 5.11.1984, II ZR 111/84, NJW 1985, 974; BGH, Urteil v. 10.10.1994 – II ZR 18/94, NJW 1995, 194; *Servatius* in Henssler/Strohn, Gesellschaftsrecht, § 705 Rn. 57; *Giedinghagen/Fahl*, DStR 2007, 1965 [1966]; *Schmidt*, ZGR 2008, 1 [17].

551 *Wertenbruch*, ZIP 2007, 798 [799].

552 BGH, Urteil v. 15.01.2007 – II ZR 245, 05, DStR 2007, 494; *Giedinghagen/Fahl*, DStR 2007, 1965 [1966]; *Priester*, DStR 2008, 1386 [1388].

553 BGH, Urteil v. 15.01.2007 – II ZR 245, 05, DStR 2007, 494; *Schmidt, ZGR 2008*, 1 [19]; *Bohlken/Sprenger*, DB 2010, 263 [264]; *Holler*, DB 2008, 2067 [2068ff.] m.w.N.

554 *Heinrichs*, Mehrheitsbeschlüsse bei Personengesellschaften, S. 209ff.

555 *Holler*, DB 2008, 2067 [2068ff.]

gleichzeitig eine wirksame antizipierte Zustimmung vorliegen.[556] So ist anerkannt, dass ein Gesellschafter auch im Wege antizipierter Zustimmung einem Entzug von relativ unentziehbaren Gesellschafterrechten zustimmen kann. Eine solche Zustimmung dürfte in den hier untersuchten Fällen aber bereits im Abschluss des Gesellschaftsvertrages samt Statuierung der Mehrheitskompetenz zu erblicken sein. Folge einer solchen vorweggenommen Zustimmung ist es, dass zu Recht im Wege einer Mehrheitsentscheidung über den konkreten Gegenstand beschlossen wurde. Denn dem Einstimmigkeitsprinzip ist bereits durch Vereinbarung der bestimmten Klausel genügt. Ein unterschiedliches Ergebnis zwischen Bejahung des Bestimmtheitsgrundsatzes einerseits und einer Verletzung des Kernbereichs der Gesellschafterechte andererseits, kann damit grundsätzlich nur in solchen Fällen angenommen werden, in denen ein Eingriff in unverzichtbare Rechte erfolgen soll.

Trotz dieser auf den ersten Blick logischen Argumentation halten der Bundesgerichtshof und weite Teile der Literatur an einer zweistufigen Prüfung der Wirksamkeit eines Mehrheitsbeschlusses gerade für sämtliche Eingriffe in Gesellschafterrechte fest.[557] Eine Rechtfertigung für eine geteilte Wirksamkeitsprüfung liegt in solchen Konstellationen verborgen, in denen es um Fragen der Darlegungs- und Beweislast geht. Denn während auf Stufe 1., d.h. im Rahmen des Bestimmtheitsgrundsatzes gerade die Gesellschaftermehrheit darzulegen und damit auch zu beweisen hat, dass die maßgebliche Klausel des Gesellschaftsvertrages hinreichend bestimmt ist, sind es auf der 2. Stufe die Gesellschafter der Minderheit, welche im Hinblick auf einen nicht gerechtfertigten Eingriff

556 *Holler*, ebenda.

557 BGH, Urteil v. 15.01.2007 – II ZR 245, 05; DStR 2007, 494; BGH, Urteil v. 24.11. 2008 – II ZR 116/08, NJW 2009, 669 [672]; *Schmidt*, ZGR 2008, 1 [19]; *Bohlken/Sprenger*, DB 2010, 263 [264]; *Holler* DB 2008, 2067 [2068ff.].

in unentziehbare oder unverzichtbare Gesellschafterrechte vorzutragen haben.[558]

Übertragen auf eine durch Mehrheitsentscheidung beschlossene Änderung des Gesellschaftsvertrages zur disquotalen Anwachsung im Falle einer Mehrheitsklausel, die nicht ausdrücklich auf eine solche Thematik Bezug nimmt, bedeutet dies: Die Mehrheitsgesellschafter haben innerhalb der Prüfung der Wirksamkeit des Beschlusses auf Stufe 1 darzulegen und zu beweisen, dass die vereinbarte Mehrheitsklausel auch die vorliegende Thematik erfassen sollte. Gelingt ihnen ein solches Vorbringen, so haben die Gesellschafter der Minderheit auf der 2. Stufe darzulegen und zu beweisen, dass durch die Vereinbarung einer solchen disquotalen Anwachsung ein Eingriff in unverzichtbare Gesellschafterrechte vorliegt, um die Unwirksamkeit des getroffenen Beschlusses zu erreichen.

(1) Zuordnung durch disquotale Anwachsung tangierte Gesellschafterrechte

Zu klären gilt es damit, wie intensiv durch die Vereinbarung einer disquotalen Anwachsung durch formell wirksamen Mehrheitsbeschluss[559] in die mitgliedschaftlichen Rechte der Gesellschafter eingegriffen wird. Sind die Gesellschafter lediglich im Rahmen ihrer relativ entziehbaren Rechte betroffen, so gilt nach dem oben Gesagten, dass in der wirksam begründeten Mehrheitskompetenz eine vorweggenommene Zustimmung zu einer solchen Anwachsung liegt. Dissentierende Gesellschafter könnten in einer solchen Konstellation nicht gegen eine dahingehende Änderung des Gesellschaftsvertrages vorgehen. Lässt sich die Vereinbarung einer disproportionalen Anwachsung allerdings dem Bereich der un-

558 *Holler*, DB 2008, 2067 [2069]; *Bohlken/Sprenger*, DB 2010, 263 [267]; *Giedinghagen/Fahl*, DStR 2007, 1965.

559 Gemeint ist damit, dass dem Bestimmtheitsgrundsatz genügt ist.

verzichtbaren Gesellschafterrechte zuordnen, so steht dies einer nachträglichen Vereinbarung entgegen.[560]

Bei der Beantwortung dieser Zuordnungsfrage können die Ausführungen in Zusammenhang mit dem Schutze der Gesellschafter im Rahmen der Untersuchung des dispositiven Rechtscharakters von § 738 Abs. 1 Satz BGB fruchtbar gemacht werden.[561] Dort wurde aufgezeigt, dass durch eine disquotale Anwachsung vorrangig eine Veränderung der Stimmrechtsgewichtung bzw. der Teilhabe am Gewinn und der Auseinandersetzung erfolgt. Stimmrechte, präziser das Quorum der Stimmrechtsverteilung im Hinblick auf jeden Gesellschafter gelten dabei als relativ unentziehbare Gesellschafterrechte[562], sodass ein Mehrheitsbeschluss insoweit wirksam gefasst werden kann. Auch die Rechte der Gesellschafter, generell am Gewinn beteiligt zu werden, damit auch das Recht in welcher Höhe eine solche Gewinnbeteiligung erfolgen soll, sind dieser Kategorie der Gesellschafterrechte zuzuordnen.[563] Folglich steht es dem einzelnen Gesellschafter frei, seine Zustimmung zu einer Änderung der Gewinnverteilung bis hin zu einem Ausschluss an einer Gewinnbeteiligung zu erklären. Fügt man die Kategorisierung dieser beiden Gesellschafterrechte zusammen, so führt dies

560 Nimmt man eine solche Zuordnung zu letzterer Gruppe von Gesellschafterrechten vor, so würde in letzter Konsequenz eine Unwirksamkeit einer dahingehenden Einigung aber nicht nur bei nachträglicher Änderung des Gesellschaftsvertrages durch Mehrheitsbeschluss, sondern auch bei einstimmigem Beschluss bei Gründung der Gesellschaft folgen.

561 Vgl. Ausführungen zum Gesellschafterschutz als einer von drei Fallgruppen, die einer gesellschaftsrechtlichen Norm zwingenden Charakter verleihen können S. 126f.

562 BGH, Urteil v. 15.06.1987 – II ZR 261/96, NJW 1988, 411; *Goette* in E/B/J HGB, § 119 Rn. 47; *Enzinger* in Münchener Kommentar HGB, § 119 Rn. 72; *Weitemeyer* in Oetker HGB, § 119 Rn. 43; *Schmidt*, ZGR 2008, 1 [17].

563 BGH, Urteil v. 10.05.1976 – II ZR 180/74; BGH, Urteil v. 29.03.1996 – II ZR 263/94, WM 1996, 772; *Goette* in E/B/J HGB, § 119 Rn. 47; *Enzinger* in Münchener Kommentar HGB, § 119 Rn. 72; *Weitemeyer* in Oetker HGB, § 119 Rn. 43; *Schmidt*, ZGR 2008, 1 [17].

dazu, dass auch eine Vereinbarung einer disquotalen Anwachsung lediglich in relativ entziehbare Gesellschafterrechte eingreifen dürfte. Eine Beschlussfassung mit gesellschaftsvertraglich festgelegter Mehrheit begegnet daher keinen Bedenken.

Eine solche Einstufung der disquotalen Anwachsung als Teilbereich relativ entziehbarer Rechte folgt daneben aus einem Vergleich zur Eingriffsintensität einer solchen Anwachsung mit anerkannten Fallgruppen von unverzichtbaren Gesellschafterrechten. Als solche unverzichtbaren Rechte sind beispielsweise das Recht des Gesellschafters zur außerordentlichen Kündigung der Gesellschafterstellung[564], das Recht zur Teilnahme und Antragsstellung im Rahmen einer Gesellschafterversammlung[565] oder aber das Recht zur Geltendmachung einer Rechtswidrigkeit von Gesellschafterbeschlüssen[566] zu nennen. Sämtlichen dieser Rechte ist es gemeinsam, dass im Falle eines Verzichts auf diese Rechte, ein Gesellschafter essentielle ihm qua Gesetz zustehende Aufgaben der Kontrolle oder aber Einflussnahme innerhalb der Gesellschaft nicht mehr wahrnehmen kann.[567] Ein Gesellschafter, der nicht (vollumfänglich) an einer Anwachsung nach § 738 Abs. 1 Satz 1 BGB teilhat, kann aber auch nach erfolgter Anwachsung immer noch solche Kontrollfunktionen ausüben und durch Stimmabgabe bei einer Gesellschafterabgabe Einfluss auf Beschlüsse der Gesellschaft nehmen. Seine Stellung innerhalb der Gesellschaft bleibt absolut gesehen unverändert. Eine relative Schwächung im Sinne einer „Nicht-Steigerung“ seiner Beteiligung ist vielmehr der Bindung von Stimmrecht bzw. Gewinnbeteiligungsrecht an die aktu-

564 *Enzinger* in Münchener Kommentar HGB, § 119 Rn. 68; *Schmidt*, Gesellschaftsrecht, § 16 III 3 a.

565 *Goette* in E/B/J HGB, § 119 Rn. 53; *Enzinger* in Münchener Kommentar HGB, § 119 Rn. 68.

566 BGH, Urteil v. 21.03.1988 – II ZR 308/87, WM 1988, 753 [755]; BGH, Urteil v. 13.02.1995 – II ZR 15/94; NJW 1995, 1218 [1219].

567 *Martens* in Schlegelberger HGB, § 119 Rn. 25; *Enzinger* in Münchener Kommentar HGB, § 119 Rn. 68.

elle kapitalmäßige Beteiligung geschuldet. Demnach sind durch die Aufnahme einer Klausel zur disquotalen Anwachsung lediglich relativ entziehbare Gesellschafterrechte betroffen. Dies hat zur Folge, dass eine vorweggenommene Zustimmung zu einem Eingriff in diese Rechte wirksam ist. Eine solche Zustimmung liegt regelmäßig schon in der Vereinbarung einer wirksamen Mehrheitskompetenz.

c) Keine Auswirkung durch Treuepflicht

Letzte Schranke eines wirksamen Mehrheitsbeschlusses ist die den Gesellschaftern obliegende Treuepflicht. Diese besagt, dass ein Gesellschafter nicht willkürlich zum Nachteil eines anderen Gesellschaftern oder der Gesellschaft handeln darf, wodurch eine gemeinsame Zweckerreichung gefährdet wird.[568] Im Hinblick auf eine durch Gesellschaftsvertrag zugelassene Beitragserhöhung[569] kann das Institut der Treuepflicht beispielsweise dann gegen einen Erhöhungsbeschluss ins Feld geführt werden, wenn vorrangiges Ziel einer solchen Erhöhung nicht die Deckung eines erforderlichen Kapitalbedarfs, sondern eine Schwächung liquiditätsschwacher Minderheitsgesellschafter ist.[570] Dadurch soll vermieden werden, dass finanziell schlechter gestellte Gesellschafter innerhalb des Gesellschafterkreises zunehmend minorisiert werden.

Erachtet man die Gefahr einer Minorisierung von Gesellschaftern als wesentliches Merkmal eines möglichen Verstoßes gegen bestehende Treuepflichten[571], so droht mit der Vereinbarung

568 *Ulmer* in Münchener Kommentar BGB, § 705 Rn. 221; *Hopt* in Baumbach/Hopt HGB, § 109 Rn. 23; *Bohlken/Sprenger*, DB 2010, 263 [264].

569 Vgl. dazu BGH, Urteil v. 19.10.2009 – II ZR 240/08, NJW 2010, 65 [67].

570 *Hadding* in Soergel BGB, § 707 Rn. 3; *Ulmer/Schäfer* in Münchener Kommentar BGB, § 707 Rn. 9.

571 Dafür, dass die Gefahr eines Zurückdrängens essentiell bei der Untersuchung von Verstößen gegen Treuepflichten sein kann, spricht eine entsprechende Anwendbarkeit von Rechtfertigungselementen zum Bezugsrechtsausschluss im Aktienrecht, vgl. *Ulmer/Schäfer* in Münchener Kom-

einer disquotale Anwachsung kein Konflikt mit gesellschaftsrechtlichen Treuepflichten. Entgegen der Konstellation einer zwangsweisen oder freiwilligen Beitragserhöhung droht einem nicht vollumfänglich an der Anwachsung partizipierenden Gesellschafter keine gleichartige Schwächung seines Anteils. Im Gegensatz zu einer Kapitalerhöhung unter Bezugsrechtsausschluss[572] erwerben nämlich Mehrheitsgesellschafter keine neuen Anteile an der Gesellschaft. Vielmehr wird hier der Charakter der Anwachsung deutlich, wonach sämtliche Anteile der Gesellschafter immer 100% ausmachen und diese Anteile zwingend den Gesellschafter zuzuweisen sind. Daraus folgt, dass auch nach Anwachsung die gleichen Anteile wie vor Anwachsung vorhanden sind. Lediglich die Verteilung der Anteile verändert sich. Dies gilt sowohl für eine quotale wie auch für eine disquotale Anwachsung. Der Unterschied zur Kapitalerhöhung und Bezugsrechtsausschluss soll an folgendem Beispiel deutlich gemacht werden:

> *An einer Gesellschaft sind A und B zu je 40%, der C zu 20% beteiligt. Beschließen nun A und B zusammen eine Kapitalerhöhung um 100% unter Bezugsrechtsausschluss des C und nehmen beide zu gleichen Teilen an der Kapitalerhöhung teil, halten A und B nunmehr zusammen 90% der Anteile. C ist nur noch zu 10% an der Gesellschaft beteiligt. Durch die Erhöhung des Kapitals der Gesellschaft unter Ausschluss von C ist C nunmehr in einem geringeren Maße an der Gesellschaft beteiligt.*

---

mentar BGB, § 709 Rn. 100. Den Anwendungsbereich der Treuepflichten zu stark erweiternd BGH, Urteil v. 24.11.2008 – II ZR 116/08, NJW 2009, 669 [671], wonach jeder Eingriff in den Kernbereich der Mitgliedschaftsrechte regelmäßig einen Verstoß gegen gesellschaftsrechtliche Treuepflichten darstellt.

572 Diese Konstellation stellt sich überwiegend bei Kapitalgesellschaften, ist wirtschaftlich aber auch bei Personengesellschaften denkbar. Dort ist dann von einer Beitragserhöhung unter Ausschluss gewisser Gesellschafter zu sprechen. Zu dem Spannungsverhältnis dieser Konstellation mit der Regelung des § 707 BGB, vgl. *Struckmeier*, Mehrheitliche Kapitalerhöhungen, S. 150ff.

Dadurch erfährt seine Stellung als Gesellschafter absolut und relativ im Verhältnis zu A und B eine Schwächung.

Im Unterschied dazu ändert sich der absolute Anteil eines Gesellschafters selbst im Falle einer disquotalen Anwachsung nicht. A und B sind zu je 40% und C ist zu 20% an der Gesellschaft beteiligt. Nunmehr wird durch (qualifizierten)[573] *Mehrheitsbeschluss eine Anwachsung lediglich zugunsten von A oder B beschlossen. Im Falle eines Ausscheidens von B, steht A schließlich eine Beteiligung von 80% zu, während C weiterhin zu 20% beteiligt ist. Die Gesellschafterstellung des C ist also nach wie vor unverändert. Einzig die Aussicht auf eine mögliche Teilhabe an der Anwachsung und damit eine potentielle Stärkung der Gesellschafterstellung ist dem C durch die disquotale Anwachsung genommen.*[574]

Zusätzlicher wesentlicher Unterschied ist im Vergleich zur Kapitalerhöhung unter Bezugsrechtsausschluss, dass es als Auslöser einer disquotalen Anwachsung erst eines Ausscheidens eines Gesellschafters aus der Gesellschaft als weiteren Rechtsakt bedarf. Erst nach einem Ausscheiden eines Gesellschafters greift die Rechtsfolgenanordnung der Anwachsung, sodass bei vorheriger Ausgestaltung der Anwachsung gegebenenfalls nur bestimmte Gesellschafter eine Anwachsung ihrer Gesellschaftsbeteiligung erfahren. Unterstellt, dass der ausscheidende Gesellschafter zuvor zu der Mehrheit gehörte, die eine disquotale Anwachsung beschlossen hatte, stellt sich die Gefahr einer Schwächung der Minderheitsgesellschafter gering dar. Denn der Anreiz für einen Gesellschafter etwas zu beschließen und von den günstigen Rechtsfolgen zu profitieren ist

573 *Struckmeier*, Mehrheitliche Kapitalerhöhungen, S. 165ff. will bei „Kapitalerhöhungsbeschlüssen" kapitalistisch strukturierter Personengesellschaften § 186 Abs. 3 AktG entsprechend anwenden.

574 Zu der steuerrechtlichen Beurteilung dieser Konstellation unter dem ErbStG s. Ausführungen in Kapitel 3.

nur bei einer Kapitalerhöhung unter Bezugsrechtsausschluss gegeben. Nur in dieser Konstellation verbleibt der Gesellschafter in der Gesellschaft und kann von einer gestärkten Mitgliedschaft Nutzen ziehen. Im Falle eines Ausscheidens ist der ausgeschiedene Gesellschafter lediglich auf den Abfindungsanspruch nach § 738 Abs. 1 Satz 2 BGB als Surrogat seiner Mitgliedschaft verwiesen. Dieser Abfindungsanspruch bemisst sich aber unabhängig von der Ausgestaltung der Anwachsung. Ein Anreiz einer disproportionalen Anwachsung zuzustimmen besteht für einen solchen Gesellschafter damit grundsätzlich nicht. Darin unterscheiden sich disquotale Anwachsung und Kapitalerhöhung unter Bezugsrechtsausschluss.

Aus diesem Vergleich, der sich in Teilbereichen ähnlichen Konstellationen, zeigt sich, dass eine Vereinbarung einer disquotalen Anwachsung nicht in einem zwingenden Konflikt zu einer Treuepflicht der Gesellschafter liegt. Liegt eine für einen Mehrheitsbeschluss hinreichend bestimmte Klausel vor und erfolgt wie bei Vereinbarung einer disquotalen Anwachsung kein Eingriff in den mehrheitsfesten Kernbereich der Gesellschafterrechte, so steht das Institut der Treuepflicht dieser Vereinbarung also nicht entgegen. Minderheitsgesellschafter erfahren im Vergleich zu anderen Fallgruppen von anerkannten Treuepflichtverstößen keine die Stellung als Mitglied gefährdende Minorisierung. Auch ein von der Anwachsung ausgeschlossener Gesellschafter ist jedenfalls in gleicher Art und Weise an der Gesellschaft beteiligt wie vor Ausscheiden und nachfolgender disquotaler Anwachsung. Allein die Einbuße an einer potentiellen Teilhabe an einer verhältnismäßig erfolgenden Anwachsung kann keinen Verstoß gegen Treuepflichten bewirken.

III. Zusammenfassung Erstes Kapitel

Betrachtet man die zu Beginn aufgestellte These, dass eine Einwirkung auf den Regelungsbereich des § 738 Abs. 1 Satz 1 BGB als Gestaltungsmittel u.a. zur Unternehmensnachfolge geeignet ist, wird diese These durch die Überlegungen des Ersten Kapitels gestützt. Den Gesellschaftern steht es frei, die quotenmäßige Teilhabe einer zwingend an ein Ausscheiden eines Gesellschafters anknüpfende Anwachsung gesellschaftsvertraglich zu regeln.

Dies ergibt sich maßgeblich aus folgenden Gesichtspunkten: Das Rechtsinstitut der Anwachsung findet nicht nur innerhalb von § 738 Abs. 1 Satz 1 BGB einen Anwendungsbereich. Die Wirkung der Anwachsung beschränkt sich damit nicht nur auf Personengesellschaften. Vielmehr verwendet der Gesetzgeber auch innerhalb der §§ 1490, 1935, 2044 BGB sowie in § 2158 BGB den Mechanismus der Anwachsung, um nach Wegfall eines Mitglieds der Gruppe eine Zuordnung der Beteiligungen zu erreichen. Dabei beschränkt sich das Prinzip der Anwachsung nicht nur auf Gesamthandsgemeinschaften. So bildet § 2158 BGB eine Fallgruppe der Anwachsung unter Mitgliedern einer Bruchteilsgemeinschaft.[575] Die Anwachsung regelt dabei die Beteiligungsverhältnisse nach Wegfall eines Gruppenmitglieds unabhängig davon, ob die Beteiligung dingliche oder lediglich schuldrechtliche Komponenten umfasst. Die Wirkung der Anwachsung entfaltet sich dabei ausschließlich auf Ebene der Mitglieder der Gruppe, wirkt demnach nur gesellschaftsintern.

Aus einem Vergleich der gesetzlich geregelten Fallgruppen der Anwachsung bietet sich der Schluss an, dass es bei der Bestimmung der wirtschaftlichen Rechtsfolge der Anwachsung wesentlich auf den Willen der die Anwachsung auslösenden Person(en) ankommt. Ist dies innerhalb der erbrechtlichen Konstellationen der Anwachsung der Wille des Erblassers, so sind dies bei einer Anwachsung nach § 738 Abs. 1 Satz 1 BGB die Gesellschafter. Alleine den Gesellschaftern obliegt es nämlich, ob sie für den Fall eines Ausscheidens eines Gesellschafters die Gesellschaft fortbestehen lassen und damit erst den Boden für eine Anwachsung schaffen.

575 *Kiefner*, FS Sandrock, S. 479 spricht davon, dass „die Gesamthand aus heutiger Sicht ohne Anwachsung nicht auskommen mag, wohl aber die Anwachsung ohne Gesamthand".

Unterliegt bereits dieser Bereich einer Einflussmöglichkeit der Gesellschafter, so gilt dies auch entsprechend für die wirtschaftlichen Folgen der Anwachsung. Die Gesellschafter können demnach die quotenmäßige Beteiligung der verbliebenen Gesellschafter an der Anwachsung gesellschaftsvertraglich regeln.

Die Möglichkeit der Einflussnahme auf die durch die Anwachsung ausgelöste Umverteilung der Gesellschafterbeteiligungen leitet sich daneben aus dem Grundsatz der autonomen Gestaltung des Gesellschafterverhältnisses ab. Weder Interessen der Gesellschafter, noch Belange von Gesellschaftsgläubigern oder sonstigen Dritten sprechen zwingend gegen eine zulässige Ausgestaltung der Anwachsungsquote. Wesentlich ist insoweit, dass das Außenverhältnis der Gesellschaft bzw. der Gesellschafter durch die lediglich intern wirkende disquotale Anwachsung nicht negativ berührt wird. Der Schutz der Gesellschaftsgläubiger wird umfassend durch die akzessorische Haftung nach § 128 HGB sichergestellt.

Schaut man auf den Regelungsgegenstand der Anwachsung, den „Anteil am Gesellschaftsvermögen", so stützt dies die Ansicht einer zulässigen dispositiven Ausgestaltung der Anwachsungsquoten. Im Rahmen von § 738 Abs. 1 Satz 1 BGB kommt dem „Anteil am Gesellschaftsvermögen" eine vermögensmäßige, aufgrund der Rechtsfähigkeit der hier maßgeblichen Gesellschaften aber eindeutig keine sachenrechtliche Bedeutung zu. Diese vermögensmäßige Seite zeigt sich dabei maßgeblich bei einer Ergebnisverteilung eines auf Ebene der Gesellschaft erwirtschafteten Ergebnisses an die Gesellschafter. Zudem ist die Teilhabe der Gesellschafter an der Auseinandersetzung der Gesellschaft Ausdruck dieser Vermögensseite der Mitgliedschaft. Aufgrund der weitestgehenden Möglichkeit der Einflussnahme auf diese Komponenten können die Gesellschafter auch auf die zusammengefasste Verteilung des „Anteils am Gesellschaftsvermögen" im Rahmen von § 738 Abs. 1 Satz 1 BGB Einfluss nehmen. Die wesentliche Grundaussage der Anwachsung, die Verknüpfung von Mitgliedschaft und Beteiligung an der Gesellschaft, ist dabei auch bei einer disquotalen Ausgestaltung der Anwachsung gewahrt.

Die mögliche Einflussnahme der Gesellschafter begrenzt sich alleine auf eine Ausgestaltung der Anwachsungsquote der übrigen in der Gesellschaft verbliebenen Gesellschafter. Eine andere Rechtsfolge als die der Anwachsung kann nicht an das Ausscheiden eines Gesellschafters geknüpft werden. Den Gesellschaftern steht es dabei frei, die Anwachsungsquoten soweit zu regeln, dass einzelne Gesellschafter völlig von der Anwachsung ausgeschlossen werden. Auch lediglich ein Eingreifen einer disquotalen Anwachsung für bestimmte Konstellationen des Ausscheidens ist denkbar. Eine besondere Form der Anwachsung kann damit entweder nur bei dem Ausscheiden bestimmter Gesellschafter oder aber für spezielle Arten des Ausscheidens vereinbart werden. Durch eine solche Ausgestaltung der Anwachsung kommt das Rechtsinstitut der Anwachsung insbesondere als geeignetes Instrument der Nachfolgeplanung in Betracht. Alleine durch eine gesellschaftsvertragliche Regelung kann somit ein Ergebnis erzielt werden, dass unter Berücksichtigung konventioneller Rechtsgestaltungen, wie einer gesellschaftsrechtlichen Nachfolgeklausel, stets eine Übereinstimmung von Gesellschaftsvertrag und letztwilliger Verfügung bedarf.

Die Vereinbarung einer disquotalen Anwachsung begegnet bei Gründung der Gesellschafter keinerlei Bedenken, da insoweit jedenfalls eine ausdrückliche Zustimmung aller Gesellschafter vorliegt. Die Beschlussfassung einer solchen Anwachsung erst im laufenden Betrieb der Gesellschaft im Wege einer Mehrheitsentscheidung ist ebenfalls möglich. Sieht man die Eingriffsintensität als wesentliches Auslegungsmerkmal innerhalb des Schutzmechanismus des Bestimmtheitsgrundsatzes zugunsten von Minderheitsgesellschaftern an, so dürfte dem Bestimmtheitsgrundsatz grundsätzlich genügt sein, wenn die Einflussnahme auf Stimm- bzw. Gewinnverteilung oder andere qualitativ und inhaltlich vergleichbare Bereiche in die Macht der Mehrheit gestellt ist. Durch einen Mehrheitsbeschluss zu einer disquotalen Anwachsung wird zudem nicht in den absoluten Kernbereich der Gesellschafterrechte eingegriffen, sodass in der Vereinbarung einer Mehrheitskompetenz bereits die antizipierte Zustimmung zur Einflussnahme auf die

Anwachsung zu sehen ist. Zuletzt verstößt eine derartige Veränderung der Anwachsungsquoten nicht gegen gesellschaftsrechtliche Treuepflichten.

2. Kapitel: Auswirkungen vertraglicher Gestaltungen der Anwachsung auf ausgewählte gesellschaftsrechtliche Fragestellungen

Wie am Anfang der Arbeit dargestellt, soll durch die vorliegende Arbeit im Zuge einer dogmatischen Auseinandersetzung mit der Regelung des § 738 Abs. 1 Satz 1 BGB eine diesbezügliche Orientierungshilfe für die Rechtspraxis gegeben werden. Insbesondere die Möglichkeit der Gesellschafter auf den Wirkungsbereich der Anwachsung Einfluss zu nehmen war Gegenstand und Schwerpunkt des Ersten Kapitels. So haben die Untersuchungen dort gezeigt, dass die Rechtsfigur der Anwachsung nicht gänzlich den Wirkungen gesellschaftsvertraglicher Absprachen entzogen ist. Auf Grund einer möglichen Einflussnahme auf die Höhe der Teilhabe an der Anwachsung sind Absprachen dieser Art ein geeignetes Gestaltungsinstrument in Nachfolgeplanungen.[576] Ist damit eine Gestaltungsmöglichkeit der Anwachsungsquoten anzunehmen, stellt sich gleichzeitig die Frage, welche Auswirkungen konkret im „Alltag" der Gesellschafter an eine disquotale Anwachsung anknüpfen. Daher soll in den folgenden Ausführungen eine Art „Stresstest" der disquotalen Anwachsung erfolgen. Denn nur unter der Voraussetzung, dass die aus dieser Figur resultierenden Rechtsfolgen in Einklang mit dem gesellschaftsrechtlichen Grundkonzept

576 *Becker*, ZEV 2011, 157 [162f.].

der Personengesellschaft gebracht werden können, erscheint eine disquotale Anwachsung als für die Gesellschafter taugliches Gestaltungsinstrument.

Bei der anschließenden Betrachtung wird zunächst auf ein Zusammenspiel von Anwachsung und grundsätzlicher Elemente einer Personengesellschaft, wie die Verteilung des Gewinnes oder der Stimmrechte eingegangen. Im weiteren Verlauf wird die Haftungssituation der verbliebenen Gesellschafter betrachtet. Ein Hauptaugenmerk wird auf eine Haftung der verbliebenen Gesellschafter für Ansprüche des ausgeschiedenen Gesellschafters sowie einer möglichen Haftsummenänderung in Zusammenhang mit einer disquotalen Anwachsung bei einer KG gelegt.

I. Auswirkungen der disquotalen Anwachsung auf Gewinn- und Stimmrechtselemente

Durch ein Ausscheiden eines Gesellschafters kommt es selbst bei einer quotalen Ausgestaltung der Anwachsung zu einer Verringerung der Zahl der Gesellschafter. Unabhängig, ob eine Anwachsung quotal oder disquotal ausgestaltet ist, ändern sich die Beteiligungsverhältnisse der Gesellschafter. Beide Veränderungen können bei der Verteilung eines auf Ebene der Gesellschaft erzielten Ergebnisses zu berücksichtigen sein. Ebenso dürfte durch eine Anwachsung eine Veränderung der Stimmrechte der verbliebenen Gesellschafter erfolgen.

1. Gewinn-/Verlustverteilung

Da einer Ergebnisverteilung innerhalb des Gesellschafterkreises auch nach disquotaler Anwachsung erhebliches Augenmerk seitens der Gesellschafter geschenkt werden dürfte, soll mit den Auswirkungen einer disquotalen Anwachsung auf eine Teilhabe am Ergebnis der Gesellschaft begonnen werden.

A. Grundsätzliches

Wie bereits in Zusammenhang mit der Untersuchung des dispositiven Charakters von § 738 Abs. 1 Satz 1 BGB dargestellt, weist der Mechanismus der Gewinnverteilung bei Personengesellschaften große Gemeinsamkeiten auf.[577] Schweigt der Gesellschaftsvertag über den Mechanismus der Gewinnverteilung, so kommt dem Kopfprinzip nicht nur bei der Gesellschaft bürgerlichen Rechts eine entscheidende Bedeutung zu.[578] Festgestellt wurde aber auch, dass es Gesellschaftern sämtlicher hier maßgeblichen Formen der Personengesellschaft möglich ist, einen vom Kopfprinzip abweichenden Verteilungsmechanismus zu vereinbaren.[579] Sollte demnach bis zum Zeitpunkt des Ausscheidens eines Gesellschafters noch die gesetzliche Regel der Gewinnverteilung zwischen den Gesellschaftern vorliegen, ist es dringend geboten, gleichzeitig mit der Vereinbarung einer disquotalen Anwachsungsfolge auch einen neuen Schlüssel zur Verteilung des Ergebnisses zu vereinbaren. Ein gängiges Format eines solchen Schlüssels ist eine Verteilung des Ergebnisses nach der Höhe des Kapitalanteils. [580] Dies zumindest, wenn ein Gleichlauf von kapitalmäßiger Beteiligung an der Gesellschaft und Ergebnisverteilung erreicht werden soll. Möglich ist allerdings auch trotz einer wertmäßigen Verschiebung der Verhältnisse der Gesellschafter untereinander, weiterhin an der bestehenden Ergebnisverteilung festzuhalten. Eine solche Konstruktion fin-

577 Vgl. Ausführungen zur Gestaltung der Teilhabe am Ergebnis S. 149ff.

578 So gilt dieses Prinzip grundsätzlich auch bei einer Gewinnverteilung innerhalb einer OHG, wenn die Höhe des Vorab-Gewinns überstiegen wird, vgl. § 121 Abs. 3 HGB, *Weitemeyer* in Oetker HGB, § 121 Rn. 16.

579 Für die GbR vgl. *von Falkenhausen/Schneider* in Münchener Handbuch des Gesellschaftsrechts, Band 2, § 23 Rn. 18; *Saenger* in Schulze BGB, § 722 Rn. 1; *Habermeier* in Staudinger BGB, § 722 Rn. 6. Für die OHG: *Finckh* in Henssler/Strohn, Gesellschaftsrecht, § 121 Rn. 19; *Ehricke* in E/B/J HGB, § 121 Rn. 14ff.

580 Zur Maßgeblichkeit des Kapitalanteils für Ergebnisverteilung vgl. *Schöne* in Beck'scher OK-BGB, Stand 01.11.2012, § 722 Rn. 3, *Ulmer/Schäfer* in Münchener Kommentar BGB, § 722 Rn. 5.

det sich insbesondere bei Familien- Personengesellschaften, wenn die übertragende Generation trotz geringer Kapitalbeteiligung einen überproportional großen Gewinnanteil erhalten soll.[581]

Sollte der Kapitalanteil des Gesellschafters als wesentliches Merkmal einer Gewinnverteilung angesehen werden und haben die Gesellschafter eine dahingehende Vereinbarung in den Gesellschaftsvertrag aufgenommen, werden die Gesellschafter regelmäßig auch eine Bestimmung des Kapitalanteils vorgenommen haben. Dabei bietet sich, wie bereits gezeigt, vor allem ein fester Kapitalanteil als Bezugsgröße für eine Gewinnverteilung an.[582] Dieser feste Kapitalanteil ist dabei oftmals an die vertraglich festgelegte Einlage der einzelnen Gesellschafter angelehnt.[583]

B. Auswirkungen disquotaler Anwachsung

Ist der feste Kapitalanteil als Maßstab der Gewinnverteilung beschlossen, gilt es zu klären, wie sich die Gewinnverteilung nach Ausscheiden und nach gegebenenfalls disquotaler Anwachsung bei den übrigen Gesellschaftern darstellt. Während dies als positive vermögensrechtliche Seite der Anwachsung angesehen werden kann, wird es zu einem späteren Zeitpunkt zu untersuchen sein, ob es in Folge einer Anwachsung (auch) zu einer Veränderung der Haftsumme als Spiegelbild der kapitalmäßigen Beteiligung kommt.[584]

Grundsätzlich gilt, dass eine Veränderung der festen Kapitalanteile als eine Änderung des Gesellschaftsvertrages der Zustim-

---

581 Vgl. *Kirchdörfer*/Lorz Unternehmensnachfolge § 8 Rn. 75ff.; *Tavakoli*, DB 2006, 1882.

582 *Von Falkenhausen/Schneider* in Münchener Handbuch des Gesellschaftsrechts, Band 2, § 22 Rn. 16; *Priester* in Münchener Kommentar HGB, § 120 Rn. 101; *Martens* in Schlegelberger HGB, § 120 Rn. 31.

583 *Hopt* in Baumbach/Hopt HGB, § 120 Rn. 15.

584 Vgl. Ausführungen S. 64ff.

mung aller Gesellschafter bedarf.[585] Nur so kann das Verhältnis der Gesellschafter untereinander vor raschen und gegebenenfalls nicht vorhersehbaren Ereignissen geschützt werden.[586] Zum Schutz der Gesellschafter wird die Beibehaltung der festen Kapitalanteile – gerade bei Fixierung als maßgeblicher Verteilungsschlüssel – daher dem Kernbereich der Mitgliedschaftsrechte zugeordnet.[587] Dies bedeutet, dass bei Vorliegen einer hinreichend bestimmten Mehrheitsklausel die Mehrheit der Gesellschafter eine Veränderung der festen Kapitalanteile beschließen kann.[588] Neben der Möglichkeit durch expliziten Beschluss eine Modifikation der festen Kapitalanteile zu erreichen, kann dieses Ergebnis auch im Rahmen eines Anteilserwerbes durch Abtretung erfolgen.[589] Mit Erwerb des Anteils geht ebenso als Teilbereich des Anteils die dem übertragenden Gesellschafter zugeordnete feste Kapitalbeteiligung auf den Zessionar des Anteils über. Der Kaufpreis für den übertragenen Anteil beinhaltet dabei diese Kapitalbeteiligung des ausscheidenden Gesellschafters sowie gegebenenfalls aufgedeckte stille, in der Beteiligung liegende Reserven. Fragt man sich, wie sich das Verhältnis des Schutzes der Gesellschafter vor Beibehaltung der Beteiligung und Änderung der Beteiligungsquoten durch Anteilserwerb darstellt, ergibt sich folgendes Bild: Grundsätzlich bedarf eine Anteilsübertragung von Anteilen an einer Personengesellschaft einer Zustimmung aller Gesellschafter.[590] Liegt eine solche Zustimmung zur Übertragung eines Anteils vor, so liegt darin gleichzeitig eine

585 *Hueck*, OHG, § 6 S. 65; *Stuhlfehlner* in Heidelberger Kommentar HGB, § 109 Rn. 10; *Eisenhardt*, Gesellschaftsrecht, § 5 Rn. 78.

586 *Hopt* in Baumbach/Hopt § 120 Rn. 15.

587 *Priester* in Münchener Kommentar HGB, § 120 Rn. 102.

588 *Ihrig* in Sudhoff Unternehmensnachfolge, § 21 Rn. 2.

589 *Priester* in Münchener Kommentar HGB § 120 Rn. 102

590 *Schmid*t in Münchener Kommentar HGB, § 105 Rn. 213; *Röthel* in Henssler/Strohn, Gesellschaftsrecht, § 105 Rn. 106; *Ulmer/Schäfer* in Münchener Kommentar BGB, § 705 Rn. 23f.; *Habermeier* in Staudinger BGB, § 719 Rn. 8.

Zustimmung zu einer möglichen Veränderung der festen Kapitalanteile als Teil des Gesellschaftsanteils. Existiert lediglich eine Mehrheitskompetenz im Hinblick auf eine Übertragung von Anteilen, so ergibt eine Auslegung regelmäßig, dass ein dahingehender mehrheitlich gefasster Beschluss auch eine konkludente Zustimmung zur Veränderung der festen Kapitalanteile erfasst.

Übertragen auf die Figur der disquotalen Anwachsung und einer daraus folgenden Änderung der festen Kapitalanteile folgt, dass durch die Zustimmung zur disquotalen Anwachsung – sei es bei Gründung der Gesellschaft oder im Rahmen einer wirksamen Mehrheitsentscheidung[591] – gleichzeitig eine konkludente Zustimmung zur Übernahme der festen Kapitalanteile des ausgeschiedenen Gesellschafters zugunsten der an der Anwachsung partizipierenden Gesellschafter gesehen werden kann. Ebenso wie bei der Übertragung eines Anteils durch Abtretung übernimmt ein von der Anwachsung Begünstigter zwar nicht die Mitgliedschaft des ausscheidenden Gesellschafters im Wege einer Gesamtrechtsnachfolge[592], so erfolgt aber dennoch eine Übernahme des festen Kapitalanteils des Ausscheidenden.[593] Die Mitgliedschaft des ausscheidenden Gesellschafters erlischt.[594] Er erhält in diesem Fall keinen Kaufpreis als Ersatz für seine vorherige Beteiligung an der Gesellschaft, sondern der Abfindungsanspruch nach § 738 Abs. 1 Satz 2 BGB gleicht diesen Verlust des Gesellschafters aus. Nur mit einer automatischen Übernahme der festen Kapitalanteile durch die verbliebenen Gesellschafter, die gleichzeitig auch an der Anwachsung teilnehmen, ist das Schicksal des Kapitalanteils des ausscheidenden Gesellschafters zu erklären.

591 Vgl. dazu Ausführungen in Kapitel 1 S. 140ff.

592 Zu dieser wichtigen dogmatischen Unterscheidung vgl. Ausführungen in Kapitel 1 auf S. 45ff.

593 So dürften wohl die Ausführungen in DNotI 2010, 23 [26] zu verstehen sein.

594 RGZ 65, 227 [238].

Ein solches Ergebnis des automatischen, d.h. durch Gesetz im Wege der Anwachsung erfolgenden Übergangs dieses Kapitalanteils auf die übrigen Gesellschafter steht dabei auch im Einklang mit der Rechtsprechung des Bundesgerichtshofs zu § 707 BGB. Danach kann grundsätzlich kein Gesellschafter ohne seine Zustimmung verpflichtet werden, die ursprünglich vereinbarte Einlage zu erhöhen. Er soll also seinen zwingenden finanziellen Einsatz bei Abschluss des Gesellschaftsvertrages abschätzen können. Eine Änderung soll demnach nur mit seiner Zustimmung wirksam sein.[595] Einzuräumen ist zwar, dass eine Änderung des festen Kapitalanteils stellt an sich noch keine Vermehrung der Beitragspflicht eines einzelnen Gesellschafters darstellt. Doch dürfte eine Veränderung der festen Kapitalanteile unter dem gleichen Schutzgedanken zu subsumieren sein.[596] Berücksichtigt man die neuere Rechtsprechung des Bundesgerichtshofs zur Zustimmungspflicht eines sanierungsunwilligen Gesellschafters zu § 707 BGB, so wird aber gerade deutlich, dass auch im Rahmen der Beitragspflicht das System der Mehrheitskompetenz Anwendung findet, die Regelung des § 707 BGB insoweit als dispositiv angesehen werden kann.[597] So hat der Bundesgerichtshof entschieden, dass der Rechtsgedanken des § 707 BGB nicht zu einer Unwirksamkeit eines Beschlusses führt, wonach durch Mehrheitsbeschluss eine Kapitalerhöhung beschlossen werden kann.[598] Folge eines solchen Beschlusses war eine Verringerung der Beteiligungsverhältnisse.[599]

Stellt man also die Veränderung der Beteiligungsverhältnisse durch (disquotale) Anwachsung dem Schutzgedanken des § 707 BGB gleich, so bleibt es bei dem oben gefundenen Ergebnis, dass

595 BGH, Urteil v. 19.10.2009 – II ZR 240/09, NJW 2010, 65 [68] „Sanieren oder Ausscheiden"; *Schöne* in Beck'scher OK-BGB, Stand 01.11.2012, § 707 Rn. 1; *Sprau* in Palandt BGB, § 707 Rn. 1.

596 Ähnlich *Priester* in Münchener Kommentar HGB, § 121 Rn. 101ff.

597 *Ruhkamp*/Gerlach, GbR, S. 109.

598 BGH, Urteil v. 25.02.2011 – II ZR 122/09, BB 2011, 1100 [1102].

599 BGH ebenda.

eine Veränderung der festen Kapitalanteile automatisch durch Anwachsung erfolgt. Maßgeblich ist in diesem Zusammenhang, dass durch die Vereinbarung einer disquotalen Anwachsung zumindest diesem Mechanismus der Anwachsung zugestimmt wird, d.h. einer Veränderung der festen Kapitalanteile wurde zeitgleich gebilligt.

Insgesamt zeigt sich, dass die Wirkungen einer disproportionalen Anwachsung wieder einmal mit der Wirkung einer Anteilsübertragung, in diesem Fall an Gesellschafter, gleichgestellt werden kann. Während in letzterer Konstellation die Veränderung der festen Kapitalanteile mit Wirksamkeit der Abtretung als Verfügungsgeschäft eintritt[600], tritt diese Wirkung bei Anwachsung automatisch mit dem Ausscheiden des Gesellschafters, also durch Gesetz ein. Ohne dass es eines weiteren Beschlusses der Gesellschafter bedarf, stellen sich nach Ausscheiden die (festen) Beteiligungsverhältnisse so dar, wie es in der Vereinbarung zur Anwachsung geregelt ist.[601]

C. Verlustteilhabe nach Anwachsung

In Bezug zur Verlustverteilung ist festzustellen, dass bei einem Fehlen einer Regelung zu diesem Bereich der Gesellschafterstellung nach § 722 BGB ein Gleichlauf von Teilhabe an Gewinn auf der einen und Verlust auf der anderen Seite erfolgt.[602] Insofern können die zuvor getätigten Untersuchungen zur Auswirkung der Anwachsung auf eine an die kapitalmäßige Beteiligung angepasste

600 *Priester* in Münchener Kommentar HGB, § 121 Rn. 102.

601 Eine automatische Erhöhung der festen Kapitalkonten durch Anwachsung befürwortet DNotI 2010, 23 [26]; bzgl. einer möglichen Änderung der Beteiligungsverhältnisse durch die Anwachsung vgl. *Kießling*, FS Hadding S. 490.

602 *Schilling* in Staub HGB, § 168 Rn. 5; *Weipert* in E/B/J HGB, § 168 Rn. 13; *Piehler/Schulte* in Münchener Handbuch des Gesellschaftsrechts, Band 2, § 23 Rn. 41; *Froning* in Münchener Anwaltshandbuch Personengesellschaftsrecht, § 8 Rn. 50.

Gewinnbeteiligung entsprechend zu einer Regelung der Verteilung des Verlustes herangezogen werden. Dies hat zur Folge, dass mit Veränderung der kapitalmäßigen Beteiligung, die entscheidend für eine Gewinnverteilung ist, auch eine Neufestsetzung der Teilhabe an einer Verlusttragung geregelt ist. Damit kommt es ohne weitere Gestaltungsakte der Gesellschafter zu einer Veränderung der Verlusttragung im Hinblick auf an der Anwachsung teilhabende Gesellschafter.

Oftmals wird es als wirtschaftlich nicht verhältnismäßig angesehen, dass derjenige Gesellschafter, der am meisten Kapital in der Gesellschaft belässt[603], respektive am meisten am Vermögen der Gesellschaft beteiligt ist, gerade auch verstärkt an einem Verlust teilnimmt.[604] Daher steht es den Gesellschaftern frei, einen für die Verteilung des Verlustes eigenen Schlüssel festzulegen. Aufgrund dieser Gestaltungsmöglichkeit im Hinblick auf eine Verlusttragung kann sich als Anlass für eine solche Neuvereinbarung insbesondere eine an ein Ausscheiden eines Gesellschafters geknüpfte disquotale Anwachsung anbieten. Diese Neuvereinbarung kann dabei im Gegensatz zu einer Verlustfreistellung kapitalmäßig stärker beteiligter Gesellschafter aber auch eine privilegierte Verlustfreistellung von der Anwachsung ausgeschlossener Gesellschafter beinhalten. Denn durch eine disquotale Anwachsung kommt es, wie bereits ausführlich beschrieben, zu einer Veränderung der Beteiligung an der Gesellschaft. Dies bedeutet, dass einige Gesellschafter nach Anwachsung eine gestärkte Gesellschafterstellung inne haben, gleichzeitig Gesellschafter, die nicht nach der gesetzlichen Regel an der Anwachsung partizipieren, relativ geschwächt aus der Anwachsung hervorgehen. Letzterer Gesellschaftertyp wird demnach vermö-

603 Dies ist bei einer Ergebnisverteilung nach variablen Kapitalanteilen der Fall.

604 So *von Falkenhausen/Schneider* in Münchener Handbuch des Gesellschaftsrechts, Band 2, § 24 Rn. 17; *Grunewald* in Münchener Kommentar HGB, § 168 Rn. 3; als gerechter Verteilungsschlüssel für einen Verlust vgl. *von Gerkan* in Röhricht/v. Westphalen, § 168Rn. 13; *Hopt* in Baumbach/Hopt HGB, § 168 Rn. 3; *Schilling* in Staub HGB, § 168 Rn. 2.

gensmäßig nicht gestärkt oder mit anderen Worten geschwächt. Zum Ausgleich einer solchen wirtschaftlichen Einbuße erscheint es denkbar, zur Vermeidung jeglichen erbschaft- und schenkungsteuerlichen Risikos im Kontext einer disquotalen Anwachsung den oder die benachteiligten Gesellschafter wirtschaftlich zu kompensieren.[605] Eine solche Kompensation kann dabei dergestalt aussehen[606], dass diese(r) Gesellschafter von der Pflicht zur Verlusttragung freigestellt wird.[607] Eine solche Freistellung beinhaltet als wirtschaftliche Kompensation eine Verlustfreistellung, die von der Verlusttragung gemäß der Beteiligung an der Gesellschaft nach erfolgter Anwachsung abweicht. Dabei sollte eine Begrenzung dieser Freistellung in Höhe der Wertverschiebung in Folge der Anwachsung vereinbart werden. Es ist also die wertmäßige Beteiligung an der Gesellschaft bei verhältnismäßiger Anwachsung mit einer solchen bei disquotaler Anwachsung zu vergleichen. Der Differenzbetrag zwischen diesen beiden Werten sollte dabei die Obergrenze für eine Verlustfreistellung des nicht (vollumfänglich) an der Anwachsung teilhabenden Gesellschafters bilden.

2. Stimmrechtsverteilung

So wichtig eine rechtliche Sicherheit in Bezug auf die Maßstäbe einer Verteilung eines Gewinnes oder in wirtschaftlich schlechten Jahren eines Verlustes sein mag, eine nahezu gleiche Aufmerksamkeit werden die Gesellschafter der Möglichkeit beimessen, auf die

605 Hinsichtlich einer eingehenden Auseinandersetzung mit dem ErbStG vgl. Kapitel 3 S. 178ff.

606 Eine Alternative kann auch in der Übernahme des Abfindungsanspruchs zu sehen sein, vgl. *Sudhoff*, Der Gesellschaftsvertrag der Personengesellschaften, S. 268f.

607 Zur Zulässigkeit einer solchen Freistellung von einer Verlusttragung vgl. von *Falkenhausen/Schneider* in Münchener Handbuch des Gesellschaftsrechts, Band 2, § 23 Rn. 89; *Schilling* in Staub HGB, § 168 Rn. 6; *Priester* in Münchener Kommentar HGB, § 121 Rn. 47.

zukünftige Entwicklung der Gesellschaft Einfluss nehmen zu können. Eine solche Einflussnahme auf Rechtsverhältnisse zwischen den Gesellschaftern untereinander und auch im Verhältnis zur Gesellschaft erfolgt bei Personengesellschaften regelmäßig in Form eines Gesellschafterbeschlusses.[608] Ein solcher Beschluss wird durch Ausübung der Stimmrechte der einzelnen Gesellschafter gefasst.[609] So wird das Stimmrecht des Gesellschafters als dessen Werkzeug zur Erreichung seiner individuellen Interessen innerhalb der Gemeinschaft angesehen.[610] Auf Grund der daraus folgenden enormen Bedeutung des Stimmrechts für die Gesellschafter wird dieses Gesellschafterrecht als ein „mitgliedschaftliches Grundrecht" bezeichnet.[611]

A. Stimmrecht und Gesellschafterbeschluss

Grundsätzlich erfordert ein Beschluss einer Personengesellschaft zur Annahme eine Zustimmung aller Gesellschafter.[612] Von diesem Grundsatz kann abgewichen werden, so dass bereits das Vorliegen einer Mehrheit zur Annahme des Beschlusses ausreicht.[613] Wurde im Rahmen eines Gesellschaftsvertrages von dem Prinzip der

608 Vgl. *Enzinger* in Münchener Kommentar HGB, § 119 Rn. 1 m.w.N. zur grundlegenden Natur des Gesell-schafterbeschlusses.

609 *Schöne* in Beck'scher OK-BGB, § 709 Rn. 30; *Weipert* in Münchener Handbuch des Gesellschaftsrechts, Band 1, § 57 Rn. 1.

610 *Weitemeyer* in Oetker HGB, § 119 Rn. 10; *Goette* in E/B/J HGB, § 119 Rn. 8; *Schöne* in Beck'scher OK-BGB, § 709 Rn. 43.

611 *Martens* in Schlegelberger HGB, § 119 Rn. 33.

612 *Goette* in E/B/J HGB, § 119 Rn. 44; *Finckh* in Henssler/Strohn, Gesellschaftsrecht, § 119 Rn. 34; *Hadding* in Soergel BGB, § 709 Rn. 16; *Habermeier* in Staudinger BGB, § 709 Rn. 7.

613 *Ulmer/Schäfer* in Münchener Kommentar BGB, § 709 Rn. 82; *Servatius* in Henssler/Strohn, Gesellschafts-recht, § 709 Rn. 8; *Enzinger* in Münchener Kommentar HGB, § 119 Rn. 5 m.w.N.

Einstimmigkeit nach § 709 Abs. 1 BGB[614] abgewichen, somit eine Mehrheitskompetenz begründet, ist es entscheidend zu bestimmen, wie eine solche Mehrheit erreicht werden kann. Eine Mehrheit begründet sich dabei, wie sich aus der Auslegungsregel des § 709 Abs. 2 BGB[615] entnehmen lässt, auf eine Mehrheit der Stimmen. Mit einer Mehrheit an Stimmen ist regelmäßig eine absolute Mehrheit der Stimmen gemeint, wenn nicht eine andere Mehrheitsquote zwischen den Gesellschaftern vereinbart wurde.[616] Grundsätzlich hat dabei jeder Gesellschafter eine Stimme, ohne dass es auf Umfang seiner Beteiligung ankommt.[617] Insoweit gilt wie im Rahmen der Gewinnverteilung grundsätzlich das Kopfprinzip.[618] In der Praxis wird aber oftmals ein Gleichlauf von Stimmrechtsverteilung auf der einen Seite und Teilhabe an Gewinn/Verlust auf der anderen Seite angestrebt.[619] Da für letztere Teilhabe regelmäßig auf eine Beteiligung am Kapital der Gesellschaft abgestellt wird[620], ist diese Beteiligung auch für die Ausübung des Stimmrechtes im Rechtsalltag regelmäßig der ausschlaggebende Faktor.[621] Zulässig ist es aber auch, eine disproportionale Verteilung der Stimmrechte

614 Für das Recht der Personenhandelsgesellschaften findet insoweit § 119 Abs. 1 HGB Anwendung.

615 Vgl. § 119 Abs. 2 HGB für Personenhandelsgesellschaften.

616 *Ulmer/Schäfer* in Münchener Kommentar BGB, § 709 Rn. 47; *Weitemeyer* in Oetker HGB, §119 Rn. 28f.

617 Dies folgt für die GbR aus § 709 Abs. 2 BGB und für die Personenhandelsgesellschaften aus § 119 Abs. 2 HGB ggf. i.V.m. § 161 Abs. 2 HGB.

618 *Sprau* in Palandt BGB, § 709 Rn. 2.

619 Ist eine solche Vereinbarung nicht getroffen, so gilt nach § 722 Abs. 2 BGB zumindest ein Gleichlauf von Teilhabe an Gewinn und Verlust.

620 Vgl. insoweit Darstellung auf S. 96ff.

621 Liegt ein solcher Gleichlauf vor, so wird von einer „proportionalen Gewinn- und Stimmrechtsverteilung“ gesprochen, vgl. *Schulz/Brunner/Werz* BB, Special Nr. 8, 2 zu BB 2005 Heft 32.

zu vereinbaren.[622] In einem solchen Fall ist nicht alleine der Kapitalanteil der Gesellschafter für die Stimmrechtsverteilung maßgeblich.[623] Vielmehr sind auch andere Faktoren wie die Seniorität der Gesellschafter bei der Einflussnahme auf den Geschäftsbetrieb der Gesellschaft zu berücksichtigen. Eine solche Verteilung von Stimmrechten ist gerade in solchen Konstellationen verbreitet, in denen andere Faktoren als die reine Kapitalbeteiligung an der Gesellschaft für die Entscheidungsfindung in der Gesellschaft entscheidend sind. So verwundert es nicht, dass eine der Hauptgruppen einer disproportionalen Stimmrechtsverteilung Personengesellschaften mit Zusammenschlüssen verschiedener Familienstämme oder verschiedener Generationen einer Familie sind.[624] Gründe für eine solche Verteilung sind also oftmals die Sicherung der Einflussnahme besonderer Gesellschaftergruppen.[625]

B. Stimmverteilung und disquotale Anwachsung

Auch im Hinblick auf eine Einflussnahme auf eine Anwachsung nach § 738 Abs. 1 Satz 1 BGB macht es Sinn, bei einem Ausscheiden eines Gesellschafters und daran anschließender (disquotaler) Anwachsung bestimmten Gesellschaftergruppen eine stärkere Stimmgewichtung zukommen zu lassen. So kann trotz Ausscheidens aus der Gesellschaft und einer wertmäßigen Veränderung innerhalb des Gesellschafterkreises einer effektiven Fortführung der Gesellschaft Rechnung getragen werden. Es kann auch eine Verknüpfung dieser beiden Rechtsgebilde dahingehend erfolgen, dass

622 Grundlegend BGH, Urteil v. 14.05.1956 – II ZR 229/54, BGHZ 20, 363; *Weipert* in Münchener Handbuch des Gesellschaftsrechts, Band 2, § 57 Rn. 16ff.

623 Zur Zulässigkeit einer solchen disproportionalen Verteilung *Kirchdörfer*/Lorz Unternehmensnachfolge, § 8 Rn. 75.

624 *Schulz/Brunner/Werz*, BB Special Nr. 8, 2 zu BB 2005 Heft 32.

625 *Schulz/Brunner/Werz*, BB Special Nr. 8, 2 zu BB 2005 Heft 32.

gerade das Ausscheiden bestimmter Gesellschafter oder Gesellschaftergruppen zu einer Neuverteilung der Stimmrechte genutzt wird. Eine diesbezügliche Gestaltung könnte dergestalt aussehen, dass Gesellschaftern, die zu der übernehmenden Generation zu zählen sind, in Folge der Anwachsung eine wertmäßige Steigerung ihrer Beteiligung und damit eine verstärkte Gewinnbeteiligung erfahren. Übrigen, in der Gesellschaft verbliebenen Gesellschaftern der übertragenden Generation können zur Sicherung der Einflussnahme verstärkte Stimmrechte zukommen. Diese Gestaltung der Stimmrechtsverteilung kommt letztlich einer Änderung der Stimmrechtsgewichtung gleich, wenn zuvor ein Gleichlauf von Ergebnis- und Stimmrechtsverteilung vereinbart war, der als Maßstab die kapitalmäßige Beteiligung der Gesellschaft zu Grunde hatte. Solche Stimmrechtsänderungen stehen den Gesellschaftern grundsätzlich frei, solange der Kernbereich der Mitgliedschaft einzelner Gesellschafter nicht verletzt wird.[626]

Betrachtet man eine disquotale Ausgestaltung der Anwachsung insbesondere unter dem Gesichtspunkt einer Nachfolgeplanung, so zeigt sich, dass eine Verknüpfung von disquotaler Anwachsung und disquotaler Stimmgewichtung sinnvoll erscheint. Während einerseits eine wirtschaftliche Stärkung der jüngeren, in der Gesellschaft verbliebenen Gesellschafter durch eine disquotale Anwachsung erreicht werden kann, bietet eine disquotale Stimmgewichtung den Vorteil, ältere Gesellschaftergenerationen noch Vorrang bei der Einflussnahme zu sichern. Jedenfalls bietet es sich an, eine mögliche Neuverteilung der Stimmgewichtung im Rahmen einer disproportionalen Anwachsung zu überdenken. Dies sollte allerdings vor Eintritt einer solchen Anwachsung erfolgen. Denn sind die Wirkungen einer disquotalen Anwachsung bereits eingetreten und besteht eine Verknüpfung von kapitalmäßiger Beteiligung und Stimmgewichtung, besteht die Gefahr, dass die durch die Anwachsung privilegierten Gesellschafter nunmehr an einer disquotalen Stimmgewichtung kein Interesse mehr haben. Da die

626 Vgl. *Enzinger* in Münchener Kommentar HGB, § 119 Rn. 75f. m.w.N.

Wirkungen der Anwachsung nicht mehr rückgängig zu machen sind[627], sollte somit eine Verknüpfung von disquotaler Anwachsung und gleichzeitig veränderter Stimmgewichtung bereits im Vorfeld eines Ausscheidens erfolgen.

3. Stellungnahme

Sind die festen Kapitalanteile als Schlüssel der Gewinnverteilung vereinbart und soll die Gewinnverteilung an die sonstige wirtschaftliche Beteiligung nach erfolgter disquotaler Anwachsung angepasst werden, bedarf es keines gesonderten Beschlusses der Gesellschafter. Treten die Wirkungen der Anwachsung automatisch qua Gesetz ein, so ist zu diesen Wirkungen auch eine Übernahme der festen Kapitalanteile des ausscheidenden Gesellschafters zu zählen. Insoweit gleicht die Anwachsung einer Übertragung der Beteiligung durch Anwachsung.

Grundsätzlich liegt ein Gleichlauf von Beteiligung an Gewinn einerseits und Beteiligung an Verlust andererseits vor. Daher ändert sich durch das automatische Eintreten der Wirkungen der Anwachsung auch das Verhältnis der Verlustbeteiligung. Sind solche Wirkungen nicht gewünscht, sind besondere Abreden zwischen den Gesellschaftern zu treffen. Um den nicht an der disquotalen Anwachsung partizipierenden Gesellschafter wirtschaftlich zu kompensieren, bietet sich eine interne Abrede zur Freistellung von Verlusten an. Diese Freistellung sollte sich wertmäßig an die wirtschaftliche Stellung der Gesellschafter bei quotaler Anwachsung anlehnen.

Eine disquotale Anwachsung bietet sich im Hinblick auf eine Nachfolgeplanung nicht nur aus vermögensmäßiger Sicht an. So dürfte es in vielen Fällen sinnvoll sein, im Kontext einer solchen Anwachsung über eine neue Stimmrechtsverteilung nachzudenken.

627 Dies folgt aus dem zwingenden Prinzip der Anwachsung, vgl. Nachweise bei FN. 397.

Vorrangige Fallgruppe dürften klassische Familienunternehmen sein, bei welchen jüngeren Gesellschaftern zwar eine besondere Kapitalbeteiligung zukommen soll, gleichzeitig aber die Einflussnahme erfahrener Gesellschafter besonders gesichert sein soll.

II. Auswirkungen der disquotalen Anwachsung auf die Haftung der Gesellschafter

Wie bereits mehrmals aufgezeigt, bietet sich eine Einwirkung auf § 738 Abs. 1 Satz 1 BGB unter anderem unter dem Blickwinkel von Nachfolgeplanungen an. Gesellschafter einer Personengesellschaft werden eine Vereinbarung über eine disquotale Anwachsung aber nur dann in den Gesellschaftsvertrag aufnehmen, wenn sie damit ihre wirtschaftlichen Interessen im Zuge ihrer Beteiligung an der Gesellschaft verfolgen können. Eine solche Zielsetzung darf dabei nicht Haftungsfragen außer Acht lassen, da Haftungsfolgen im gleichen Zug andere wirtschaftliche Vorteile wieder zu Nichte machen können. Daher soll in den folgenden Überlegungen auf zwei für Personengesellschafter besonders relevante Fragestellungen eingegangen werden, deren wirtschaftliche wie auch rechtliche Brisanz aus der Rechtsfigur der Anwachsung folgen.

Auf Grund der extensiven Verbreitung der Rechtsform der Kommanditgesellschaft als Personengesellschaft und der Besonderheit der beschränkten Haftung des Kommanditisten auf die Höhe der Einlage, soll zunächst auf die Auswirkungen einer (disquotalen) Anwachsung auf diesen Haftungsgrundsatz eingegangen werden. Im Anschluss ist ein mögliches Bedürfnis nach einer rechtlichen Gestaltung in Bezug auf die Haftung von Gesellschaftern für den Abfindungsanspruch des ausgeschiedenen Gesellschaftes zu untersuchen. Dabei sind Besonderheiten in Folge einer Vereinbarung einer disquotalen Anwachsung zu berücksichtigen.

1. Haftsummenveränderung durch Anwachsung

Wie bereits zu Beginn der Arbeit beschrieben erfährt die Personengesellschaft auch bei Publikumsgesellschaften ein gesteigertes Interesse. So wird insbesondere der Gesellschaftstyp der Kommanditgesellschaft genutzt, um die Möglichkeit einer unmittelbaren Ergebniszuweisung mit einer begrenzten Haftung von Anlegergesellschaftern, die als Kommanditisten beteiligt sind, zu verbinden. Da die Haftungsbegrenzung für diese Gesellschafter von entscheidender Bedeutung ist, ist im Anschluss auf das Zusammenspiel von Anwachsung und potentieller Haftsummenveränderung der Kommanditisten einzugehen.

A. Grundsätzliches

Sollte hinsichtlich der Folgen der Anwachsung vereinbart werden, dass bei einem Ausscheiden eines Kommanditisten aus der Gesellschaft eine Anwachsung allein unter den verbleibenden Kommanditisen erfolgen soll, liegt insoweit eine disquotale Anwachsung vor. So sind die Komplementäre von der Anwachsung ausgeschlossen. Nachdem von einer Zulässigkeit eines solchen Vorgehens auszugehen ist[628], stellt sich in diesem Zusammenhang die Frage, ob sich durch die Erhöhung der Kommanditbeteiligungen der verbliebenen Kommanditisten auch deren Haftsummen gegenüber Dritten erhöhen. Sollte eine solche Rechtsfolge an eine disquotale Anwachsung anschließen, so bedarf es weiterer Gestaltungsakte der Kommanditisten, um eine Haftung nach außen zu vermeiden.

Der sicherste, aber auch der Weg, der die Liquidität der Gesellschafter am stärksten berührt, ist die Erbringung zusätzlicher Einlagen. Dann jedenfalls greift der Ausschluss der Haftung der Kommanditisten nach § 171 Abs. 1 Hs. 2 HGB. Sollte allerdings auch durch eine disquotale Anwachsung keine Erhöhung der Haft-

628 Vgl. zur Reichweite der Dispositionsmöglichkeiten der Gesellschafter S. 112ff.

summe bei den verbliebenen Gesellschaftern erfolgen, so richtet sich ihre Haftung nur nach ihrer ursprünglichen Haftungssituation. Ob in Folge einer Anwachsung – insbesondere in Folge einer disquotalen Anwachsung – die Haftsumme der in der Gesellschaft verbliebenen Gesellschafter eine Veränderung erfährt, dürfte sich am geeignetsten in einen Vergleich zu anderen Konstellationen der Veränderung der Stellung als Kommanditist untersuchen lassen. Gemeint ist damit vor allem eine Veränderung im Wege der Anteilsübertragung auf Grund eines Kauf- oder Schenkungsvertrages oder im Zuge einer Erbfolge.

B. Austritt-Eintritt-Modell

Wenig geeignet für die Beantwortung der Frage einer Haftsummenveränderung in Folge einer (disquotalen) Anwachsung dürfte ein Vergleich der Rechtsgrundsätze des sog. Austritt-Eintritt-Modells[629] sein. Im Rahmen dieses Modells tritt zunächst ein Gesellschafter aus der Gesellschaft aus. Im Nachgang tritt nun ein neuer Gesellschafter als Kommanditist in die Gesellschaft ein. Dem Austretenden steht insoweit regelmäßig ein Abfindungsanspruch nach § 738 Abs. 1 Satz 2 BGB zu. Die Begleichung eines solchen Abfindungsanspruchs erfolgt dabei durch die Gesellschaft und mindert daher das Vermögen dieser. Folge dieses Vorgangs ist, dass eine Gewährung des Abfindungsanspruchs als Einlagenrückgewähr nach § 172 Abs. 4 HGB anzusehen ist.[630] Dieses hat ein Wiederaufleben der Haftung des Ausscheidenden[631] zur Folge. Der eintretende Kommanditist hingegen bildet den Grundfall des § 173

629 *Stenger* in Sudhoff Unternehmensnachfolge, § 31 Rn. 14; *Schmidt* in Münchener Kommentar HGB, § 173 Rn. 20.

630 *Piehler/Schulte* in Münchener Handbuch des Gesellschaftsrechts, Band 2, § 35 Rn. 37; *Peters*, RNotz 2002, 425 [437]; *Kindler* JuS 2006, 865 [868].

631 Dass es durch das Ausscheiden ohne gleichzeitige Übertragung des Gesellschaftsanteils zu einer Anwachsung kommt, soll bei dieser Darstellung zunächst vernachlässigt werden. Maßgeblich soll das Zusammen-

HGB ab und haftet persönlich auch für Altverbindlichkeiten der Gesellschaft.[632] Dieser Eintritt wird dabei auch als Eintritt im engeren oder technischen Sinne bezeichnet.[633] Der als Kommanditist eintretende Gesellschafter kann sich von dieser Haftung durch die Leistung seiner Hafteinlage nach § 171 Abs. 1 Hs. 2 HGB befreien. Es kommt folglich zu einer Verdoppelung der Haftsummen.[634] Rückschlüsse zur einer Haftsummenveränderung in Folge einer Anwachsung können aus dieser Konstellation allerdings nur sehr beschränkt gezogen werden. Denn es kommt gerade nicht zu einer „Übertragung" einer Haftsumme, sondern es wird lediglich durch den Eintritt nach § 173 HGB eine neue Haftungsmöglichkeit geschaffen. Die einzige Parallele zu der hier zu beantwortenden Frage ist, dass es in Folge des Ausscheidens aus der Gesellschaft zu einem Untergang des Gesellschaftsanteils kommt.[635]

C. Anteilserwerb durch Abtretung

Vielversprechender im Hinblick auf eine Gewinnung übertragbarer Erkenntnis zur Haftsummenveränderung als Resultat einer Anwachsung dürfte ein Vergleich zur Übertragung von Anteilen sein.[636] Wie bereits zu Beginn des Ersten Kapitels gezeigt, ist von der Möglichkeit der Übertragung auch von Anteilen an Perso-

---

spiel von Austritt und Eintritt eines neuen Gesellschafters für die Frage der Haftung der Gesellschafter sein.

632 *Oetker* in Oetker HGB, § 173 Rn. 11; *Hopt* in Baumbach/Hot HGB, § 173 Rn. 8; *Gummert* in Henssler/Strohn, Gesellschaftsrecht, § 173 Rn. 11; *Schmidt* in Münchener Kommentar HGB, § 173 Rn. 17.

633 *Schmidt* in Münchener Kommentar HGB, § 173 Rn. 19.

634 *Stenger* in Sudhoff Unternehmensnachfolge, § 31 Rn. 14.

635 Zum Verhältnis von Übertragung von Anteilen und Anwachsung vgl. Ausführungen S. 45ff.

636 Nicht überzeugend ist ein Vergleich von Anteilsübertragung zur Konstellation bei Ausscheiden eines Gesellschafters von Todes wegen, wie es DNotI 2010, 23 [24] vornimmt, da die Rechtsfolge des § 131 Abs. 3 Nr.1 S. 2

nengesellschaften auszugehen.[637] Eine solche Übertragung erfolgt dogmatisch als Übertragung von Rechten nach den Regelungen der §§ 398, 413 BGB.[638] Dies vorangeschickt ist festzustellen, dass durch eine Abtretung der Anteilserwerber im Wege der Sonderrechtsnachfolge den Anteil des übertragenden Gesellschafters erwirbt.[639] Der Bundesgerichtshof beschreibt die Wirkung der Anteilsübertragung im Hinblick auf Haftungsfragen mit den Worten, „*daß mit der Abtretung eines Kommanditanteils der neue Kommanditist auch hinsichtlich der Einlageschuld gegenüber der Gesellschaft, sowie hinsichtlich der Haftung gegenüber den Gesellschaftsgläubigern diejenige Rechtsstellung übernimmt, die bis zur Abtretung der frühere Kommanditist innegehabt hatte.*“[640] In Bezug auf den übertragenen Kommanditanteil gilt also, dass im Zuge der Übertragung gerade kein neuer Anteil entsteht.[641] Der Anteil des Ausscheidenden besteht fort und wird von dem Erwerber übernommen.[642] Eine solche Übertragung wird daher als Sonderrechtsnachfolge bezeichnet.[643] Dies hat zur Folge, dass eine Befreiung von der Pflicht zur persönlichen Haftung sowohl für den Veräußerer als auch den Erwerber einheitlich zu beantworten ist.[644] So besteht keine Haf-

---

HGB eine Anwachsung ist, deren Auswirkungen auf eine Haftsummenveränderung gerade untersucht wird.

637 Beispielhaft BGH, Urteil v. 10.11.1951 – II ZR 111/50, NJW 1952, 178.

638 Zusammenfassend zur Übertragung von Anteilen an Personengesellschaften *Reiff/Nannt*, DStR 2009, 2376.

639 *Habermeier* in Staudinger BGB, § 719 Rn. 14; *Ulmer/Schäfer in* Münchener Kommentar BGB, § 719 Rn. 40ff.

640 BGH, Urteil v. 29.06.1981 – II ZR 142/90, NJW 1981, 2747.

641 *Piehler/Schulte* in Münchener Handbuch des Gesellschaftsrechts, Band 1, § 35 Rn. 37.

642 *Stenger* in Sudhoff Unternehmensnachfolge, § 31 Rn. 2ff.; *Frenz*, MittRhNotK 1988, 1 [7f.].

643 *Heinze*, NZG 2011, 647 m.w.N.

644 Für die Haftung des Veräußerers gilt § 160 HGB, wonach er nur für bis zum Ausscheiden begründete Verbindlichkeiten der Gesellschaft und

tung, wenn in Bezug auf die übertragene Beteiligung die Einlage erbracht wurde.[645] Ist eine solche Leistung der Einlage noch nicht erfolgt oder liegt eine schädliche Einlagenrückgewähr im Sinne des § 172 Abs. 4 HGB vor, so haften beide Erwerber und Veräußerer persönlich, allerdings begrenzt auf den einmaligen Betrag der Haftsumme.[646] Beide haften gesamtschuldnerisch.[647] Zu erwähnen ist diesbezüglich, dass eine Zahlung des Erwerbers an den Veräußerer grundsätzlich nicht als Einlagenrückgewähr anzusehen ist.[648] So ist nicht das Vermögen der Gesellschaft, sondern das eines Dritten durch diese Zahlung berührt.

Die vorangestellten Überlegungen kommen dem Grundsatz nach auch dann zur Anwendung, wenn die Abtretung des Kommanditanteils an einen Gesellschafter erfolgt, der bereits zuvor als Kommanditist an der Gesellschaft beteiligt ist. Für eine solche Konstellation wird überwiegend angenommen, dass es in Folge der Übertragung dieses Anteils zu einer Erhöhung der Haftsumme des übernehmenden Gesellschafters kommt.[649] Eine solche Übertragung wird ebenfalls unter den Begriff des Eintritts nach § 173 HGB subsumiert[650], sodass der verbliebene Gesellschafter in Höhe der „zusammengefassten" Haftsumme – bestehend aus seiner eigenen ursprünglichen und der neu erworbenen Haftsumme – für jegliche Verbindlichkeiten der Gesellschaft gemäß den

nur innehrlab von fünf Jahren seit seinem Ausscheiden haftet, vgl. OLG Rostock, NJW-RR 2002, 244.

645 BGH, Urteil v. 29.06.1981 – II ZR 142/90, NJW 1981, 2747; *Peters*, RNotZ 2002, 425 [438].

646 BGH, Urteil v. 29.06.1981 – II ZR 142/90, NJW 1981, 2747; *Strohn* in E/B/J HGB, § 173 Rn. 13.

647 *Peters*, RNotZ 2002, 425 [438]; *Kindler*, JuS 2006, 865 [869].

648 *Strohn* in E/B/J HGB, § 173 Rn. 18.

649 *Strohn* in E/B/J HGB, § 173 Rn. 40; *Schilling* in Staub HGB, § 173 Rn. 16; *Röhricht* in Röhricht/v. Westphalen HGB, § 173 Rn. 33; *Krug*, ZEV 2001, 51 [54].

650 OLG Rostock, NJW-RR 2002, 244 [245].

§§ 171ff. HGB haftet.[651] Diese Haftung entfällt nach den oben genannten Grundsätzen, wenn die in Bezug auf die Kommanditbeteiligungen zu erbringenden Einlagen in Höhe der „neuen" Haftsumme erbracht wurden.[652] Als Begründung für dieses Ergebnis kann dabei im Wesentlichen auf eine Nachfolge des übertragenen Kommanditanteils auf den erwerbenden Kommanditisten abgestellt werden. Im Unterschied zu einer Übertragung des Anteils an einen Nichtgesellschafter kommt es durch die Fortführung der mit dem Kommanditanteil zusammenhängenden Haftsumme bei dem erwerbenden Gesellschafter also zu einer Erhöhung der eigenen Haftsumme, während diese bei einem Nichtgesellschafter als Erwerber unverändert fortbesteht. In beiden Fällen liegt eine Rechtsnachfolge des erwerbenden Gesellschafters in die Stellung des übertragenden Gesellschafters vor. Dieses Ergebnis ist zudem wirtschaftlich angebracht, da weder eine Verdoppelung der Haftsumme zugunsten von Gesellschaftsgläubigern wie im Falle eines Ein- und Austritts, noch ein Untergang der Haftsumme zugunsten des erwerbenden Gesellschafters angebracht wäre.

Für die Frage der Haftsummenveränderung bei Anteilserwerb durch Mitgesellschafter hilft die Rechtsprechung des Bundesgerichtshofs[653] nicht weiter, als dass es bei einer Nachfolge eines Kommanditisten in einen Kommanditanteil zu einer Vereinigung dieser beiden Anteile kommt.[654] Denn weder nimmt diese Rechtsprechung Stellung zur Frage der Haftsummenveränderung, noch ist aus der Vereinigung beider Anteile zu einem einzigen Anteil ein automatischer Rückschluss auf die Höhe der Haftsumme mög-

651 Daher wird auch eine Anmeldung und Eintragung der erhöhten Haftsumme für einen solchen Fall gegenüber dem Registergericht gefordert, vgl. *Krafka/Ullrich* in Krafka/Willer/Kühn, Registerrecht, Rn. 774; *Gustavus*, Handelsregister-Anmeldung, A 72, 73.

652 *Strohn* in E/B/J HGB, § 173 Rn. 40.

653 BGH, Urteil v. 01.07.1987 – II ZR 259/06, DNotZ 1988, 500 [501]; BGH, Urteil v. 11.04.1957 – II ZR 182/55, BGHZ 24, 106.

654 So auch *Röhricht* in Röhricht/v. Westphalen, HGB § 173 Rn. 33.

lich.[655] Vielmehr lässt sich das oben genannte Verständnis der Haftsummenerhöhung aus den Grundlagen der Rechtsnachfolge in eine Gesellschafterstellung ableiten.

D. Anteilserwerb durch Erbfolge

Zu dem gleichen Ergebnis einer Haftsummenerhöhung kommt es ebenfalls, wenn eine Übertragung des Kommanditanteils auf einen Kommanditisten nicht im Wege einer Abtretung, sondern im Rahmen einer Erbfolge gemäß § 1922 BGB erfolgt.[656] Während erstere Konstellation einen Fall der Sonderrechtsnachfolge darstellt, folgt der Erbe dem verstorbenen Kommanditisten im Wege einer Gesamtrechtsnachfolge.[657] Auch ein solches Nachfolgen im Wege einer Gesamtrechtsnachfolge wird dabei überwiegend als Eintritt im weiteren bzw. untechnischen Sinne angesehen.[658] Die Folge ist eine Haftung des Erben hinsichtlich des geerbten Kommanditanteils aus § 173 HGB i.V.m. § 171ff. HGB. Daneben haftet ein solcher Erbe in seiner Eigenschaft als Erbe nach § 1967 BGB für Verbindlichkeiten, für welche der verstorbene Kommanditist gehaftet hätte.[659] Insoweit kann von einer doppelten Haftung eines Erben gesprochen werden.[660] Hatte der Erblasser aber seine Einlage getätigt, so entfällt eine Haftung des Erben sowohl in seiner Eigenschaft als Erbe, da die Einlage nach § 171 Abs. 1 Hs. 2 HGB zu dem Erlöschen der Haftung als Kommanditist führt, sodass eine Erbenhaftung diesbezüglich nach § 1967 BGB ausgeschlossen ist.

655 DNotI 2010, 23 [25].

656 *Krafka/Ullrich* in Krafka/Willer/Kühn Registerrecht, Rn. 774.

657 *Weipert* in E/B/J HGB, § 162 Rn. 32.

658 *Schilling* in Staub HGB, § 173 Rn. 10; *Hopt* in Baumbach/Hopt HGB, § 173 Rn. 14; *Schmidt* in Münchener Kommentar HGB, § 173 Rn. 40.

659 *Stürner* in Jauernig BGB, § 1967 Rn. 7f.; *Küpper* in Münchener Kommentar BGB, § 1967 Rn. 45.

660 *Schmidt* in Schlegelberger HGB, § 173 Rn. 43.

Daneben bewirkt die Einlage des Erblassers, dass sich der Erbe als (Gesamt-)Rechtsnachfolger auf diese Einlage berufen kann.[661]

E. Situation bei Anwachsung

Zu klären ist nunmehr, inwiefern die zuvor dargestellten Erkenntnisse auf die Figur der Anwachsung übertragen werden können. Dabei ist es maßgeblich für eine Veränderung der Haftsumme, ob die Anwachsung der Gesellschaftsanteile als ein Eintritt in eine Gesellschaft im weiteren Sinne nach § 173 HGB angesehen werden kann. In einem solchen Fall würden die verbliebenen Gesellschafter sowohl für Alt-, als auch für Neuverbindlichkeiten mit einer erhöhten Haftsumme haften. Es ist daneben zu klären, ob die Beantwortung dieser Frage lediglich für quotale Anwachsungen gilt oder ob eine Übertragung auf die Rechtsfigur einer disquotalen Anwachsung zulässig ist.

a) Keine Haftsummenveränderung bei quotaler Anwachsung

Bevor auf die Sonderkonstellation einer disquotalen Anwachsung eingegangen wird, erfolgt eine Darstellung der Auswirkung einer quotalen Anwachsung auf die Haftsumme bestehender Kommanditistenbeteiligungen.

(1) Keine Rechtsnachfolge durch Anwachsung

Wie bereits zuvor gezeigt, wird ein weites Verständnis des Begriffes des Eintritts vertreten.[662] Nicht nur eine Neubegründung einer Gesellschafterstellung, sondern auch ein Erwerb von Gesellschaftsan-

661 *Strohn* in E/B/J HGB, § 173 Rn. 40; *Schilling* in Staub HGB, § 173 Rn. 16.

662 Vgl. Ausführungen S. 172f.

teilen durch einen Gesellschafter kann zu einem Eintritt im Sinne von § 173 HGB führen.[663]

In der Konstellation einer Anwachsung erfolgt alleine durch das Ausscheiden eines Gesellschafters offensichtlich aber kein solcher Eintritt eines anderen Gesellschafters. Ein Eintritt im engeren/technischen Sinn liegt nicht vor. Aber auch ein Eintritt im weiten/untechnischen Sinn muss bei einer Anwachsung verneint werden. Denn Besonderheit der Anwachsung im Hinblick auf den Kommanditanteil ist, dass es durch das Ausscheiden eines Kommanditisten zu einem Untergang dieses Gesellschaftsanteils kommt.[664] Der Anteil erlischt, besteht also nicht fort. Ein Übergang und ein damit verbundener Eintritt der übrigen Gesellschafter ist nicht möglich. Es kommt somit in Folge der Anwachsung nicht zu einer Rechtsnachfolge der verbliebenen Gesellschafter in den Anteil des ausscheidenden Gesellschafters. In den zuvor beschriebenen Fällen[665] besteht der Anteil des übertragenden Gesellschafters aber gerade fort. An diesen Anteil knüpft sodann eine Rechtsnachfolge mit den beschriebenen Konsequenzen und Auswirkungen für die Haftsumme an. Folge der Anwachsung ist aber lediglich die wertmäßige Veränderung der Anteile innerhalb des verbliebenen Gesellschafterkreises. Die Gesellschafter übernehmen keinen Anteil des ausgeschiedenen Gesellschafters. Alleine ihre Beteiligung erfährt einen Zuwachs.

So wird, wenn auch ohne jegliche Begründung, in der Literatur angenommen, dass es durch die Anwachsung nicht zu einer Erhöhung der Haftsumme kommt.[666] Die Haftsumme des ausgeschie-

---

663 *Gummert* in Henssler/Strohn, Gesellschaftsrecht, § 173 Rn. 4ff.; *Stock*, DStR 1991, 385 [386ff.].

664 RGZ 65, 227 [238]: „Wer durch Akkreszenz erwirbt, erwirbt nicht den Anteil des anderen hinzu, sondern vergrößert seinen eigenen Anteil, weil der Anteil des anderen weggefallen ist."

665 Vgl. Darstellungen auf den S. 152ff.

666 *Schmidt* in Münchener Kommentar HGB, § 131 Rn. 103; *Koller* in Koller/Roth/Morck HGB, § 131 Rn. 9.

denen Gesellschafters sei untrennbar mit der Stellung als Mitglied verbunden.[667] Sie bestehe ebenso wie seine Mitgliedschaft nicht fort, sondern erlischt mit dem Ausscheiden.[668] Eine Inanspruchnahme eines ausgeschiedenen Gesellschafters ist bei einem solchen Verständnis nur unter den Voraussetzungen des § 160 HGB i.V.m. § 161 Abs. 2 HGB möglich. Ferner setzt eine solche Haftung als ausgeschiedener Kommanditist eine Nichterbringung der Einlage oder eine Rückgewähr einer solchen voraus.[669] Regelmäßig wird der ausgeschiedene Gesellschafter aber von seinem Recht auf Zahlung des Abfindungsanspruchs aus § 738 Abs. 1 Satz 2 BGB Gebrauch machen, worin eine schädliche Einlagenrückgewähr zu sehen ist, die zum Wiederaufleben der Haftung führt.[670] Davon zu trennen ist aber die Haftungssituation der übrigen, in der Gesellschaft verbliebenen Gesellschafter. Da es an einer erforderlichen Rechtsnachfolge hinsichtlich der Gesellschaftsbeteiligung oder zumindest einer Neubegründung eines Gesellschaftsanteils fehlt, kann eine in Folge des Ausscheidens eines Kommanditisten erfolgte Anwachsung bei den verbliebenen Kommanditisten nicht unter den Begriff des Eintritts im Sinne von § 173 HGB definiert werden. Für die an einer disquotalen Anwachsung beteiligten Kommanditisten folgt aus der Anwachsung daher keine Erhöhung der Haftsummen. Die verbliebenen Gesellschafter können trotz Veränderung der Beteiligungsverhältnisse grundsätzlich nur in Höhe ihrer ursprünglich eingetragenen Haftsumme in Anspruch genommen werden.[671]

667 *Schmidt* in Münchener Kommentar HGB, § 131 Rn. 103.

668 *Koller* in Koller/Roth/Morck HGB, § 131 Rn. 9.

669 *Strohn* in E/B/J HGB, § 172 Rn. 18.

670 *Piehler/Schulte* in Münchener Handbuch des Gesellschaftsrechts, Band 2, § 35 Rn. 37; *Peters*, RNotz 2002, 425 [437]; *Kindler*, JuS 2006, 865 [868].

671 So auch im Ergebnis DNotI 2010, 23 [26f.].

(2) Unwillentliche Haftungserweiterung als Wertungsgesichtspunkt

Neben diesen dogmatischen Erwägungen spricht auch ein praktisches Argument gegen eine Veränderung der Haftsumme alleine durch eine Anwachsung eines Gesellschaftsanteils. Dabei wird ein Schutz der Stellung als Kommanditist in den Vordergrund gerückt. Würde man nämlich auch durch die quotale Anwachsung eine Haftsummenveränderung annehmen, käme es zu einer Haftung der Kommanditisten, die von diesen zu keinem Zeitpunkt gewollt war. Vielmehr wäre es diesen sogar unmöglich, sich einer erhöhten Haftung zu entziehen. Eine solche Erhöhung der Haftsumme würde dann ohne den Willen der verbliebenen Kommanditisten erfolgen und ihnen daneben keinerlei Möglichkeiten geben, sich einer gesteigerten Haftung zu entziehen. Vergleicht man dies mit den zuvor genannten Konstellationen, die zu einer Erhöhung der Haftsumme im Wege der Sonder- oder Gesamtrechtsnachfolge führen, wird deutlich, dass entweder ein Wille der Kommanditisten zur Übertragung der Kommanditanteile vorliegt oder ihnen wenigstens die Möglichkeit der Ausschlagung nach § 1942 bzw. § 2180 BGB verbleibt, wollen sie nicht die Kommanditanteile des Erblassers in Universalsukzession übernehmen. Da eine solche Möglichkeit den Kommanditisten fehlt, deren Anteil sich in Folge der Anwachsung erhöht, ist auch von einem Schutz solcher Gesellschafter vor einer Erhöhung der Haftsumme in Folge der Anwachsung auszugehen. Dies ist in der Praxis umso bedeutender, da regelmäßig der ausgeschiedene Gesellschafter durch Geltendmachung eines ihm zustehenden Abfindungsanspruchs eine Einlagenrückgewähr nach § 172 Abs. 4 HGB herbeiführt, sodass nicht nur seine Haftung, sondern auch eine Haftung der „übernehmenden" Kommanditisten aufleben würde, nimmt man eine automatische Haftsummenerhöhung in Folge einer Anwachsung an.

Auch die Überlegungen, die zuvor zu den Auswirkungen der Anwachsung auf die Kapitalanteile erfolgt sind[672], führen nicht zwingend zu dem Ergebnis, dass eine Anwachsung eine automati-

672 Vgl. Ausführungen auf S. 161 ff.

sche Haftsummenveränderung mit sich bringt. Denn es ist insoweit entscheidend, dass lediglich grundsätzlich von einem Gleichlauf von Einlage im gesellschaftsrechtlichen Sinne und Haftsumme auszugehen ist.[673] Wenn dieser Grundsatz aber lediglich als Auslegungsregel angesehen wird, so ist ebenso klar, dass ein Abweichen von Einlage und Haftsumme möglich ist. So wird beispielsweise häufig eine im Vergleich zur Einlagepflicht und gesellschaftsrechtlichen Vermögensbeteiligung niedrigere Haftsumme vereinbart.[674] Diese Erkenntnis kann dabei auch zur Beantwortung der Frage einer Haftsummenveränderung bei Anwachsung genutzt werden. Denn in Folge der Anwachsung ändert sich lediglich die wertmäßige Beteiligung der Gesellschafter untereinander, die regelmäßig an eine zu erbringende Einlage gebunden ist. Die Verschiebung dieser wertmäßigen Beteiligung in Folge der Anwachsung hat aber mangels zwingenden Gleichlaufs von Einlage und Haftsumme keine automatische Veränderung/Erhöhung der Haftsumme der Kommanditisten zur Folge. Nur so kann der Unterschied zwischen Einlagepflicht als Rechtsinstitut des Innenverhältnisses und Haftsumme als solches des Außenverhältnisses gewahrt werden.[675]

b) Keine Haftsummenveränderung bei disquotaler Anwachsung

Dieses Ergebnis dürfte darüber hinaus nicht nur für Fälle einer quotalen, sondern auch einer disquotalen Anwachsung gelten. Eine Haftsummenveränderung erfolgt damit auch dann nicht, wenn eine disquotale Anwachsung vereinbart wurde. Beispielhaft ist eine Ausgestaltung zu nennen, wonach bei einem Ausscheiden eines Kommanditisten eine Anwachsung lediglich unter den verbliebenen Kommanditisten nach dem Verhältnis ihrer festen

673 *Hopt* in Baumbach/Hopt HGB § 171 Rn. 1; *Koller* in Koller/Roth/Morck HGB, § 171 Rn. 5.

674 DNotI 2003, 1.

675 DNotI 2003, 1.

Kapitalanteile erfolgen soll.[676] Auch in einer solchen Konstellation bleibt es bei den ursprünglichen Haftsummen der Kommanditisten, ohne dass die disquotale Anwachsung zu neuen Haftsummen führt. Insofern können nämlich die Argumente, die bereits gegen eine Haftsummenveränderung in Folge einer „gewöhnlichen" Anwachsung vorgebracht werden, auch bezüglich einer disquotalen Anwachsung angeführt werden.

Bei einer disquotalen Anwachsung kommt es nicht zu einer Rechtsnachfolge in den Anteil des ausgeschiedenen Gesellschafters. Durch das Ausscheiden geht die Mitgliedschaft unter. Die mit der mitgliedschaftlichen Stellung verbundene Haftsumme teilt dieses Schicksal. Erlöschen sowohl Mitgliedschaft als auch Haftsumme, scheidet eine Rechtsnachfolge der disquotal an der Anwachsung teilnehmenden Gesellschafter aus. Es liegt folglich auch in dieser Konstellation kein für den Tatbestand des § 173 Abs. 1 HGB erforderlicher Eintritt im weiteren Sinne vor. Insoweit besteht für die Frage einer Haftung von Kommanditisten nach erfolgter Anwachsung kein Unterschied, ob eine Anwachsung nach dem bisherigen Verhältnis der Gesellschafterbeteiligung erfolgt oder ob bestimmten Gesellschaftern darüber hinaus weitergehende Zuwächse zugebilligt werden.

Zwar kann das Argument des Gesellschafterschutzes in dieser Konstellation nicht mehr alleine überzeugen. Denn die Gesellschafter erzielen auch durch ihre gesellschaftsvertragliche Vereinbarung eine Veränderung der Beteiligungsverhältnisse. Insofern erscheint es nicht von vorneherein abwegig, eine disquotale Anwachsung mit einer rechtsgeschäftlichen Übertragung von Kommanditanteilen zwischen Gesellschaftern zu vergleichen. Dies wiederum könnte in Einklang mit der zuvor getätigten Darstellung zur Veränderung der Haftsumme bei rechtsgeschäftlicher Übertragung in einer Erhöhung der Haftsumme auch für den Fall einer disquotalen Anwachsung resultieren. Betrachtet man aber die jeweils

676 Hinsichtlich einer Verbreitung solcher Klauseln in der Praxis vgl. DNotI 2010, 23.

zu den Veränderungen der Gesellschafterbeteiligungen führenden Mechanismen, überzeugt ein solches Verständnis nicht. Während die Veränderung der Gesellschaftsanteile durch Anwachsung qua Gesetz eintritt, wird eine Neuverteilung der Anteile im Wege einer Abtretung alleine durch Willenserklärungen ausgelöst. Aus diesen unterschiedlichen Wirkungsweisen erscheint eine differenzierende rechtliche Behandlung von disquotaler Anwachsung und Abtretung gerechtfertigt. So weisen bei einer disquotalen Anwachsung die Gesellschafter zwar ein Willenselement bei der Vereinbarung der disquotalen Anwachsungsquoten auf. Doch können sie den Eintritt dieser Rechtsfolge (oftmals) nicht steuern, da ihnen wesentliche Fallgruppen des Ausscheidens entzogen sind.[677] Die Gesellschafter können durch die Vereinbarung einer disquotalen Anwachsung lediglich die Grundlage für eine durch ein Ausscheiden eines Gesellschafters erfolgende disproportionale Veränderung der Gesellschafterbeteiligungen schaffen. Die entscheidenden Rechtsfolgen treten aber durch eine an ein Ausscheiden anknüpfende Anwachsung und damit alleine kraft gesetzlicher Wirkung, nämlich dem in § 738 Abs. 1 Satz 1 BGB verankerten Anwachsungsprinzip ein. Insgesamt dürfte ein Schutz der Kommanditisten vor einer ungewollten Haftsummenerhöhung auch für eine disquotale Anwachsung zumindest beschränkt als taugliches Argument angeführt werden.

Unabhängig von der möglichen Gestaltung der Anwachsungsfolgen kommt es damit im Gegensatz zu einer Übertragung eines Kommanditanteils oder einem Erwerb eines solchen Anteils durch Erbfolge bei einem Ausscheiden eines Kommanditisten und anschließender Anwachsung nicht zu einer Erhöhung der Haftsummen der verbliebenen Kommanditisten. Dadurch stellt die Anwachsung ein probates Mittel zur Verschiebung der wirtschaftlichen Beteiligungen innerhalb des Gesellschafterkreises und dabei insbesondere innerhalb der Kommanditisten der Gesellschaft dar,

677 Zu diesen Fallgruppen vgl. S. 27ff.

ohne eine gleichzeitige Erhöhung des Haftungsrisikos befürchten zu müssen.

2. Sekundäransprüche der verbliebenen Gesellschafter

Folge einer disquotalen Anwachsung ist, dass sich die Beteiligungsverhältnisse und damit auch die wirtschaftliche Stellung der verbliebenen Gesellschafter untereinander ändern. So geht ein an einer disquotalen Anwachsung partizipierender Gesellschafter regelmäßig gestärkt aus der Anwachsung hervor, während die Stellung der übrigen Gesellschaft unverändert bleibt. Eine solche Verschiebung des wirtschaftlichen Gleichgewichts kann dabei eine nochmals größere Dimension erhalten, wenn der nicht von der Anwachsung profitierende Gesellschafter zusätzlich einem Anspruch des ausgeschiedenen Gesellschafters ausgesetzt ist. Als ein solcher Anspruch ist vorrangig an den Anspruch auf Abfindung zugunsten des ausgeschiedenen Gesellschafters nach § 738 Abs. 1 Satz 2 BGB zu denken. Denn gerade dieser Anspruch ist es, der als Folge des Ausscheidens auf Ebene des ausgeschiedenen Gesellschafters an die Stelle seiner Mitgliedschaft tritt.[678] Dieser ist nach seinem Ausscheiden lediglich auf den schuldrechtlichen Anspruch nach § 738 Abs. 1 Satz 2 BGB beschränkt.[679] Das Gesetz geht dabei von dem Grundsatz eines wertmäßigen Gleichlaufs von Mitgliedschaft und Abfindungsanspruch aus.[680] Dies bedeutet, dass sich die vermögensmäßige Stellung des Ausgeschiedenen grundsätzlich nicht ändert.[681] Von einem solchen Grundsatz kann in der Praxis aller-

678 Nach *Hopt* in Baumbach/Hopt HGB, § 131 Rn. 48 tritt der Abfindungsanspruch an die Stelle des Anteils am Gesellschaftsvermögen.

679 *Schiefer* DStR 1996, 788 [789].

680 *Sprau* in Palandt BGB, § 738 Rn. 4.

681 *Habermeier* in Staudinger BGB, § 738 Rn. 4 spricht davon, dass der ausscheidende Gesellschafter diesen Abfindungsanspruch „als grundsätzlich vollwertiges Äquivalent für den Verlust seiner Beteiligung" erhält.

dings nicht ausgegangen werden, da sich in Gesellschaftsverträgen regelmäßig Beschränkungen der Abfindung finden.[682] Auf letzteren Aspekt soll hier aber nicht eingegangen werden, da eine solche Beschränkung des Anspruchs auf Abfindung[683] keinerlei Belang für die grundsätzliche Frage eines Haftungsrisikos der verbliebenen Gesellschafter aufweist.

Im Folgenden soll auf die Frage eingegangen werden, ob tatsächlich die Gefahr besteht, dass gerade ein nicht von der Anwachsung begünstigter Gesellschafter für den Abfindungsanspruch des Ausscheidenden haftet. Damit bedarf es einer Klärung, ob und wenn ja unter welchen Voraussetzungen ein Gesellschafter für den Abfindungsanspruch nach § 738 Abs. 1 Satz 2 BGB haftet.

A. Anspruchsgegner des Abfindungsanspruchs

Im Anschluss wird zunächst grundsätzlich darstellt, welche Rechtsträger als Schuldner eines Abfindungsanspruches in Frage kommen. Zusätzlich wird ein Augenmerk darauf gelegt, ob aus gesellschaftsrechtlichen Besonderheiten zwingend eine besondere Reihenfolge der Haftung folgt.

a) Generelles

Losgelöst von den tatbestandlichen Voraussetzungen des § 738 Abs. 1 Satz 2 BGB ist für die Frage einer Haftung der Gesellschafter für einen solchen Abfindungsanspruch vorrangig zu klä-

682 *Wangler*, DStR 2009, 1501.

683 Statt vieler, *Leitzen*, RNotz 2009, 315;eine aktuelle Übersicht über Gestaltungsmöglichkeiten einer Begrenzung des Anspruchs nach § 738 Abs. 1 Satz 2 BGB findet sich bei *Oppenheim*, Abfindungsklauseln in Personengesellschafts-verträgen, S. 92–110.

ren, wer Anspruchsgegner des Abfindungsanspruchs ist.[684] Kann der ausgeschiedene Gesellschafter alleine gegen die Gesellschaft als rechtsfähiges Gebilde vorgehen, besteht für keinen der Gesellschafter eine Gefahr der Inanspruchnahme.

(1) Wortlaut

Hält man sich dabei zunächst strikt an den Wortlaut von § 738 Abs. 1 Satz 2 BGB, wonach *„diese [also die übrigen Gesellschafter] verpflichtet sind, dem Ausscheidenden [...] dasjenige zu zahlen, was er bei der Auseinandersetzung erhalten würde [...]"*, so erscheint es eindeutig, dass gerade die übrigen Gesellschafter als Gegner des Abfindungsanspruchs anzusehen sind.[685] So eindeutig dieses Ergebnis auf den ersten Blick auch sein mag, so diffiziler wird die Suche nach einer Antwort bereits, wenn man sich fragt, wer mit dem Begriff „diese" (also den Gesellschaftern) gemeint ist. Ist mit einer solchen Formulierung gemeint, dass die Gesellschafter lediglich in ihrer Eigenschaft und als Gesamthänder verpflichtet sind, so dass eine Inanspruchnahme auf das Vermögen der Gesellschaft begrenzt ist. Oder kann damit auch auf eine Haftung mit dem Privatvermögen der einzelnen Gesellschafter geschlossen werden. Gerade letztere Ansicht hat zunächst die Grundkonzeption des Rechtes der Personengesellschaft, nämlich eine grundsätzlich unbeschränkte persönliche Haftung der Gesellschafter als Argument auf ihrer Seite.[686] Als Grund für eine solche Haftung kann vorrangig das Fehlen eines "Garantiekapitals" bei der Gesellschaft bürgerlichen Rechts genannt werden.[687] Gegen eine solche gera-

684 Generell zu den Rückgriffmöglichkeiten eines ausgeschiedenen Gesellschafters, Hadding, FS Stimpel, S. 153ff.

685 So OLG Oldenburg NZG 2000, 542; *Sprau* in Palandt BGB, § 738 Rn. 2; *Heckelmann*, Abfindungsklauseln S. 22f.

686 *Heckelmann*, Abfindungsklauseln S. 23.

687 BGH, Urteil v. 21.01.2011 – II ZR 263/09, DStR 2011, 988.

de nicht eindeutige Erkenntnis der unbeschränkten persönlichen Haftung der Gesellschafter, die sich auf eine Begründung mit dem Wortlaut der Norm stützt, wird allerdings angebracht, dass der Gesetzgeber bei der Fassung des § 738 Abs. 1 Satz 2 BGB wohl von einem Gesamthandsverständnis ausgegangen war, dass mit der heute herrschenden modernen Gesamthandslehre nicht in Einklang zu bringen ist.[688] Dies überzeugt, wenn man betrachtet, dass auch diejenige Ansicht, die sich für eine (alleinige) persönliche Haftung der Gesellschafter im Rahmen des § 738 Abs. 1 Satz 2 BGB ausspricht, als weiteres Argument anführt, dass dieses Ergebnis gerade zwingend sei, da die Gesellschaft bürgerlichen Rechts im Gegensatz zu Personenhandelsgesellschaften im Rechtsverkehr nicht selbstständig Rechte und Pflichten erwerben könne.[689] Geht man aber mit der höchstrichterlichen Rechtsprechung von einer Rechtsfähigkeit der Gesellschaft bürgerlichen Rechts aus[690], so soll, gerade entgegen dem Wortlaut des § 738 Abs. 1 Satz 2 BGB, davon auszugehen sein, dass sich der Abfindungsanspruch als ein Anspruch aus dem Gesellschaftsverhältnis resultierend darstellt.[691] Dies führt dazu, dass in erster Linie von einer Haftung der Gesellschaft auszugehen ist.[692] Da gegen diese Erkenntnis weder dogmatisch noch relevante praktische Gegenargumente sprechen, ist von einer Haftung der Gesellschaft bei der weiteren Untersuchung auszugehen.

---

688 *Schmidt* in Münchener Kommentar HGB, § 131 Rn. 128; *Ulmer/Schäfer* in Münchener Kommentar BGB, § 738 Rn. 17.

689 *Heckelmann*, Abfindungsklauseln S. 23.

690 BGH, Urteil v. 29.01.2001 – II ZR 331/00.

691 *Ulmer/Schäfer* in Münchener Kommentar BGB, § 738 Rn. 16; *Schäfer* in Staub HGB, § 131 Rn. 141.

692 BGH, Urteil v. 17.05.2011 – II ZR 285/09, NJW 2011, 2355; *Habermeier* in Staudinger BGB, § 738 Rn. 12; *Koller* in Koller/Roth/Morck HGB, § 131 Rn. 10; *Froning* in Sudhoff Unternehmensnachfolge, § 39 Rn. 70; *Behnke*, NZG 1999, 111.

(2) Gesellschafter als Schuldner des Abfindungsanspruches

Nicht abschließend geklärt ist nach diesen Aussagen aber, wie sich nach der Anerkennung der Rechtsfähigkeit der Gesellschaft bürgerlichen Rechts die Haftungssituation in Bezug auf die Gesellschafter darstellt.

aa) Grundsätzliche Anwendbarkeit von § 128 HGB

Die Frage ist also, ob wie zuvor erwähnt, lediglich eine Haftung auf das Gesellschaftsvermögen besteht oder den Gesellschaftern daneben eine persönliche Inanspruchnahme droht. Wiederum mag es zunächst recht eindeutig erscheinen, wenn man die ebenfalls als wegweisend anerkannte Entscheidung des Bundesgerichtshofs betrachtet, in welcher eine analoge Anwendung des § 128 HGB auch für die Gesellschafter einer Gesellschaft bürgerlichen Rechts begründet wurde.[693] Da sich wie gezeigt, der Abfindungsanspruch des ausgeschiedenen Gesellschafters gegen die Gesellschaft richtet, besteht nach dem Grundsatz des § 128 HGB eine Haftung der Gesellschafter für diese Verbindlichkeit.[694] Wenig überraschend ist demnach auch die Entscheidung des Bundesgerichtshofs, vom 02. Juli 2001,[695] in der der Zweite Senat ausführt, dass „*die Gläubiger einer GbR somit die Möglichkeit haben, nicht nur die Gesellschaft selbst, sondern zusätzlich oder statt dessen einen oder mehrere Gesellschafter in Anspruch zu nehmen oder zu verklagen.*“ Dies gelte gerade auch für einen Abfindungsanspruch, der in Folge der Kündigung der Mitgliedschaft ausgelöst wird.[696] Die Haftung der Gesellschafter wurde damit auch und gerade für den Abfindungs-

693 BGH, Urteil v. 29.01.2001 – II ZR 331/00, NJW 2001, 1056.

694 So auch BGH, Urteil v. 17.05.2011 – II ZR 285/09, NJW 2011, 2355; *Wertenbruch*, NZG 2011, 1133.

695 BGH, Urteil v. 02.07.2001 – II ZR 304/00, NJW 2001, 2718 [2720].

696 BGH ebenda.

anspruch auf den Rechtsgedanken des § 128 HGB gestützt.[697] Zu erwähnen und für eine Auseinandersetzung mit der Entscheidung von Bedeutung ist, dass diesem Urteil der Umstand zu Grunde lag, dass der Kläger nicht selbst Gesellschafter einer Fondsgesellschaft war, sondern nur mittelbar über ein Treuhandverhältnis beteiligt war. So hat der Zweite Senat angeführt, dass sogar diese Gegebenheit nicht einer persönlichen Haftung der Gesellschafter entgegensteht.[698] Daraus kann wiederum gefolgert werden, dass der Zweite Senat seine Auffassung nicht nur auf eine solche Ausnahmekonstellation[699] verstanden wissen wollte, sondern er von der grundsätzlichen Anwendbarkeit des Rechtsgedankens aus § 128 HGB ausgegangen war.

Betrachtet man diese Entscheidung, so mag man sich fragen, warum – ob der Klarheit dieser Aussage – diese Thematik weiterhin als ungeklärt und umstritten angesehen wird.[700] Dies mag umso mehr gelten, als dass auch in der Literatur diese Entscheidung des Bundesgerichtshofs zu der Thematik der Gesellschafterhaftung in Bezug auf einen Abfindungsanspruch vermehrt als eindeutig angesehen wird.[701] Wendet man § 128 HGB uneingeschränkt auch auf den Abfindungsanspruch nach § 738 Abs. 1 Satz 2 BGB an, haftet jeder Gesellschafter zunächst unmittelbar[702], unbeschränkt

---

697 BGH Urteil v. 02.07.2001 – II ZR 304/00, NJW 2001, 2718 [2719].

698 BGH Urteil v. 02.07.2001 – II ZR 304/00, NJW 2001, 2718 [2720].

699 Gemeint ist damit, dass die Entscheidung nicht nur auf eine mittelbare oder unmittelbare Gesellschafterstellung einer Fondsgesellschaft begrenzt sein sollte.

700 *Gummert* in Münchener Handbuch des Gesellschaftsrechts, Band 1, § 18 Rn. 80.

701 So lesen sich die Ausführungen bei *Ulmer/Schäfer* in Münchener Kommentar BGB, § 738 Rn. 17.

702 *Priester*, DStR 2011, 1278 [1279]; *Schmidt*, Gesellschaftsrechts § 49 II 1; *Habersack* in Staub HGB, § 128 Rn. 26.

und persönlich für die volle Höhe des Abfindungsanspruchs. [703] Untereinader haften die Gesellschafter als Gesamtschuldner gemäß §§ 421 ff. BGB für den Abfindungsanspruch.[704] Im Verhältnis zur Gesellschaft erfolgt die Haftung akzessorisch, d.h. die Parteien haften lediglich „wie Gesamtschuldner".[705] Eine Unterscheidung hinsichtlich der Reihenfolge der Haftung folgt aus dieser Unterscheidung allerdings nicht.[706]

bb) Zusammenspiel von § 738 Abs. 1 Satz 2 BGB und § 128 HGB

Dennoch ist die Frage der persönlichen Haftung der Gesellschafter für einen Abfindungsanspruch weiterhin wert, sich mit ihr in dogmatischer Weise zu beschäftigen. Denn die Begründung(en) des Bundesgerichtshofs in dieser Sache gehen mit keinem Wort auf die Besonderheit ein, dass der Abfindungsanspruch aus dem Gesellschaftsverhältnis, d.h. aus der früheren Mitgliedschaft des ausgeschiedenen Gesellschafters entspringt und daher die Wertungen des § 707 BGB einer Inanspruchnahme der Gesellschafter entgegenstehen können. Zudem – und dieser Punkt ist als mindestens genauso interessant anzusehen – existiert eine nachfolgende Entscheidung, wiederum des Zweiten Senats, worin dieser bezüg-

703 *Hillmann* in E/B/J HGB, § 128 Rn. 17; *Koller* in Koller/Roth/Morck HGB § 129 Rn. 5; *Schmidt* in Münchener Kommentar HGB, § 128 Rn. 15.

704 *Ulmer/Schäfer* in Münchener Kommentar BGB, § 738 Rn. 17; *Schäfer* in Staub HGB, § 131 Rn. 142; *Piehler/Schulte* in Münchener Handbuch des Gesellschaftsrechts, Band 1, § 10 Rn. 76; *Ulmer*, ZIP 2003, 1113 [1120].

705 Insofern handelt es sich um kein echtes Gesamtschuldverhältnis, da § 128 HGB eine akzessorische Haftung begründet, vgl. statt vieler: *Schmidt* in Münchener Kommentar HGB, § 128 Rn. 16 m.w.N.; zuletzt BGH, Urteil v. 22.03.2011 – II ZR 249/09, WM 2011, 1036.

706 Zur primären der Haftung der Gesellschafter vgl. *Steitz* in Henssler/Strohn, Gesellschaftsrecht, § 128 Rn. 16; *Boesche* in Oetker HGB, § 128 Rn. 6; *Schmidt* in Münchener Kommentar HGB, § 128 Rn. 20; *Habersack* in Staub HGB, § 128 Rn. 26.

lich der Frage einer Haftung eines Gesellschafters für einen Abfindungsanspruch von der dargestellten Auffassung Abstand nimmt und in dem ihm vorliegenden Fall eine entsprechende Anwendbarkeit des § 128 HGB zu Lasten der Gesellschafter einer Publikumsgesellschaft in Form einer Gesellschaft bürgerlichen Rechts verneint.[707] Dieser Entscheidung lag eine Konstellation zu Grunde, dass nach Kündigung einer Mitgliedschaft in einer Fondsgesellschaft mit Treuhandkonstruktion um eine Haftung der Gesellschafter für ein Abfindungsguthaben gemäß § 738 Abs. 1 Satz 2 BGB gestritten wurde. Vergleicht man die beiden Entscheidungen des Zweiten Senats zur Frage der Anwendbarkeit des § 128 HGB bezüglich einer Haftung der Gesellschafter für den Abfindungsanspruch, so scheint nicht abschließend sicher, ob der Zweite Senat, lediglich die Anwendbarkeit von § 128 HGB für einen solchen Spezialfall aufgeben wollte oder ob er damit generell einer persönlichen Haftung der Gesellschafter für den Abfindungsanspruch einen Riegel vorschieben wollte. So wird vertreten, dass diese zeitlich spätere Entscheidung des Zweiten Senats als „Kehrtwendung" anzusehen ist.[708] Schenkt man allerdings dem Wortlaut der Entscheidung[709] tiefergehende Aufmerksamkeit, so dürfte letztlich anzunehmen sein, dass nur für Fälle von Publikumsgesellschaften keine Haftung der Gesellschafter für den Abfindungsanspruch bestehen soll.[710]

Denn der Zweite Senat führt aus:

„Der Kreditgeber trägt das Risiko das Abfindungsguthaben nicht realisieren zu können. Er kann sich bei dessen Uneinbringlichkeit nicht entsprechend § 128 HGB an die übrigen Gesellschafter des Fonds halten, weil nach der Rechtsprechung des Senats bei Publikumsgesellschaften[711] eine Haftung der

707 BGH, Urteil v. 21.07.2003 – II ZR 387/02, NJW 2003, 2821.

708 *Gummert* in Münchener Handbuch des Gesellschaftsrechts, Band 1, § 18 Rn. 81.

709 Vgl. FN. 707.

710 Vgl. *Böken*, DStR 2004, 558.

711 Hervorhebungen durch Verfasser.

Gesellschafter für auf Beitrittsmängeln oder arglistiger Täuschung durch die Initiatoren und Gründer der Gesellschafter beruhende Abfindungsforderung von Mitgesellschaftern nicht in Betracht kommt. Sofern sich aus der Entscheidung BGHZ 148, 2010, 206/207[712] *etwas anderes ergeben sollte, hält der Senat darin nicht fest.*"

Der Kausalsatz beinhaltet eine Einschränkung der Aussage des Senats, die nur dahingehend verstanden werden kann, dass nur für die ihm vorliegende Sonderkonstellation eine persönliche Haftung der Gesellschafter nicht erfolgen soll. Zudem hätte es dieses Nebensatzes nicht bedurft, wenn der Senat die Auffassung mitteilen wollte, dass § 128 HGB in toto nicht anwendbar ist, wenn es um eine Haftung für einen Abfindungsanspruch geht. Zusätzlich ist zu beachten, dass gerade der Zweite Senat im Generellen zur Frage der Anwendbarkeit einer unbeschränkten akzessorischen Haftung der Gesellschafter stets die Sonderstellung für geschlossene Immobiliengesellschaften und Bauherrengemeinschaften, welche in der Rechtsform der GbR aufgesetzt sind, betont.[713] Damit dürfte auch unter Beachtung dieser Entscheidung des Bundesgerichtshofs von einer grundsätzlichen Haftung der Gesellschafter für den Abfindungsanspruch nach § 738 Abs. 1 Satz 2 BGB auszugehen sein. Eine solche Auffassung und damit eine Behandlung der Entscheidung vom 21. Juli 2003 als Einzelfallentscheidung vertritt der Zweite Senat auch in einer aktuellen Entscheidung zur Frage der Haftung von Gesellschaftern einer GbR für den Abfindungsanspruch eines ausgeschiedenen Gesellschafters.[714] Die Entscheidung betraf eine Sozietät von Steuerberatern, demnach eine „gewöhnli-

712 Entspricht BGH NJW 2001, 2718 [2720].

713 BGH, Urteil v. 25.09.2006 – II ZR 218/05, NJW 2006, 3716 [3717], BGH, Urteil v. 21.02.2002 – II ZR 2/00, NJW 2002, 1642 [1643].

714 BGH, Urteil v. 17.05.2011 – II ZR 285/09, NJW 2011, 2355.

che" GbR Dort wird zumindest von einer Haftung „zugleich" der in der Sozietät verbliebenen Gesellschafter ausgegangen.[715]

cc) Sonderkonstellationen

Erwähnt werden soll in diesem Kontext, dass es dennoch, wenn auch nur vereinzelte Stimmen in Literatur und Rechtsprechung gibt, die dennoch von dem Bestehen einer reinen Gesamthandsverbindlichkeit ausgehen.[716] Dies hat zur Folge, dass die Haftung auf das Vermögen der Gesellschaft beschränkt ist.[717] Dies wäre für einen von der Anwachsung ausgeschlossenen Gesellschafter ein positives Ergebnis. Eine Gefahr einer Inanspruchnahme bestünde dann nicht, so dass er wirtschaftlich nicht noch stärker durch die Ausgestaltung der Anwachsung benachteiligt wird. Das OLG Frankfurt am Main geht im Rahmen der Haftung von Gesellschaftern einer Wohnungseigentümer-BGB-Gesellschaft von einer teleologischen Reduktion des § 128 HGB aus.[718] So will das Gericht „*die für die Personengesellschaften des Handelsrechts geltende Vorschrift des § 128 HGB nicht ohne weiteres auf die nach Zweck, Art und Struktur sehr unterschiedlichen Gesellschaften bürgerlichen Rechts angewendet wissen, sondern es müsse im Einzelfall geprüft werden, ob durch die Rechtsgeschäfte der jeweiligen GbR auch die Gesellschafter persönlich mitverpflichtet werden sollten.*" Dabei stützt es seine Auffassung auch auf ein Urteil des OLG Köln[719], dem eine gleiche Fallkonstellation zu Grunde lag. Eine gegen dieses Urteil gerichtete Revision wurde durch den Bundesgerichtshof nicht an-

715 BGH ebenda.

716 OLG Frankfurt am Main, Urteil v. 06.04.2005–23 U 151/00, juris Rn. 21ff; *Schöne* in Beck'scher, Stand 01.11.2012, § 738 Rn. 17f.

717 So im Ergebnis auch *Schöne* in Beck'scher OK-BGB, Stand 01.11.2012, § 738 Rn. 17f.

718 OLG Frankfurt am Main, Urteil v. 06.04.2005–23 U 151/00, juris Rn. 21ff.

719 OLG Köln, NZG 2001, 467 [469].

genommen.[720] So mag man wiederum meinen, die Rechtsprechung statuiere eine weitere Ausnahme unter Billigkeitsgesichtspunkten, sodass nun eine persönliche Haftung der Gesellschafter nicht nur für geschlossene Immobilienfonds und Bauherrengemeinschaften, sondern zusätzlich auch für besondere Wohnungseigentümer-BGB-Gesellschaften lediglich eingeschränkt möglich sei. Für eine solche Sichtweise spricht, dass das OLG Frankfurt am Main einen einzelnen Wohnungseigentümer nicht mit einer Haftung in Höhe von mehreren Millionen Euro belasten wollte.[721] Allerdings enthält das Urteil auch eine darüber hinausgehende Aussage, die als generelle Wertung zur Beantwortung der Frage einer persönlichen Haftung der Gesellschafter zu berücksichtigen sein könnte. Denn das Gericht will den Grundsatz einer persönlichen Haftung eines GbR-Gesellschafters beschränken, da eine solche gesetzliche Haftung nach § 128 HGB dem Grunde nach nur gegenüber Dritten, also nicht an der Gesellschaft Beteiligten einschlägig sei. Der Ausscheidende als Gläubiger des Abfindungsanspruchs sei aber gerade nicht ein solcher Dritter, weshalb eine Einschränkung der gesetzlichen Haftung geboten ist.[722] Fraglich ist allerdings, ob dadurch tatsächlich eine Haftung der Gesellschafter in toto abgelehnt werden sollte oder ob nicht vielmehr eine Art Subsidiarität der Haftung erreicht werden will. So weist das Gericht in seiner Entscheidung auf eine zwischen den Gesellschaftern vereinbarte Haftungsbeschränkung hin.[723] Daher dürfte die Entscheidung des OLG Frankfurt am Main dahingehend zu verstehen sein, dass lediglich eine nachrangige Haftung der Gesellschafter erreicht werden soll. Denn schon durch eine solche Auslegung kann das wesentliche Wertungsziel des Gerichts, eine faktische Haftungsbeschränkung des einzelnen

720 BGH, Beschluss v. 30.05.2003 – II ZR 58/01.

721 OLG Frankfurt am Main, Urteil v. 06.04.2005–23 U 151/00, juris Rn. 21ff.

722 OLG Frankfurt ebenda; Dass dieser Gesichtspunkt noch einen weiteren Argumentationsansatz zur Frage einer Haftung für einen Anspruch nach § 738 Abs. 1 Satz 2 BGB bietet, vgl. S. 165ff.

723 OLG Frankfurt am Main, Urteil v. 06.04.2005–23 U 151/00, juris Rn. 21ff.

Gesellschafters, erreicht werden. Bereits dann steht vorrangig das Gesellschaftsvermögen für eine Haftung bereit. Gegen eine Ausdehnung auf eine Haftung nach § 128 HGB spricht auch, dass eine Begrenzung des Grundsatzes einer unbeschränkten persönlichen Haftung mit den Gedanken der Lehre von der Doppelverpflichtung abgelehnt wird.[724] Dieser Lehre ist aber durch die Rechtsprechung des Bundesgerichtshofs zur Rechtsfähigkeit der GbR und akzessorischen Haftung der Gesellschafter gerade eine klare Absage erteilt wurden.[725] Richtigerweise hat diese Lehre nur noch dann einen Anwendungsbereich, wenn es um die Frage der vertraglichen Vereinbarung einer Haftungsbeschränkung mit einem Vertragspartner der Gesellschaft geht.[726] Sie kann aber dann nicht zur Anwendung gelangen, wenn es um die Frage der Begründung einer Gesellschafterhaftung geht, da diese gerade gesetzlich statuiert ist und nicht durch eine gesonderte Verpflichtung der Gesellschafter erfolgt.

Damit kann auch unter Berücksichtigung der Entscheidung des OLG Frankfurt am Main nicht von einer Abkehr von dem Grundsatz der persönlichen Haftung der Gesellschafter auch für den Abfindungsanspruch ausgegangen werden. Somit kann letztlich nur angenommen werden, dass in eng zu fassenden Ausnahmefällen eine Einschränkung der persönlichen Haftung eines GbR-Gesellschafters möglich ist. Grundsätzlich ist aber von einer unbeschränkten persönlichen Haftung gerade auch für den Abfindungsanspruch als Gesellschaftsverbindlichkeit auszugehen.[727]

724 OLG Frankfurt am Main ebenda.

725 BGH, Urteil v. 29.01.2001 – II ZR 331/00 – NJW 2001, 1056; zuletzt OLG Karlsruhe NZG 2009, 503.

726 *Schmidt*, NJW 2011, 2001 [2003].

727 BGH, Urteil v. 17.05.2011 – II ZR 285/09, NJW 2011, 2355.

b) Haftungsbeschränkung aus Begründung im Gesellschaftsverhältnis

Im Anschluss an die Feststellung, dass auch die Gesellschafter grundsätzlich unmittelbar für den Anspruch nach § 738 Abs. 1 Satz 2 BGB haften, ist zu klären, wie es sich auswirkt, dass der Abfindungsanspruch bereits im Gesellschaftsverhältnis angelegt ist.[728] So wird er sogar als künftiger, hinreichend bestimmter Anspruch angesehen, über den sogar schon vor dem Ausscheiden verfügt werden kann.[729] Es liegt nahe, den Anspruch auf Abfindung als sogenannte Sozialverbindlichkeit anzusehen.[730] Dies hat regelmäßig zur Folge, dass lediglich eine Haftung der Gesellschaft besteht.[731] Eine Haftung der Gesellschafter für eine solche Sozialverbindlichkeit wird im Grundsatz mit dem Rechtsgedanken des § 707 BGB abgelehnt.[732] Eine Inanspruchnahme der Gesellschafter für solche Ansprüche käme einer verdeckten Pflicht zur Erhöhung der vereinbarten Beiträge gleich.[733] Insoweit erfährt der Grundsatz der umfänglichen persönlichen Haftung entsprechend § 128 HGB durch den Rechtsgedanken des § 707 BGB eine Einschränkung.[734]

Eine solche Sperrwirkung durch die Wertungen des § 707 BGB tritt beispielsweise dann ein, wenn ein Gesellschafter Ersatz von Vermögenseinbußen in Zusammenhang mit der Geschäfts-

---

728 Vgl. *Ulmer*, ZIP 2003, 1113 [1120f.].

729 BGH, Urteil v. 11.07.1988 – II ZR 281/87, NJW 1989, 435; *Hadding/Kießling* in Soergel BGB, § 738 Rn. 36.

730 OLG Frankfurt am Main, Urteil v. 06.04.2005–23 U 151/00, juris Rn. 23; *Bergmann* in juris-PK-BGB, Stand 01.10.2012, § 738 Rn. 14; *Schmidt* in Münchener Kommentar HGB, § 131 Rn. 128; a.A. OLG Hamm NJW-RR 2007, 478 [480], das den Anspruch auf Abfindung nicht als Sozialverbindlichkeit ansieht, da der Gläubiger nicht länger Mitgesellschafter ist.

731 *Schade*, Gesellschaftsrecht, S. 104.

732 *Langhein* in Münchener Kommentar HGB § 110 Rn. 10.

733 BGH, Hinweisbeschluss v. 18.01.2010 – II ZR 31/09, NZG 2010 383 [384]; BGH, Urteil v. 02.07.1979 – II ZR 132/78, NJW 1980, 339 [340]; *Hopt* in Baumbach/Hopt HGB § 128 Rn. 22.

734 *Ulmer/Schäfer* in Münchener Kommentar BGB, § 714 Rn. 39; *Michalski*, NZG 2000, 355 [357].

führung fordert. Während dies den Grundfall des § 110 Abs. 1 Satz 1 Alt. 2 HGB darstellt, und er gegenüber der Gesellschaft Ersatz seiner Aufwendungen verlangen kann[735], scheidet ein Regress gegenüber den Mitgesellschaftern grundsätzlich aus.[736] Würden die Gesellschafter nämlich auch für solche Vermögenseinbußen eines geschäftsführenden Gesellschafters haften, besteht die Gefahr einer Haftung, die über die gesellschaftsvertraglich vereinbarte Pflicht zur Verlusttragung hinausgeht.[737]

(1) Haftung trotz Eigenschaft als Gesellschaftergläubiger

Allgemein anerkannt sind aber auch Ausnahmen, wonach trotz der Begründung des Anspruchs im Gesellschaftsverhältnis eine persönliche Haftung der Gesellschafter in Betracht kommt.[738] Zu nennen ist zum Beispiel die Fallgruppe, wonach ein Gesellschafter zunächst auf Grund § 128 HGB gegenüber einem Dritten haftet. Gegenüber der Gesellschaft hat er im Falle einer Befriedigung des Drittgläubigers einen Regressanspruch aus § 110 HGB.[739] Im Verhältnis zu den übrigen Gesellschaftern kann er einen Ausgleich

735 BGH, Urteil v. 02.07.1962 – II ZR 204/60, NJW 1962, 1863; BGH, Urteil v. 10.04.1989 – II ZR 158/88, NJW-RR 1989, 866; *Langhein* in Münchener Kommentar HGB, § 110 Rn. 9; *Koller* in Koller/Roth/Morck, HGB, § 110 Rn. 3; *Hopt* in Baumbach/Hopt HGB, § 110 Rn. 5.

736 BGH, Urteil v. 02.07.1962 – II ZR 204/60, NJW 1962, 1863; *Langhein* in Münchener Kommentar HGB, § 110 Rn. 10; *Weitemeyer* in Oetker HGB, § 110 Rn. 17; *Schäfer* in Staub HGB, § 110 Rn. 31; *Goette* in E/B/J HGB, § 110 Rn. 29.

737 *Weitemeyer* in Oetker HGB, § 110 Rn. 17; *Finckh* in Henssler/Strohn, Gesellschaftsrecht, § 110 Rn. 7 m.w.N.

738 *Ulmer* in Münchener Kommentar BGB, § 705 Rn. 217.

739 *Koller* in Koller/Roth/Morck HGB, § 110 Rn. 3; *Weitemeyer* in Oetker HGB, § 110 Rn. 7 m.w.N.

anteilig nach § 426 Abs. 1 BGB fordern.[740] Trotz des Umstandes, dass die Haftung im Gesellschaftsverhältnis angelegt ist, steht der Rechtsgedanke des § 707 BGB einer Inanspruchnahme weiterer Gesellschafter nicht entgegen.[741]

Nicht uneingeschränkt mit dieser Situation vergleichbar, aber dennoch in diesem Kontext zu nennen, ist die Möglichkeit einer Gesellschafterhaftung bei gleichzeitiger Haftung der Gesellschaft gegenüber einem Gesellschafter-Gläubiger. Erforderlich ist dafür, dass die Grundlage der Gesellschaftshaftung ihren Ursprung neben dem Gesellschaftsverhältnis hat, also in einem getrennt davon zu beurteilenden Rechtsverhältnis.[742] Dies setzt voraus, dass der Gesellschafter als Schuldner eines Anspruchs der Gesellschaft als gewöhnlicher „Dritter" gegenübersteht.[743] In einer solchen Konstellation soll es dem Gesellschafter-Gläubiger möglich sein, nicht nur auf das Vermögen der Gesellschaft, sondern auch auf die weiteren Gesellschafter zugreifen zu können. Ausschlaggebend ist dabei, dass trotz der Stellung als Gesellschafter, dieser Gesellschafter gegenüber der Gesellschaft und den Mitgesellschaftern wie ein Drittgläubiger zu behandeln ist. Dies führt zu einer Anwendbarkeit der Haftungsnorm des § 128 HGB, ohne dass ein Wertungswiderspruch mit § 707 BGB besteht. Dennoch wirkt sich die Gesellschaftereigenschaft auf die Gläubigereigenschaft aus, als dass eine Inan-

740 BGH, Urteil v. 15.10.2007 – II ZR 136/06, NJW-RR 2008, 256; *Habermeier* in Staudinger BGB, § 705 Rn. 46.

741 *Steitz* in Henssler/Strohn, Gesellschaftsrecht, § 128 Rn. 32 sieht keinen Zusammenhang zwischen dem Ausgleichsanspruch nach § 426 Abs. 1 BGB und der Regelung des § 707 BGB; a.A. *Gellings*, JuS 2012, 589 [592].

742 *Hillmann* in E/B/J HGB, § 128 Rn. 10.

743 *Schmidt* in Münchener Kommentar HGB, § 131 Rn. 12; *Habersack* in Staub HGB, § 128 Rn. 13; *Altmeppen*, NJW 2009, 2242, [2244] vertritt die Ansicht, dass ein Gesellschafter-Gläubiger nur insoweit eine „Drittbeziehung" zu der Gesellschaft haben kann, als er nicht am Vermögen der Gesellschaft beteiligt ist.

spruchnahme der Mitgesellschafter nur dann möglich ist, wenn die Gesellschaft weder bereit, noch in der Lage zur Zahlung ist.[744]

(2) Einordnung Abfindungsanspruch

Als eine weitere Ausnahme wird oftmals vertreten, dass gerade auch der Abfindungsanspruch des ausgeschiedenen Gesellschafters nach § 738 Abs. 1 Satz 2 BGB nicht unter die Beschränkung des § 707 BGB falle, da die Forderung mit dem Ausscheiden des Gesellschafters den Charakter einer üblichen Drittforderung erhalte.[745] Auf diese Forderung sei § 128 HGB entsprechend für die Gesellschafter anzuwenden.[746]

Insgesamt ähnelt der Abfindungsanspruch nach § 738 Abs. 1 Satz 1 BGB aber keiner der dargestellten Fallgruppen, die trotz Ähnlichkeit mit einer Sozialverbindlichkeit ausnahmsweise eine gleichrangige Haftung der Gesellschafter begründen. Gegen eine solche Deutung des Anspruchs auf Abfindung kann vorgebracht werden, dass unter Vorrang anderer Wertungsgesichtspunkte übersehen wird, dass nach der grundsätzlichen Definition einer Sozialverbindlichkeit, d.h. der Begründung aus dem Gesellschaftsverhältnis[747], der Zeitpunkt der Begründung maßgeblich ist, um als Sozialverbindlichkeit qualifiziert zu werden. Dafür spricht auch, dass die Forderung schon mit der Mitgliedschaft in der Gesellschaft hinreichend bestimmt ist, und daher schon zu Zeiten der Mitgliedschaft abgetreten oder verpfändet werden kann.[748] So soll

---

744 BGH, Urteil v. 17.12.2002 – II ZR 382/99, ZIP 2002, 394; *Schmidt*, JuS 2003, 228 [232].

745 *Schäfer* in Staub HGB, § 131 Rn. 139.

746 *Schmidt* in Münchener Kommentar HGB, § 131 Rn. 128; *Koller* in Koller/Roth/Morck HGB, § 131 Rn. 10.

747 *Ulmer* in Münchener Kommentar BGB, § 705 Rn. 201; *Habermeier* in Staudinger BGB, § 705 Rn. 40f.; *Schade*, Gesellschaftsrecht, S. 104.

748 *Hadding/Kießling* in Soergel BGB, § 738 Rn. 36.

durch die Figur der Sozialverbindlichkeit ein Minderheiten- oder Individualschutz[749] gewährleistet werden, dass ein Gesellschafter nicht ohne seine Zustimmung zu einer höheren als der ursprünglichen Einlage verpflichtet werden kann.[750] Die Einstufung einer Verbindlichkeit als Sozialverbindlichkeit dient daher vorrangig den Interessen der Gesellschafter. Demnach erscheint es konsequent, nicht allein das Ausscheiden eines Gesellschafters ausreichen zu lassen, um einer Verbindlichkeit, die als Sozialverbindlichkeit begründet wurde, den Charakter einer gewöhnlichen Drittforderung zukommen zu lassen. Ist ein Anspruch einmal als Sozialverbindlichkeit entstanden, bleibt er dies auch grundsätzlich im Falle eines Ausscheidens.

Dennoch ist es überzeugend, die Geltendmachung des Abfindungsanspruchs nicht den Schranken des Rechtsgedankens des § 707 BGB und damit nicht der beschränkten Haftung als Sozialverbindlichkeit zu unterwerfen. Denn diesen Interessen der Gesellschafter läuft regelmäßig das Interesse eines Gesellschaftsgläubigers entgegen, der eine Befriedigung seines Anspruchs durch die Gesellschafter wünscht. Eine solche Haftung stützt sich dabei – wie gezeigt – auf § 128 HGB. Charakteristisch für eine Haftung nach § 128 HGB ist gerade, dass ein Dritter als Nicht-Gesellschafter Zugriff auf das private Vermögen der Gesellschafter erlangt. Dahingegen bezweckt § 707 BGB ein Mehrbelastungsverbot im Verhältnis der Gesellschafter untereinander.[751] Die unbeschränkte Haftung im Außenverhältnis und die Beschränkung der Haftung in Folge des § 707 BGB stehen daher in einem Spannungsverhältnis. Wesentlich ist aber, dass die Regelung des § 707 BGB auf das Verhältnis der Gesellschafter als Mitgesellschafter abstellt. Denn es ist nur dann angebracht, den Schutzbereich des § 707 BGB zugunsten eines Gesellschafters als eröffnet anzunehmen, wenn ein Mitgesellschafter

749 Vgl. zu dieser Unterscheidung: *Ulmer/Schäfer* in Münchener Kommentar BGB, § 707 Rn. 1.

750 *Schöne* in Beck'scher OK-BGB, Stand 01.11.2012, § 707 Rn. 1.

751 *Habermeier* in Staudinger BGB, § 707 Rn. 6; *Philippi*, BB 2002, 841.

ihn in Anspruch nehmen will. Da der ausgeschiedene Gesellschafter jedenfalls die Stellung als Mitgesellschafter verloren hat, ist er nicht mehr in den „Schutzkreis" des § 707 BGB einbezogen. Eine Haftung der übrigen Gesellschaft folgt somit grundsätzlich ohne weitere gesellschaftsrechtliche Beschränkungen aus § 128 HGB.

Insoweit erhellend und als weiterer Grund gegen eine Beschränkung der Durchsetzung des Abfindungsanspruchs, also einer unmittelbaren Haftung der Gesellschafter für ebendiesen Anspruch, wirkt ein Vergleich zur Stellung des ausgeschiedenen Gesellschafters im Insolvenzverfahren der Gesellschaft. Dort wird ein ausgeschiedener Gesellschafter mit seiner Forderung auf Abfindung als Insolvenzgläubiger angesehen, d.h. er kann diese Forderung zur Insolvenztabelle anmelden.[752] In einem Insolvenzverfahren wird ein ausgeschiedener Gesellschafter demnach als ein gewöhnlicher Drittgläubiger behandelt. Daraus kann der Rückschluss gezogen werden, dass auch eine Durchsetzung des Anspruchs auf Abfindung nicht den Beschränkungen des § 707 BGB unterworfen ist, so dass auch die Gesellschafter einer Haftung ausgesetzt sind. So wird nämlich angenommen, dass ein Gesellschafter auch dann als gewöhnlicher Drittgläubiger für Zwecke des Insolvenzverfahrens anzusehen ist, wenn er Aufwendungsersatz nach § 110 HGB begehrt.[753] Dies ist – wie beschrieben – eine weitere Fallgruppe der Ausnahme zu § 707 BGB und dem Grundsatz einer Haftung für Forderungen aus dem Gesellschaftsverhältnis.[754] Aus dem Vergleich zur insolvenzrechtlichen Stellung eines ausgeschiedenen Gesellschafters folgt damit, dass die verbliebenen Gesellschafter im Hinblick auf eine Haftung für den Anspruch nach § 738 Abs. 1 Satz 2 BGB nicht den Schutz des § 707 BGB insoweit unterliegen, sondern grundsätzlich nach § 128 HGB haften.

752 *Hirte* in Uhlenbruck InsO § 11 Rn. 293; Philippi, BB 2002, 841f.

753 *Hirte* in Uhlenbruck InsO § 11 Rn. 293.

754 *Weitemeyer* in Oetker HGB, § 128 Rn. 19; *Hopt* in Baumbach/Hopt HGB, § 128 Rn. 23.

Zusammenfassend ist festzuhalten, dass die Geltendmachung des Abfindungsanspruchs nach § 738 Abs. 1 Satz 2 BGB gegenüber den Gesellschaftern nicht der Beschränkung des § 707 BGB unterliegt.[755] § 707 BGB verfolgt nur eine Schutzrichtung der Gesellschafter untereinander. Ein unmittelbares Vorgehen des ausgeschiedenen Gesellschafters gegen die übrigen Gesellschafter ist daher möglich. Die Haftung der Gesellschafter für einen Abfindungsanspruch wird auf § 128 HGB (entsprechend) gestützt, sodass die vorherigen Überlegungen im Grundsatz sowohl für Gesellschafter einer GbR, als auch für solche einer OHG/KG überzeugen. Dies gilt ferner für die Ausführungen zu § 707 BGB, da auch diese Norm im Recht der Personenhandelsgesellschaften über § 105 Abs. 3 HGB ggf. in Verbindung mit § 161 Abs. 2 HGB zur Anwendung gelangt. Auf mögliche Besonderheiten zu einer persönlichen Haftung für bestimmte Erscheinungsformen der GbR ist insoweit hingewiesen worden.[756]

c) Haftung bei disquotaler Anwachsung

Nachdem zuvor gezeigt wurde, dass eine Haftung für den Abfindungsanspruch nach § 738 Abs. 1 Satz 2 BGB gegenüber den in der Gesellschaft verbliebenen Gesellschaftern dogmatisch als „gewöhnliche" Drittverbindlichkeit anzusehen ist, stellt sich daneben

755 Folgerichtig erwähnt der BGH bei der Frage der persönlichen Haftung nach § 128 HGB eine Subsidiarität der Inanspruchnahme nicht, sondern wendet konsequent § 128 HGB analog an.

756 Zu nennen sind hier insbesondere nochmals geschlossene Immobilienfonds und Bauherrengemeinschaften. Die Entscheidung des OLG Frankfurt am Main, NZG 2005, 712 zur Wohnungseigentümer-BGB-Gesellschaft dürfte keinerlei praktische Relevanz mehr aufweisen, da der Wohnungseigentümergemeinschaft nunmehr nach § 10 Abs. 6 WEG eine Teilrechtsfähigkeit zukommt und die Gesellschafterhaftung nach § 10 Abs. 8 WEG auf den persönlichen Anteil begrenzt ist, vgl. dazu: *Klein* in Bärmann WEG, § 10 Rn. 298ff.

die Frage, ob auch die nicht an der Anwachsung partizipierenden Gesellschafter tatsächlich mit einer Haftung für diesen Anspruch rechnen müssen.

(1) Wortlaut

Nach dem Wortlaut von § 738 Abs. 1 Satz 2 BGB ist dieser Anspruch nämlich „diesen“[757] [Gesellschaftern] gegenüber geltend zu machen. Das Gesetz nimmt inhaltlich Bezug zu der Regel des § 738 Abs. 1 Satz 1 BGB, wonach den übrigen Gesellschaftern der Anteil des ausgeschiedenen Gesellschafters anwächst. Damit könnte anzunehmen sein, dass solche Gesellschafter, die an einer disquotal verlaufenden Anwachsung nicht teilhaben, auch nicht als Gesellschafter im Sinne von § 738 Abs. 1 Satz 2 BGB anzusehen sind. Ein Abfindungsanspruch könnte gegenüber diesen Gesellschaftern dann nicht geltend gemacht werden. Ob dem Gesetzgeber eine solche Begrenzung einer Haftung der Gesellschafter bei der Einführung des heutigen § 738 Abs. 1 BGB tatsächlich vor Augen schwebte, erscheint dabei aber mehr als fraglich. So war dem Gesetzgeber das Bild der Gesamthand neu und er wollte gerade der Wissenschaft und Praxis die rechtliche Ergründung dieser Rechtsfigur überlassen.[758] Dies gilt dabei umso mehr, als dass der Gesetzgeber bei der Implementierung der Anwachsung in das Bürgerliche Gesetzbuch nicht eine disquotale Anwachsung als Sonderfall einer Anwachsung im Blick gehabt haben dürfte, als er sich mit der Regelung des Abfindungsanspruchs beschäftigt hatte. Zudem würde ein solches Abstellen auf den Wortlaut von § 738 Abs. 1 Satz 2 BGB im Kontrast zu der Rechtsprechung und der weit überwiegenden Wissenschaft stehen, dass entgegen dem Wortlaut der Regelung der Abfindungsanspruch nicht alleine gegenüber den Gesellschaftern geltend zu machen ist. Vielmehr soll gerade pri-

757 Gemeint sind die in der Gesellschaft verbliebenen übrigen Gesellschafter.

758 *Schmidt*, Gesellschaftsrecht, § 58 I 2.

mär die Gesellschaft selbst als passiv legitimiert anzusehen sein.[759] Würde man den Wortlaut der Regelung von § 738 Abs. 1 Satz 2 BGB als Haftungsbegrenzung ansehen, so käme dieser Norm der Charakter einer individualvertraglichen Haftungsbegrenzung im Sinne von § 128 HGB zu, ohne dass es einer sonstigen rechtlichen Willensbetätigung seitens der Gesellschafter bedarf. Eine solche Stütze findet man in den Materialien des BGB nicht.

(2) Keine Indizwirkung disquotaler Anwachsung

Anerkannt ist, dass es den Gesellschaftern als Regelung des Innenverhältnisses freisteht, bestimmte Gesellschafter oder Gesellschaftergruppen von einer Haftung im Außenverhältnis freizustellen.[760] Denkbar erscheint es daher, in der Abrede zu einer disquotalen Anwachsung eine konkludente Freistellung, der nicht (vollumfänglich) an der Anwachsung partizipierenden Gesellschafter zu erblicken. Dies führe dazu, dass die in der Anwachsung limitierten Gesellschafter kein Risiko im Hinblick auf eine Haftung für den Abfindungsanspruch des ausgeschiedenen Gesellschafters tragen. Nur in dem Umfang, in dem durch die Anwachsung eine Steigerung der Beteiligung an der Gesamthand erfolgt, würde eine Haftung für den Anspruch aus § 738 Abs. 1 Satz 2 BGB bestehen. Insoweit ähnelt diese Konstellation in Teilen einer Freistellung von einer Verlusttragung, wie sie als Art wirtschaftlicher Kompensation bereits zuvor angesprochen wurde.[761]

Betrachtet man die Anforderungen an die Vereinbarung einer Haftungsbeschränkung im Außenverhältnis, also zwischen Gesellschaft bzw. Gesellschaftern und Gläubigern, so muss zur

759 Vgl. Nachweise bei FN. 692.

760 *Schmidt* in Münchener Kommentar HGB, § 128 Rn. 37; *Boesche* in Oetker HGB, § 128 Rn. 25; *Steitz* in Henssler/Strohn, Gesellschaftsrecht, § 128 Rn. 36.

761 Vgl. Ausführungen S. 161 f.

Wirksamkeit einer Haftungsbegrenzung jedenfalls der beiderseitige Wille zur Begrenzung der Haftung offensichtlich werden.[762] Da durch eine solche Vereinbarung von dem Grundsatz einer persönlichen Haftung bei Personengesellschaftern abgewichen wird, sollen bei der Prüfung eines Willens zur Vereinbarung einer Haftungsbegrenzung hohe Hürden aufgestellt werden.[763] Ist ein solcher Wille aber erkennbar, kann auch eine Haftungsbegrenzung mit Außenwirkung konkludent geschlossen werden.[764] Angenommen wird zum Teil auch, dass eine Vermutung für eine unbegrenzte Haftung spricht[765], was wiederum die Annahme einer wirksamen Haftungsbegrenzung erschwert.

Diese Anforderungen einer Beschränkung einer grundsätzlich existierenden Haftung als Gesellschafter einer Personengesellschaft sind auch für Vereinbarungen zur Haftung im Innenverhältnis zu übertragen. Während für eine Haftung im Außenverhältnis der Grundsatz einer unbegrenzten Haftung eine zweifelsfreie Vereinbarung zur Haftungsbegrenzung verlangt[766], können die Gesellschafter im Innenverhältnis regelmäßig davon ausgehen, dass eine Haftung im Verhältnis zur Beteiligung an der Gesellschaft erfolgt. Soll von diesem Grundsatz abgewichen werden, verlangt dies, dass der Wille zur geänderten Haftungsverteilung klar und eindeutig zum Ausdruck kommt. Denn für die Gesellschafter hat eine Abrede dieser Art wirtschaftlich vergleichbare Folgen, wie eine Haftungsbegrenzung im Außenverhältnis für einen Gläubiger der Gesamthand. Für beide Personengruppen folgt aus der Vereinbarung eine Beschränkung ihrer Rechte als Gläubiger. Während für einen

762 *Boesche* in Oetker HGB, § 128 Rn. 25.

763 Vgl. OLG München, WM 2003, 1324 [1327] zur Wirksamkeit einer nachträglich übermittelten Erstbelehrung als Haftungsbegrenzung.

764 BGH, Urteil v. 28.06.1971 – III ZR 103, 68, NJW 1971, 1844; Steitz in Henssler/Strohn, Gesellschaftsrecht, § 128 Rn. 13.

765 *Hopt* in Baumbach/Hopt HGB, § 128 Rn. 38.

766 Zur Haftungsbegrenzung durch ein Auftreten als GbR mbH vgl. BGH, Urteil v. 27.09.1999 – II ZR 371/98, NJW 1999, 3483 [3844ff.].

Gläubiger der Gesellschaft die Durchsetzung der Primärforderung limitiert wird, führt eine Abrede im Innenverhältnis zu einer Verringerung der Regressmöglichkeiten. Diese Ähnlichkeiten rechtfertigen es, nicht nur die Wirksamkeit einer Haftungsbegrenzung im Außenverhältnis an gewisse Anforderungen zu knüpfen, sondern auch Abreden mit gesellschafterinternen Wirkungen an ähnlichen Maßstäben zu messen.

Diese Vergleichbarkeit von Haftungsbegrenzungen mit Wirkung im Außenverhältnis zu solchen, die lediglich intern wirken, dürfte dazu führen, dass bei Fehlen weiterer Anhaltspunkte alleine aus der Vereinbarung einer disquotalen Anwachsung nicht automatisch eine Haftungsfreistellung für von der Anwachsung ausgeschlossene Gesellschafter folgt. Den Gesellschaftern dürfte es bei Statuierung einer disquotalen Anwachsung primär um eine Regelung der Beteiligungsverhältnisse bei Ausscheiden gewisser Gesellschafter(-gruppen) gehen. Diese Abrede entfaltet nicht nur, aber überwiegend auf der Aktivseite der begünstigten Gesellschafter Wirkung. In diesem Kontext ist beispielsweise eine Stärkung von Gewinnverteilungs- und Stimmrechten zu nennen. Zwar kann es bei einem Gleichlauf von Gewinn- und Verlustbeteiligung auch zu einer „Belastung" durch die Anwachsung „privilegierter" Gesellschafter kommen. Allerdings finden diese Belastungen einen ausdrücklichen Widerklang in einer gesellschaftsvertraglichen Abrede. Denn die insoweit negativen Konsequenzen einer disquotalen Anwachsung treten nur dann ein, wenn im Gesellschaftsvertrag eine Bindung von kapitalmäßiger Beteiligung und Teilhabe an einem negativen Ergebnis auf Gesellschaftsebene normiert ist. An einer solchen erforderlichen Andeutung des Gesellschafterwillens mangelt es aber, soweit es um eine – qua disquotale Anwachsung – eintretende Befreiung von der Haftung für den Abfindungsanspruch des ausgeschiedenen Gesellschafters nach § 738 Abs. 1 Satz 2 BGB geht. Alleine aus der Begebenheit, dass die Möglichkeit einer Haftung neben den Ausschluss von der Anwachsung tritt und dadurch den Wert der Gesellschafterbeteiligung schmälern kann, sollte nicht auf eine simultane Fiktion einer Haftungsreduktion geschlossen we rden. Beachtet man die mit der Annahme einer stillschweigenden Haftungsbefreiung verbundenen Konsequenzen, spricht dies gerade gegen eine Indizwirkung einer disquotalen Anwachsung im Hinblick auf eine automatisch eintretende Befreiungszusage zugunsten nicht quotal an der Anwachsung partizipierender Gesellschafter.

Festzuhalten ist damit, dass ein ausgeschiedener Gesellschafter bei der Geltendmachung seines Abfindungsanspruchs auch gegen solche Gesellschafter vorgehen kann, die gerade nicht an einer an sein Ausscheiden anschließenden Anwachsung teilgenommen haben, damit keine wirtschaftliche Aufwertung durch die Anwachsung erfahren haben.

B. Subsidiarität einer Haftung

Folgt man der obigen Darstellung, haften sämtliche Gesellschafter neben der Gesellschaft für den Abfindungsanspruch des ausgeschiedenen Gesellschafters. Eine Gefahr der Haftung für den Abfindungsanspruch ist faktisch aber dann begrenzt, wenn trotz der Anwendbarkeit des § 128 HGB, also einer primären oder gleichrangigen Haftung, der ausgeschiedene Gesellschafter dennoch zunächst gegen die Gesellschaft vorgehen muss. So kann ein Gesellschafter für die Dauer seiner Mitgliedschaft seine Mitgesellschafter erst dann in Regress für eine Verbindlichkeit nehmen, für die er gehaftet hat, wenn ein Regress bei der Gesellschaft aussichtslos erscheint.[767] Dies ist der Fall, wenn bei dieser nicht hinreichend freie Mittel zur Erfüllung der Gesellschaftsschuld zur Verfügung stehen.[768] Für die Zeit des Bestehens der Gesellschafterstellung kann somit von einer lediglich subsidiären Inanspruchnahme

767 *Schmidt* in Münchener Kommentar HGB, § 128 Rn. 36; *Boesche* in Oetker HGB, § 128 Rn. 28; *Steitz* in Henssler/Strohn, Gesellschaftsrecht, § 128 Rn. 33.

768 BGH, Urteil v. 15.10.2007 – II ZR 136/06, NJW-RR 2008, 256 [258].

eines Gesellschafters durch einen Mitgesellschafter ausgegangen werden[769], wenn die zuvor genannte Voraussetzung erfüllt ist. Somit ist zu klären, ob eine solche Subsidiarität oder Nachrangigkeit der Haftung auch gegenüber dem aus der Gesellschaft ausgeschiedenen Gesellschafter Anwendung findet.

Eine lediglich nachrangige Haftung der Gesellschafter wird in der Literatur oftmals vertreten.[770] In dogmatischer Hinsicht wird die Haftung auf das Rechtsinstitut einer nachwirkenden Treuepflicht gestützt.[771] Eine solche Treuepflicht ergebe sich dem Grunde nach aus dem Gesellschaftsvertrag und wird aus der Pflicht zur Erreichung des gemeinsamen Zweckes angesehen.[772] Hinsichtlich einer solchen nachwirkenden Treuepflicht, die sich aus dem Gesellschaftsverhältnis ergibt, ohne dass eine weitere dahingehende Vereinbarung im Gesellschaftsvertrag gegeben ist, ist festzuhalten, dass sie grundsätzlich nicht besteht und daher nur in Ausnahmefällen anerkannt werden kann.[773] Eine Treuepflicht ist dem Grunde nach an eine Stellung als Gesellschafter gebunden.[774] Eine nachwirkende Treuepflicht wird aber dann als existent angenommen, wenn durch eine solche gerade die Existenz der fortgesetzten Gesellschaft gesichert werden soll.[775] In Fällen dieser Art führt das Erlöschen

769 BGH, Urteil v. 17.12.2001 – II ZR 382/99, NJW-RR 2002, 455; *Schmidt* in Münchener Kommentar HGB ,§ 128 Rn. 34; *Koller* in Koller/Roth/Morck HGB, § 128 Rn. 10; *Hillmann* in E/B/J HGB, § 128 Rn. 33.

770 *Lorz* in E/B/J HGB, § 131 Rn. 65 m.w.N.; *Ulmer*, ZIP 2003, 1113 [1121].

771 *Lorz* in E/B/J HGB, § 131 Rn. 65; *Schmidt* in Münchener Kommentar HGB, § 131 Rn. 128; *Wertenbruch* in Westermann, Handbuch Personengesellschaften, Rn. I 898; abweichend *Behnke*, NZG 1999, 113, der von *Lorz* in E/B/J HGB § 131 Rn. 65 zu Unrecht als Stimme angeführt wird, die eine nachwirkende Treuepflicht befürworten soll.

772 *Weipert* in Münchener Handbuch des Gesellschaftsrechts, Band 1, § 6 Rn. 48f.

773 *Langhein* in Münchener Kommentar HGB, § 112 Rn. 24.

774 *Schlitt* in Sudhoff Unternehmensnachfolge, § 25 Rn. 21.

775 *Weipert* in Münchener Handbuch des Gesellschaftsrechts, Band 1, § 6 Rn. 50.

der Mitgliedschaft alleine nicht dazu, dass der Ausscheidende von seiner Treuepflicht befreit wird.[776] Daraus wird deutlich, dass die Fortsetzung der Treuepflicht als Anknüpfungspunkt stets die Erreichung des vereinbarten Zweckes der Gesellschaft im Auge hat. Dies gilt dabei ungeachtet der Tatsache, dass die Treuepflicht sowohl im Verhältnis zu der Gesellschaft, als auch den Gesellschaftern Wirkung entfaltet.[777] Denn gegenüber beiden Seiten greift die Treuepflicht hinsichtlich des Schutzes der Erreichung des vereinbarten Zweckes.[778] Der Gesellschafter hat sich also gegenüber der Gesellschaft und den Gesellschaftern *„loyal und uneigennützig zu verhalten und […] alles zu unterlassen, was der Verwirklichung des gemeinsamen Zweckes abträglich ist"*.[779] So stellen sich auch die meisten Entscheidungen in der Rechtsprechung zu einer nachwirkenden Treuepflicht eines ausgeschiedenen Gesellschafters dar.[780]

Daher ist es nur folgerichtig, eine nachwirkende Treuepflicht resultierend aus dem Gesellschaftsvertrag nach dem Ausscheiden abzulehnen, soweit damit eine nachrangige Inanspruchnahme der Gesellschafter begründet werden soll. Denn wenn der Ausgeschiedene für andere Zwecke[781] gerade als „gewöhnlicher Dritter" ein-

776 *Schäfer* in Staub HGB, § 131 Rn. 116.

777 *Sprau* in Palandt BGB, § 705 Rn. 27; *Habermeier* in Staudinger BGB, § 705 Rn. 50.

778 *Habermeier* ebenda.

779 *Schlitt* in Sudhoff Unternehmensnachfolge, § 25 Rn. 1.

780 BGH, Urteil v. 11.02.1960 – II ZR 51/68, NJW 1960, 718, wonach der Ausgeschiedene auf Grund nachwirkender Treupflichten Beeinträchtigungen des Betriebes zu unterlassen hat; nach OLG Köln NJW-RR 1997, 160 ist ein ausgeschiedener Gesellschafter aus Treu und Glauben verpflichtet, unberechtigte Entnahmen zu unterlassen. BGH, Urteil v. 09.09.2002 – II ZR 198/00, ZIP 2003, 73 [74] versteht eine Treuepflicht auch dahingehend, dass die Belange der Mitgesellschafter nicht ungerechtfertigt beeinträchtigt werden sollen. Bei der Inanspruchnahme handelt der Gläubiger aus einem schützenswerten Interesse.

781 So zur Frage der Anwendbarkeit des § 128 HGB und des § 707 BGB, vgl. Ausführungen S. 183ff.

gestuft wird[782], welcher den „innergemeinschaftlichen Regelungen nicht mehr unterliegt“[783], so muss dies auch gelten, wenn es um die Frage einer nachwirkenden Treuepflicht geht. Eine unterschiedliche Behandlung der Stellung des Ausgeschiedenen ist insoweit auch nicht wertungsmäßig angebracht. Vielmehr wird lediglich durch eine primäre Haftung der Gesellschafter der Regelungszweck einer akzessorischen Haftung nach dem Rechtsgedanken des § 128 HGB erreicht. So dürften im Endeffekt die besseren Argumente dafür sprechen, eine nachwirkende Treuepflicht des ausgeschiedenen Gesellschafters zu verneinen, wenn es darum geht, eine nachrangige Haftung der Gesellschafter zu begründen. Selbst wenn man aber von einer solchen Treuepflicht ausgehen sollte, besteht ein Risiko der Inanspruchnahme zu Lasten der Gesellschafter. Es verschiebt sich dadurch allerdings die Wahrscheinlichkeit der Inanspruchnahme zu Gunsten der Gesellschafter, da eine Inanspruchnahme auf Ebene der Gesellschaft als nicht ausreichend anzusehen sein muss.[784]

Jedenfalls kann aus einer möglichen nachwirkenden Treuepflicht nicht geschlossen werden, dass der ausgeschiedene Gesellschafter für den Fall, dass die Voraussetzungen einer subsidiären Haftung der Gesellschafter vorliegen, gezwungen ist, lediglich gegenüber dem- oder denjenigen Gesellschafter(n) vorzugehen, die durch die Anwachsung eine Anteilserhöhung erfahren haben. Denn eine solche Haftungsreihenfolge ist weder dem Rechtsgedanken des § 128 HGB noch einer Treuepflicht zu entnehmen. Erstere geht vielmehr von dem Bestehen einer gesamtschuldnerischen Haftung der Gesellschafter untereinander, also einer vollen Haftung jedes Schuldners aus. Dies bedeutet, dass das Regressrisiko innerhalb der Gesamtschuldnerschaft liegt und gegenüber dem Gläubiger zunächst eine Haftung für die ganze Leistung besteht. Eine solche von

782 Vgl. *Wertenbruch*, NZG 2011, 1133 [1134ff.].

783 BGH, Urteil v. 11.10.1971 – II ZR 68/68, WM 1971, 1451 [1452]; ähnlich *Schäfer* in Staub HGB, § 131 Rn. 139.

784 BGH, Urteil v. 15.10.2007 – II ZR 136/06, NJW-RR 2008, 256 [258].

der gesetzgeberischen Wertung eindeutig abweichenden Haftung nach Teilhabe an der Anwachsung kann nicht auf das Institut einer Treuepflicht gestützt werden, sondern es bedarf insoweit einer gesonderten Vereinbarung zwischen den Gesellschaftern. Alles andere würde als eine Rechtsfortbildung anzusehen sein, die in dieser Dimension lediglich dem Gesetzgeber vorbehalten ist.[785]

III. Zusammenfassung Zweites Kapitel

Im Zuge des Ersten Kapitels wurde gezeigt, dass den Gesellschaftern eine partielle Einflussnahme auf den Regelungsbereich der Anwachsung nach § 738 Abs. 1 Satz 1 BGB zusteht. Dies führt dazu, dass die Rechtsfigur einer disquotalen Anwachsung insbesondere im Hinblick auf eine mögliche Unternehmensnachfolge fruchtbar gemacht werden kann. Bietet eine solche Anwachsung demnach gestalterische Vorzüge, haben die Ausführungen des Zweiten Kapitels gezeigt, dass weitere Gesichtspunkte für eine disproportionale Anwachsung als Gestaltungsmittel sprechen. Besonders hervorzuheben ist dabei die unveränderte Haftsumme an der Anwachsung beteiligter Kommanditisten.

Insgesamt haben die Überlegungen des Zweiten Kapitels die Aufmerksamkeit auf folgende Ergebnisse gelenkt:

Durch eine (disquotale) Anwachsung kommt es automatisch zu einer Veränderung der festen Kapitalanteile der Gesellschafter. Ist diese Kapitalbeteiligung als Verteilungsschlüssel für eine Ergebnisverteilung oder eine Verteilung der Stimmgewichtung maßgeblich, verschiebt sich die Teilhabe der Gesellschafter in diesen Punkten durch Anwachsung, ohne dass es weiterer Gestaltungsakte der Gesellschafter bedarf.

Erfolgt eine Einflussnahme auf die Anwachsung, so bietet sich in diesem Kontext unter dem Gesichtspunkt von Nachfolgepla-

785 I. E. zu Recht geht der BGH daher in seiner Entscheidung v. 17.05.2011 – II ZR 285/09, NJW 2011, 2355 nicht auf eine solche Treuepflicht ein.

nungen eine Einwirkung auf mit der Anwachsung zusammenhängende Regelungsbereiche, wie z.B. die Verteilung der Stimmrechte, an. Auch eine Beteiligung der Gesellschafter an einem Verlust auf Gesellschaftsebene sollte überdacht werden. Zur Kompensation eines nicht an der Anwachsung teilhabenden Gesellschafters kann eine Freistellung von einer Verlustteilhabe erfolgen, die allerdings auf den Wert der Vermögenssteigerung bei fiktiver quotaler Anwachsung zu begrenzen ist.

Infolge einer Anwachsung kommt es nicht zu einer Haftsummenveränderung der verbliebenen Kommanditisten. Insofern besteht ein wesentlicher Unterschied zwischen einer Nachfolge in einen Gesellschaftsteil und einer Anwachsung eines eigenen Gesellschaftsanteils. Bleibt die Haftsumme der in der Gesellschaft verbliebenen Kommanditisten auch bei disquotaler Anwachsung unverändert, zeigt sich eine Einwirkung dieser Art als rechtsgestalterisches Mittel zur Umverteilung der Gesellschafterbeteiligungen ohne ein weitergehendes Haftungsrisiko.

Auch bei disproportionaler Ausgestaltung der Anwachsung kann sich jeder in der Gesellschaft verbliebene Gesellschafter dem Abfindungsanspruch des ausgeschiedenen Gesellschafters nach § 738 Abs. 1 Satz 2 BGB ausgesetzt sehen. Dies trifft insbesondere einen nicht an der Anwachsung partizipierenden Gesellschafter, da er ohne Stärkung seiner mitgliedschaftlichen Stellung einem Haftungsrisiko ausgesetzt ist. Der Abfindungsanspruch des ausgeschiedenen Gesellschafters richtet sich dabei grundsätzlich gegen die Gesellschaft, aber auch gegen die Gesellschafter. Er stellt eine Gesellschaftsverbindlichkeit dar. Die Gesellschafter einer Personengesellschaft haften für diesen Anspruch persönlich nach § 128 HGB (analog). Dabei ist kein Unterschied zwischen Gesellschaftern einer Gesellschaft bürgerlichen Rechts oder Personenhandelsgesellschaften zu machen, da die Grundsätze der akzessorischen Haftung auf beide Gesellschaftergruppen Anwendung finden. Einer Inanspruchnahme der Gesellschafter steht ferner nicht der Rechtsgedanken des § 707 BGB im Sinne einer (limitierten) Haftung für Sozialverbindlichkeiten entgegen. Der Schutzbereich und damit die Wirkungen dieses Rechtsgedankens greifen nur innerhalb des Kreises der Gesellschafter ein. Diesem gehört der ausgeschiedene Gesellschafter aber gerade nicht mehr an.

Eine Haftung der Gesellschafter ist im Verhältnis zur Gesellschaft nicht subsidiär. Da der ausgeschiedene Gesellschafter als gewöhnlicher Dritter hinsichtlich seiner Stellung als Gläubiger angesehen werden kann, kann sich eine nachrangige Haftung der Gesellschafter auch nicht aus einer gesellschaftsrechtlichen Bindung ergeben. Denn diese Verbindung endet gerade durch das Ausscheiden aus der Gesellschaft und dem Erlöschen der Mitgliedschaft. Insoweit besteht keine nachwirkende Treuepflicht des ausgeschiedenen Gesellschafters, eine primäre Befriedigung seines Anspruches bei der Gesellschaft zu suchen.

3. Kapitel: Erbschaft- und schenkungsteuerliche Anknüpfungspunkte einer disquotalen Anwachsung

Im Ersten Kapitel wurde nach einer einführenden Darstellung der Systematik der Anwachsung nach § 738 Abs. 1 Satz 1 BGB untersucht, ob der Regelungsgehalt der Anwachsung für die Gesellschafter teilweise zur Disposition steht. Soweit die Umverteilung der gesellschaftsrechtlichen Beteiligungsrechte innerhalb des Gesellschafterkreises nach Ausscheiden eines Gesellschafters betroffen ist, ist den Gesellschaftern Dispositionsfreiheit einzuräumen. Im Anschluss daran, wurden die praktischen Auswirkungen einer disquotalen Anwachsung für ausgewählte gesellschaftsrechtliche Fragestellungen näher beleuchtet. Gegenstand dieses Dritten Kapitels ist die Klärung, erbschaft- und schenkungsteuerlichen Auswirkungen einer disquotalen Anwachsung zwischen den verbliebenen Gesellschaftern. So ist die These zu beleuchten, ob eine Umverteilung der Gesellschafterbeteiligungen im Zuge einer disquotalen Anwachsung einen Tatbestand des ErbStG verwirklicht oder ob der Vorgang nicht vielmehr als schenkungsteuerneutral einzustufen ist. Denn die hinter einer disquotalen Anwachsung stehenden wirtschaftlichen Interessen der Beteiligten, das Ausscheiden eines Gesellschafters zum Anlass einer Umverteilung der Beteiligungsverhältnisse[786] zu nehmen, werden wohl oftmals als sinnlos erscheinen, wenn eine erbschaft- und schenkungsteuerliche Belastung diese Interessen quasi „erdrosselt". Die praktische Relevanz einer möglichen Belastung mit Erbschaft- und Schenkungsteuer zeigt sich daran, dass nach einer Studie des Institutes für Mittelstandsforschung (IfM) in dem Zeitraum 2005–2009 insgesamt 354.000 mittelständische Unternehmen – oftmals in Form einer Personengesellschaft – „übergabereif" waren.[787]

Gegenstand der folgenden Ausführungen ist daher die Frage, ob und unter welchen Voraussetzungen eine disquotale Anwachsung zu einer Steuerbelastung der Gesellschafter nach den Regelungen des ErbStG führt. Zunächst erfolgt eine generelle Darstellung der gesetzlichen Normierung der für die Anwachsung maßgeblichen Fallgruppen innerhalb des ErbStG. Im Anschluss daran werden die entscheidenden Regelungskomplexe der §§ 7 Abs. 1 bzw. Abs. 7 ErbStG grundlegend erläutert. Nach dieser Darstellung erfolgt jeweils eine Einordnung der disquotalen Anwachsung innerhalb dieser Komplexe. Zuletzt gilt es zu untersuchen, inwieweit sonstige Vereinbarungen der Gesellschafter, die diese in Zusammenhang mit einer nicht verhältnismäßig erfolgenden Anwachsung treffen, Einfluss auf eine erbschaft- und schenkungsteuerpflichtige Belastung haben können.

I. Besteuerung disquotaler Anwachsung nach ErbStG

Im Folgenden soll insbesondere näher beleuchtet werden, inwiefern die spezialgesetzliche Normierung der Anwachsungsbesteuerung innerhalb des ErbStG geeignet ist, Vermögensveränderungen

786 Ebenso relevant ist das Institut der disquotalen Anwachsung zur Erhaltung einer Stimmenparität, beispielsweise zwischen zwei an einer Personengesellschaft beteiligten Familienstämmen.

787 Vgl. Vortrag von *Wallau* anlässlich des Bonner Unternehmer-Nachfolgetags 2010, abrufbar unter http://www.ifm-bonn.org/assets/documents/Wallau-06-03-2010.pdf, zuletzt abgerufen am 18.01.2014

auf Gesellschafterebene in Folge disproportionaler Anwachsung zu erfassen. In diesem Kontext ist auch auf ein mögliches Eingreifen des Auffangtatbestands nach § 7 Abs. 1 ErbStG einzugehen. Zudem erfolgt eine Untersuchung sonstiger potentiell steuerauslösender Tatbestände.

1. ErbStG und Anwachsung

Tatbestände innerhalb des ErbStG, die sich mit der Figur der Anwachsung auseinandersetzen, sind die Regelungen der §§ 3 Abs. 1 Nr. 2 Satz 2, 7 Abs. 7 Satz 1 ErbStG. Beide Regelungen sind als Fiktion ausgestaltet und statuieren eine Schenkung für den Fall, dass der Abfindungsanspruch des ausgeschiedenen Gesellschafters hinter dem Wert seines Anteils zurückbleibt. In Folge der Regelung von § 3 Abs. 1 Nr. 2 Satz 2 ErbStG gilt es als Erwerb von Todes wegen, dabei als Schenkung auf den Todesfall, wenn die Anwachsung in Folge eines Ausscheidens durch den Tod eines Gesellschafters ausgelöst wird. Eine Schenkung unter Lebenden wird nach § 7 Abs. 7 Satz 1 ErbStG fingiert, wenn das Ausscheiden aus anderen Gründen als denen des Todes eines Gesellschafters erfolgt. Die Regelungen der §§ 3 Abs. 1 Nr. 2 Satz 2, 7 Abs. 7 Satz 1 ErbStG unterscheiden sich dabei lediglich durch den Grund des Ausscheidens. Um unnötige Redundanzen zu vermeiden, soll nachfolgend ausschließlich eine Darstellung der Regelung des § 7 Abs. 7 Satz 1 ErbStG erfolgen.

2. § 7 Abs. 7 Satz 1 ErbStG

Zur Einleitung soll zunächst der Grundtatbestand der Sonderregelung des § 7 Abs. 7 Satz 1 ErbStG erläutert werden. Danach ist ein Zusammenhang zwischen den dargestellten Grundsätzen und der Rechtsfigur der disquotalen Anwachsung herzustellen.

A. Darstellung des Tatbestands

Um Wertungen des Tatbestands möglicherweise auf nicht von der Regelung erfasste Teilbereiche übertragen zu können, bedarf es zunächst grundlegender Überlegungen zu den Tatbestandsmerkmalen des § 7 Abs. 7 Satz 1 ErbStG.

a) Grundlegendes

Durch die Regelung des § 7 Abs. 7 ErbStG erfolgt eine Fiktion der Schenkung.[788] Danach gilt als Schenkung auch der auf dem Ausscheiden eines Gesellschafters beruhende Übergang des Anteils oder des Teils eines Anteils eines Gesellschafters einer Personengesellschaft auf die anderen Gesellschafter, soweit der Steuerwert des Anteils im Sinne des § 12 ErbStG den Abfindungsanspruch übersteigt. Durch diese Regelung will der Gesetzgeber eine Bereicherung erfassen, die eintritt, wenn ein Gesellschafter aus der Gesellschaft ausscheidet, dabei aber mit einer Zahlung abgefunden wird, die nicht dem maßgeblichen erbschaft- und schenkungsteuerlichen Wert entspricht. Auslöser der Bereicherung ist also das Ausscheiden eines Gesellschafters. Bestimmend für eine Bereicherung ist die durch den Gesellschaftsvertrag erfolgende Begrenzung des Abfindungsanspruchs, so dass der ausscheidende Gesellschafter nach seinem Ausscheiden wirtschaftlich schlechter steht, als wenn er Mitglied der Gesellschaft geblieben wäre. Spiegelbildlich tritt eine Vermögensmehrung für die Gesellschaft bzw. die Gesellschafter ein. Die zuvor bestehende wirtschaftliche Beteiligung an

788 *Fischer* in Fischer/Jüptner ErbStG, § 7 Rn. 541; *Griesel* in Daragan/Halaczinsky/Riedel ErbStG, § 7 Rn. 193; *Weinmann* in Moench ErbStG, § 7 Rn. 245; *Schuck* in Viskorf/Knobel/Schuck ErbStG, § 7 Rn. 254; *Ostermayer/Erhart*, BB 2005, 2044 [2046f.]; *von Löwe/Gronenschild*, DB 2009, Heft 24, 1ff.

der Gesellschaft hat sich durch die Abfindungsbeschränkung unter Wert realisiert.[789]

Das hinter dieser Regelung stehende Prinzip der Erfassung einer Wertsteigerung der Gesellschafterbeteiligung durch Begrenzung des Abfindungsanspruchs auf Seiten der Gesellschafter wird auch deutlich, betrachtet man die Verwendung der Begrifflichkeit „Übergang eines Anteils". Dass es einen solchen Übergang im Rahmen des Ausscheidens eines Gesellschafters nicht geben kann, wurde bereits erläutert.[790] Da der Anteil des Ausscheidenden erlischt, kann es zu keinem Übergang und damit zu keiner Rechtsnachfolge kommen.[791] Selbst wenn man aber ein rein wirtschaftliches Verständnis dieser Begrifflichkeit anlegt, zeigt der Wortlaut, dass der Gesetzgeber bei § 7 Abs. 7 Satz 1 ErbStG offensichtlich von einer maßgebenden Bereicherung der Gesellschafter ausging, soweit eine Beschränkung des Abfindungsanspruchs gesellschaftsvertraglich vereinbart ist. Denn einen „Übergang" eines Anteils auf die Personengesellschaft kann es abweichend von der rechtlichen Situation bei Kapitalgesellschaften nicht geben. Während bei Kapitalgesellschaften die § 33 GmbHG bzw. § 71 AktG die Möglichkeit aufzeigen, dass die Kapitalgesellschaft eigene Anteile erwirbt[792], scheidet dies für Personengesellschaften aus.[793] So wird aus der gesellschaftsvertraglichen Grundlage der Personengesellschaft gefolgert, dass eine Personengesellschaft keine eigenen Anteile halten/erwerben kön-

789 Dass der Zeitpunkt der Realisierung einer Vermögensposition für Tatbestände des § 7 Abs. 1 ErbStG maßgeblich sein kann, vgl. Ausführungen auf S. 219ff.

790 Vgl. Ausführungen auf S. 99f.

791 Vgl. Nachweis bei FN. 92.

792 Zur GmbH, *Löwisch* in Münchener Kommentar GmbHG, § 33 Rn. 17; *Sosnitza* in Michalski GmbHG, § 33 Rn. 23ff.; *Hueck/Fastrich* in Baumbach/Hueck GmbHG, § 33 Rn. 9; zur AG, *Solveen* in Hölters AktG, § 71 Rn. 1; *Hüffer* AktG, § 71 Rn. 3.

793 BGH, Beschluss v. 06.10.1992 – KVR 24/91, NJW 1993, 1265 [1267]; *Schäfer* in Staub HGB, § 105 Rn. 96; *Ulmer* in Münchener Kommentar BGB, § 705 Rn. 309.

ne.[794] Die Gesellschaft könne nicht in eigener Rechtspersönlichkeit Partei des gerade die Gesellschaft statuierenden Gesellschaftsvertrages werden.[795] Auch das nur bei Personengesellschaften geltende Prinzip der Einheitlichkeit der Mitgliedschaft spreche gegen die Möglichkeit des Erwerbs eigener Anteile.[796] Können demnach unter Beachtung personengesellschaftsrechtlicher Grundsätze und eines rein wirtschaftlichen Verständnisses nur die Gesellschafter einen Anteil „übernehmen", soll wohl nach den Wertungen des Gesetzgebers grundsätzlich auf dieser Ebene eine Bereicherung für in § 7 Abs. 7 Satz 1 ErbStG genannte Konstellation erfasst werden.[797]

b) Normierung als Fiktion

Um eine solche beschriebene Bereicherung erfassen zu können, wurde die Regelung des § 7 Abs. 7 Satz 1 ErbStG als doppelte Fiktion ausgestaltet.[798] Eine Ausgestaltung als Fiktion ist geboten, um eine erbschaft- und schenkungsteuerrechtlich erforderliche Bereicherung im Sinne einer objektiven Unentgeltlichkeit zu erreichen. Eine objektive Unentgeltlichkeit einer Bereicherung wird nämlich nur dann angenommen, wenn die Bereicherung ohne Gegenleistung erfolgt.[799] Damit fehlt eine objektive Unentgeltlichkeit, wenn

794 *Ulmer* ebenda.

795 *Schäfer* in Staub HGB, § 105 Rn. 96f.

796 *Ulmer* in Münchener Kommentar BGB, § 705 Rn. 309; *Nägel*, Einmanngesellschaften, S. 138f.

797 Dass die Begrifflichkeit „Übergang eines Anteils" noch aus anderen Gründen nicht überzeugen vermag und durch § 7 Abs. 7 Satz 1 ErbStG insbesondere eine unmittelbare Bereicherung der Gesellschaft besteuert wird, vgl. Ausführungen auf S. 228ff.

798 *Fischer* in Fischer/Jüptner ErbStG, § 7 Rn. 541; *Gebel* in Troll ErbStG, § 7 Rn. 397; *Holthusen/Burgmann* in Tiedtke ErbStG, § 7 Rn. 167; *Neumaxer/Imschweiler*, DStR 2010, 201 [203].

799 *Fischer* in Fischer/Jüptner ErbStG, § 7 Rn. 542; *Meincke* ErbStG, § 7 Rn. 13ff.; *Gebel* in Troll ErbStG, § 7 Rn. 144f.

für die eintretende Bereicherung eine Gegenleistung erfolgt.[800] Tritt eine Vermögensverschiebung zugunsten bestimmter Gesellschafter auf Grund einer für alle Gesellschafter geltenden Klausel des Gesellschaftsvertrages ein, fehlt es grundsätzlich an einer objektiven Unentgeltlichkeit.[801] Es wird vermutet, dass die Gesellschafter durch den Abschluss eines solchen Gesellschaftsvertrages die Erreichung eines gemeinsamen Zwecks samt individueller Erfüllung ihrer Leistungspflichten vereinbaren wollen.[802] Bei unterschiedsloser Anwendung einer gesellschaftsvertraglichen Klausel besteht für jeden Gesellschafter die Möglichkeit, dass er positiv oder negativ von der Klausel betroffen ist. Dieses Wagnis jedes Gesellschafters spricht gegen eine objektive Unentgeltlichkeit.[803] Damit liegt grundsätzlich keine objektive Unentgeltlichkeit und damit keine Bereicherung in einer gesellschaftsvertraglichen Beschränkung des Abfindungsanspruchs des ausgeschiedenen Gesellschafters nach § 738 Abs. 1 Satz 2 BGB. Um dennoch eine Bereicherung durch Vermögensbewegung erfassen zu können, wird eine solche objektive Bereicherung fingiert. Diese, auf dem Gesellschaftsvertrag beruhende Bereicherung, knüpft also an eine Vermögensminderung des ausscheidenden Gesellschafters respektive an eine entsprechende Vermögensmehrung der Gesellschaft bzw. der Gesellschafter an. Auslöser dieser Vermögensverschiebung ist das Ausscheiden eines

800 *Fischer* in Fischer/Jüptner ErbStG, § 7 Rn. 200; *Gebel* in Troll ErbStG, § 7 Rn. 144f.

801 BFH, Urteil v. 05.12.1990 – II R 109/86, BStBl II 1991, 182; BFH, Urteil v. 01.07.1992 – II R 12/90, BStBl II 1992, 921; *Ostermayer/Erhart*, BB 2005, 2044 [2047]; *Neumaxer/Imschweiler*, DStR 2010, 201 [202f.].

802 *Gebel*, DStR 1996, 685 [686f.] spricht von einer Einbettung in des Geflecht gesellschaftsvertraglicher Beziehungen; ebenso *Fischer* in Fischer/Jüptner ErbStG, § 7 Rn. 542.

803 Zur Wagnisrechtsprechung vgl. BFH, Urteil v. 15.5.1953 – III 65/51, BStBl II 1953, 199; BGH, Urteil v. 22.11.1956 – II ZR 222/55, NJW 1957, 189; *Gebel* in Troll ErbStG, § 7 Rn. 396 ; *Neumaxer/Imschweiler*, DStR 2010, 201 [202].

Gesellschafters und eine daran anschließende Anwachsung.[804] § 7 Abs. 7 ErbStG bildet damit eine erbschaft- und schenkungsteuerliche Sonderregelung für eine an das Ausscheiden anknüpfende Anwachsung.

Der zweite Teil der Fiktion von § 7 Abs. 7 Satz 1 ErbStG betrifft das subjektive Element einer Schenkung. Grundsätzlich erfordert eine freigebige Zuwendung im Sinne des § 7 Abs. 1 Nr. 1 ErbStG einen Willen zur Unentgeltlichkeit.[805] Ein solcher Wille kann dann nicht angenommen werden, wenn der Leistende das Bewusstsein hat, in Erfüllung eines Rechtsgrunds zu handeln bzw. in Zusammenhang mit seiner Stellung als Gesellschafter zu agieren.[806] Da eine Beschränkung des Abfindungsanspruchs bei unterschiedsloser Anwendung auf alle Gesellschafter regelmäßig in Zusammenhang mit der gesellschaftlichen Position steht, würde bei einer Abfindungsbeschränkung oftmals ein Wille zur unentgeltlichen Bereicherung der übrigen Gesellschafter bzw. der Gesellschafter ausscheiden. Erfordert der objektive Tatbestand des § 7 Abs. 7 ErbStG aber schon keine tatsächliche objektive Unentgeltlichkeit, sondern wird diese fingiert, so ist kein subjektiver Wille zur Unentgeltlichkeit im Rahmen des § 7 Abs. 7 ErbStG erforderlich.[807] Folge dieser doppelten Fiktion des § 7 Abs. 7 ErbStG ist somit eine

---

804 § 7 Abs. 7 ErbStG erfasst alle Fälle des Ausscheidens mit Ausnahme des Ausscheidens auf Grund Todes.

805 Vgl. BFH, Urteil v. 05.03.1980 – II R 148/76, BStBl II 1980, 402; BFH, Urteil v. 07.04.1988 – II R 53/82; BFH/NV 1989, 168; BFH, Urteil v. 15.03.2007 – II R 5/04, BStBl II 2007, 472; ausführlich zur subjektiven Komponente innerhalb von § 7 ErbStG, *Klein-Blenkers*, Subjektive Merkmale ErbStG, S. 108ff.

806 *Gebel*, DStR 1996, 685 [687]; *Meincke* ErbStG, § 7 Rn. 80; *Fischer* in Fischer/Jüptner ErbStG, § 7 Rn. 300ff.

807 BFH, Urteil v. 01.07.1992 – II R 12/90, BStBl II 1992, 925; ebenso *Gebel* in Troll ErbStG, § 7 Rn. 400; *Weinmann* in Mönch ErbStG, § 7 Rn. 245; *Schuck* in Viskorf/Knobel/Schuck ErbStG, § 7 Rn. 254; *Wangler*, DStR 2009, 1501 [1508); kritisch, *Meincke* ErbStG, § 7 Rn. 151; *Klein-Blenckers*, Subjektive Merkmale ErbStG, S. 212ff.; *ders.*, DStR 1992, 1577.

Ausdehnung des Schenkungstatbestands auf Konstellationen, die grundsätzlich nicht den Tatbestand einer freigebigen Zuwendung erfüllen. So tritt eine Steuerbelastung nach dem ErbStG auch für Fälle einer unterwertigen Abfindung bei Ausscheiden eines Gesellschafters und anschließender Anwachsung ein.

B. § 7 Abs. 7 und disquotale Anwachsung

Nach einer grundsätzlichen Darstellung des Tatbestands von § 7 Abs. 7 ErbStG gilt es nun zu klären, ob Vermögensbewegungen in Folge einer disquotalen Anwachsung unter die Schenkungsfiktion des § 7 Abs. 7 ErbStG zu subsumieren sind. Bejaht man diese Frage, so kann eine Schenkung schon unter erleichterten Voraussetzungen angenommen werden, da auch dann von einer Fiktion im Hinblick auf eine objektive sowie subjektive Unentgeltlichkeit auszugehen ist.

Bei der Darstellung einer potentiellen Erstreckung des Tatbestands auf die Rechtsfigur einer disquotalen Anwachsung gilt es, Sinn und Zweck von § 7 Abs. 7 ErbStG zu erfassen. Ratio der Regelung des § 7 Abs. 7 ErbStG ist es, eine Bereicherung schenkungsteuerrechtlich erfassen zu können, die unter dem allgemeinen Tatbestand einer freigebigen Zuwendung nach § 7 Abs. 1 Nr. 1 ErbStG nicht zu erfassen wäre.[808] Da die Vermögensverschiebung ihren Ursprung in der gesellschaftsvertraglichen Abfindungsbeschränkung hat, erfolgt eine Bereicherung nicht objektiv ohne Entgelt.[809] Die Vermögensbewegung erfolgt vielmehr innerhalb der Leistungsbeziehungen der Gesellschafter. Um dennoch eine Schenkung annehmen zu können wurde die Fiktion einer Schenkung in § 7 Abs. 7 ErbStG 1974 normiert. Der Gesetzgeber wollte demnach für Fälle eines gesellschaftsvertraglich begründeten Übergangs

808 Vgl. BT-Drs. 6/3418, S. 62ff.

809 Vgl. BT-Drs. 6/3418, S. 62ff.; *Schuck* in Viskorf/Knobel/Schuck ErbStG, § 7 Rn. 254.

von Anteilen an einer Personengesellschaft bei Ausscheiden eines Gesellschafters und Beschränkung des Abfindungsanspruchs eine Schenkung fingieren.

Betrachtet man die Elemente eines „Übergangs" von Gesellschaftsanteilen durch Anwachsung nach Ausscheiden eines Gesellschafters, sowie der gesellschaftsvertraglichen Veranlassung dieses „Übergangs", erscheint es denkbar, auch die Figur einer disquotalen Anwachsung unter § 7 Abs. 7 ErbStG zu subsumieren. In Folge einer solchen Anwachsung kommt es zu einem „Übergang"[810] von Anteilen im Sinne einer Umverteilung von Gesellschaftsanteilen. Diese Umverteilung wird durch ein Ausscheiden eines Gesellschafters bei gleichzeitiger Fortsetzung der Gesellschaft ausgelöst. Zudem lässt sich auch die disquotale Anwachsung auf eine Regelung des Gesellschaftsvertrages zurückführen. So findet § 7 Abs. 7 ErbStG auch Anwendung, wenn ein „Übergang" von Anteilen nicht in Folge einer Anwachsung zu Gunsten der übrigen Gesellschafter erfolgt, sondern auf einer gesellschaftsvertraglichen Vereinbarung beruht.[811] Nicht erfasst ist hingegen die Übertragung von Anteilen durch ein neben dem Gesellschaftsvertrag abgeschlossenes Rechtsgeschäft.[812]

Dennoch sind diese Erwägungen nicht geeignet, für Fälle einer disquotalen Anwachsung eine Schenkungsteuerpflicht nach § 7 Abs. 7 ErbStG in analoger Anwendung begründen zu können. Trotz der beschriebenen Ähnlichkeit, kann eine Vermögensverschiebung in Folge einer disquotalen Anwachsung nicht mit der Grundkonstellation von § 7 Abs. 7 ErbStG verglichen werden. Eine analoge Anwendung scheitert daher schon an dem Vorliegen einer

---

810 Dass dogmatisch kein Übergang möglich ist, da die Mitgliedschaft des ausscheidenden Gesellschafters erliescht, ist bereits dargestellt, vgl. S. 81ff.

811 *Holthusen/Burgmann* in Tiedtke ErbStG, § 7 Rn. 169; *Meincke*, ErbStG, § 7 Rn. 146; *Weinmann* in Moench ErbStG, § 7 Rn. 248; *Ostermayer/Erhart*, BB 2005, 2044 [2045].

812 BFH, Beschluss v. 24.01.1990 – II B 132/89; BFH/NV 1990, 675; FG Düsseldorf, EFG 1989, 642.

Vergleichbarkeit der Interessenlagen. Nicht entscheidend ist damit die Frage, ob § 7 Abs. 7 ErbStG als Ausnahme- bzw. Ergänzungsvorschrift überhaupt einer analogen Anwendung zugänglich sein kann.[813]

a) Vermögensverschiebung innerhalb des Gesellschafterkreises

Maßgeblich bei der Beurteilung der Vergleichbarkeit der Interessenlagen dürfte die Richtung der Vermögensverschiebung bzw. die Beteiligung der Personen an einer solchen Bewegung sein. Die Regelung des § 7 Abs. 7 ErbStG erfasst eine Vermögensverschiebung von der Seite des ausscheidenden Gesellschafters zur Seite der verbliebenden Gesellschafter bzw. der Gesellschaft. Der ausscheidende Gesellschafter erleidet durch die Minderabfindung einen bewertungsrechtlich zu ermittelten Vermögensverlust. Dieses frei gewordene Vermögen[814] steigert gleichzeitig das von einer Minderabfindung weniger belastete Gesellschaftsvermögen, bereichert so Gesellschaft und Gesellschafter. Als Schenker wird im Rahmen der Fiktion von § 7 Abs. 7 ErbStG der ausscheidende Gesellschafter erfasst.[815] Die Fiktion greift dabei zu einem Zeitpunkt, in dem der Abfindungsberechtigte bereits aus der Gesellschaft ausgeschieden ist, er also nicht mehr Gesellschafter ist. Offen bleiben soll zu diesem Zeitpunkt die Frage, welches Rechtssubjekt Erwerber der Schenkung nach § 7 Abs. 7 ErbStG ist.[816] Erwerber einer Schenkung im Sinne des § 7 Abs. 7 ErbStG sind entweder die verbliebenen Gesellschafter oder die Gesellschaft als solche. Folgt man der gegenwär-

813 Vgl. zu dieser Frage *Säcker* in Münchener Kommentar BGB, Einl. Rn. 120ff. m.w.N.; *Würdinger*, JuS 2008, 949.

814 Bei einer Abfindung zu Buchwert dürfte der Vermögensverlust im Wesentlichen in einer Nichtrealisierung von stillen, in der Mitgliedschaft inne wohnenden, Reserven liegen.

815 *Gebel* in Troll ErbStG, § 20 Rn. 25f.

816 Vgl. nähere Ausführungen dazu auf S. 225ff.

tigen Rechtsprechung des Bundesfinanzhofs kann die Gesellschaft selbst nicht Bedachte einer Schenkung sein.[817] Bei einer Schenkung an die Gesellschaft sind demnach allein die Gesellschafter anteilig als Erwerber dieser Schenkung anzusehen.[818] Der an der Schenkungsfiktion Beteiligte ist damit einerseits der ausscheidende Gesellschaft als Schenker. Auf der anderen Seite stehen die übrigen Gesellschafter als anteilige Erwerber. Nur für diese Konstellation der Schenkerstellung des ausscheidenden Gesellschafters bei nicht vollwertiger Abfindung wurde der Fiktionstatbestand eingeführt.[819]

Bei einer disproportionalen Anwachsung ist der ausscheidende Gesellschafter aber nicht in einer solchen Schenkerstellung. Vielmehr ist er in keinster Weise an einer (disquotalen) Anwachsung beteiligt. Eine maßgebliche Vermögensverschiebung spielt sich - wenn überhaupt - alleine in dem Verhältnis der verbliebenen Gesellschafter untereinander ab. Als (fiktiver) Schenker in diesem Sinn kann nur derjenige Gesellschafter auftreten, der auf eine Teilhabe an der Anwachsung verzichtet bzw. einer Vereinbarung einer gesellschaftsvertraglich statuierten disquotalen Anwachsung zustimmt. Dieser Gesellschafter unterlässt durch ein solches Verhalten eine grundsätzlich mögliche Steigerung seiner Anteile an der Gesellschaft im Wege der Anwachsung. Er erfährt insoweit keine Vermögensmehrung. Diesem Gesellschafter stehen die Gesellschafter gegenüber, die durch eine vorrangige Teilhabe an der Anwachsung eine Stärkung ihrer Gesellschaftsbeteiligung erfahren.[820] Bei ihnen erfolgt eine Vermögensmehrung nicht nur, wenn eine Gewinnbeteiligung oder eine Stimmrechtsverteilung

817 BFH, Urteil v. 14.9.1994 - II R 95/92, BStBl. 1995, 81; BFH Urteil v. 25.10.1995 - II R 67/93, BStBl II 1996, 160.

818 Vgl. FN. 817.

819 Vgl. BT-Drs. 6/3418, S. 62ff.

820 Unabhängig von der Frage, ob die Gesellschaft oder die Gesellschafter einer Schenkung im Sinne von § 7 Abs. 7 ErbStG sind, sind in der Konstellation einer disquotalen Anwachsung lediglich die Gesellschafter Schenker bzw. Erwerber.

nach einer kapitalmäßigen Beteiligung erfolgt. Spätestens bei einer Auseinandersetzung der Gesellschaft erhalten die Gesellschafter nach erfolgter Anwachsung ein Mehr an Erlös.

Würde man eine Neuverteilung der Gesellschaftsanteile durch Anwachsung unter den Fiktionstatbestand des § 7 Abs. 7 ErbStG subsumieren, besteht die Gefahr, jede Veränderung von Gesellschaftsanteilen und Gesellschafterbeteiligungen, die auf einer gesellschaftsvertraglichen Regelung basiert, unter diesen Tatbestand zu fassen. Dies ist selbst Seitens des Gesetzgebers nicht gewollt.[821] Denn einzige Gemeinsamkeit einer Vermögensbewegung durch Abfindungsbeschränkung im Sinne von § 7 Abs. 7 ErbStG und durch disquotale Anwachsung ist die gesellschaftsvertragliche Grundlage einer wertmäßigen Veränderung der Gesellschaftsbeteiligung. Ein solches Ergebnis kann nicht zutreffen. So existieren vielfältige Konstellationen, in denen eine gesellschaftsvertragliche Regelung zu einer freigebigen Zuwendung der Gesellschafter untereinander führen, ohne dass auf § 7 Abs. 7 ErbStG abzustellen ist.[822] Eine über den Wortlaut hinausgehende Auslegung des Tatbestands von § 7 Abs. 7 ErbStG ist nur in engen Grenzen zulässig[823] und hat für den hier maßgeblichen Sachverhalt zu unterbleiben.

b) Abfindungsbeschränkung als konstitutives Merkmal

Gegen eine Vergleichbarkeit der Interessenlagen spricht zudem, dass es an einer essentiellen Minderabfindung mangelt.[824] Eine

---

821 So ist unumstritten, dass eine Veränderung von Gesellschaftsbeteiligungen im Zuge einer Abtretung nicht unter § 7 Abs. 7 Satz1 ErbStG fällt, vgl. *Schuck* in Viskdorf/Knobel/Schuck ErbStG, § 7 Rn. 261; *Felix*, DStZ 1991, 275 [276ff.]

822 Vgl. *Gebel* in Troll ErbStG, § 7 Rn. 196f.

823 FG Düsseldorf, EFG 1989, 642.

824 Diese Konstellation schließt sich nicht gegenseitig aus, sondern kann auch kumulativ eintreten. Zur schenkungsteuerlichen Beurteilung einer

solche Beschränkung ist aber unabdingbar, will man den steuerschärfenden Tatbestand von § 7 Abs. 7 Satz 1 ErbStG anwenden. Die Bereicherung tritt bei einer disquotalen Anwachsung alleine durch Ausschluss der Anwachsung für einzelne Gesellschafter ein. § 7 Abs. 7 ErbStG sieht eine Beschränkung des Abfindungsanspruchs als wesentlichen Auslöser der Bereicherung an. Fehlt also mit der Vereinbarung einer Minderabfindung ein maßgebliches Tatbestandsmerkmal, welches gleichzeitig Anknüpfungspunkt für die Schenkungsfiktion ist, kann die Umverteilung von Gesellschaftsanteilen durch eine disquotale Anwachsung nicht mit dem Grundfall des § 7 Abs. 7 ErbStG verglichen werden.

Insgesamt zeigt sich also, dass für die Konstellation einer disquotalen Anwachsung nicht der schenkungsteuerliche Sondertatbestand des § 7 Abs. 7 Satz 1 ErbStG herangezogen werden kann. So liegt zum einen ein essentieller Unterschied bei den an der Schenkungsfiktion beteiligten Personen vor. Während dies bei dem Grundfall des § 7 Abs. 7 Satz 1 ErbStG der ausscheidende Gesellschafter und die Gesellschaft bzw. die verbliebenen Gesellschafter sind, kommt eine schenkungsteuerlich relevante Vermögensbewegung bei einer disproportionalen Anwachsung ausschließlich zwischen den in der Gesellschaft verbliebenen Gesellschaftern in Betracht. Zudem setzt auch eine entsprechende Anwendung des Tatbestands von § 7 Abs. 7 ErbStG jedenfalls eine Minderabfindung des ausscheidenden Gesellschafters voraus. Mangelt es an einer solchen Beschränkung des Abfindungsanspruches kann die Schenkungsfiktion des § 7 Abs. 7 ErbStG weder direkt noch entsprechend zur Anwendung gelangen.

Abfindungsbeschränkung bei gleichzeitig vereinbarter disquotaler Anwachsung vgl. S. 199ff.

3. § 7 Abs. 1 Nr. 1 ErbStG

Die Vereinbarung einer disquotalen Anwachsung und eine daran anschließende Anwachsung samt Umverteilung von Gesellschaftsanteilen kann nicht unter den Sondertatbestand des § 7 Abs. 7 ErbStG subsumiert werden. Greift der Spezialtatbestand nicht, so kommt eine Anwendbarkeit der allgemeinen Tatbestände in Betracht. Eine irgendwie geartete Sperrwirkung für eine potentielle Besteuerung einer disquotalen Anwachsung folgt aus der Nicht-Anwendbarkeit des § 7 Abs. 7 ErbStG nicht. Es ist daher zu klären, ob die Vereinbarung einer derartigen Anwachsung unter den Grundtatbestand einer freigebigen Zuwendung nach § 7 Abs. 1 Nr. 1 ErbStG gefasst werden kann. Dabei ist besonders auf das Zusammenspiel von Vermögensbewegungen im Geflecht von Gesellschafterbeziehungen zu achten.

A. Darstellung des Tatbestands

Nach § 7 Abs. 1 Nr. 1 ErbStG ist eine Schenkung[825] jede freigebige Zuwendung unter Lebenden, soweit der Bedachte durch sie auf Kosten des Zuwendenden bereichert wird. Zur Annahme einer solchen Zuwendung bedarf es einer Bereicherung des Bedachten, also einer substantiellen Vermögensverschiebung von dem Zuwendenden zu dem Bedachten.[826] Diese Bereicherung muss für den Bedachten objektiv unentgeltlich erfolgen.[827] Besteht für diese Vermögensverschiebung ein Gegenseitigkeitsverhältnis, kann dies bei wirtschaftlicher Wertidentität keine Bereicherung des Bedachten

825 (unter Lebenden).

826 *Meincke*, ErbStG, § 7 Rn. 12; in diesem Zusammenhang ist von einem „Zuwendungsgegenstand" zu sprechen, vgl. dazu *Gebel* in Troll ErbStG, § 7 Rn. 57ff.

827 *Fischer* in Fischer/Jüptner ErbStG, § 7 Rn. 250ff.

im Sinne von § 7 Abs. 1 Nr. 1 ErbStG darstellen.[828] Neben dieser objektiven Unentgeltlichkeit verlangt eine freigebige Zuwendung nach einer subjektiven Unentgeltlichkeit auf Seiten des Zuwendenden.[829]

Das Tatbestandsmerkmal der objektiven Unentgeltlichkeit führt bei Vermögensbewegungen innerhalb von Gesellschaftern oftmals zu Schwierigkeiten. So kann eine Vermögensbewegung, die zur Erreichung des gesellschaftsvertraglich vereinbarten Zwecks erfolgt, gegen die Annahme einer objektiven Unentgeltlichkeit sprechen. [830] Die gemeinsame Zweckerreichung und der damit verbundene Austausch von Leistungen der Gesellschafter werden in einem solchen Fall als Gegenleistung angesehen.[831] Diese Gleichstellung von Zweckerreichung und Gegenleistung greift dann aber nicht, wenn die gesellschaftsvertragliche Einbettung lediglich dazu dient, Vermögen ohne Gegenleistung innerhalb des Gesellschafterkreises zu übertragen. Entsprechen Vermögensverschiebung und Zweckerreichung nicht mehr dem „innergesellschaftlichen Äquivalenzprinzip“[832], werden also einzelne Gesellschafter bevorzugt, spricht eine Verknüpfung von Vermögenstransfer und Gesellschaftsvertrag nicht mehr zwingend gegen eine objektive Unentgeltlichkeit. Ob eine Leistung als äquivalent in diesem Sinne anzusehen ist, soll aus einer umfänglichen Betrachtung der jeweiligen Beiträge der Gesellschafter erfolgen.[833]

---

828 *Fischer*, Die Unentgeltlichkeit im Zivilrecht, 43ff.; *Gebel* in Troll ErbStG, § 7 Rn. 146f.

829 *Klein-Blenkers*, Subjektive Merkmale ErbStG, S. 100ff., 123.

830 Vgl. BFH, Urteil v. 01.07.1992 – II R 70/88, BStBl II 1992, 921; BFH, Urteil v. 17.10.2007 – II R 63/05, BStBl II 2008, 381; *Fischer* in Fischer/Jüptner ErbStG, § 7 Rn. 254; *Esskandari* in Esskandari/Franck/Künnemann Unternehmensnachfolge, S. 445.

831 *Gebel*, DStR 1996, 685 [687ff.].

832 *Gebel* in Troll ErbStG, § 7 Rn. 184.

833 *Gebel*, DStR 1996, 685 [687].

Übertragen auf eine disquotale Anwachsung dürfte dies bedeuten: Durch die Vereinbarung eines (teilweisen) Ausschlusses von der Anwachsung werden nicht alle Gesellschafter gleich behandelt. Während einigen Gesellschaftern eine Möglichkeit der Anteilssteigerung verwehrt wird, erfahren andere Gesellschafter eine überproportionale Stärkung ihrer Beteiligung. Letzteren wird in Bezug auf die Partizipation an einer Anwachsung eine Vorzugstellung eingeräumt, ohne dass diese Gesellschafter zu einer erneuten Einlage oder erhöhten Beiträgen verpflichtet wären. So erhalten die privilegierten Gesellschafter im Falle einer Gewinnverteilung nach Kapitalbeteiligung nach Anwachsung eine erhöhte Gewinnbeteiligung, ohne eine Kompensation für diesen Zuwachs erbringen zu müssen. Diese Umverteilung einer Gewinnbeteiligung ohne Ausgleich kann dazu führen, dass die Vereinbarung einer disquotalen Anwachsung grundsätzlich nicht mehr dem Leistungsgeflecht gesellschaftsvertraglicher Zweckförderungspflichten zugerechnet werden kann. Fehlt es an einer solchen Verbindung zum Gemeinschaftszweck, führt diese gesellschaftsvertragliche Einbettung nicht dazu, dass die Bereicherung der privilegierten Gesellschafter an einer objektiven Unentgeltlichkeit unter diesem Gesichtspunkt scheitert.

Eine abweichende Beurteilung ist allerdings dann geboten, wenn sich die an der Anwachsung überproportional teilnehmenden Gesellschafter verpflichten, den Abfindungsanspruch des ausgeschiedenen Gesellschafters nach § 738 Abs. 1 Satz 2 BGB zu übernehmen.[834] Vorausgesetzt der Abfindungsanspruch unterliegt keiner Beschränkung, sondern entspricht dem tatsächlichen Wert der Beteiligung, erbringen die privilegierten Gesellschafter durch die Übernahme des Anspruchs eine Leistung, die dem innergesellschaftlichen Prinzip der Gleichbehandlung der Gesellschafter genügen dürfte. Diese Gesellschafter können keine unentgeltliche Be-

834 Für eine solche Verknüpfung von disquotaler Anwachsung und Übernahme des Abfindungsanspruchs, *Sudhoff*, Der Gesellschaftsvertrag der Personengesellschaften, S. 268ff.

reicherung erfahren, da sie objektiv gleichwertige Aufwendungen für die Anteilsstärkung tragen. In dem wirtschaftlich vergleichbaren Fall eines Anteilskaufs vom ausscheidenden Gesellschafter und Zahlung eines angemessenen Kaufpreises erführen die erwerbenden Gesellschafter ebenso wenig eine objektiv unentgeltliche Bereicherung. Kaufpreis und Übernahme des Abfindungsanspruchs entsprechen sich demnach. Auch unter dem Blickwinkel der von der Anwachsung ausgeschlossenen Gesellschafter bestätigt sich dieses Ergebnis. Zahlen die privilegierten Gesellschafter eine vollwertige Abfindung, so erfährt weder das Gesellschaftsvermögen noch das Vermögen der ausgeschlossenen Gesellschafter eine Vermögensminderung. Fehlt es an einer solchen Vermögensminderung bzw. eines spiegelbildlichen unentgeltlichen Vermögenserwerbs, kann keine für eine freigebige Zuwendung erforderliche substantielle Vermögensverschiebung zwischen den verschiedenen Gesellschaftergruppen vorliegen. Für Zwecke der weiteren Untersuchung soll unterstellt werden, dass keine Übernahme des Abfindungsanspruchs erklärt wird. In diesem Fall dürfte davon auszugehen sein, dass die disproportionale Anwachsung außerhalb des äquivalenten Leistungsverhältnisses der Gesellschafter erfolgt, da insoweit eine Ungleichbehandlung der Gesellschafter erfolgt.[835]

Ob eine disquotale Anwachsung innerhalb des Tatbestands des § 7 Abs. 1 Nr. 1 ErbStG zu einem steuerpflichtigen Vorgang führen kann, hängt maßgeblich davon ab, ob durch einen Ausschluss einer proportionalen und einer Vereinbarung einer disproportionalen Anwachsung der in diesem Kontext „benachteiligte" Gesellschafter schenkungsteuerlich relevante Vermögenspositionen an die „begünstigten" Gesellschafter überträgt. Zuwendungsfähige Rechtsposition im Sinne von § 516 BGB und damit auch von § 7 Abs. 1 ErbStG kann danach nur eine solche Position sein, die gegenüber Dritten rechtlich Bestand hat und einer Übertragung

835 Vgl. zu einer aus einer disquotalen Anwachsung folgenden Ungleichbehandlung der Gesellschafter Ausführungen auf S. 126f.

zugänglich ist.[836] Insoweit ist von einem Gleichlauf der zivilrechtlichen Wertungen der § 516ff. BGB mit der Regelung zur freigebigen Zuwendung nach § 7 ErbStG auszugehen.[837] Zur Beantwortung dieser Frage bietet sich eine Unterscheidung nach den Zeitpunkten der Vereinbarung an. So kann es für eine Erbschaft- und Schenkungsteuerpflicht entscheidend sein, ob erst durch eine nachträgliche Vereinbarung, die zu einer Beschränkung einer bereits bestehenden Rechtsposition führt, eine unentgeltliche Zuwendung eintritt.

B. Vereinbarung disquotaler Anwachsung bei Gründung der Gesellschaft

Beschließen alle Gesellschafter bereits bei der Gründung der Gesellschaft, dass im Falle des Ausscheidens von Gesellschaftern eine Anwachsung nach einem Schlüssel erfolgt, der nicht der bis dahin existierenden kapitalmäßigen Beteiligung entspricht, ist darin kein Verzicht zu sehen, durch welchen eine Entreicherung des verzichtenden Gesellschafters eintritt. Spiegelbildlich mangelt es an einer Bereicherung des privilegierten Gesellschafters. Anerkannt ist in einem solchen Kontext zwar, dass eine schenkungsteuerliche Bereicherung nicht nur durch ein positives Tun, sondern auch durch einen Verzicht auf Rechtspositionen eintreten kann.[838] Eine für das ErbStG maßgebliche Bereicherung des Bedachten kann nämlich auch durch einen unentgeltlichen Verzicht auf eine Vermögensposition erfolgen. Erforderlich ist dann aber, dass dieser Position isoliert ein wirtschaftlicher Wert eingeräumt werden kann und sie gegenüber Dritten rechtlich Bestand hat und einer Übertragung

836 *Fischer* in Fischer/Jüptner ErbStG, § 7 Rn. 161.

837 *Fischer* in Fischer/Jüptner ErbStG, § 7 Rn. 15; *Gebel* in Troll ErbStG, § 7 Rn. 36ff.; *Meincke* ErbStG, § 7 Rn. 52; *Gebel*, DStR 2005, 358 [361].

838 *Gebel* in Troll ErbStG, § 7 Rn. 22; *Fischer* in Fischer/Jüptner ErbStG, § 7 Rn. 31.

zugänglich ist.[839] Dies setzt dabei freilich voraus, dass die Position, die Gegenstand des Verzichts ist, bereits hinreichend manifestiert ist.[840]

An dieser Voraussetzung mangelt es jedenfalls für den Fall, dass eine disquotale Anwachsung bereits bei Gründung der Gesellschaft zwischen allen Gesellschaftern vereinbart wird. Zu diesem Zeitpunkt ist noch keine Rechtsposition entstanden oder hat sich hinreichend konkretisiert, die Gegenstand eines Verzichts sein kann. Dem von der Anwachsung ausgeschlossenen Gesellschafter stehen ab Gründung neben ihm gesetzlich zwingend zustehenden Rechten, nur diejenigen Rechte zu, die ihm nach dem Gesellschaftsvertrag eingeräumt werden.[841] Da eine festgeschriebene Anwachsungsquote nicht als zwingendes Recht anzusehen ist[842], dem Gesellschafter auch nach dem Gesellschaftsvertrag keine Teilhabe an der Anwachsung zukommen soll, stand bzw. steht dem betroffenen Gesellschafter zu keinem Zeitpunkt ein Recht auf proportionale Anwachsung zu, auf welches er bei Abschluss des Vertrages konkludent verzichtet hat. Die Zustimmung zu einem solchen Gesellschaftsvertrag kann daher nicht als unentgeltlicher Verzicht im Sinne von § 7 ErbStG angesehen werden. Insoweit mangelt es

839 Als solche Vermögensposition wird beispielsweise ein dingliches Wohnungsrecht angesehen, vgl. BFH, Urteil v. 17.03.2004 – II R 3/01, BStBl II 2004, 429; BFH, Beschluss v. 23.06.2010 – II B 32/10; BFH/NV 2010, 2075; *Spieker*, jurisPR-FamR 2/2011 Anm. 3; zu einem Verzicht auf ein Bezugsrecht als Anknüpfungspunkt für eine freigebige Zuwendung im Rahmen von § 7 Abs. 1 Nr. 1 ErbStG vgl. Tz. 2.3 des gleichlautenden Erlasses der Länder betr. Schenkungen unter Beteiligung von Kapitalgesellschaften oder Genossenschaften vom 14.03.2012 (BStBl I 2012, 331).

840 Vgl. in diesem Zusammenhang *Fischer* in Fischer/Jüptner ErbStG, § 9 Rn. 41 zu einem Verzicht auf einen noch nicht geltend gemachten Pflichtteilsanspruch; *Gebel* in Troll ErbStG, § 9 Rn. 66.

841 *Hoor* in Breithaupt/Ottersbach, Kompendium Gesellschaftsrecht, § 2 Rn. 21; *Weitemeyer* in Oetker HGB, § 119 Rn. 2; *Hopt* in Baumbach/Hopt HGB, § 119 Rn. 1; *Enzinger* in Münchener Kommentar HGB, § 119 Rn. 2.

842 Vgl. Ausführungen unter Kapitel 1. S. 108ff.

an einem tauglichen Verzichtsobjekt, da noch keine hinreichend konkrete Rechtsposition entstanden war. Zusätzlich erfährt die Beteiligung eines solchen Gesellschafters keine wertmäßige Abwertung. Vielmehr bestimmt sich ihr Wert von Anfang an nach der Maßgabe eines Ausschlusses an einer Anwachsung in bestimmten Konstellationen. Mangelt es an einer dem Gesellschafter zustehenden Rechtsposition im Sinne der §§ 516ff. BGB und damit auch im Sinne von § 7 Abs. 1 ErbStG, liegt keine schenkungsteuerlich relevante Entreicherung des Gesellschafters vor.

Vereinbaren die Gesellschafter bereits bei Gründung der Gesellschaft im Rahmen des Gesellschaftsvertrages eine disquotale Anwachsung, ist darin kein schenkungsteuerpflichtiger Vorgang im Sinne des § 7 Abs. 1 Nr. 1 ErbStG zu sehen. Losgelöst von sonstigen Besonderheiten einer schenkungsteuerlichen Belastung, mangelt es an einer tauglichen Rechtsposition als Bezugspunkt für eine Besteuerung durch Verzicht auf diese Position.

Ein solches Ergebnis überzeugt auch, berücksichtigt man die Rechtsprechung des Bundesfinanzhofs und die Auffassung der Finanzverwaltung, soweit es um Vermögensbewegungen in Folge einer Kapitalerhöhung und der Übernahme neuer Geschäftsanteile geht.[843] So ist der Bundesfinanzhof der Ansicht, dass ein Erwerb eines im Zuge einer Kapitalerhöhung ausgegebenen neuen Anteils an der Gesellschaft zu einem unter dem gemeinen Wert liegenden Nennwert eine freigebige Zuwendung der bisherigen Gesellschafter an die neuen Gesellschafter darstellen kann.[844] In dem der Kapitalerhöhung zu Grunde liegenden Zulassungsbeschluss der Altgesellschafter liege ein Rechtsgrund für eine Vermögensverschiebung zugunsten der Übernehmer der neuen Anteile.[845] Insoweit liege eine substantielle Bereicherung der neuen Gesellschafter vor. Da den Altgesellschaftern eine entsprechend geringere relative Beteili-

843 BFH, Urteil v. 20.12.2000 – II R 42/99, BStBl II 2001, 454; FinMin. Baden-Württemberg, Erlass v. 20.10.2010, 3 S 3806/75, BStBl I, 1207.

844 BFH, Urteil v. 20.12.2000 – II R 42/99, BStBl II 2001, 454 [455].

845 BFH ebenda.

gung an der Gesellschaft zukomme, ist diese Vermögensbewegung als Anknüpfungsmoment für eine freigebige Zuwendung nach § 7 Abs. 1 ErbStG anzusehen.[846]

Diese aus dogmatischer Sicht zum Teil fragwürdigen Ausführungen des Bundesfinanzhofs sind aber nicht auf die Rechtsfigur der disproportionalen Anwachsung übertragbar. Ein maßgeblicher Unterschied zu der Konstellation einer Vereinbarung einer disquotalen Anwachsung liegt darin, dass bei der Entscheidung des Bundesfinanzhofs neue Anteile an der Gesellschaft originär durch neue Gesellschafter erworben wurden.[847] Somit kommt es nicht (nur) zu einer Umverteilung von Wertveränderungen innerhalb der bestehenden Gesellschafterbeteiligungen, sondern eine Wertsteigerung tritt darüber hinaus bei neu ausgegebenen Anteilen ein. Spiegelbildlich erfahren die Altgesellschafter eine korrespondierende Vermögensminderung. Wie gezeigt, kommt es bei einer disquotalen Anwachsung aber nur zu einer Umverteilung von Wertbeteiligungen innerhalb des Gesellschafterkreises.[848] Zwar basiert auch eine disquotale Anwachsung wie auch die beschriebene Kapitalerhöhung auf einem Gesellschafterbeschluss. Dieser Beschluss führt aber bei einer disproportionalen Anwachsung nicht zu einer essentiellen Vermögensbewegung innerhalb des Gesellschafterkreises. Die Anteile der nicht an der Anwachsung partizipierenden Gesellschafter erfahren nämlich keine quotale Abstufung. Vielmehr ist die absolute Beteiligungsquote dieser Gesellschafter auch nach disquotaler Anwachsung unverändert.[849] Damit kann auch unter Berücksichtigung dieser Auffassung für die Rechtsfigur der

846 BFH ebenda.

847 Den Unterschied zwischen Wertveränderungen bestehender Beteiligungen im Vergleich zu dem Erwerb neuer Anteile als entscheidend ansehend, vgl. *Albrecht*, ZEV 2001, 375; *Gutfried*, MittBayNot 2012, 188 [189].

848 Zur ausschließlich internen Wirkung einer (disquotalen) Anwachsung vgl. Ausführungen auf S. 114ff.

849 Vgl. Ausführungen unter Kapitel 1 auf S. 134ff.

disquotalen Anwachsung keine Schenkungsteuerpflicht nach § 7 Abs. 1 Nr. 1 ErbStG begründet werden.

C. Nachträgliche Vereinbarung einer disquotalen Anwachsung

Führt eine Vereinbarung einer disquotalen Anwachsung bei Gründung der Gesellschaft zu keiner schenkungsteuerlichen Belastung, ist zu untersuchen, ob dieses Ergebnis auch dann gilt, wenn die Gesellschafter eine solche Einwirkung auf die Anwachsung zu einem späteren Zeitpunkt beschließen. Gesellschaftern steht es frei einvernehmlich oder bei wirksamer Statuierung einer Mehrheitskompetenz[850] durch Mehrheitsbeschluss nachträglich eine disquotale Anwachsung zu beschließen. Insofern besteht die Möglichkeit, dass im Vergleich zur Vereinbarung einer solchen Anwachsung bei Gründung, eine abweichende erbschaft- und schenkungsteuerrechtliche Beurteilung angezeigt ist, da dem ausgeschlossen Gesellschafter ein Teil seiner mitgliedschaftlichen Rechte „genommen“ wird, indem seine Teilhabe an einer Anwachsung beschränkt wird. Vereinbaren die Gesellschafter keinen vermögensmäßigen Ausgleich für den Ausschluss der Anwachsung[851], kommt eine freigebige Zuwendung des von der Anwachsung ausgeschlossen Gesellschafters zugunsten der privilegierten Gesellschafter in Betracht. Besonderes Augenmerk verdient dabei das Tatbestandsmerkmal der subjektiven Unentgeltlichkeit. Entscheidend wird zudem sein, inwiefern eine schenkungsteuerlich relevante Bereicherung der durch die Anwachsung privilegierten Gesellschafter angenommen werden kann.

850 Vgl. Ausführungen unter Kapitel 1 auf S. 140ff.

851 Gemeint ist damit, dass der ausgeschlossene Gesellschafter für den Verzicht auf Teilhabe an der Anwachsung einen Vermögensvorteil erhält.

a) Wille zur Freigebigkeit

Eine solche Zuwendung scheitert jedenfalls nicht unter dem Gesichtspunkt eines freiwilligen Handelns des von der Anwachsung ausgeschlossenen Gesellschafters, wenn eine diesbezügliche Vereinbarung durch wirksame Mehrheitskompetenz Gegenstand des Gesellschaftsvertrages wird. Zwar fehlt es in Fällen, in denen die Aufgabe einer Rechtsposition durch Drohung oder Gewalt erfolgt, am subjektiven Willen zur Bereicherung des Beschenkten.[852] Daraus ergibt sich, dass eine Bereicherung ohne oder gegen den Willen des Zuwendenden nicht zur Annahme einer freigebigen Zuwendung nach § 7 Abs. 1 ErbStG geeignet ist. Eine solche Konstellation liegt bei einer nachträglichen Beschlussfassung durch Mehrheitskompetenz nicht vor. Zur Beurteilung der Freiwilligkeit ist vorliegend aber nicht auf den Zeitpunkt der Beschlussfassung abzustellen. Vielmehr erscheint bereits die Vereinbarung einer Mehrheitskompetenz als maßgebliches Zeitmoment. Denn bereits durch Zustimmung zur Beschlussfassung durch Mehrheitsentscheidung begibt sich der Gesellschafter in die Hände der Mehrheit. Diese Abkehr von dem grundsätzlich geltenden Einstimmigkeitsprinzip erfolgt freiwillig. Folglich kann auch die nachträgliche Vereinbarung einer disquotalen Anwachsung nicht unter dem Gesichtspunkt einer fehlenden Freiwilligkeit der Zuwendung ausscheiden.

b) Bereicherung des Bedachten

Bei der Frage, ob ein maßgeblicher Vermögenstransfer innerhalb des Gesellschafterkreises vorliegt, wird zunächst nochmals auf Grundzüge zur Bereicherung der Empfänger einer Schenkung eingegangen. Sodann erfolgt eine Untersuchung, inwiefern das schenkungsteuerliche Erfordernis eines substantiellen Vermögensübergang erfüllt ist. Zudem wird auf die hier maßgebliche

852 *Gebel* in Troll ErbStG, § 7 Rn. 281.

zivilrechtliche Wertung des Vermögenstransfers bei Schenkungen durch Unterlassen eingegangen.

(1) Grundsätzliches

Zur Annahme einer Schenkung im Sinne des § 7 Abs. 1 ErbStG durch Verzicht auf Teilhabe an der Anwachsung bedarf es, wie bereits dargestellt, des Verzichts auf eine vermögenswerte Rechtsposition, um eine Bereicherung des Bedachten annehmen zu können. [853] Da Vereinbarungen zu einer disquotalen Anwachsung vor dem Ausscheiden eines Gesellschafters als das die Anwachsung auslösende Ereignis stattfinden, erfolgt die Vereinbarung zu einem Zeitpunkt, zu welchem dem Gesellschafter noch keine gestärkten Beteiligungsrechte nach erfolgter Anwachsung zustehen. Somit gilt es zu klären, inwiefern bereits die Aussicht auf eine Teilhabe an einer quotalen Anwachsung als eine solche Rechtsposition gilt, die Objekt einer schenkungsweisen Zuwendung im Wege eines Verzichts sein kann. Bei der Beantwortung dieser Frage ist insoweit von einem Gleichlauf der zivilrechtlichen Wertung der §§ 516ff. BGB mit der Regelung zur freigebigen Zuwendung nach § 7 ErbStG auszugehen. Kann also nach der zivilrechtlichen Bewertung keine Schenkung angenommen werden, da es an einem Vermögenstransfer fehlt, mangelt es gleichzeitig einem tauglichen Zuwendungsgegenstand im Sinne von § 7 ErbStG.[854]

Ein Vermögenstransfer im Sinne von § 516 Abs. 1 BGB bedarf dabei neben einer Vermögensminderung auf Seiten des Zuwendenden zugleich einer Mehrung des Vermögens auf Seiten

853 Zum Erlass einer Schuld vgl. *Gebel* in Troll ErbStG, § 7 Rn. 59; FG Rheinland-Pfalz, DStRE 2006, 33.

854 BFH, Urteil v. 07.11.2007 – II R 28/06, BStBl II 2008, 258; *Gebel* in Troll ErbStG, § 7 Rn. 57; *Fischer* in Fischer/Jüptner ErbStG, § 7 Rn. 31ff.; *Meincke* ErbstG, § 7 Rn. 16.

des Bedachten.[855] Eine solche Vermögensverschiebung kann nicht schon dann angenommen werden, wenn ein Recht, das bereits im Vermögen des Bedachten steht, eine schlichte Wertsteigerung erfährt.[856] Eine reine Wertverschiebung zwischen Gesellschafteranteilen ist grundsätzlich nicht geeignet, eine freigebige Zuwendung zu begründen.[857] Diese Erkenntnis galt für Gesellschafter von Kapitalgesellschaften bis zur Einführung von § 7 Abs. 8 ErbStG.

Nicht zuzustimmen ist der Ansicht des Bundesfinanzhofs, wenn er eine abweichende Besteuerungsmöglichkeit bei einer Beteiligung an einer Personengesellschaft beurteilt. So soll bereits jede Veränderung des Wertes einer Beteiligung als Vermögensbewegung im Sinne von § 7 Abs. 1 Nr. 1 ErbStG ausreichend sein.[858] Maßgebend ist dabei für den Bundesfinanzhof, dass anders als eine Kapitalgesellschaft, eine Personengesellschaft steuerlich transparent sei.[859] Folge dieser steuerlichen Transparenz sei, dass keine eigene Vermögensmasse der Gesellschaft bestehe, sondern sämtliches Vermögen alleine den Gesellschaftern zustehe.[860] Dies nimmt

---

855 BFH,Urteil v. 07.11.2007 – II R 28/06, BStBl II 2008, 258; BFH, Urteil v. 09.12.2009 – II R 28/08, BStBl 2010, 566.

856 Zur Werterhöhung der Anteile durch disquotale Einlage bei Kapitalgesellschaften, vgl. BFH, Urteil v. 09.12.2009 – II R 28/08, BStBl 2010, 566; FG Baden-Württemberg, EFG 2011, 2178; a.A. *Moench* in Moench, ErbStG, § 7 Rn. 181a.

857 Viskorf, DStR 1998, 150; *van Lishaut/Ebber/Schmitz*, Ubg 2012, 1 [2]; kritisch *Hübner*, DStR 2007, 1747 [1750], *ders.* DStR 2008, 1357 [1360]; ähnlich *Binnewies*, GmbHR 2011, 1022 1024 der davon ausgeht, dass bei einer vorrangigen Bereicherungsabsicht im Verhältnis der Gesellschafter untereinander bereits eine Werterhöhung eine freigebige Zuwendung darstellen kann.

858 BFH, Urteil v. 06.03.2002 – II R 85/99, BFH/NV 2002, 1030; BFH, Urteil v. 21.04.2009 – II R 57/07, BStBl II 2009, 606; ähnlich BFH, Urteil v. 09.07.2009 – II R 47/07, BStBl II 2010, 74.

859 BFH, Urteil v. 14.09.1994 – II R 95/92; BStBl II 1995, 81.

860 BFH ebenda, anscheinend sieht aber auch der BFH mittlerweile eine Vermögenszuständigkeit der Gesamthand als möglich, vgl. BFH, Urteil v. 04.02.2009 – II R 41/07, BStBl II 2009, 600.

der Bundesfinanzhof zum Anlass, bereits eine Werterhöhung einer Beteiligung an einer Personengesellschaft als ausreichend anzusehen, um das Tatbestandsmerkmal einer objektiven Bereicherung zu bejahen.[861] Der Zweite Senat begründet seine Auffassung desweiteren damit, dass ein Anteil an einer Personengesellschaft selbst Gegenstand einer mittelbaren Zuwendung sein könne.[862] Damit berechtigte bereits eine schlichte Wertsteigerung solcher Anteile zur Annahme einer Schenkung im Sinne von § 7 Abs. 1 Nr. 1 ErbStG.[863] Nach dieser Auffassung ist es nicht auszuschließen, dass durch die Vereinbarung einer disquotalen Anwachsung eine freigebige Zuwendung innerhalb des Gesellschafterkreises ausgelöst wird. Gesellschafterbeteiligungen, die bei erfolgender Anwachsung eine überproportionale Stärkung erfahren, dürfte regelmäßig ein höherer Wert zukommen, als Beteiligungen die eine spiegelbildliche Beschränkung aufweisen. Da bei Fehlen einer Vereinbarung zur Anwachsung von einer quotalen Anwachsung auszugehen ist[864], führt eine nachträgliche Abrede zwischen den Gesellschaftern zu einer Wertveränderung der Gesellschafterbeteiligungen. Dies könnte nach der Ansicht der Rechtsprechung Auslöser einer Schenkung im Sinne des § 7 Abs. 1 Nr. 1 ErbStG sein.

Dieser Auffassung stehen wesentliche Aspekte gegenüber. Zum einen ist, entgegen der Ansicht des Bundesfinanzhofs, nicht von einer Transparenz der Personengesellschaft auszugehen. Vielmehr ist insoweit von einem Gleichlauf von Kapital- und Personengesellschaften, also einer schenkungsteuerlichen Rechtsfähigkeit der Gesellschaften auszugehen. Dies führt dazu, dass außerhalb der Reichweite von § 7 Abs. 8 ErbStG eine schlichte Wertsteigerung von Beteiligungen nicht ausreichend zur Annahme einer freige-

861 BFH, Urteil v. 06.03.2002 – II R 85/99, BFH/NV 2002, 1030; *Schulze zur Wiesche*, DStZ 2011. 306 [308].

862 BFH, Urteil v. 06.03.2002 – II R 85/99, BFH/NV 2002, 1030.

863 BFH ebenda.

864 *Koller* in Koller/Roth/Morck HGB, § 131 Rn. 9 dazu, dass eine quotale Anwachsung lediglich als Vermutungsregel anzusehen ist.

bigen Zuwendung ist. Doch selbst unter Berücksichtigung einer schenkungsteuerlichen Transparenz von Personengesellschaften können reine Werterhöhungen von Beteiligungen nicht zu einer für § 7 Abs. 1 ErbStG relevanten Vermögensbewegung führen. Die Rechtsprechung verkennt in diesem Kontext die grundsätzliche Maßgeblichkeit des Zivilrechts, soweit es um die Frage einer besteuerbaren Bereicherung geht. Zusätzlich zeigt ein Vergleich zu der Fiktion des § 7 Abs. 8 ErbStG, dass Wertsteigerungen in Folge eines Verhaltens, dass nicht unmittelbar gegenüber der Gesellschaft erfolgt, nicht unter den Tatbestand dieser Norm subsumiert werden können. Dies ist im Wege eines Erst Recht Schlusses auf Besteuerungen von Anteilssteigerungen an Personengesellschaften zu übertragen. Auf diese vorangestellten Überlegungen ist nunmehr im Einzelnen einzugehen.

(2) Schenkungsteuerliche Subjektivität von Personengesellschaften

Da die Rechtsprechung für eine Ungleichbehandlung zwischen den Gesellschaftsformen wesentlich auf die Frage der Rechtssubjektivität der relevanten Gesellschaft abstellt, wird nachfolgend diese Fähigkeit der Personengesellschaft innerhalb des Regelungsbereiches des ErbStG diskutiert.

aa) Auswirkung bewertungsrechtlicher Regelungen

Festzustellen ist zunächst, dass abweichend von anderen steuergesetzlichen Normierungen[865] innerhalb des ErbStG keine explizite

865 Zu nennen ist z.B. § 13 Nr. 6 GrEStG.

gesetzliche Regelung zur „Rechtsfähigkeit“ der Gesamthandsgesellschaft existiert.[866]

Fraglich ist somit, ob durch einen Vergleich zu anderen steuergesetzlichen Normierungen ein Rückschluss auf eine Rechtssubjektivität der Personengesellschaft für Zwecke des ErbStG gezogen werden kann. Nicht nur alleine auf Grund eines engen wirtschaftlichen Zusammenspiels bietet sich insofern ein Vergleich mit Regelungen zur Personengesellschaft innerhalb des BewG an. Maßgebliche Regelungen, die sich dort mit der Bewertung von Anteilen an Personengesellschaften befassen, sind die § 96 f. BewG. Zu erwähnen ist zwar, dass durch eine Regelung zur Bewertung von Anteilen an der Gesellschaft nicht automatisch ein Rückschluss auf eine Subjektfähigkeit dieses Gesellschaftstyps gezogen werden kann. Allerdings ermöglicht der hinter diesen Normen stehende Systemgedanke eventuell Tendenzen zur Subjektfähigkeit zu erkennen.

(aa) Bewertungsrechtliche Besonderheiten

Nach § 97 Abs. 1a BewG[867] ermittelt sich der Wert eines Anteils am Betriebsvermögen einer Personengesellschaft zweistufig.[868] Auf erster Stufe ist der Wert des der Personengesellschaft gehörenden Betriebsvermögens zu ermitteln.[869] Dieses Vermögen wird per Legaldefinition als Gesamthandsvermögen bezeichnet. Dieses Gesamthandsvermögen wird den Gesellschaftern zugerechnet. Dabei erfolgt nach § 97 Abs. 1a Nr. 1 lit. a) BewG zunächst eine Zuweisung der den einzelnen Gesellschaftern zustehenden Kapitalanteile.

866 Dies liegt auch daran, dass innerhalb des ErbStG keine Normierung der steuerpflichtigen Rechtssubjekte erfolgt.

867 Eingeführt mit Wirkung zum 01.01.2009 durch Gesetz vom 24.12.2008, BGBl I, 3018.

868 *Eisele* in Rössler/Troll, BewG, § 97 Rn. 28.

869 *Gebel* in Troll ErbStG, § 12 Rn. 854; *Gelhaar/Saecker*, UVR 2011, 125 [126ff.].

Liegt darüber hinaus noch zu verteilendes Gesamthandsvermögen vor, wird gemäß § 97 Abs. 1a Nr. 1 lit. b) BewG dieses Vermögen nach dem für die Gewinnverteilung maßgeblichen Schlüssel auf die Gesellschafter verteilt.[870] Auf zweiter Stufe ist der Wert eines jedem Gesellschafter zugeordneten Sonderbetriebsvermögens zu ermitteln. § 97 Abs. 1a Nr. 3 BewG bestimmt nunmehr, dass nach Ermittlung dieser Werte durch Addition des Anteils am Gesamthandsvermögen und dem Wert des Sonderbetriebsvermögens der Wert des Anteils eines Gesellschafters bestimmt wird.[871]

Aus dieser doppelstufigen Ermittlung des wertmäßigen Anteils an einer mitunternehmerischen Personengesellschaft wird deutlich, dass der Gesetzgeber innerhalb des BewG von einer steuerlichen Transparenz der Personengesellschaft ausgegangen ist. Nur wenn von einer Transparenz dieser Gesellschaftsform ausgegangen wird, macht eine Wertermittlung nach dem zuvor beschriebenen Verteilungsmechanismus Sinn. Denn wenn eine Intransparenz oder anders eine Subjektfähigkeit angenommen wird, kommt es wie bei Anteilen an einer Kapitalgesellschaft zu einer einstufigen Wertermittlung.[872] Dort wird alleine das der Gesellschaft zustehende Betriebsvermögen bewertet und anschließend gemäß § 97 Abs. 1b BewG nach dem Verhältnis der Anteile am Nennkapital zwischen den Gesellschaftern aufgeteilt.

Diese Unterschiede zwischen Kapital- und Personengesellschaften basieren allerdings auf Wertungen anderer Steuergesetze. Sie sind daher nur sehr beschränkt nach der hier maßgeblichen Frage der Subjektfähigkeit der Personengesellschaft für Zwecke des ErbStG fruchtbar zu machen. Denn die Regelungen der §§ 96f. BewG knüpfen an die ertragsteuerliche Behandlung der Gesell-

870 *Riedel* in Daragan/Halaczinsky/Riedel ErbStG, § 97 Rn. 18f.; *Eisele* in Rössler/Troll, BewG, § 97 Rn. 28.

871 *Kreutziger* in Kreutziger/Schaffner/Stephany, BewG, § 97 Rn. 61f.; *Gebel* in Troll ErbStG, § 12 Rn. 849.

872 *Eisele* in Rössler/Troll, BewG, § 97 Rn. 29; *Kreutziger* in Kreutziger/Schaffner/Stephany, BewG, § 97 Rn. 63.

schaften an. Dort wird die Kapitalgesellschaft nach § 1 Abs. 1 KStG als mögliches Subjekt einer unbeschränkten Steuerpflicht genannt. Somit kommt der Kapitalgesellschaft für Zwecke des Ertragssteuerrechts die eigene Fähigkeit zu, einen Steuertatbestand des KStG zu verwirklichen. Dem gegenüber steht die für Personengesellschaften maßgebliche Regelung des § 15 Abs. 1 Satz 1 Nr. 2 EStG. Danach sind stark vereinfacht Gewinne auf Ebene der Gesellschaft eben nicht dieser Gesellschaft alleine zuzuordnen, sondern es erfolgt eine Zuweisung dieses Ergebnisses an die mitunternehmerisch tätigen Gesellschafter.[873] Der Gesellschaft kommt insoweit nur eine partielle Steuerrechtssubjektivität[874] zu. Sie ist damit zwar insoweit Subjekt der Ertragssteuer, als es um die Qualifikation und Bestimmung in der gesamthänderischen Verbundenheit erzielten Einkünfte geht.[875] Steuerpflichtig und damit Subjekt der Ertragssteuer sind allerdings nur die an der Gesellschaft mitunternehmerisch beteiligten Gesellschafter.[876] Auf Grund dieser steuerlichen Transparenz der Personengesellschaft in Zusammenhang mit der Regel des § 15 Abs. 1 Satz 1 Nr. 2 EStG hat sich der Gesetzgeber entschieden auch für Zwecke des Bewertungsverfahrens von einer Transparenz dieser Gesellschaftsform auszugehen. Dies wird daran deutlich, dass § 97 Abs. 1 Nr. 5 BewG explizit auf § 15 Abs. 1 Satz 1 Nr. 2 EStG verweist.

(bb) Selbstständige schenkungsteuerliche Subjektivitätsermittlung

Daraus aber einen Rückschluss auf eine ebenso anzunehmende schenkungsteuerliche Transparenz der Personengesellschaft zu

873 Zur Gewinnermittlung bei Personengesellschaften *Bode* in Blümisch EStG, § 15 Rn. 236; *Birk*, Steuerrecht, S. 325; *Best*, DStR 1991, 1545.

874 BFH, Beschluss vom 25.06.1984 – GrS 4/82, BStBl II 1984, 751; *Bode* in Blümisch EStG, § 15 Rn. 236; *Ley*, UbG 2011, 274 m.w.N.

875 *Birk*, Steuerrecht, S. 325; *Hey* in Tipke/Lang, Steuerrecht, § 18 Rn. 11.

876 *Bippus*, DStR 1998, 749 [751].

ziehen, würde die Reichweite der Auswirkungen bewertungsrechtlicher Vorschriften sprengen. Zwar sind die Vorschriften des BewG grundsätzlich als allgemeine Regeln für sämtliche durch Finanzbehörden verwalteten öffentlich-rechtlichen Abgaben anzuwenden. Doch sind dabei jeweils die Besonderheiten der Einzelgesetze zu beachten.[877] Zudem erscheint es überspannt, aus dem Aufgreifen eines ertragsteuerlich angelehnten Regelungsmechanismus – gemeint ist § 15 Abs. 1 Satz 1 Nr.2 EStG -, auf die grundlegende Frage der Rechtssubjektivität der Personengesellschaft innerhalb des ErbStG zu schließen. Dafür spricht auch, dass der wesentliche Unterschied zwischen Ertragsteuer und Erbschaftsteuer darin begründe liegt, dass es für letztere Steuer gerade nicht auf eine Tätigkeit der Gesellschafter am Markt ankommt, sondern die Erfassung einer wirtschaftlichen Bereicherung im Vordergrund steht.[878] Diese Bestimmung der wirtschaftlichen Bereicherung hängt, wie gezeigt wird, wesentlich von der Bestimmung der zivilrechtlichen Vermögens- und damit Bereicherungszuordnung ab. Folglich kann aus der bewertungsrechtlichen dogmatischen Einstufung der Personengesellschaft kein zwingender Rückschluss auf eine mögliche Rechtsfähigkeit der Personengesellschaft für Zwecke des ErbStG erfolgen.

bb) Historische Entwicklung

Ist somit nicht alleine aus der bewertungsrechtlichen Einstufung der Personengesellschaft ein Rückschluss auf die Rechtssubjektivität der Personengesellschaft innerhalb des ErbStG möglich, erfolgt

877 Vgl. beispielsweise den Regelungsmechanismus des § 12 ErbStG.

878 Grundlegend zur Vergleichbarkeit von EStG und ErbStG und dennoch bestehenden Unterschieden dieser Regelungsbereiche, *Seer* in Tipke/Lang, Steuerrecht, § 13 Rn. 193ff.; zur Auswirkung von § 15 Abs. 1 Satz 1 Nr. 2 ErbStG auf die Frage der schenkungsteuerlichen Subjektivität der Personengesellschaft, *Lehmann*, Gesellschaftsrechtliche Gestaltungen, S. 72ff.

zur Verdeutlichung der Entwicklung der Rechtssubjektivität von Personengesellschaften eine chronologische Darstellung der zu dieser Frage vertretenen Auffassungen.

Betrachtet man die Entscheidungen des Bundesfinanzhofs zur Frage der Subjektivität der Gesamthand wird keine klare Linie deutlich.[879] Zunächst ging die finanzgerichtliche Rechtsprechung davon aus, dass die Gesamthand selbst Subjekt der Schenkungsteuer[880] sei.[881] Der Reichsfinanzhof war der Auffassung, dass die Gesamthand Erwerberin als auch Schenkerin sein konnte, da die Gesamthand als solche gegenüber ihren Gesellschaftern vermögensmäßig verselbstständigt sei.[882] Diese Auffassung gab der Reichsfinanzhof mit Urteil vom 12. Juni 1928 auf.[883] Er führte an, dass bei einer Schenkung von der Gesellschaft an Dritte, nicht die Gesellschaft selbst, sondern die Gesellschafter nach Maßgabe ihrer Beteiligungsverhältnisse Schenker seien.[884] Maßgeblich stützte der Reichsfinanzhof und nachfolgend der Bundesfinanzhof[885] seine Auffassung auf § 80 Abs. 2 RAO[886] wonach eine anteilige Vermögenszuständigkeit der Gesellschafter begründet sei. Folge dieser Annahme einer Transparenz der Gesellschaft waren mehrere (anteilige) Schenkungen an die Gesellschafter. Zudem konnten verwandtschaftliche Näheverhältnisse berücksichtigt werden. Insgesamt führte eine solche Annahme demnach zu einer erhebli-

879 *Hartmann*, ErbStB 2011, 341 [345] spricht von einer „*wechselvollen Rechtsprechung*“ des RFH und BFH.

880 Der Begriff wird als Synonym für Erbschafts- und Schenkungsteuer verwendet.

881 RFH, Urteil v .02.10.1919 – II A 244/19, RFHE 1, 197, RFH Urteil v. 27.09.1922 – VI A 194, StuW 1922, 1123.

882 RFH, Urteil v. 02.10.1919 – II A 244/19, RFHE 1, 197.

883 RFH, Urteil v. 12.06.1928 – V e A 242/28, RFHE 23, 282.

884 RFH, ebenda.

885 BFH, Urteil v. 22.06.1960 – II R 256/57, BStBl II 1960, 358.

886 Nachfolgeregelung von § 80 Abs. 2 RAO ist § 39 Abs. 2 AO 1977, vgl. *Ebeling*, BB 1989, 1865.

chen Reduzierung einer Belastung mit Schenkungsteuer bei einer Schenkung von oder an eine Personengesellschaft.

Als „Vertreibung aus dem Paradies“[887] mutete daher der erneute Wechsel der Rechtsauffassung an, als der Bundesfinanzhof im Jahr 1988 entschied, dass nunmehr doch von einer Rechtssubjektivität der Gesamthand für Zwecke des ErbStG auszugehen sei.[888] Der Zweite Senat ging von einer Steuerschuldnerschaft der Gesellschaft selbst aus. Für die Feststellung einer steuerrechtlichen Bereicherung habe eine Auslegung nach steuerrechtlichen Grundsätzen zu erfolgen. Da im Rahmen der Prüfung einer Bereicherung eine Maßgeblichkeit des Zivilrechts vorherrsche, könne Bereicherter nur diejenige Person sein, die auch (zivil-)rechtlich bereichert sei.[889] Eine unmittelbare Bereicherung in diesem Sinne könne auf Grund einer zivilrechtlichen Selbstständigkeit der Gesellschaft in vermögensmäßiger Sicht ausschließlich auf Ebene des Gesellschaftsvermögens erfolgen. Zudem spreche die Regelung von § 2 Abs. 1 Nr. 1 lit. d) ErbStG für eine Subjektfähigkeit der Gesamthandsgesellschaft. Erwerber oder Schenker im Sinne des Schenkungsteuerrechts könne nach dieser Vorschrift jeder Inländer sein. Auf Grund der Fiktion von § 2 Abs. 1 Nr. 1 lit. d) ErbStG gelten auch Personenvereinigungen mit Sitz oder Geschäftsleitung im Inland als Inländer.[890] Eine solche Personenvereinigung sei unstreitig auch eine BGB-Gesellschaft.[891] Da eine einheitliche Benutzung der Begriffe innerhalb von § 2 und § 20 ErbStG zu erfolgen habe, sei von der Steuerschuldnerschaft der Gesellschaft selbst auszugehen.[892]

887 *Petzoldt*, MittRhNotK 1989, 190.

888 BFH, Urteil v. 07.12.1998 – II R 150/85, BStBl II 1989, 237 [238].

889 BFH ebenda.

890 Vgl. *Hollatz*, DStR 1995, 589 [591].

891 BFH, Urteil v. 07.12.1998 – II R 150/85, BStBl II 1989, 237 [238].

892 BFH, Urteil v. 07.12.1998 – II R 150/85, BStBl II 1989, 237 [238].

cc) Gegenwärtige Auffassung

Innerhalb der Darstellung der aktuellen Ansicht zur Rechtssubjektivität der Personengesellschaft im Rahmen des Anwendungsbereichs des ErbStG erfolgt zunächst ein Überblick über die Rechtsprechung des Bundesfinanzhofs, anschließend eine Würdigung anderer finanzgerichtlicher Urteile. Zuletzt wird auf die in diesem Kontext vertretenen Ansicht in der Literatur abgestellt, bevor eine eigene Ansicht samt Begründungsversuche vermittelt wird.

(aa) Rechtsprechung des BFH

Auch von der zuletzt genannten Ansicht ist der Bundesfinanzhof mittlerweile abgerückt. In seiner Entscheidung vom 14. September 1994 hat er festgestellt, dass Erwerber einer Schenkung ausschließlich die Gesamthänder sein können.[893] Dies folge aus einer mangelnden rechtlichen Verselbstständigung der Gesamthand. Nicht ihr, sondern den Gesamthändern sei das Vermögen zuzuordnen. In den Ausführungen, die dogmatisch auf der traditionellen Gesamthandslehre beruhen, führt der Bundesfinanzhof aus, dass die Frage, wer schenkungsteuerlich Erwerber ist, nicht (allein) danach beantwortet werden kann, wer als Beschenkter an der zivilrechtlichen Schenkung beteiligt ist:

> *„Vielmehr bedarf es einer eigenständigen schenkungsteuerrechtlichen Prüfung, wer als Bedachter (Erwerber) durch die freigebige Zuwendung auf Kosten des Zuwendenden bereichert wurde. Ist eine Gesamthandsgemeinschaft (OHG, KG, GbR) zivilrechtlich als Beschenkte am Schenkungsvorgang bereichert, ergibt die eigenständige schenkungsteuerliche Prüfung, daß nicht die Gesamthand, sondern die Gesamthänder […] als bereichert anzusehen sind. Dies folgt aus der Regelung in § 718 BGB, wonach das Gesellschaftsvermögen gemeinschaftliches Vermögen der Gesellschafter, und nicht etwa Vermögen der Ge-*

893 BFH, Urteil v. 14.09.1994 – II R 95/92, BStBl II 1995, 81.

> *sellschaft ist. Die Personengesellschaft ist von der Persönlichkeit der Gesellschafter nicht zu trennen; die Gesellschafter sind selbst Träger der gesamthänderischen Rechten und Pflichten. [...] Erwerber und damit Steuerschuldner i.S. von § 20 ErbStG [...] sind die Gesamthänder.*"[894]

Eine abweichende Beurteilung folge auch nicht aus der Teilrechtsfähigkeit von Personengesellschaften. Von dieser Teilrechtsfähigkeit seien lediglich Rechtsverhältnisse zwischen der Gesellschaft und Dritten, nicht aber Beziehungen zu den Gesellschaftern betroffen.[895] Nachdem mit dieser Entscheidung eine Transparenz der Gesellschaft auf Erwerberseite festgelegt wurde, entschied der Zweite Senat im Anschluss, dass die entwickelten Grundsätze auch für den Fall eines schenkweisen Erwerbs von einer Personengesellschaft Anwendung finden.[896]

Insgesamt fällt auf, dass der Bundesfinanzhof offensichtlich keinen Gleichlauf mit der Auffassung zur Rechtsfähigkeit der Gesamthand des Bundesgerichtshofs für zwingend erforderlich ansieht. Während der Bundesgerichtshof erst im Jahre 2001 im Wesentlichen der modernen Gesamthandslehre gefolgt ist und die (Außen-)Gesellschaft bürgerlichen Rechts als (teil-)rechtsfähig ansieht[897], hatte der Bundesfinanzhof schon 1988 entschieden, dass die Gesamthandsgesellschaft selbst Steuerschuldner im Sinne von § 20 ErbStG sei.[898] Während die Ansicht des Bundesgerichtshofs im Zivilrecht mittlerweile als absolut gefestigt anzusehen ist[899],

894 BFH, Urteil v. 14.09.1994 – II R 95/92, BStBl II 1995, 81.

895 BFH ebenda.

896 BFH, Urteil v. 15.07.1998 – II R 82/97, BStBl II 1998, 630.

897 BGH, Urteil v.29.01.2001 – II ZR 331/00, NJW 2001, 1056.

898 BFH, Urteil v. 07.12.1988 – II R 150/85, BStBl II 1989, 237.

899 Gegen die Rechtsfähigkeit der GbR immer noch *Beuthien*, JZ 2003, 715, *ders.* NZG 2011, 161, sowie *ders.* NZG 2011, 481, der die Ansicht vertritt, dass die Anerkennung der Rechtsfähigkeit keine bedeutsamen Vorteile für Praxis und Wissenschaft gebracht hat.

hat der Bundesfinanzhof im Nachgang an seine Entscheidung aus dem Jahre 1988 -aber noch vor der maßgeblichen Entscheidung des Bundesgerichtshofs in 2001- bereits am 14. September 1994 entschieden, dass die Gesamthandsgesellschaft selbst weder Erwerber noch Schenker im Sinne des ErbStG sein könne.[900] Seit Anerkennung der Rechtsfähigkeit der Gesellschaft bürgerlichen Rechts durch den Bundesgerichtshof hat der Bundesfinanzhof soweit ersichtlich nicht die Möglichkeit zur Stellungnahme, ob er gedenkt, diese Auffassung in das ErbStG zu transferieren.[901]

Zuletzt hatte sich der Bundesfinanzhof mit der Frage einer Antragsbefugnis einer Personengesellschaft gegen einen Festsetzungsbescheid zu beschäftigen.[902] In dem dieser Entscheidung zu Grunde liegenden Sachverhalt wurden Anteile einer grundbesitzenden Personengesellschaft auf Dritte im Wege einer Schenkung übertragen. Die Finanzbehörde erlies gegenüber diesen Dritten Steuerbescheide in denen der Wert des Grundbesitzes festgestellt wurde. Gegen diesen Bescheid wehrte sich die Personengesellschaft.[903] Nach Auffassung des Bundesfinanzhofs habe die Personengesellschaft keine hinreichende Antragsbefugnis. Eine solche habe bei einem Vorgehen gegen einen Feststellungsbescheid, in

900 BFH, Urteil v. 13.09.1994 – II R 95/92, BStBl II 1995, 81; mit der Entscheidung v. 15.07.1998 – II R 82/86, BStBl II 1998, 630 hat der BFH nochmals verdeutlicht, dass bei einer Schenkung durch die Gesamthand ausschließlich die Gesellschafter als Schenker anzusehen sind. Dennoch scheint auch der BFH mittlerweile bemerkt zu haben, dass Vermögen auch und ausschließlich einer Gesamthandsgemeinschaft zustehen kann, vgl. BFH, Urteil v. 04.02.2009 – II R 41/07, BStBl II 2009, 600.

901 Vgl. *Richter* in Viskorf/Knobel/Schuck, ErbStG § 20 Rn. 5; zumindest vor Anerkennung der Rechtsfähigkeit der GbR folgten die Finanzgerichte der Auffassung des BFH widerspruchslos, vgl. FG Rheinland Pfalz, EFG 1999, 1089 [1090]; FG Münster, EFG 1995, 1003; zeitlich das erste Urteil diesbezüglich nach der Entscheidung des BGH, FG Nürnberg, DStRE 2002, 576.

902 BFH, Beschluss v. 29.01.2010 – II B 143/09, BFH/NV 2010, 842.

903 Vgl. zum Sachverhalt Vorinstanz zu FN 903, FG Düsseldorf, DStRE 2010, 1068.

dem für Zwecke der Schenkungsteuer ein Grundbesitzwert gesondert festgestellt wird, nur derjenige, gegen den Schenkungsteuer festgesetzt werden kann. Da aber gerade die Anteile an der Personengesellschaft Gegenstand der freigebigen Zuwendung waren, könne die Personengesellschaft weder Erwerber noch Schenker im Sinne von § 20 ErbStG sein.[904] Betrachtet man diese Entscheidung, so war nicht entscheidend, ob der Bundesfinanzhof eine Rechtssubjektivität annimmt oder nicht. Denn übertragen wurden nur Anteile an der Gesellschaft. Hätte der Bundesfinanzhof eine Rechtssubjektivität der Gesamthand annehmen wollen, wäre es ihm im Rahmen eines obiter dictum allerdings möglich gewesen, seine gegenwärtige Ansicht zu dieser Frage mitzuteilen. Da dies nicht geschehen ist, ist aktuell davon auszugehen, dass nach Ansicht des Bundesfinanzhofs eine Gesamthandsgesellschaft weder Erwerber noch Schenker im Sinne von § 20 ErbStG sein kann.[905]

(bb) FG-Rechtsprechung

Ebenfalls in einem obiter dictum führt das Finanzgericht Hessen aus, dass abweichend von der Vermögenszuordnung einer Kapitalgesellschaft das (Gesamthands-)vermögen den Gesamthändern und nicht der Gesellschaft zustehe.[906] Das Gericht verweist zur Begründung pauschal auf § 718 BGB.[907] Somit scheint eine Fortführung der Rechtsprechung des Bundesfinanzhofs zur erbschaft- und schenkungsteuerlichen Transparenz auch nach Anerkennung

904 BFH, Beschluss v. 29.01.2010 – II B 143/09, BFH/NV 2010, 842.

905 *Hartmann*, ErbStB 2011, 341 [344f.] deutet aber an, dass innerhalb der Finanzverwaltung eine Vorbereitung dahingehend erfolgt, dass auch Personengesellschaften als Rechtsubjekte an Vorgängen des Schenkungsteuerrechts beteiligt sein können.

906 FG Hessen, Urteil v. 10.06.2008–1 K 4127/04, BeckRS 2008, 26025588.

907 FG Hessen ebenda.

der zivilrechtlichen Rechtsfähigkeit der Gesellschaft bürgerlichen Rechts zu erfolgen.

In diesem Sinne ist auch eine Entscheidung des Finanzgerichts Baden-Württemberg zu verstehen.[908] Das Gericht führt aus, bei einer Grundstücksschenkung an eine Kommanditgesellschaft seien unabhängig von dem Umstand, dass zivilrechtlich die Gesamthand durch die Schenkung bereichert ist, für Zwecke der Schenkungsteuer alleine die einzelnen Gesamthänder vermögensmäßig bereichert. Die Feststellung der Bereicherung der Gesamthänder erfolge dabei nach dem Verhältnis der Beteiligung am Vermögen der Gesamthand.[909] Eine gegen dieses Urteil gerichtete Nichtzulassungsbeschwerde wurde durch den Bundesfinanzhof als unbegründet zurückgewiesen.[910]

Zur Frage einer erbschaft- und schenkungsteuerlichen Transparenz einer Personengesellschaft ist zudem die Entscheidung des Finanzgerichts Köln vom 16. November 2011 zu erwähnen.[911] Das Finanzgericht Köln hatte zu entscheiden, ob ein Halten einer Beteiligung an einer Kapitalgesellschaft über eine vermögensverwaltende Personengesellschaft als unmittelbare Beteiligung nach § 13a Abs. 4 Nr. 3 ErbStG a.F. anzusehen ist. Während die Finanzverwaltung die Beteiligung der Personengesellschaft nicht nur zivilrechtlich, sondern auch wirtschaftlich zuordnete, beurteilte das Finanzgericht Köln den Sachverhalt abweichend. Für die Beantwortung der Frage, wem ein Vermögensgegenstand für Schenkungs- oder Erbschaftsteuerzwecke zuzurechnen sei, sei nicht allein die zivilrechtliche Würdigung entscheidend.[912] Vielmehr folge aus dem Verhältnis von Zivilrecht und Schenkungsteuerrecht keine zwingende Prävalenz des Zivilrechts.

Das Gericht begründet:

908 FG Baden-Württemberg, EFG 2011, 2178.

909 FG Baden-Württemberg ebenda.

910 BFH, Beschluss v. 24.09.2010 – II B 37/10, nicht veröffentlicht.

911 FG Köln, DStRE 2012, 429.

912 FG Köln, DStRE 2012, 429 [432f.].

> *„Denn auch wenn es sich bei den Erwerbs- und Zuwendungsvorgängen, die Regelungsgegenstand der Erbschaft- und Schenkungsteuer sind, um zivilrechtlich geregelte Vorgänge des Rechtsverkehrs handelt, schließt es dies nicht aus, dass die zivilrechtlichen Gestaltungen und Begriffe nach den steuerrechtlichen Bedeutungszusammenhängen selbständig interpretiert werden können und müssen.“*[913]

Alleine bei der Bestimmung ob und zu wessen Gunsten ein Vermögensübergang vorliegt, sei ausschließlich auf die Zivilrechtslage abzustellen.[914] Auch die Regelung von § 39 Abs. 2 Nr. 2 AO spreche für eine anteilsmäßige Zurechnung von Wirtschaftsgütern, so dass eine Transparenz der Personengesellschaft für Zwecke von § 13a Abs. 4 Nr. 3 ErbStG a.F. anzunehmen sei.

Soweit ersichtlich, scheint sich innerhalb der finanzgerichtlichen Rechtsprechung lediglich das Finanzgericht Münster nicht mit der erbschaft- und schenkungsteuerlichen Transparenz von Gesamthandsgesellschaften abgefunden zu haben.[915] So nahm das Gericht nicht nur eine zivilrechtliche Erbfähigkeit eines nichtrechtsfähigen Vereins an. Es stellte darüber hinaus auch eine schenkungsteuerliche Bereicherung des Vereins selbst fest. Das Vereinsvermögen stehe nicht den einzelnen Vereinsmitgliedern zur gesamten Hand zu, sondern der Verein selbst sei Vermögensträger.[916] Auf Grund der körperschaftlichen Struktur des nicht rechtsfähigen Vereins stehe dieser Verein dem rechtsfähigen Verein näher als der BGB-Gesellschaft, so dass § 718 BGB jedenfalls für den vorliegenden Sachverhalt nicht einschlägig sei.[917] In der Literatur wird diese Entscheidung als Kritik an der Rechtsprechung des Bundesfinanzhofs empfunden, so dass eine Änderung der

913 FG Köln, DStRE 2012, 429 [432].

914 FG Köln, ebenda.

915 FG Münster, EFG 2007, 1037 [1038].

916 FG Münster ebenda.

917 FG Münster ebenda.

Rechtsprechung zur Rechtsfähigkeit der Personengesellschaften im ErbStG nicht ausgeschlossen ist.[918] Andere sehen in dem Urteil des Finanzgerichts Münster keinen Widerspruch zur Rechtsprechung des Bundesfinanzhofs, da die Frage der erbschaft- und schenkungsteuerlichen Transparenz in Bezug auf einen nicht rechtsfähigen Verein trotz der Regelung des § 54 BGB anders zu beurteilen sei, als im Hinblick auf eine BGB-Gesellschaft.[919] Gegen eine (mittelbare) Vermögenszuständigkeit der Vereinsmitglieder spreche schon, dass die Vereinsmitglieder im Falle eines Ausscheidens keinen Abfindungsanspruch gegenüber dem Verein inne haben.[920] Zudem zeige das Finanzgericht selbst, dass es zwischen einem nicht rechtsfähigen Verein und einer BGB-Gesellschaft eine Unterscheidung als angebracht ansieht.[921]

(cc) Auffassung in Literatur

In der Literatur wird weitgehend dem Ergebnis der aktuellen Rechtsprechung der Finanzgerichte gefolgt.[922] So wird insbesondere die durch die Verneinung der Rechtssubjektivität der Gesamthand verminderte Steuerbelastung der einzelnen Gesellschafter begrüßt.[923] Hinsichtlich der Begründung seiner Rechtsauffassung erntet der Bundesfinanzhof aber zu großen Teilen Kritik.[924] Soweit

918 *Geck/Messner*, ZEV 2007, 373 [377].

919 *Fischer*, jurisPR-SteuerR 17/2007, Anm. 4.

920 *Fischer*, ebenda.

921 *Fischer*, ebenda.

922 Vgl. *Gebel*, DStR 1996, 685, *Schuck*, DNotZ 1995, 300; *Wohlschlegel (Daragan)*, ZEV 1998, 367; aktuell *Höne*, NWB-Ev 2011, 135 [139]; dies. UVR 2012, 10 [15]; *Gebel* in Troll ErbStG, § 20 Rn. 30ff.; a.A. *Hollatz*, DStR 1995, 589, kritisch *Hartmann*, DB 1996, 2250.

923 *Schuck*, DNotZ 1995, 300 [301]; *Wohlschlegel*, ZEV 1998, 367.

924 *Schuck*, DNotZ 1995, 300 [301] kritisiert, dass der Wechsel der Rechtsprechung ohne inhaltliche Auseinandersetzung mit der vorherigen Auf-

der Bundesfinanzhof seine Auffassung auf § 718 BGB stützt, sei diese Auffassung gegenwärtig nicht mehr haltbar.[925] Inhaltlich habe der Bundesfinanzhof stark ergebnisorientiert entschieden, ohne eine dogmatisch überzeugende Begründung zu liefern. [926] In letzter Zeit sind aber Stimmen zu vernehmen, die eine Gleichbehandlung von Kapital- und Personengesellschaften fordern.[927] Es wird gefordert, dass der Bundesfinanzhof „Farbe bekennen muss", ob er weiterhin eine dahingehende Prävalenz des Zivilrechts leugnen will oder ob auch innerhalb des Schenkungsteuerrechts von einer Rechtssubjektivität der zivilrechtlich rechtsfähigen Gesamthandsgemeinschaften auszugehen ist.[928] Teilweise wird sogar vertreten, dass durch die Rechtsunsicherheit zur Frage der Rechtssubjektivität der Personengesellschaft der Gesetzgeber nach Art. 20 Abs. 3 GG gehalten sei, Stellung zu nehmen.[929]

dd) Stellungnahme

Will man die Frage der Rechtssubjektivität einer Gesamthandsgesellschaft innerhalb des ErbStG beantworten, so ist zunächst zu beachten, dass eine solche nur dann vorliegen kann, wenn zivil-

---

fassung des Senats erfolgte; ebenso *Hollatz*, DStR 1995, 589; *Meincke* ErbStG, § 1 Rn. 6ff.; *Gebel* in Troll ErbStG, § 20 Rn. 34.

925 *Meincke* ErbStG,§ 1 Rn. 6ff.; *Hartmann*, DB 1996, 2250. [2253]; *ders.* ErbstB 2011, 341 [344f.]; *Lehmann*, Gesellschaftsrechtliche Gestaltungen, S. 62ff.

926 *Hartmann*, DB 1996, 2250 [2253], *ders.* UVR 2001, 93 [94]; *Kobor*, Auslegung ErbStG, S. 198.

927 *Fischer* in Fischer/Jüptner ErbStG, § 7 Rn. 130; *Hartmann*, ErbStB 2011, 341 [344ff.].

928 *Hartmann*, ErbStB 2011, 341 [345].

929 *Fischer* in Fischer/Jüptner ErbStG, § 7 Rn. 130.

rechtlich von einer Rechtsträgerschaft ausgegangen werden kann.[930] Dies bedeutet aber nicht, dass aus einer zivilrechtlichen Rechtsfähigkeit per se auf eine Subjektivität der Gesamthandsgesellschaft für Zwecke des Erbschaft- und Schenkungsteuerrechts geschlossen werden kann. Geht man von der allgemein anerkannten zivilrechtlichen Rechtsfähigkeit der Personengesellschaften aus, so ist es zumindest nicht ausgeschlossen, dass diesen auch innerhalb des ErbStG Rechtssubjektivität zugeschrieben werden kann.

(aa) Maßgebliche Vermögenszuordnung

Für die Frage, ob auch die Gesamthand selbst als Rechtssubjekt bereichert[931] im Sinne von § 7 Abs. 1 Nr. 1 ErbStG sein kann, dürfte die Vermögenszuordnung im Verhältnis zwischen Gesamthand und Gesamthändern entscheidend sein.[932] Bei der Abgrenzung der Vermögenszuordnung auch für Zwecke der Erbschaft- und Schenkungsteuer gilt dabei eine zivilrechtliche Prävalenz.[933] Als Teil der Bestimmung einer Bereicherung für Zwecke des ErbStG unterliegt die Zuordnung des Vermögens einer zivilrechtlichen Maßgeblichkeit.[934] Bedachter im Sinne des § 7 Abs. 1 Nr. 1 ErbStG ist das

930 BFH, Urteil v. 20.11.1979 – VII R 97/77, BStBl II 1980, 301; *Gebel*, BB 1993, 706; *Hollatz*, DStR 1995, 589 [591].

931 Die Rechtssubjektivität der Gesamthandsgesellschaft soll lediglich am Beispiel einer Bereicherung verdeutlich werden. Die Ausführungen gelten entsprechend bei einer Entreicherung der Gesellschaft. Es macht für die Rechtssubjektivität einer Personengesellschaft keinen Unterschied, ob sie auf Seiten des Schenkers oder des Erwerbers steht.

932 Vgl. *Lehmann*, Gesellschaftsrechtliche Gestaltungen, S. 62.

933 FG Köln, DStRE 2012, 429; *Hartmann*, ErbStB 2011, 341 [344ff.].

934 In Bezug auf eine Beteiligung einer Kapitalgesellschaft an einer Schenkung stellt der BFH klar, dass es *„für die Frage, wer an einer freigebigen Zuwendung i.S. des § 7 Abs. 1 Nr. 1 ErbStG beteiligt ist, alleine auf die Zivilrechtslage und nicht darauf ankomme, wem nach wirtschaftlicher Betrachtungsweise Vermögen oder Einkommen zuzurechnen sei"*, BFH Urteil

Rechtssubjekt, dessen Vermögen durch die freigebige Zuwendung eine Bereicherung erfährt.[935] Allein durch die Erfassung der zivilrechtlich bestimmten Bereicherung erfolgt durch die Regelungen des ErbStG eine Besteuerung einer Steigerung der wirtschaftlichen Leistungsfähigkeit.[936] Geht man von einer Fähigkeit der Personengesellschaft aus, selbstständig Trägerin eines Vermögens zu sein, führt dies dazu, dass durch eine Zuwendung an die Gesellschaft oder bei einer Zuwendung durch die Gesellschaft alleine das Vermögen der Gesellschaft unmittelbar berührt ist. Dann ist aber folgerichtig auch von einer schenkungsteuerlichen Subjektfähigkeit der Personengesellschaft auszugehen.

(bb) Keine Auswirkung schenkungsteuerlicher Besonderheiten

Auch soweit der Bundesfinanzhof neben der grundsätzlichen Maßgeblichkeit des Zivilrechts eine eigene schenkungsteuerliche Prüfung verlangt[937], ändert dies nichts an einer Rechtssubjektivität zivilrechtlich rechtsfähiger Gesamthandsgesellschaften. Mit dieser gesonderten schenkungsteuerlichen Prüfung versucht der Bundesfinanzhof losgelöst von einem Dogma des Zivilrechts einen Vorrang wirtschaftlicher Vermögenszuordnung zu statuieren. Bei der Bestimmung einer schenkungsteuerrechtlichen Zuordnung des Gesellschaftsvermögens und somit einer maßgeblichen Bereicherung kann es nicht alleine ausreichend sein, dass einem Gesellschafter wirtschaftlich das Gesamthandsvermögen zusteht.

v. 09.12.2009 – II R 28/08, BStBl 2010, 566; vgl. BFH Urteil v. 07.11.2007 – II R 28/06, BStBl II 2008, 258.

935 *Lehmann*, Gesellschaftsrechtliche Gestaltungen, S. 62.

936 Vgl. die ausführliche Darstellung zur Steigerung der wirtschaftlichen Leistungsfähigkeit als Bemessungsgrundlage innerhalb der Erbschafts – und Schenkungsteuer in *Birnbaum*, Leistungsfähigkeitsprinzip und ErbStG, S. 31ff.; *Gebel* in Troll ErbStG, § 10 Rn. 1ff.; *Meincke* ErbStG, § 10 Rn. 5.

937 BFH, Urteil v. 14.09.1994 – II R 95/92, BStBl II 1995, 81; BFH, Urteil v. 25.10.1995 – II R 67/93 , BStBl II 1996, 160.

Wirtschaftlich ist in diesem Zusammenhang dergestalt zu verstehen, dass damit die über die Mitgliedschaft vermittelte Teilhabe am Gesamthandsvermögen gemeint ist.[938] Neben der zuvor dargestellten Maßgeblichkeit des Zivilrechts bei der Bestimmung der Bereicherung ist allgemein anerkannt, dass alleine ein Übergang des wirtschaftlichen Eigentums als mittelbare Vermögensverschiebung für einen substantiellen Vermögensübergang i.S.d. § 7 Abs. 1 Nr. 1 ErbStG nicht ausreicht.[939] Es bedarf darüber hinaus einer Erlangung einer zivilrechtlich wirksamen und abgrenzbaren Rechtsposition, will man nicht generelle Grundlagen des Schenkungsteuerrechts leugnen. Reicht eine mittelbare Teilhabe an einer Vermögensveränderung auch unter Beachtung von schenkungsteuerlichen Besonderheiten nicht aus, führen diese Besonderheiten nicht zu einem abweichenden Ergebnis.

(cc) Obligatorische unmittelbare Vermögenssteigerung

Versucht man eine eigenständige schenkungsteuerliche Prüfung der Person des Bereicherten, so ist bei dieser Prüfung zu beachten: Innerhalb gesellschaftsrechtlicher Leistungsbeziehungen kann eine Bereicherung nur dann angenommen werden, wenn es zu einer unmittelbaren Bereicherung des Rechtssubjekts kommt.[940] Nicht ausreichend ist eine mittelbare Bereicherung von Gesellschaftern, die sich lediglich als Annex ihrer mitgliedschaftlichen Stellung er-

---

938 So begründet der BFH eine Zuordnung des Gesellschaftsvermögen zugunsten der Gesellschafter aus § 718 BGB, vgl. BFH, Urteil v. 13.09.1994 – II R 95/92, BStBl II 1995, 81.

939 BFH, Urteil v. 10.11.1982 – II R 111/80, BStBl. II 1983, 116; BFH, Urteil v. 22.09.1982 II R 61/80, BStBl. II 1983, 179; BFH, Beschluss v. 01.02.2001 – II B 15/00, BFH/NV 2001, 1265; BFH, Urteil v. 09.07.2009 II R 47/07, BStBl. II 2010, 74; *Gebel* in Troll ErbStG, § 9 Rn. 85ff.; *Meincke* ErbStG, § 9 Rn. 44.

940 BFH, Urteil v. 09.12.2009 – II R 28/08, BStBl II 2010, 566 m.w.N; *Kobor*, Auslegung im ErbStG, S. 189ff.

gibt.[941] Dieses Erfordernis einer unmittelbaren Bereicherung hat den Gesetzgeber erst zur Schaffung eines neuen Schenkungstatbestands innerhalb von § 7 ErbStG bewegt. Gemeint ist damit die Fiktionsnorm des § 7 Abs. 8 ErbStG.[942] Die Problematik einer erforderlichen unmittelbaren substantiellen Vermögenszuwendung bei Einschaltung von Gesellschaften ist dem Schenkungsteuerrecht nicht fremd und stellte sich beispielsweise bei einer disquotalen Einlage eines Gesellschafters einer Kapitalgesellschaft. Eine Schenkung an die Gesellschaft scheiterte unter dem Gesichtspunkt der Veranlassung im Gesellschaftsverhältnis.[943] Dadurch lag keine objektive Unentgeltlichkeit der Zuwendung des Gesellschafters an die Gesellschaft vor.[944] Die übrigen Gesellschafter erfuhren durch die disquotale Einlage eine Wertsteigerung ihrer Anteile zwar einen Vermögenszuwachs.[945] Allerdings mangelte es bei dieser Erhöhung des Vermögens zugunsten der übrigen Gesellschafter an einer substantiellen Vermögensverschiebung im Verhältnis der Gesellschafter untereinander.[946] Der Wertzuwachs der Gesellschaftsbeteiligungen stellte sich lediglich als „wirtschaftlicher Reflex" dar. Zivilrechtlich wurde keine gesonderte Rechtsposition übertragen. Ein Automatismus, der eine Wertsteigerung bereits im Vermögen befindlicher

---

941 *Hartmann*, DB 1996, 2250 [2255].

942 Eingeführt durch BeitrRlUmsG v. 07.12.2011, BGBl I 2011, 2592.

943 BFH, Urteil v. 01.07.1992 – II R 70/88, BStBl 1992, 921; BFH, Urteil v. 25.08.2008 – II R 28/02, DStR 2006, 178; *Milatz/Herbst*, ZEV 2012, 21; Mylich, ZEV 2012, 229 [230]; *Viskorf*, ZEV 2012, 442 [443].

944 BFH, Urteil v. 17.10.2007 – II R 63/05, BStBl II 2008, 381.

945 BFH, Urteil v. 25.10.1995 – II R 67/93, BStBl II 1996, 160; BFH, Urteil v. 09.12.2008 – II R 28/08, BStBl II 2010, S. 566; handelsrechtlich relevante Vorschrift zur Kapitalrücklage, die die Einlage erfasst, ist § 272 Abs. 1 Nr. 1, 4 HGB.

946 Zuletzt BFH, Urteil v. 09.12.2008 – II R 28/08, BStBl II 2010, S. 566; *Fischer*, ZEV 2012, 77 [84] spricht insoweit von einem „geeigneten Zuwendungsgegenstand".

Wirtschaftsgüter bewirkt, genügte aber nicht zur Annahme einer freigebigen Zuwendung im Verhältnis der Gesellschafter.[947]

Auf Grund dieser Auffassung des Bundesfinanzhofs[948] sah sich der Gesetzgeber zur Schließung von „Besteuerungslücken“[949] veranlasst durch das Betreibungsrichtlinie-Umsetzungsgesetz[950] mit Wirkung zum 14. Dezember 2011 u.a. die Regelung des § 7 Abs. 8 in das ErbStG einzufügen. Danach gilt jede Werterhöhung eines Gesellschaftsanteils[951], die auf Leistungen einer anderen Person gegenüber der Gesellschaft beruht, als Schenkung. Ähnlich wie der bereits beschriebene Tatbestand des § 7 Abs. 7 ErbStG arbeitet der Gesetzgeber in § 7 Abs. 8 ErbStG mit der Fiktion eines Schenkungstatbestands.[952] Dadurch soll das Nichteingreifen des allgemeinen Tatbestands des § 7 Abs. 1 ErbStG kompensiert werden.[953] Die Schenkung wird im Verhältnis zwischen dem Leistenden und

947 BFH, Urteil v. 09.12.2008 – II R 28/08, BStBl II 2010, 566.

948 Die Finanzverwaltung hatte sich dieser Auffassung des BFH zuletzt auch angeschlossen, vgl. gleichlautenden Erlass der obersten Finanzbehörden der Länder v. 20.10.2010, 3-S 3806/75, BStBl I 2010, 1207.

949 BT-Drs. 17/7524, S. 21.

950 BeitrRlUmsG v. 07.12.2011, BGBl I 2011, 2592.

951 Mit Gesellschaftsanteil ist der Anteil an einer Kapitalgesellschaft oder der an einer Genossenschaft gemeint, vgl. § 7 Abs. 8 Satz 3 ErbStG.

952 *Van Lishaut/Ebber/Schmitz*, Ubg 2012, 1 [3]; Hartmann, ErbStB 2012, 84 [86]; *Kahlert/Schmidt*, DStR 2012, 1208 [1209]; *Viskorf/Haag*, DStR 2012, 1166; *Haag/Jehlin*, Beihefter zu DStR 12/2012, 53; *Wälzholz*, GmbH-StB 2011, 340 [344] beschreibt § 7 Abs. 8 ErbStG als „Tatbestandsfiktion“;*Fischer*, ZEV 2012, 77 [80f.] sieht den Tatbestand von § 7 Abs. 8 ErbStG als „dogmatischen Fremdkörper“, will die Vorschrift deshalb eng verstanden wissen und sieht in der Regelung nur eine Fiktion eines geeigneten Bereicherungsgegenstandes. Ähnlich insoweit *Fuhrmann/Potsch*, NZG 2012, 681 [685].

953 Zu der Möglichkeit der Ausdehnung des § 7 Abs. 1 Nr. 1 ErbStG unter dem Rechtsgedanken des § 42 AO für offensichtliche Fälle einer disquotalen Einlage, vgl. Crezelius, ZEV 2011, 393 [395].

den Gesellschaftern fingiert.[954] Auf einen Willen zur Bereicherung soll es nicht ankommen.[955] Dies führt dazu, dass eine Schenkungsteuerpflicht für den Bedachten ausgelöst werden kann, ohne dass dies gewollt war, noch dass der Bedachte an dem Vorgang des Schenkers beteiligt war.[956]

Fragt man sich nun, was aus der Normierung des Tatbestands von § 7 Abs. 8 ErbStG für eine gesonderte schenkungsteuerliche Prüfung einer Bereicherung folgt, kann Folgendes festgehalten werden: Grundsätzlich ist aus dieser Norm zu erkennen, dass es weiterhin einer unmittelbaren und substantiellen Vermögensbewegung bedarf, um eine Schenkung im Sinne von § 7 Abs. 1 ErbStG annehmen zu können. Nur dort, wo durch die Fiktion einer Schenkung von diesem Erfordernis abgewichen wird, kann bereits eine mittelbare Wertsteigerung von Beteiligungen als wirtschaftlicher Reflex eines Handelns ausreichend sein, Schenkungsteuer auszulösen.

Betrachtet man die vorgebrachten Darstellungen, spricht viel dafür, einer Personengesellschaft für Zwecke des ErbStG Rechtssubjektivität zuzusprechen. Nimmt man eine solche Fähigkeit der Gesamthand auch für Zwecke der Erbschaft- und Schenkungsteuer an, kann die Gesellschaft selbst Erwerberin einer Schenkung im Sinne von § 7 ErbStG sein. Gleichzeitig erfährt nur die Personengesellschaft bei einer Schenkung eine unmittelbare Bereicherung. Eine daneben gleichzeitig verwirklichte mittelbare Bereicherung der Gesellschafter ist nicht ausreichend eine freigebige Zuwendung im Sinne des § 7 Abs. 1 Nr. 1 ErbStG anzunehmen. Bejaht man eine Subjektivität der Gesamthand kann eine durch einen Gesellschafter ausgelöste Vermögensbewegung, die sich unmittelbar nur auf das Vermögen der Gesellschaft bezieht nicht dazu führen, eine schenkungsteuerlich ausreichende Bereicherung der dahinter stehenden

954 BT-Drs. 17/7524, S. 21; BR-Drs. 253/1/11, S. 35.

955 Kritisch dazu *Fuhrmann/Potsch*, NZG 2012, 681 [685], *Fischer*, ZEV 2012, 77 [80]; Potsch/Urbach, KÖSDI 2012, 17747 [177750].

956 *Fischer*, ZEV 2012, 77 [80].

Gesellschafter anzunehmen. Insoweit sind keine Unterschiede zwischen Kapital- und Personengesellschaften zu machen.[957] Daher finden die Überlegungen, die zu einer Normierung der Fiktion des § 7 Abs. 8 ErbStG führten, auch für Personengesellschaften entsprechende Anwendung. Dies bedeutet, dass Verhaltensweisen eines Gesellschafters, die eine Wertveränderung der Beteiligungen an der Gesellschaft auslösen, ohne dass gleichzeitig Vermögenssubstanz auf Mitgesellschaftern übergeht, nicht zur Annahme einer freigebigen Zuwendung führen. Da durch Vereinbarung einer disquotalen Anwachsung zwar auf Gesellschafterrechte verzichtet wird bzw. bestimmten Gesellschaftern privilegierte Rechte zugestanden werden, ohne dass es daneben zu einer substantiellen Bereicherung der Gesellschafter kommt, wird keine Schenkungsteuer ausgelöst.

(3) Erforderlicher substantieller Vermögensübergang

Wie gezeigt, spricht die Annahme einer schenkungsteuerlichen Intransparenz von Personengesellschaften gegen eine mögliche Besteuerung der Vereinbarung einer disquotalen Anwachsung nach § 7 Abs. 1 Nr. 1 ErbStG. Doch selbst wenn man mit der gegenwärtigen Rechtsprechung eine schenkungsteuerliche Transparenz einer Personengesellschaft annimmt, folgt daraus nicht automatisch die Annahme einer freigebigen Zuwendung.

aa) Einheitlichkeit des Anwachsungsvorgangs

Bei diesen Überlegung ist zunächst der Wirkungsmechanismus der (disquotalen) Anwachsung zu beachten. Unmittelbar mit dem Ausscheiden eines Gesellschafters treten die mit der Anwachsung

957 *Hartmann*, ErbStB 2011, 341 [344ff.]; *Lehmann*, Gesellschaftrechtliche Gestaltungen, S. 236.

verbundenen Rechtsfolgen ein.[958] Weitere Gestaltungsakte der Gesellschafter bedarf es nicht. Dies führt bei einer disquotalen Anwachsung zu einer unmittelbaren Vermögenssteigerung, ohne dass die Gesellschafter im Anschluss an die Anwachsung die Beteiligungsverhältnisse anzupassen haben.

Zur Verdeutlichung dient ein Beispiel:

An der Personengesellschaft sind die Gesellschafter A, B und C zu gleichen Teilen beteiligt. Für den Fall des Ausscheidens des B, soll eine Anwachsung alleine zu Gunsten des A eintreten. Nunmehr verstirbt B.

Geht man mit den Überlegungen dieser Arbeit von der Wirksamkeit der gesellschaftsvertraglichen Einflussnahme in der beschriebenen Art und Weise aus, stellen sich die Anteilsverhältnisse unmittelbar nach dem Ausscheiden des B dergestalt dar, dass A nunmehr zu 2/3 und C weiterhin zu 1/3 an der Gesellschaft beteiligt ist.

Nicht überzeugen, auch nicht unter Beachtung schenkungsteuerlicher Besonderheiten, kann eine Aufteilung dieses Vorgangs. Auf Grund der automatischen Wirkung der Anwachsung nach § 738 Abs. 1 Satz 1 BGB und der insoweit bestehenden zivilrechtlichen Maßgeblichkeit, kommt es nicht zuerst zu einer (hälftigen) quotalen Anwachsung und einer anschließenden Übertragung der Gesellschafterbeteiligung zwischen A und C.[959]

Unterbleibt eine solche Aufteilung des Anwachsungsvorgangs – alles andere würde gegen den zwingenden Mechanismus der Anwachsung nach § 738 Abs. 1 Satz 1 BGB sprechen – kann gerade

958 Vgl. Darstellung zur Auswirkung der Anwachsung auf Kapitalanteile der Gesellschafter auf S. 140ff.

959 Nach diesem Modell würde der Anteil des B den Gesellschaftern A und C zu gleichen Teilen anwachsen, so dass beide eine hälftige Beteiligung hätten. Daran anschließen würde eine Übertragung einer Beteiligung i.H.v. 1/6 von C an A.

nicht der Gesellschaftsanteil als Zuwendungsgegenstand angesehen werden. Abzustellen ist demnach alleine auf eine Wertveränderung der Beteiligungen als Folge der Vereinbarung einer disquotalen Anwachsung. Ob eine solche schlichte Wertanpassung der Beteiligung als auslösendes Moment einer schenkungsteuerlichen Zuwendung im Sinne von § 7 Abs. 1 ErbStG angesehen werden kann, wird unmittelbar im Anschluss untersucht.

bb) Wertveränderung als unzureichender Zuwendungsgegenstand

Alleine durch die Vereinbarung einer solchen Anwachsung liegt noch kein tauglicher Zuwendungsgegenstand vor; auch dann nicht, soweit eine Wertsteigerung einer Gesellschaftsbeteiligung eintritt. Erforderlich ist vielmehr, dass dieses Verhalten zu einer substantiellen Bereicherung des Bedachten unter zivilrechtlicher Beurteilung führt.[960] Dieses Erfordernis gilt dabei losgelöst, ob eine potentiell schenkungsteuerlich relevante Vermögensbewegung bei Gesellschaftern von Kapital- oder Personengesellschaften erfolgt. Vielmehr gilt diese Erkenntnis für jede freigebige Zuwendung im Sinne von § 7 Abs. 1 Nr. 1 ErbStG. Nicht überzeugend ist es daher, wenn seitens der Rechtsprechung für dieses allgemeine schenkungsteuerliche Merkmal eine Unterscheidung nach der Art der Beteiligung vorgenommen wird. Bei der Bestimmung dieses Übergangs von Substanz ist von einer grundsätzlichen Maßgeblichkeit bürgerlich-rechtlicher Grundsätze für Zwecke des Schenkungsteuerrechts auszugehen.[961] Eintretende Vermögenszuwächse, welche nicht auf einem nach zivilrechtlichen Grundsätzen zu ermittelnden Zuwendungsgegenstand basieren, d.h. welche reine Wertsteigerungen ab-

960 Vgl. *Fischer*, Die Unentgeltlichkeit im Zivilrecht, S. 34ff.

961 Zu der Reichweite des Prinzips der zivilrechtlichen Maßgeblichkeit, *von Waldenfels*, Gleichheitsgrundsatz Schenkungsteuerrecht, S. 50ff.; a.A. wohl *Schulze zur Wiesche*, DStZ 2011, 306 [308], der bei einer Transparenz der Personengesellschaft gleichzeitig auf das Merkmal eines substantiellen Vermögensübergangs verzichten will.

bilden, können grundsätzlich keine Zuwendungen für Zwecke des Tatbestands des § 7 Abs. 1 Nr. 1 ErbStG sein.[962] Erfahren demnach Gegenstände, die sich bereits im Vermögen des Bedachten befinden, eine schlichte wirtschaftliche Aufwertung, kann dies nicht zu einem Übergang von Vermögenssubstanz führen.[963] Weder fällt ein Aktivposten auf Seiten des Zuwendenden weg, noch tritt eine entsprechende Mehrung bei dem Bedachten ein. Die Anzahl der Rechtspositionen der an dem Vorgang Beteiligten bleibt unverändert. Wirken die Gesellschafter damit im Rahmen gesellschaftsvertraglichen Absprachen auf ihnen zustehende Mitgliedschaftsrechte ein, führt dies grundsätzlich nicht zu einem Übergang von Vermögen. Denn die jeweiligen Vermögen der Gesellschafter erfahren dadurch keine substantielle, sondern nur eine wertmäßige Änderung.

Von dem Erfordernis einer substantiellen Vermögensbewegung kann nur in Ausnahmefällen abgerückt werden. So soll nur dann eine Ausnahme von dem Prinzip zivilrechtlicher Maßgeblichkeit möglich sein, wenn der relevante Tatbestand des Schenkungsteuerrechts selbst keinen Bezug zu einem zivilrechtlichen Vorgang aufweist.[964] Dies ist aber bei der Bestimmung eines tauglichen Zuwendungsgegenstandes im Rahmen der Prüfung einer freigebigen Zuwendung nicht der Fall. Dort wird gerade auf den zivilrechtlich geprägten Begriff der Schenkung im Sinne der §§ 516ff. BGB abgestellt. Besteht ein solcher Bezug zu zivilrechtlichen Vorgängen ist auch aus Gründen der Rechtssicherheit von einem Gleichlauf bürgerlich-rechtlicher und schenkungsteuerrechtlicher Begriffsbestimmungen auszugehen.[965] Würde man für diese beiden Rechtsbereiche unterschiedliche Auslegungsgrundsätze zu einer relevanten

962 *Gebel* in Troll ErbStG § 7 Rn. 57.

963 *Viskorf*, DStR 1998, 150, der dabei anschauliche Beispiele potentieller freigebiger Zuwendungen liefert, wenn bereits schlichte Wertsteigerungen bereits im Eigentum befindlicher Vermögensgegenstände unter § 7 Abs. 1 Nr. 1 ErbStG zu subsumieren wären.

964 *Von Waldenfels*, Gleichheitsgrundsatz Schenkungsteuerrecht, S. 54f.

965 *Von Waldenfels*, Gleichheitsgrundsatz Schenkungsteuerrecht, S. 57ff.

Bereicherung anwenden, folgt daraus die Gefahr divergierender Auffassungen der an diesem Vorgang beteiligten Personen. Dieser Gefahr wird gerade auch durch eine Maßgeblichkeit bürgerlich rechtlicher Rechtsbegriffe begegnet.

Auch der seitens der Rechtsprechung angeführte Vergleich zu einer mittelbaren Anteilsschenkung ist nicht geeignet, um im Kontext von Beteiligungen an Personengesellschaften positive Wertentwicklungen besteuern zu können.[966] So sind auch mittelbare Anteilsschenkungen von Anteilen an Kapitalgesellschaften möglich.[967] Dort reichen aber Wertsteigerungen grundsätzlich nicht aus, um einen tauglichen Zuwendungsgegenstand zu begründen. Dafür bedarf es gerade der Fiktion von § 7 Abs. 8 Satz 1 ErbStG. Da wie bereits zuvor gezeigt keine schenkungsteuerliche Unterscheidung zwischen Kapital- und Personengesellschaften angebracht ist, geht damit der Schluss des Bundesfinanzhofs ins Leere, dass aus der Möglichkeit einer mittelbaren Anteilsschenkung bei einer Personengesellschaft bereits eine schlichte Werterhöhung zur Annahme einer freigebigen Zuwendung genügt.

Mangelt es demnach bei (reinen) einer Werterhöhung von Gesellschaftsanteilen an einer Personengesellschaft an einem tauglichen Zuwendungsgegenstand, beispielhaft dürfte hier ein Verzicht auf privilegierte Gesellschaftsrechte zu nennen sein, spricht dies auch unter Berücksichtigung der gegenwärtigen Rechtsprechung gegen eine steuerbare freigebige Zuwendung nach § 7 Abs. 1 Nr. 1 ErbStG. Diese bedarf eines substantiellen Vermögensübergangs auf den Bedachten. Daran fehlt es, wenn lediglich auf unselbstständige Teilbereiche einer mitgliedschaftlichen Stellung verzichtet wird. Als solcher Teilbereich der Mitgliedschaft ist die Aussicht auf Teilhabe an einer quotalen Anwachsung anzusehen.[968] Schenkung-

966 BFH, Urteil v. 06.03.2002 – II R 85/99, BFH/NV 2002, 1030.

967 *Fischer* in Fischer/Jüptner ErbStG, § 7 Rn. 69.

968 Zu dem Zusammenspiel von Mitgliedschaft und Anwachsung vgl. Ausführungen S. 96f.

steuer wird durch eine Vereinbarung einer davon abweichenden Anwachsungsquote folglich nicht ausgelöst.

(4) Vergleich zu § 7 Abs. 8 ErbStG

Eine Schenkungsteuerneutralität eines Verzichts auf Teilhabe an einer Anwachsung im Zuge einer Änderung des Gesellschaftsvertrages folgt zusätzlich aus einer vergleichenden Betrachtung einer potentiellen Besteuerung von Änderungen von Kapitalgesellschaftssatzungen nach § 7 Abs. 8 ErbStG.[969]

So soll die Regelung von § 7 Abs. 8 aus Sicht des Gesetzgebers eine Gleichstellung der Gesellschaftsformen bewirken.[970] Dies ist neben der Schließung von „Besteuerungslücken" eines der mit dieser Norm verfolgten Regelungsziele.[971] Damit dürfte davon auszugehen sein, dass wenn ein Verhalten eines Gesellschafters nicht unter den Tatbestand der Schenkungsfiktion des § 7 Abs.8 ErbStG gefasst werden kann, ein solches Ergebnis im Wege eines Erst-Recht-Schlusses auch für vergleichbare Situationen für Gesellschafter einer Personengesellschaft gelten dürfte.[972] In diesem Zusammenhang wird die Ansicht vertreten, dass Wertveränderungen in Folge einer Satzungsänderung[973] der Kapitalgesellschaft keine

---

969 Eine ausführliche Darstellung des Tatbestands von § 7 Abs. 8 ErbStG findet sich auf S. 223ff.

970 BR-Drs. 253/1/11, S. 35f.

971 BT-Drs. 17/7524, S. 21.

972 Für eine parallele schenkungsteuerliche Behandlung unabhängig von der Gesellschaftsform, *Lehmann*, Gesellschaftsrechtliche Gestaltungen, S. 236; *Hartmann*, ErbStB 2011, 341 [344f.]

973 Genannt wird eine Änderung der Gewinnverteilungsabrede oder der Verzicht auf Mehrheitsstimmrechte, *Fischer* in Fischer/Jüptner ErbStG, § 7 Rn. 555; ebenso *Korezkij*, DStR 2012, 163 [164f.], der einen Verzicht auf Mehrheitsstimmrechte nicht als taugliche Leistung im Sinne von § 7 Abs. 8 Satz 1 ErbStG ansieht; unklar *Gutfried*, MittBayNot 2012, 188 [191], der davon auszugehen scheint, dass eine maßgebliche Leistung

Leistung im Sinne von § 7 Abs. 8 Satz 1 ErbStG darstelle. Nach dem Wortlaut dieser Norm sei eine Leistung *an* die Gesellschaft gefordert.[974] Daraus wird geschlossen, dass die Gesellschaft selbst Empfänger dieser Leistung sein muss.[975] Betrachte man Wertverschiebungen als Resultat einer Satzungsänderung, liegt gerade keine Leistung *gegenüber* der Gesellschaft vor. Die Gesellschaft sei lediglich Objekt der Änderung.

Für diese Ansicht spricht jedenfalls der Wortlaut der Regelung von § 7 Abs. 8 Satz 1 ErbStG. Danach ist eine „Leistung einer anderen Person (Zuwendender) an die Gesellschaft" zu gefordert. Durch eine schlichte Satzungsänderung mag eine Wertverschiebung der Beteiligung erfolgen, eine Leistung, bei welcher die Gesellschaft Bedachte im Sinne einer freigebigen Zuwendung ist, ist darin nicht zu sehen. Neben dem Wortlaut des § 7 Abs. 8 Satz 1 ErbStG sprechen folgende Überlegungen dafür, dass die Kapitalgesellschaft als Subjekt an der Leistung des Zuwendenden beteiligt sein sollte: Für den Tatbestand dieser Norm ist es nicht erforderlich, dass ein Gesellschafter eine Leistung vornimmt. Vielmehr ist es auch möglich, dass ein neutraler Dritter eine solche tätigt. Da in einem solchen Fall regelmäßig auch eine freigebige Zuwendung gegenüber der Kapitalgesellschaft vorliegt[976], soll es für die Abgrenzung von § 7 Abs. 8 zu § 7 Abs. 1 ErbStG auf den Willen des Zuwendenden ankommen.[977] Nur wenn der Zuwendende gerade die Gesellschafter bereichern wollte, soll die Schenkungsfiktion des § 7

i.S.v. § 7 Abs. 8 Satz 1 ErbStG „jegliche Leistung" sein kann, solange eine Werterhöhung des Gesellschaftsanteils daraus folgt.

974 *Van Lishaut/Ebber/Schmitz*, Ubg 2012, 1 [3] sprechen davon, dass im Rahmen von § 7 Abs. 8 ErbStG kein Schuldverhältnis zwischen dem Zuwendenden und den Bedachten vorliegen muss, wohl aber ein solches mit der Kapitalgesellschaft.

975 *Fischer* in Fischer/Jüptner ErbStG, § 7 Rn. 555.

976 Im Verhältnis zu der Gesellschaft liegt gerade bei einem neutralen Dritten keine gesellschaftsrechtliche Veranlassung der Zuwendung vor.

977 BR-Drs. 253/1/11, S. 35f.

Abs. 8 dem Grundtatbestand des § 7 Abs. 1 ErbStG vorgehen.[978] Ein solcher Wille soll bei einem Näheverhältnis zwischen leistendem Dritten und den Gesellschaftern regelmäßig vorliegen.[979] Müsste die Gesellschaft nicht zwingend Subjekt der Zuwendung des Dritten sein, würde bereits die nachfolgend beschriebene Situation innerhalb eines Konzernsachverhalts den Tatbestand der Fiktionsnorm erfüllen. Auf Grund des steuerschärfenden Charakters dieser Norm erscheint aber vielmehr eine teleologische Begrenzung angebracht.[980] Tätigt ein Dritter mit einer Tochtergesellschaft der Kapitalgesellschaft ein für die Tochter wirtschaftlich günstiges Geschäft, steigert dies das Vermögen der Tochter unmittelbar. Mittelbar tritt eine Wertsteigerung der Anteile an der Tochter und damit auch mittelbar der Anteile an der Mutter ein. Durch dieses wirtschaftlich unausgeglichene Geschäft zwischen dem Dritten und der Tochtergesellschaft erhöhen sich also der Wert der Anteile an der Tochter und der Wert der den Gesellschaftern zustehenden Anteile an der Mutter. Im Hinblick auf den Tatbestand von § 7 Abs. 8 Satz 1 ErbStG liegt somit eine Leistung, sowie eine damit verbundene Wertsteigerung der Anteile an der Kapitalgesellschaft vor. Diese Werterhöhung zugunsten der Gesellschafter zu besteuern würde aber zu einer ausufernden Besteuerungsmöglichkeit des Fiskus führen, für welche die Gesetzmaterialien keinerlei Anhaltspunkte liefern. Lediglich Verhaltensweisen eines Dritten unmittelbar gegenüber der Gesellschaft sollen durch § 7 Abs. 8 Satz 1 ErbStG erfasst werden. Dieses, den Tatbestand von § 7 Abs. 8 Satz 1 ErbStG teleologisch begrenzende Verständnis zeigt, dass dem Leistenden die Gesellschaft als Subjekt der Leistung gegenüber zu stehen hat.

978 BT-Drs. 17/7524, S. 21.

979 Vgl. Tz. 2.1.6 des gleichlautenden Erlasses der Länder vom 14.03.2012 (BStBl I 2012, 331); *Gutfried*, MittBayNot 2012, 188 [190].

980 Generell zur engen Auslegung von schenkungsteuerlichen Fiktionstatbeständen FG Düsseldorf, EFG 1989, 642.

Ist eine solche Subjektstellung nicht vorhanden, ist der Tatbestand der Schenkungsfiktion nicht erfüllt.[981]

Insgesamt verdeutlich dieser Vergleich zu § 7 Abs. 8 ErbStG nochmals, dass schlichte Änderungen des Gesellschaftsvertrages und darauf beruhende Wertveränderungen der Gesellschafterbeteiligungen nicht zur Annahme einer (fingierten) Schenkung führen dürfen. Da ein Verzicht auf Teilhabe an der Anwachsung gerade durch Änderung des Gesellschaftsvertrages erfolgt, scheidet im Wege eines Erst-Recht-Schlusses zu § 7 Abs. 8 ErbStG eine Besteuerungsmöglichkeit nach § 7 Abs. 1 Nr. 1 ErbStG aus. Ungleiche Besteuerungen von Kapital- und Personengesellschaften wollte der Gesetzgeber gerade durch § 7 Abs. 8 ErbStG begegnen.[982]

(5) Unterlassen eines Vermögenserwerbs

Zuletzt scheidet eine Besteuerungsmöglichkeit eines Verzichts auf Teilhabe an einer quotalen Anwachsung aus, wenn man darin lediglich ein Unterlassen eines möglichen zukünftigen Vermögenserwerbs durch Anwachsung sieht. Bei der Bestimmung einer bürgerlich-rechtlich zu ermittelnden Vermögensverschiebung ist nämlich die zivilrechtliche Regelung des § 517 BGB zu beachten. Danach liegt eine Schenkung dann nicht vor, wenn zum Vorteil eines Dritten ein Vermögenserwerb unterlassen wird, oder auf ein Recht, das zwar entstanden ist, aber noch nicht endgültig erworben wurde, verzichtet wird. Auf Grund der insoweit bestehenden zivilrechtlichen Maßgeblichkeit für das Schenkungsteuerrecht[983] und damit für § 7 Abs. 1 ErbStG, scheidet in diesen Fällen auch die Annahme einer freigebigen Zuwendung aus. Die Regelung des

981 Vgl. Nachweise FN. 973.

982 Vgl. Nachweis FN. 954.

983 *Fischer* in Fischer/Jüptner ErbStG, § 7 Rn. 15; *Gebel* in Troll ErbStG, § 7 Rn. 36ff.; *Meincke* ErbStG, § 7 Rn. 52.

§ 517 BGB enthält dabei eine Negativdefinition.[984] Ist der Tatbestand von § 517 BGB eröffnet, scheidet gleichsam eine Schenkung nach § 516 BGB aus. Nach der Motivation des Gesetzgebers soll durch die Regelung des § 517 BGB eine Beschränkung auf das tatsächliche gegenwärtige Vermögen des Zuwendenden erfolgen.[985] Daneben ist es Zweck dieser Regelung Rechtsicherheit dadurch zu schaffen, indem gewisse Tatbestände rechtlichen Verhaltens aus dem Regelungsbereich der §§ 516ff. BGB ausgeschlossen werden.[986] Nach der 1. Alternative von § 517 BGB stellt das Unterlassen eines Vermögenserwerbs keine Schenkung dar. So führt die Nichtannahme eines günstigen Vertragsangebotes oder die Nichtausübung eines Anfechtungsrechts nicht zur Annahme einer zivilrechtlichen Schenkung nach § 516 BGB.[987] § 517 Alt. 2 BGB betrifft die Konstellation, dass auf ein angefallenes, aber noch nicht endgültig erworbenes Recht verzichtet wird. Im Wesentlichen wird hierunter der Verzicht auf ein aufschiebend bedingtes Recht anzusehen sein.[988] Nicht von der Regelung des § 517 Alt. 2 BGB erfasst ist dagegen der Verzicht auf ein betagtes Recht.[989] So ist ein Verzicht auf eine bereits bestehende aber noch nicht fällige Forderung als schenkungsweise Zuwendung im Sinne von § 516 BGB anzusehen. Umstritten ist, inwieweit ein Verzicht auf ein Anwartschaftsrecht

984 *Wimmer-Leonhardt* in Staudinger BGB, § 517 Rn. 1; *Koch* in Münchener Kommentar BGB, § 517 Rn. 1, *Weidenkaff* in Palandt BGB, § 517 Rn. 1; *Sefrin* in juris-PK-BGB, Stand 01.10.2012, § 517 Rn. 4.

985 Vgl. *Wimmer-Leonhardt* in Staudinger BGB, § 517 Rn. 1.

986 *Wimmer-Leonhardt* in Staudinger BGB, § 517 Rn. 1; *Sefrin* in juris-PK-BGB, Stand 01.10.2012, § 517 Rn. 4.

987 *Koch* in Münchener Kommentar BGB, § 517 Rn. 2; *Wimmer-Leonhardt* in Staudinger BGB, § 517 Rn. 3; *Sefrin* in juris-PK-BGB, Stand 01.10.2012, § 517 Rn. 5 m.w.N.

988 *Koch* in Münchener Kommentar BGB, § 517 Rn. 3.

989 *Wimmer-Leonhardt* in Staudinger BGB, § 517 Rn. 8; *Gehrlein* in Beck'scher OK-BGB, Stand 01.11.2012, § 517 Rn. 2; *Koch* in Münchener Kommentar BGB, § 517 Rn. 3.

von der zweiten Alternative des § 517 BGB erfasst ist.[990] Dieser Streit resultiert dabei aus der weitgehenden rechtlichen Verselbstständigung des Anwartschaftsrechts als eigene vermögenswerte Rechtsposition.[991] Innerhalb der finanzgerichtlichen Rechtsprechung und Literatur wird der Verzicht auf ein Anwartschaftsrecht dagegen einvernehmlich von dem Tatbestand einer freigebigen Zuwendung ausgenommen.[992] Berücksichtigt man diese finanzgerichtliche Zurückhaltung, so dürfte daraus eine eher extensive Auslegung der Negativnorm des § 517 BGB folgen. Da es vorliegend alleine auf potentielle Belastungen einer disquotalen Anwachsung nach dem ErbStG ankommt, ist für Zwecke der folgenden Darstellung dieser Ansicht beizupflichten.

Vergleicht man diese Überlegungen zu den von § 517 BGB erfassten Rechtspositionen, stärkt dies die Annahme, dass auch eine nachträgliche Vereinbarung einer disquotalen Anwachsung, verstanden als Verzicht auf Partizipation an der Anwachsung, unter § 517 Alt. 2 BGB zu subsumieren ist. Durch die Negativwirkung von § 517 BGB ist damit in einer solchen Konstellation nicht von einer Schenkung im Sinne von § 516 BGB auszugehen. Mangelt es demnach an einer zivilrechtlichen Schenkung im Sinne von § 516 BGB, so kann ein solcher Verzicht nicht zur Annahme einer freigebigen Zuwendung nach § 7 ErbStG führen.

Dieses Ergebnis basiert dabei auf folgenden Überlegungen: Existiert im Gesellschaftsvertrag keine Regelung zur Teilhabe an einer Anwachsung, so erfolgt lediglich im Zweifel eine Anwachsung nach der bisherigen Kapitalbeteiligung.[993] Vor einem Ausscheiden eines Gesellschafters, als das die Anwachsung auslösende Ereignis,

990 *Koch* in Münchener Kommentar BGB, § 517 Rn. 4 m.w.N.

991 *Koch* in Münchener Kommentar BGB, § 517 Rn. 4; *Wimmer-Leonhardt* in Staudinger BGB, § 517 Rn. 4; *Sefrin* in juris-PK-BGB, Stand 01.10.2012, § 517 Rn. 7.

992 BFH, Urteil v. 24.07.2002 – II R 33/01, BStBl II 2002, 702; *Gebel* in Troll ErbStG, § 7 Rn. 350.

993 *Koller* in Koller/Roth/Morck HGB, § 131 Rn. 9.

hat jeder Gesellschafter damit lediglich die Aussicht durch eine Anwachsung eine Steigerung seines Gesellschaftsanteils zu erfahren. Diese Aussicht als mögliche Rechtsposition ist rechtlich unvollständig, da es (noch) an dem Eintritt der Rechtswirkung, nämlich durch Ausscheiden mangelt. Die Stellung des Gesellschafters gleicht damit der Stellung eines Inhabers eines aufschiebend bedingten Rechts vor Eintritt der Bedingung. Das Ausscheiden eines Gesellschafters ist dabei als die fehlende Bedingung anzusehen. Dabei ist das Ausscheiden eines Gesellschafters dem Eintritt einer Bedingung näher, als der Qualifikation einer Befristung.[994] Oftmals liegt es nicht im Machtbereich eines Gesellschafters, Gründe, die zu einem Ausscheiden führen können zu beeinflussen, so dass auf Grund dieser rechtlichen und tatsächlichen Ungewissheit ein Vergleich mit einer Bedingung angebracht ist.

Für die Einordnung der Möglichkeit der Teilhabe an einer Anwachsung unter den Tatbestand von § 517 BGB spricht zusätzlich, dass diese Position des Gesellschafters nicht gesondert an Dritte übertragen werden kann. Eine Übertragbarkeit scheitert insofern an § 717 Satz 1 BGB. Danach sind Rechte eines Gesellschafters, soweit sie Ausfluss seiner Mitgliedschaft sind, nicht übertragbar.[995] Die Möglichkeit einer Partizipation an einer Anwachsung ist aber nicht nur an die Stellung als Mitglied der Gesamthand gebunden, sondern ist gesellschaftsvertraglich begründet, somit gerade Ausfluss der Mitgliedschaft. Zugleich kann diese Rechtsstellung nicht unter § 717 Satz 2 BGB subsumiert werden. Danach sind selbstständige Vermögensrechte, wie der Anspruch auf einen Gewinnanteil oder ein Anspruch bei Auseinandersetzung von dem Abspaltungsverbot des § 717 BGB ausgenommen.[996] Kennzeichnend für

---

994 Zur Unterscheidung von Bedingung und Befristung, vgl. *Rövekamp* in Beck'scher OK-BGB, Stand 01.11.2012, § 163 Rn. 4ff.; *Ellenberger* in Palandt BGB, § 163 Rn. 1.

995 *Habermeier* in Staudinger BGB, § 717 Rn. 1; *Schöne* in Beck'scher OK-BGB, Stand 01.11.2012, § 717 Rn. 3.

996 Vgl. *Sprau* in Palandt BGB, § 717 Rn. 5ff.; *Ulmer/Schäfer* in Münchener Kommentar BGB, § 717 Rn. 14, 34ff.

die Annahme eines Rechts im Sinne von § 717 Satz 2 BGB ist es aber, dass der Anspruch nach oder bei seiner Entstehung von der Mitgliedschaft gelöst ist.[997] Da die Partizipation an einer Anwachsung aber zwingend an eine mitgliedschaftliche Stellung gebunden ist[998], kann gerade keine Lösung von der Mitgliedschaft angenommen werden. Von einer Anwendbarkeit des § 717 Satz 2 BGB als Ausnahmevorschrift ist daher nicht auszugehen. Insgesamt spricht damit auch ein Vergleich zu § 717 BGB gegen eine Einstufung der Aussicht auf Teilhabe an der Anwachsung als schenkungsteuerlich relevante Vermögensposition.

Erfolgt eine Vereinbarung einer disquotalen Anwachsung im Laufe des Gesellschaftsverhältnisses, also nach Gründung der Gesellschaft, so erfolgt durch die Beschränkung von der Anwachsung ausgeschlossener Gesellschafter kein nach § 7 Abs. 1 Nr. 1 ErbStG schenkungsteuerlich relevanter Vorgang. Entscheidend ist, dass die Position dieser Gesellschafter als Aussicht auf eine Teilhabe an einer quotalen Anwachsung nicht hinreichend gefestigt ist, als dass ein Verzicht schenkungsteuerliche Folgen auslösen könnte. Eine möglicherweise eintretende Wertsteigerung der Beteiligung von im Rahmen der Anwachsung privilegierten Gesellschaftern reicht nicht aus, um eine freigebige Zuwendung anzunehmen.

4. § 7 Abs. 1 Nr. 10 ErbStG

Neben dem allgemeinen Tatbestand von § 7 Abs. 1 Nr. 1 ErbStG erfasst der Tatbestand von § 7 Abs. 1 ErbStG besondere Formen schenkungsteuerlich relevanter Vermögensbewegungen. Ein sol-

997 *Ulmer/Schäfer* in Münchener Kommentar BGB, § 717 Rn. 14; *Keßler* in Staudinger BGB, § 717 Rn. 9; *Schöne* in Beck'scher OK-BGB, Stand 01.11.2012, § 717 Rn. 18.

998 *Dobler*, Das Anwachsungsprinzip im Zivil- und Einkommensteuerrecht, S. 37ff.; *Schmidt*, FS Huber, S. 970 m.w.N.

cher Sondertatbestand ist § 7 Abs. 1 Nr. 10 ErbStG, den es im Nachgang darzustellen gilt.

A. Grundsätzliches

Im Rahmen der getätigten Untersuchungen wurde aufgezeigt, dass die Rechtsstellung eines Gesellschafters im Hinblick auf eine mögliche Partizipation an einer Anwachsung vergleichbar mit einer Inhaberschaft von aufschiebend bedingten Rechten ist. In beiden Konstellationen fehlt jeweils noch ein weiteres Ereignis, um eine schenkungsteuerlich relevante Vermögensbewegung anzunehmen. Ist dies bei einem aufschiebend bedingten Recht der Bedingungseintritt, so stellt bei disquotaler Anwachsung das Ausscheiden eines Gesellschafters das zuvor beschriebene Ereignis dar. Wird für den Verzicht auf Rechte dieser Art allerdings eine Abfindung geleistet, gilt diese Bereicherung des Verzichtenden nach § 7 Abs. 1 Nr. 10 ErbStG als Schenkung unter Lebenden. Zu klären ist damit, ob durch Leistung einer Abfindung für den Ausschluss von der Anwachsung eine Schenkungsteuerpflicht nach § 7 Abs. 1 Nr. 10 ErbStG anzunehmen ist.

Voraussetzung für die Eröffnung des Tatbestands des § 7 Abs. 1 Nr. 10 ErbStG ist, dass die aufschiebend bedingte Rechtsposition, die Objekt des Verzichts war, bei Eintritt der maßgeblichen Bedingung zur einer Schenkungsteuerpflicht geführt hätte.[999] Führt der Verzicht auf ein Recht noch nicht zu einer freigebigen Zuwendung nach § 7 Abs. 1 Nr. 1 ErbStG, so kann der Verzicht auf ein Recht, das bei Erstarken zum Vollrecht zu einer erbschaft- und schenkungsteuerlichen Bereicherung führen würde, bei Zahlung einer Abfindung für den Verzicht zu einer Schenkung nach § 7 Abs. 1 Nr. 10 ErbStG führen. In einem solchen Fall hat sich der Vermögenscharakter des Rechts durch Zahlung der Abfindung

999 *Schuck* in Viskdorf/Knobel/Schuck ErbStG, § 7 Rn. 162; *Gebel* in Troll ErbStG, § 7 Rn. 352.

realisiert, so dass es gerechtfertigt ist, an den Verzicht auf dieses Recht und Erhalt einer Abfindung die Rechtsfolgen einer Schenkung unter Lebenden anzuschließen.[1000] Der Tatbestand des § 7 Abs. 1 Nr. 10 ErbStG erfasst hingegen nicht den Fall, dass eine Abfindung für einen Verzicht auf die bloße Aussicht auf einen Erwerb geleistet wird.[1001] So hat der Bundesfinanzhof entschieden, dass die Zahlung einer Abfindung für den Verzicht auf einen zukünftigen Pflichtteilanspruch bzw. Pflichtteilergänzungsanspruch den Tatbestand einer freigebigen Zuwendung nach § 7 Abs. 1 Nr. 1 ErbStG erfüllt.[1002] Nach Ansicht des Bundesfinanzhofs erfolgte die Zahlung der Abfindung nicht zur Befriedigung einer Forderung. Der erklärte Verzicht auf einen Pflichtteilsanspruch stelle „*im Zeitpunkt des Vertragsschlusses keinen in Geld bewertbaren Vermögenswert dar, sondern verkörpere allenfalls eine bloße Erwerbschance, die als solche nicht geeignet ist, Gegenstand einer die Freigiebigkeit ausschließenden Gegenleistung zu sein*“.[1003] Stellt die Zahlung einer solchen Abfindung eine freigebige Zuwendung im Sinne von § 7 Abs. 1 Nr. 1 ErbStG dar, folgt daraus im Umkehrschluss, dass durch eine solche Zahlung nicht der Tatbestand von § 7 Abs. 1 Nr. 10 ErbStG erfüllt sein kann. Für den Tatbestand des § 7 Abs. 1 Nr. 10 ErbStG ist es somit entscheidend, welcher der oben beschriebenen Kategorie das Recht zuzuordnen ist, für wessen Verzicht eine Abfindung geleistet wird.

B. § 7 Abs. 1 Nr. 10 ErbStG und disquotale Anwachsung

Überträgt man diese Wertungen auf den Sachverhalt der (nachträglichen) Vereinbarung einer disquotalen Anwachsung bei gleichzei-

1000 *Gebel* in Troll ErbStG, § 7 Rn. 350.

1001 *Fischer* in Fischer/Jüptner ErbStG, § 7 Rn. 481.

1002 BFH, Urteil v. 25.01.2001 – II R 22/98, BStBl II 2001, 456; *Hartmann*, ErbStB 2001, 306ff.

1003 BFH, Urteil v. 25.01.2001 – II R 22/98, BStBl II 2001, 456.

tiger Zahlung einer Abfindung für den erklärten Verzicht, kann eine solche Zahlung nicht unter § 7 Abs. 1 Nr. 10 ErbStG subsumiert werden. Der Verzicht auf eine Teilhabe an der Anwachsung gleicht dem dargestellten Verzicht auf einen zukünftigen Anspruch auf den Pflichtteil. In beiden Fällen handelt es sich um eine schlichte Erwerbschance, die sich unabhängig von einem eigenen Verhalten zu einer Vermögenssteigerung fortbilden kann, aber nicht muss. Während es für den Pflichtteilsberechtigten ungewiss ist, ob er den Pflichtteilsverpflichteten überlebt, ist es für die Gesellschafter nicht sicher, welcher Gesellschafter zu welchem Zeitpunkt aus der Gesellschaft ausscheidet und damit eine Anwachsung bei den übrigen Gesellschaftern auslöst. In dieser Unsicherheit im Tatsächlichen liegt es also begründet, dass der Rechtsposition der Gesellschafter für diesen Fall kein vermögensrechtlicher Charakter zukommen kann und damit weder ein Verzicht auf diese Stellung noch eine Abfindung für den Verzicht grundsätzlich schenkungsteuerlich relevant ist. Die schlichte Expektanz auf eine Teilhabe an der Anwachsung und respektive eine Stärkung der Gesellschafterstellung als Folge der Anwachsung kann zudem nicht als selbstständiges Wirtschaftsgut angesehen werden.[1004] Dies führt dazu, dass ein dahingehender Verzicht bei gleichzeitigem Erhalt einer Abfindung nicht zur Annahme einer freigebigen Schenkung nach § 7 Abs. 1 Nr. 10 ErbStG führen kann.

Eine Steuerpflicht des Verzichtenden nach § 7 Abs. 1 Nr. 10 ErbStG ist damit auch dann ausgeschlossen, wenn der Gesellschafter für den Verzicht eine Abfindung erhält.[1005] Da der Rechtspositi-

1004 Vgl. zu der insoweit ähnlichen Konstellation, dass durch einen Verzicht auf ein Mehrheitsstimmrecht bei Anteilen an einer GmbH zwar die übrigen Anteile in ihrem Wert steigen, aber dennoch mangels eigenständiger Rechtsposition im Hinblick auf den Verzicht nicht von einer freigebigen Zuwendung nach § 7 Abs. 1 ErbStG auszugehen ist, FG Baden-Württemberg, EFG 2011, 2178.

1005 Besteuert wird in Falle des § 7 Abs. 1 Nr. 10 ErbStG genau genommen nicht der Verzicht als solches, sondern der Erhalt der Abfindung, vgl. *Meincke*, ErbStG, § 7 Rn. 116.

on des Verzichts vor Bedingungseintritt nach den Regelungen des ErbStG kein Vermögenswert zukommt, ist in einem solchen Fall an eine freigebige Zuwendung des die Abfindung Leistenden an den Zahlungsempfänger zu denken. Sollten demnach Gesellschafter, die an einer Anwachsung vorrangig teilhaben sollen, an andere Gesellschaftergruppen, welche spiegelbildlich bei der Anwachsung zurücktreten sollen, eine Abfindung leisten, so besteht die Gefahr, dass in dieser Abfindung eine freigebige Zuwendung an letztere Gesellschafter im Sinne von § 7 Abs. 1 Nr. 1 ErbStG gesehen wird.

5. § 7 Abs. 6 ErbStG

Bisher hat die Untersuchung gezeigt, dass die Vereinbarung einer disquotalen Anwachsung und eine daran anschließende Anwachsung nicht unter die Tatbestände von § 7 Abs. 1 Nr. 1, Nr. 10 oder § 7 Abs. 7 ErbStG zu fassen ist. Allerdings bietet die Normierung von schenkungsteuerlich relevanten Vorgängen noch einen weiteren Anknüpfungspunkt, welchen es gilt im Hinblick auf eine disquotale Anwachsung zu beachten.

A. Grundsätzliches

Da es durch eine disproportionale Anwachsung regelmäßig zu einer Steigerung der Gewinnbeteiligung der privilegierten Gesellschafter kommt, bietet sich neben den gerade genannten und dargestellten Tatbeständen auch eine Untersuchung des Schenkungstatbestands nach § 7 Abs. 6 ErbStG an. Nach dieser Regelung gilt bei einer Beteiligung an einer Personengesellschaft die Einräumung eines Übermaßes an Gewinnbeteiligung als selbstständige Schenkung.[1006] Eine übermäßige Gewinnbeteiligung im Sinne von § 7

1006 *Schuck* in Viskdorf/Knobel/Schuck, ErbStG, § 7 Rn. 218; *Gebel* in Troll, ErbStG, § 7 Rn. 386.

Abs. 6 ErbStG liegt nach dem Wortlaut der Norm dann vor, wenn die Gewinnbeteiligung nicht der Kapitaleinlage, der Arbeits- oder sonstigen Leistung des begünstigten Gesellschafters entspricht und in diesem Maße üblicherweise nicht einem fremden Dritten eingeräumt worden wäre.[1007] Erfasst wird mit dieser Norm also eine Vermögensbewegung innerhalb des Gesellschafterkreises, die alleine aus der Umverteilung der Gewinnverteilung resultiert, ohne dass es einer weitergehenden substantiellen Vermögensbewegung bedarf.

Die Regelung des § 7 Abs. 6 ErbStG wurde unter bewertungsrechtlichen Gesichtspunkten eingeführt.[1008] Vor Erlass des ErbStRG[1009] erfolgte eine Bewertung einer Beteiligung an einer Personengesellschaft alleine nach dem Vermögenswert.[1010] Die tatsächliche Rentabilität der Beteiligung im Sinne eines Ertragswertes wurde durch eine solche Bewertung nicht erfasst. Um einen in einer erhöhten Gewinnbeteiligung liegenden Vermögensvorteil dennoch steuerlich angemessen erfassen zu können, erfolgte die Fiktion einer „selbstständigen" Schenkung nach § 7 Abs. 6 ErbStG.[1011] Auf Grund dieser Fiktion als selbstständige Schenkung ist es auch umstritten, ob alleine eine nachträgliche Änderung des Gewinnverteilungsschlüssels ohne gleichzeitige Schenkung einer Beteiligung im Sinne von § 7 Abs. 6 ErbStG unter diesen Tatbestand zu subsumieren ist.[1012] Nicht nur nach Ansicht der Finanzverwaltung[1013] soll auch eine schlichte nachträgliche Einräumung einer übermäßigen Gewinnbeteiligung durch Veränderung des Verteilungsschlüssels Schenkungsteuer nach § 7 Abs. 6 ErbStG

1007 *Weinmann* in Moench ErbStG, § 7 Rn. 240; *Meincke*, ErbStG, § 7 Rn. 137ff.; *Milatz* in Burandt/Rojahn Erbrecht, § 7 ErbStG Rn. 44.

1008 *Fischer* in Fischer/Jüptner ErbStG, § 7 Rn. 520.

1009 Gesetz v. 24.12.2008, BGBl 2008, 3018.

1010 *Fischer* in Fischer/Jüptner, ErbStG, § 7 Rn. 520.

1011 BT-Drs. 6/3418, S. 65.

1012 Vgl. *Schuck* in Viskdorf/Knobel/Schuck, ErbStG, § 7 Rn. 250 m.w.N.

1013 Vgl. R 21 Abs. 2 ErbStR.

auslösen.[1014] Nur durch eine solche Auslegung könne eine steuerlich angemessene Erfassung einer Bereicherung des übermäßig begünstigten Gesellschafters erfolgen.[1015] Dagegen wendet sich insbesondere *Meincke* der hauptsächlich mit dem Wortlaut der Norm gegen eine Eröffnung des Tatbestands in solchen Fällen argumentiert. Liege keine schenkweise Zuwendung einer Beteiligung vor, könne die Einräumung eines Gewinnübermaßes nicht als „selbstständige" Schenkung angesehen werden.[1016] Es mangele insoweit an einem Anknüpfungspunkt für die Schenkungsfiktion des § 7 Abs. 6 ErbStG.[1017] Andere führen aus, dass es regelmäßig keiner Entscheidung in diesem Streit bedürfe, da eine Bereicherung jedenfalls über die Grundnorm des § 7 Abs. 1 Nr. 1 ErbStG erfasst werden könne.[1018] Dass diese Ansicht nicht vollends überzeugen kann, zeigen die nachfolgenden Darstellungen zu einem schenkungsteuerlichen Zusammenspiel von § 7 Abs. 6 ErbStG und der Vereinbarung einer disquotalen Anwachsung.

B. § 7 Abs. 6 ErbStG und disquotale Anwachsung

Betrachtet man diese grundlegenden Ausführungen zu § 7 Abs. 6 ErbStG, so ergibt sich, dass alleine durch eine Steigerung der Gewinnbeteiligung infolge disquotaler Anwachsung keine Schenkungsteuerpflicht nach § 7 Abs. 6 ErbStG begründet werden darf. Es mangelt insofern schon einer übermäßigen Gewinnbeteiligung des durch die Anwachsung privilegierten Gesellschafters. Nach erfolgter disquotaler Anwachsung entspricht die Gewinnbeteiligung (weiterhin) der kapitalmäßigen Beteiligung. Der durch die

1014 Kapp/*Ebeling*, ErbStG, § 7 Rn. 190.9f.

1015 Kapp/*Ebeling*, ErbStG, § 7 Rn. 190.9.

1016 *Meincke*, ErbStG, § 7 Rn. 137.

1017 *Meincke*, ErbStG, § 7 Rn. 137.

1018 *Weinmann* in Moench, ErbStG, § 7 Rn. 239; *Schuck* in Viskdorf/Knobel/Schuck, ErbStG, § 7 Rn. 223; *Gebel* in Troll, ErbStG, § 7 Rn. 386f.

Anwachsung gestärkte Anteil hat durch Anwachsung eine Veränderung erfahren, in dem der (feste) Kapitalanteil des ausgeschiedenen Gesellschafters diesem Anteil zugewachsen ist.[1019] Gewinn- und Kapitalbeteiligung sind demnach kongruent, d.h. sie stellen sich letztlich wie vor Anwachsung dar. Liegt keine Inkongruenz zwischen der kapitalmäßigen Beteiligung der Gesellschafter und dessen Gewinnanteil vor, mangelt es demnach an einer „übermäßigen" Gewinnbeteiligung. Der Tatbestand einer Gewinnübermaß-Schenkung nach § 7 Abs. 6 ErbStG ist nicht eröffnet.

Gegen eine Schenkungsteuerpflicht nach § 7 Abs. 6 ErbStG spricht zusätzlich auch, dass der privilegierte Gesellschafter regelmäßig einer erhöhten Verlustzuweisung ausgesetzt ist.[1020] Einer verstärkten Gewinnbeteiligung steht dabei spiegelbildlich das Risiko einer erhöhten Verlustbeteiligung entgegen. Dies führt dazu, dass eine stärkere Gewinnbeteiligung nach Anwachsung durch Übernahme des festen Kapitalanteils des ausscheidenden Gesellschafters zumindest teilweise dann aufgezehrt wird, wenn ein Gleichlauf von Teilhabe an Gewinn und Verlust zwischen den Gesellschaftern vereinbart ist. Zu erwähnen ist nochmals, dass auch der Tatbestand von § 7 Abs. 6 ErbStG jedenfalls dann zu verneinen ist, wenn die durch die Anwachsung privilegierten Gesellschafter gleichzeitig zur Übernahme des Abfindungsanspruches nach § 738 Abs. 1 Satz 2 BGB verpflichtet sind. Insoweit ist die Konstellation mit einem Kauf von Gesellschaftsanteilen und daran anschließender gestärkter Gewinnbeteiligung vergleichbar.

Zusätzlich mangelt es bei einer disquotalen Anwachsung an einer erforderlichen schenkweisen Zuwendung einer Beteiligung. Die Neuverteilung der Anteilsverhältnisse samt dazugehöriger Veränderungen der Gewinnbeteiligung erfolgt nicht schenkweise. Vielmehr tritt diese Umverteilung kraft Gesetzes nämlich durch die

1019 Vgl. zu diesem Automatismus nach Anwachsung Ausführungen auf S. 161ff.

1020 V gl. § 722 Abs. 2 BGB, wonach grundsätzlich ein Gleichlauf von Beteiligung an Gewinn und Verlust besteht.

zwingende Rechtsfolgenanordnung des § 738 Abs. 1 Satz 1 BGB ein.[1021] Tritt die Veränderung der Beteiligungen der Gesellschafter aber durch Gesetz ein, fehlt es an dem erforderlichen Anknüpfungsmoment für den Tatbestand des § 7 Abs. 6 ErbStG.

6. Zusammenfassung

Die vorangehenden Darstellungen haben gezeigt, dass durch die Vereinbarung einer disquotalen Anwachsung kein schenkungsteuerlicher Tatbestand erfüllt ist, der zu einer wirtschaftlichen Belastung der Gesellschafter führen könnte.

Wesentlich ist dabei im Hinblick auf den Tatbestand des § 7 Abs. 1 Nr. 1 ErbStG zum einen, dass der Personengesellschaft auch für Zwecke des ErbStG Rechtsfähigkeit zuzusprechen ist. Dies führt dazu, dass die Gesellschaft eine Art Abschirmfunktion zwischen den Gesellschaftern bewirkt. Daneben ist entscheidend, dass durch die Vereinbarung einer disproportionalen Anwachsung keine substantielle Vermögensbewegung zwischen den Gesellschaftern stattfindet. Alleine eine eintretende Wertveränderung der Gesellschafterbeteiligungen ist nicht ausreichend, als Anknüpfungsmoment eines Schenkungstatbestands zu dienen. Zu erwähnen ist allerdings, dass diese beiden Gesichtspunkte im Widerspruch zur aktuellen finanzgerichtlichen Rechtsprechung stehen.

Für die anderen Tatbestände des § 7 ErbStG ist es entscheidend, dass der Verzicht auf eine proportionale Teilhabe an der Anwachsung als Verzicht auf eine schlichte Erwerbschance anzusehen. Letztlich kann auch nicht der für Vermögensbewegungen in Folge einer Anwachsung normierte Spezialtatbestand es § 7 Abs. 7 ErbStG zu einer Schenkungsteuerpflicht führen. Erfasst wird durch diese Norm nur eine Vermögensbewegung des ausscheidenden Gesellschafters in Richtung der Gesellschafter bzw. den übrigen

1021 Vgl. zu dem Eintritt der Wirkungen der Anwachsung durch Gesetz am Beispiel der Veränderung der Kapitalkonten Ausführungen auf S. 161 ff.

Gesellschaftern. Da die Wirkungen einer disquotalen Anwachsung aber lediglich gesellschafterintern greifen, erscheint auch eine entsprechende Anwendung dieser Norm und damit eine Ausdehnung der Schenkungsfiktion des § 7 Abs. 7 ErbStG nicht möglich.

II. Disquotale Anwachsung und Abfindungsbeschränkung

Es wurde beleuchtet, inwiefern durch die Rechtsfigur der disquotalen Anwachsung eine Steuerpflicht zwischen den in der Gesellschaft verbliebenen Gesellschaftern nach den Regelungen des ErbStG begründet werden kann. Unabhängig von dieser Frage soll nunmehr darauf eingegangen werden, welche Auswirkungen eine disquotale Anwachsung bei gleichzeitiger Beschränkung des Abfindungsanspruchs des ausgeschiedenen Gesellschafters haben kann.

Maßgebliche Norm, die zu einer Steuerpflicht der Gesellschafter in einer solchen Konstellation führen kann, ist § 7 Abs. 7 ErbStG.[1022] Zu klären ist, ob eine Steuerpflicht lediglich bei einzelnen, durch die Anwachsung besser gestellten Gesellschaftern erfolgt, oder ob nicht alle Gesellschafter durch eine Beschränkung des Anspruchs nach § 738 Abs. 1 Satz 2 BGB eine schenkungsteuerpflichtige Bereicherung erfahren. Sollte eine solche Steuerpflicht in gesamter Höhe auch die von der Anwachsung ausgeschlossenen Gesellschafter betreffen, sollte dieses Risiko im Rahmen gesellschaftsvertraglicher Vereinbarungen bedacht werden.[1023] Neben dem Wortlaut der maßgeblichen Norm des § 7 Abs. 7 Satz 1 BGB, wird sich zeigen, dass die Frage nach den schenkungsteuerlich relevanten Bereicherten entscheidende Bedeutung zukommt.

1022 Zu den Voraussetzungen des Tatbestands von § 7 Abs. 7 ErbStG vgl. Ausführungen auf S. 206ff.

1023 Die Konstellation einer Haftung solcher Gesellschafter für ErbSt ähnelt damit der Frage, inwiefern eine zivilrechtliche Haftung aller Gesellschafter für den Abfindungsanspruch des ausgeschiedenen Gesellschafters möglich ist, vgl. Ausführungen unter Kapitel 2 S. 183ff.

1. Wortlaut

Nach dem Wortlaut von § 7 Abs. 7 Satz 1 ErbStG gilt als Schenkung der auf einem Ausscheiden eines Gesellschafters beruhende Übergang eines Anteils auf die anderen Gesellschafter, soweit der Wert des Abfindungsanspruchs nach § 12 ErbStG den Abfindungsanspruch übersteigt. Sind durch die gesellschaftsvertragliche Regelung der Anwachsung einzelne Gesellschafter vollständig von der Anwachsung ausgeschlossen, sind zwar die wesentlichen Voraussetzungen der Schenkungsfiktion erfüllt. Ein Gesellschafter scheidet es und es besteht ein limitierter Abfindungsanspruch. Fraglich ist, ob es daneben erforderlich ist, dass diese Gesellschafter einen „Übergang“[1024] eines Anteils des ausgeschiedenen Gesellschafters erfahren müssen, um innerhalb den Tatbestand der Norm zu fallen. Denkbar erscheint es auch, dass bereits der „Übergang“ bei den privilegierten Gesellschaftern ausreichend ist, um die Fiktion der Schenkung nach § 7 Abs. 7 ErbStG für alle Gesellschafter anzunehmen.

Liegt hingegen eine disquotale Anwachsung vor, bei der kein Gesellschafter gänzlich von der Anwachsung ausgeschlossen wird, kommt es bei allen verbliebenen Gesellschaftern zu einem „Übergang“ eines Anteils. Der Tatbestand von § 7 Abs. 7 Satz 1 ErbStG ist jedenfalls bei einer solchen Ausgestaltung der Anwachsung dem Wortlaut nach eröffnet und betrifft dabei alle Gesellschafter. Auf die Höhe einer Steuerbelastung nach dem ErbStG kann aus dem Wortlaut dieser Regelung aber nicht geschlossen werden. Im Ganzen kann aus dem Wortlaut für die hier zu untersuchende Frage kein wesentlicher Erkenntnisgewinn erzielt werden.

1024 Da der Anteil des ausgeschiedenen Gesellschafters mit seinem Ausscheiden erloschen, also untergegangen ist, kann es nicht zu einem Übergang eines Anteils kommen, vgl. *Gebel*, Gesellschafternachfolge, Rn. 212.

2. Bereicherung und Subjektivität der Gesamthand

Da der Wortlaut von § 7 Abs. 7 Satz 1 ErbStG keine eindeutige Antwort auf die zu untersuchende Frage gibt, gilt es in einem nächsten Schritt zu klären, wer für den Zweck von § 7 Abs. 7 Satz 1 ErbStG „Bereicherter" des Anwachsungsvorgangs ist. Nur wer als Bereicherter durch die Fiktion der Schenkung erscheint, dürfte mit einer Belastung mit Schenkungsteuer zu rechnen haben.

Nimmt man durch die Abfindungsbeschränkung eine Bereicherung ausschließlich der Gesamthand als solche an, so dürfte grundsätzlich lediglich eine Steuerpflicht dieser Gesamthand bestehen. Ob bei disquotaler Anwachsung auch die ausgeschlossenen Gesellschafter dem Tatbestand des § 7 Abs. 1 Satz 1 ErbStG unterfallen, wäre ablehnend zu beantworten. Vielmehr würde sich die Problematik von der Ebene des Steuersubjekts auf die Ebene der Steuerschuldnerschaft verlagern.[1025] Verneint man eine Rechtssubjektivität der Gesamthand nach den Regelungen des Erbschaft- und Schenkungsteuerrechts, so ist denknotwendig auf die einzelnen Gesellschafter als „Bereicherte" innerhalb des Tatbestands von § 7 Abs. 7 Satz 1 ErbStG abzustellen. Die praktische Relevanz dieser Frage erschöpft sich nicht bei der hier zu beantwortenden Frage. Nimmt man eine Zuwendung direkt an die Gesellschafter an, wird die erfolgte Bereicherung auf mehrere Personen verteilt. Folge daraus ist, dass die Gesellschafter von einer geringeren Steuerprogression profitieren.[1026] Zudem kann durch die Annahme einer

1025 Zur Unterscheidung dieser Ebenen im ErbStG, vgl. *Fehrenbacher*, Steuerrecht, S. 209ff; *Gehm*, JuS 2007, 630ff. Mit Haftung in diesem Sinne ist über die Haftung nach § 20 Abs. 1 Satz. 1 ErbStG hinaus die Haftung nach § 191 AO gemeint. Danach kann eine Person, die kraft Gesetzes für eine Steuer haftet, durch Haftungsbescheid in Anspruch genommen werden. Als gesetzlicher Haftungstatbestand ist für Gesellschafter von Personengesellschaften § 128 HGB anzusehen, vgl. BFH, Urteil v. 09.05.2006 – VII R 50/05, BStBl II 2007, 600; FG München, DStRE 2011, 966; FG Thüringen, DStRE 2011, 1093; *Intemann* in Pahlke/Koenig AO, § 191 Rn. 30.

1026 *Gebel*, BB 1993, 706; *Ebeling* BB 1989, 1865; *Petzoldt*, MittRhNotK 1989, 190.

individuellen Steuerpflicht der Gesellschafter eine unkomplizierte Berücksichtigung von Verwandtschaftsverhältnissen innerhalb der Bestimmung der Steuerklasse erfolgen.[1027] Dies führt regelmäßig – insbesondere bei Familienpersonengesellschaften – zu einer geringeren Steuerpflicht der Gesellschafter.[1028]

Folgt man den vorangegangenen Überlegungen[1029] ist in Abweichung von der aktuellen Ansicht der finanzgerichtlichen Rechtsprechung von einer Rechtssubjektivität der Personengesellschaft auch für Zwecke des ErbStG auszugehen. Maßgeblich ist dabei, dass eine zivilrechtliche und damit auch schenkungsteuerrechtliche Vermögenszuordnung auch für die Personengesellschaft als solche begründet werden kann. Unmittelbar steht Gesellschaftsvermögen ausschließlich der Gesellschaft zu. Eine dingliche Beteiligung der Gesellschafter ist durch die Anerkennung der Rechtsfähigkeit ausgeschlossen. Eine Gleichbehandlung von Kapital- und Personengesellschaften ist angebracht.[1030] Ist für Zwecke des Schenkungsteuerrechts aber grundsätzlich alleine eine unmittelbare Bereicherung maßgeblich, ist einer Personengesellschaft auf innerhalb der Regelungen des ErbStG Rechtsfähigkeit zuzusprechen.

So kommt es auch bei einer Beschränkung des Abfindungsanspruchs eines ausscheidenden Gesellschafters zu einem unmittelbarer Vermögenszuwachs lediglich bei der Gesamthand. Diese ist primäre Schuldnerin des Anspruchs nach § 738 Abs. 1 Satz 2

1027 Vgl. Ausführungen auf S. 230ff.

1028 *Meincke* ErbStG, § 1 Rn. 6ff., § 20 Rn. 4f.; *Hollatz*, DStR 1995, 589.

1029 Dass auch rechtsfähigen Personengesellschaften schenkungsteuerliche Rechtsfähigkeit zuzusprechen ist, wird auf S. 203ff. dargestellt.

1030 So auch *Hartmann*, ErbStB 2011, 341 [344f.]. Interessant ist, dass *Hartmann* auch die schenkungsteuerliche Rechtsfähigkeit einer Kapitalgesellschaft als nicht gesichert ansah, vgl. ErbStB 2011, 341 [343]. Erst aus dem Wortlaut von § 7 Abs. 8 Satz 1 ErbStG zieht *Hartmann* eine zwingende Vermögenszuständigkeit der Kapitalgesellschaft, vgl. ErbStB 2012, 84 [86].

BGB.[1031] Allein deren Vermögen ist bei einer Beschränkung des Abfindungsanspruchs als Substitut für die zuvor bestehende Mitgliedschaft unmittelbar bereichert. Zwar liegt durch diese Abfindungsbeschränkung auch eine Bereicherung der hinter der Gesellschaft stehenden Gesellschaft vor. So haften die Gesellschafter für den Abfindungsanspruch neben der Gesellschaft nach § 128 HGB.[1032] Durch eine Begrenzung des Abfindungsanspruchs unter den maßgeblichen Steuerwert erfahren somit auch die Gesellschafter eine Bereicherung, da ihre potentielle Haftung nach § 128 HGB limitiert wird. Diese Bereicherung ist aber lediglich mittelbar und damit nicht geeignet, als tauglicher Zuwendungsgegenstand zu dienen, der gegen eine Rechtssubjektivität der Gesellschaft sprechen könnte. Den Gesellschaftern steht für den Fall, dass sie nach § 128 HGB in Anspruch genommen wurden, die Möglichkeit eines Regressanspruchs nach § 110 HGB gegenüber der Gesellschaft zu.[1033] Aus dieser Regressmöglichkeit zu Lasten der Gesellschaft und der unmittelbaren Einstandspflicht der Gesellschaft für den Abfindungsanspruch nach § 738 Abs. 1 Satz 2 BGB wird aber klar, dass bei der Konstellation des § 7 Abs. 7 ErbStG die Personengesellschaft selbst direkt bereichert ist. Zwar sind die Gesellschafter an einer Vermögenssteigerung der Gesellschaft beteiligt, doch erfolgt die Realisierung dieses Mehrwerts regelmäßig erst bei Abwicklung und Auseinandersetzung der Gesellschaft. Erst zu einem solchen Zeitpunkt profitieren die Gesellschafter von einem größeren Gesellschaftsvermögen unmittelbar. Zuvor stellt sich die Bereicherung nur mittelbar dar, was wiederum für eine schenkungsteuerlich relevante Bereicherung ausschließlich der Gesellschaft selbst spricht.

1031 *Ulmer/Schäfer* in Münchener Kommentar BGB, § 738 Rn. 17; *Schöne* in Beck'scher OK-BGB, 01.11.2012, § 738 Rn. 17; *Kilian* in Henssler/Strohn, Gesellschaftsrecht, § 738 BGB, Rn. 12.

1032 Vgl. zu der Haftung der Gesellschafter für den Abfindungsanspruch nach § 738 Abs. 1 Satz 2 BGB Ausführungen im 2. Kapitel auf S. 183ff.

1033 *Langhein* in Münchener Kommentar HGB, § 110 Rn. 11; *Hopt* in Baumbach/Hopt HGB, § 110 Rn. 10; *Koller* in Koller/Roth/Morck HGB, § 110 Rn. 3; *Weitemeyer* in Oetker HGB, § 110 Rn. 7.

In der Literatur werden Ausnahmefälle diskutiert, wonach eine mittelbare Bereicherung zu einer schenkungsteuerlich maßgeblichen Bereicherung führen kann.[1034] Dies könne dann der Fall sein, wenn die Zuwendung des Gesellschafters an die Gesellschaft einer abgekürzten Schenkung an die Gesellschafter gleich kommt.[1035] Ob eine solche alleinige Bereicherung der Gesellschafter erfolgen soll, beurteile sich alleine nach dem Willen des Schenkers.[1036] Dieses subjektive Element kann im Rahmen einer möglichen Schenkungsteuerpflicht von Gesellschaftern nach § 7 Abs. 7 ErbStG nicht nutzbar gemacht werden, um eine Schenkungsteuerpflicht der Gesellschafter zu begründen. Durch die Ausgestaltung des § 7 Abs. 7 ErbStG als Fiktion einer Schenkung bedarf es innerhalb von § 7 Abs. 7 ErbStG keines voluntativen Elementes.[1037] Erfordert der Tatbestand aber keine willentliche Schenkung, kann der Wille des ausgeschiedenen Gesellschafters als Schenker nicht zur Beantwortung der Frage herangezogen werden, wen er in Abkürzung des Leistungsweges bereichern wollte.[1038]

Es verbleibt innerhalb der Regelung des § 7 Abs. 7 ErbStG dabei, dass eine mittelbare Bereicherung der Gesellschafter nicht ausreichend ist, eine primär erfolgende unmittelbare Bereicherung der Gesellschaft zu verdrängen. Dieser ist alleine eine unmittelbare Bereicherung zuzusprechen, so dass daraus eine Rechtssubjektivität der Gesellschaft gefolgert werden kann.

1034 Vgl. *Hartmann*, ErbStB, 2003, 331.

1035 Vgl. Überblick bei *Lehmann*, Gesellschaftsrechtliche Gestaltungen, S. 67f.

1036 *Lehmann*, Gesellschaftsrechtliche Gestaltungen, S. 68.

1037 BFH, Urteil v. 01.07.1992 – II R 12/90, BStBl II 1992, 925; *Gebel* in Troll ErbStG § 7 Rn. 400; a.A. *Meincke* ErbStG,§ 7 Rn. 151.

1038 Zu diesem Widerspruch, dass bei Fiktionstatbeständen, die gerade kein subjektives Element enthalten, auch nicht auf einen Willen des Schenkers abgestellt werden kann *Fuhrmann/Potsch*, NZG 2012, 681 [684].

3. Folgen für Gesellschafter

Für die Gesellschafter einer Personengesellschaft, bei welcher eine disquotale Anwachsung zusätzlich neben einer Abfindungsbeschränkung vereinbart war, folgt aus der Annahme einer Rechtssubjektivität der Gesellschaft ein gesteigertes Risiko einer Inanspruchnahme für Erbschaft- und Schenkungsteuer. Nach der gegenwärtigen Rechtsprechung ist die Gesellschaft transparent für Zwecke des ErbStG.[1039] Es erfolgt eine jeweilige Schenkung an die Gesellschafter.[1040] Die Schenkungen werden nach dem Verhältnis der kapitalmäßigen Beteiligung der Gesellschafter aufgeteilt.[1041] Für einen von der Anwachsung ausgeschlossenen Gesellschafter bedeutet dieses Modell, dass kein Übergang des (Teil-)Anteils des ausscheidenden Gesellschafters auf ihn erfolgt. Der nicht an der Anwachsung partizipierende Gesellschafter erfährt durch die Abfindungsbeschränkung also keine maßgebliche Bereicherung, da er persönlich keinen Zuwachs an Anteilen erfährt. Aus dieser fehlenden Bereicherung folgt, dass ein solcher Gesellschafter nicht den Tatbestand des § 7 Abs. 7 ErbStG erfüllt.[1042] Nach der gegenwärtigen Rechtsprechung des Bundesfinanzhofs sowie nach Auffassung der Verwaltung dürfte für einen nicht an der Anwachsung teilhabenden Gesellschafter lediglich ein geringes Risiko bestehen, dass er im Falle einer Abfindungsbeschränkung der Schenkungsfiktion des § 7 Abs. 7 ErbStG unterfällt. Der Gesellschafter würde in einer solchen Konstellation nicht als Steuerschuldner nach § 20 ErbStG in Anspruch genommen werden.

1039 Vgl. Nachweise Fn. 893, 896.

1040 Vgl. *Reiter*, BB 1990, 2159.

1041 Vgl. H E 3.4 ErbStR; nähere Einzelheiten bei *Hartmann*, ErbStB 2011, 341 [342f.].

1042 Dies folgt aus dem Prinzip der „Kapitalrelation“ als Vorrang der wirtschaftlichen Beteiligungen der jeweiligen Gesellschafter, vgl. Hartmann, ErbStB 2011, 341 [342].

Abweichend stellt sich die Haftungsfrage dar, wenn man von einer Rechtssubjektivität der Gesellschaft ausgeht.[1043] Dies mag auf den ersten Blick verwundern, führt dies doch zu einer Trennung von Gesellschaft und Gesellschafter. Spricht man von einer Intransparenz einer Personengesellschaft, so ist nur die Gesellschaft Erwerber und damit Steuerschuldner einer (fingierten) Schenkung nach § 7 Abs. 7 ErbStG.[1044] Es liegt nur eine einzige Schenkung vor. Eine Aufteilung der Schenkung kommt nicht in Betracht. Die Gesellschafter sind nicht Steuerschuldner nach den Regelungen des ErbStG. Die Gesellschaft entfaltet eine Art Abschirmfunktion.[1045] Die Konstellation ähnelt insoweit einer Gesellschafterstellung bei einer Kapitalgesellschaft. Die Gesellschafter einer Personenhandelsgesellschaft haften für diese Steuer der Gesellschaft aber grundsätzlich nach § 128 HGB. Auf Grundlage dieser gesetzlichen Haftungsnorm können die Gesellschafter auch steuerrechtlich nach § 191 Abs. 1 Satz 1 AO in Anspruch genommen werden.[1046] Zwar steht diese steuerrechtliche Inanspruchnahme unter dem Vorbehalt des § 219 Satz 1 AO. Danach kann ein Gesellschafter als Haftungsschuldner nur dann auf Zahlung in Anspruch genommen werden, soweit die Vollstreckung in das bewegliche Vermögen der Gesellschaft als Steuerschuldner ohne Erfolg geblieben oder anzunehmen ist, dass die Vollstreckung aussichtslos sein würde.[1047] Eine

1043 So auch *Fischer* in Fischer/Jüptner, § 7 Rn. 130; *Lehmann*, Gesellschaftsrechtliche Gestaltungen, S. 72; *Hartmann*, DB 1996, 2250.

1044 *Hartmann* in ErbStB 2011, 341 [345] hält auch eine parallele Steuerpflicht von Gesellschaft und Gesellschafter für möglich.

1045 Zum Trennungsprinzip zwischen Kapitalgesellschaft und Gesellschafter, vgl. BFH, Urteil v. 18.03.2004 – III R 25/02, BStBl II 2004, 787; BFH, Urteil v. 27.03.2007 – VIII R 64/05, BFH/NV 2007, 1568 [1570]; *Hey* in Tipke/Lang Steuerrecht, § 18 Rn. 9; *Liebscher* in Sudhoff Unternehmensnachfolge, § 2 Rn. 8.

1046 *Intemann* in Pahlke AO, § 191 Rn. 29ff.; Gress/*Dornheim*, Steuerverfahrensrecht, S. 91.

1047 *Rüsken* in Klein, AO, § 219 Rn. 3ff.; *Intemann* in Pahlke AO, § 219 Rn. 9ff.; Tipke/*Kruse*, AO, § 219 Rn. 6ff.

tatsächliche Zahlungspflicht des Gesellschafters ist damit nur teilweise subsidiär. Denn die Finanzbehörden sind nicht gehalten eine Befriedigung der Steueransprüche in unbewegliches Vermögen der Gesellschaft zu versuchen.[1048] Ist die Gesellschaft nur Eigentümerin von erheblichem Grundvermögen, kann gleichzeitig aber kein bewegliches Vermögen aufweisen, handeln die Finanzbehörden nicht ermessensfehlerhaft, wenn sie in einer solchen Konstellation unmittelbar von den Gesellschaftern auf Grund eines Haftungsbescheides nach § 191 Abs. 1 Satz 1 AO Zahlung fordern. Für die Situation einer disquotalen Anwachsung bei gleichzeitiger Abfindungsbeschränkung bedeutet dies, dass ein nicht an der Anwachsung teilhabender Gesellschafter für eine Steuerschuld der Gesellschaft aus § 7 Abs. 7 Satz 1 ErbStG in Anspruch genommen werden kann. Wie auch bei einer zivilrechtlichen Haftung für den Abfindungsanspruch des ausgeschiedenen Gesellschafters tragen Gesellschafter dieser Art auch steuerrechtlich das Risiko eines Regresses.

III. Zusammenfassung Drittes Kapitel

Hat man sich zu Beginn dieses Kapitels gefragt, ob die Figur der disquotalen Anwachsung durch potentielle Belastungen nach dem ErbStG wirtschaftlich unattraktiv erscheint, so ist diese Frage im Anschluss an die vorangegangenen Untersuchungen negativ zu beantworten. Attraktiv ist eine solche Anwachsung unter dem Blickwinkel einer fehlenden schenkungsteuerlichen Belastung als ein Gestaltungsmittel, um steuerneutral eine Umverteilung der Gesellschafterbeteiligungen zu erreichen. Damit bietet die Vereinbarung einer disquotalen Anwachsung nicht nur gesellschaftsrechtliche Vorteile.[1049]

1048 BFH Urteil v. 22.07.1986 - VII R 191/83, BFH/NV 1987, 140–141; *Jula*, GmbH-Geschäftsführer, 333.

1049 Vgl. Ausführungen zum Zusammenspiel von disquotaler Anwachsung und den Haftsummen privilegierter Kommanditisten im Kapitel 2 auf

Eine steuerliche Belastung nach § 7 Abs. 7 ErbStG scheidet aus. Diese Norm beinhaltet eine Abfindungsbeschränkung als konstitutives Merkmal. Eine solche Beschränkung ist bei einer disquotalen Anwachsung grundsätzlich nicht enthalten. Zudem ist der Tatbestand des § 7 Abs. 7 ErbStG auf Vermögensbewegungen im Verhältnis des ausgeschiedenen Gesellschafters zu der Gesellschaft bzw. den übrigen Gesellschaftern ausgerichtet. Durch eine disquotale Anwachsung erfolgt eine Wertverschiebung aber ausschließlich zwischen den verbliebenen Gesellschaftern. Letztere Punkte sind es vorrangig, die im Vergleich zum Grundtatbestand des steuerschärfenden Sondertatbestands[1050] des § 7 Abs. 7 ErbStG eine differente Interessenlage aufzeigen, so dass eine analoge Anwendung dieses Spezialtatbestands auf die Figur der disquotalen Anwachsung nicht möglich ist.

Ebenso scheitert eine Anwendbarkeit des Grundtatbestands einer freigebigen Zuwendung nach § 7 Abs. 1 Nr. 1 ErbStG auf die Figur einer disquotalen Anwachsung. Entscheidendes Merkmal dieser Norm ist, ob durch den Verzicht einzelner Gesellschafter, nicht (quotal) an der Anwachsung teilzuhaben, eine Schenkung an die übrigen Gesellschafter vorliegt. Sollte eine Vereinbarung zur disquotalen Anwachsung erfolgen – sei es bei Gründung der Gesellschaft oder zu einem späteren Zeitpunkt -, liegt in diesem Verzicht aber keine freigebige Zuwendung nach § 7 Abs. 1 Nr. 1 ErbStG. Der Verzicht auf Teilhabe an der Anwachsung stellt einen Verzicht auf eine schenkungsteuerlich nicht relevante Rechtsposition dar. Auf Grund des Charakters als schlichte Aussicht auf eine potentielle Vermögensmehrung und der damit zusammenhängenden tatsächlichen Ungewissheit einer solchen Mehrung, erfolgt durch den Verzicht kein substantieller Vermögenstransfer zugunsten der übrigen Gesellschafter. Eine mit dem Verzicht verbundene mögliche Wertminderung bzw. -steigerung der Beteiligungen an der Gesell-

S. 180.

1050 Zu einer engen Auslegung des Tatbestands auf Grund des steuerverschärfenden Charakters, vgl. FG Düsseldorf, EFG 1989, 642.

schaft ist entgegen der aktuellen Auffassung des Bundesfinanzhofs nicht ausreichend, um den Tatbestand des § 7 Abs. 1 Nr. 1 ErbStG anzunehmen. Aus einer anzuerkennenden Rechtssubjektivität der Personengesellschaft entfaltet die Gesellschaft eine Trennungs- und Abschirmfunktion. Zudem spricht das für eine freigebige Zuwendung erforderliche Merkmal eines Übergangs von Vermögenssubstanz gegen die Annahme einer Schenkung. Eine schlichte Wertsteigerung von bereits existenten Beteiligungen kann nicht zur Annahme einer substantiellen Vermögensbewegung führen. Eine davon abweichende Ansicht steht in einem Widerspruch zu der zivilrechtlich zu bestimmenden Vermögensbereicherung für Zwecke des § 7 Abs. 1 ErbStG. Dieses Ergebnis stützt sich zusätzlich auf einen Vergleich mit der Neuregelung des § 7 Abs. 8 ErbStG. Lediglich dort kann bereits eine Wertsteigerung von Gesellschaftsbeteiligungen in Folge eines beliebigen Handelns der Gesellschafter gegenüber der Gesellschaft den Tatbestand einer (fingierten) Schenkung erfüllen. Da der Tatbestand dieser Fiktion aber nicht auf andere als dort genannte Rechtsformen und damit auch nicht auf Personengesellschaften erstreckt werden kann, verbleibt es bei dem zuvor dargestellten Ergebnis.

Sollte für den Ausschluss von der Anwachsung eine Abfindung geleistet werden, führt dies nicht zu einer Belastung mit Erbschaft- und Schenkungsteuer nach § 7 Abs. 1 Nr. 10 ErbStG. Da wie gezeigt eine potentielle Partizipation an einer quotalen Anwachsung lediglich eine Erwerbschance darstellt, ist diese Position mit einem möglichen Anspruch auf einen erbrechtlichen Pflichtteil zu vergleichen. Wird eine Abfindung aber lediglich für einen Verzicht auf eine solche Chance zum Erwerb geleistet, führt dies nicht zu einer Annahme des Tatbestands nach § 7 Abs. 1 Nr. 10 ErbStG.

Zuletzt führt auch der Regelungsgehalt von § 7 Abs. 6 ErbStG nicht zu einer schenkungsteuerlichen Belastung der disquotalen Anwachsung. Zwar kommt es in Folge einer derartigen Anwachsung regelmäßig zu einer gesteigerten Gewinnbeteiligung bestimmter Gesellschafter. Allerdings liegt darin keine überhöhte Gewinnbeteiligung. Denn diese Teilhabe am Gewinn ist durch den Gesellschaftern zugewiesene Kapitalanteile unterlegt. Dadurch liegt auch nach disquotaler Anwachsung kein Verteilungsschlüssel bezüglich des Gewinnes vor, der zur Annahme von § 7 Abs. 6 ErbStG führt. Zudem mangelt es bei einer disquotalen Anwachsung auch an einer für den Tatbestand des § 7 Abs. 6 ErbStG zu fordernden schenkungsweisen Zuwendung einer Beteiligung. Die Umverteilung der Gesellschafterbeteiligung erfolgt bei einer (disquotalen) Anwachsung nämlich auf Grund Gesetzes und damit nicht im Kontext einer Schenkung.

Enthält die Vereinbarung einer disproportionalen Anwachsung zusätzlich eine Beschränkung des Abfindungsanspruchs des ausgeschiedenen Gesellschafters, so besteht die Gefahr, dass auch die von der Anwachsung ausgeschlossenen Gesellschafter für eine nach § 7 Abs. 7 ErbStG entstandene Schenkungsteuer haften. Durch die Beschränkung des Abfindungsanspruchs erfolgt eine unmittelbare Bereicherung der Gesellschaft. Daneben tritt eine mittelbare Bereicherung der Gesellschafter. Da im Rahmen des ErbStG im Verhältnis Gesellschafter/Gesellschaft grundsätzlich nur unmittelbare Bereicherungen maßgeblich sind, ist für Zwecke des § 7 Abs. 7 ErbStG alleine eine Bereicherung der Gesellschaft anzunehmen. Aus einer derartigen Bereicherung ist auf eine Subjektivität von Personengesellschaften zu schließen. Entgegen der gegenwärtigen Rechtsprechung des Bundesfinanzhofs sind nicht die Gesellschafter anteilig Steuerschuldner einer solchen Schenkung. Vielmehr kommt einer zivilrechtlich rechtsfähigen Personengesellschaft auch Rechtssubjektivität innerhalb der Regelungen des ErbStG zu. Personengesellschaften können damit Steuerschuldner nach § 20 ErbStG sein. Für eine Steuerschuld der Gesellschaft haften die Gesellschafter nach § 191 AO i.V.m. § 128 HGB. Dies führt zu dem Ergebnis, dass sämtliche Gesellschafter für eine aus § 7 Abs. 7 ErbStG resultierende Steuerschuld der Gesellschaft in Anspruch genommen werden können, ohne dass es auf eine individuelle Bereicherung der Gesellschafter ankommt. Dies gilt auch für von der Anwachsung ausgeschlossene Gesellschafter. Es kann somit zu einer Inkongruenz zwischen Steigerung der Anteilswerte und einem Haftungsrisiko der verbliebenen Gesellschafter kommen.

Schlussbetrachtung/Thesen

Die Arbeit unterlag dem Anspruch, durch eine Auseinandersetzung mit dem Rechtsinstitut der Anwachsung eine Handhabung dieser Rechtsfigur zu erleichtern. Dabei sollte ein Abgleich des modernen Verständnis der rechtsfähigen Gesamthand mit der Rechtsfolgenanordnung der Anwachsung erfolgen. Insbesondere war zu klären, inwieweit durch eine vertragliche Einflussnahme auf § 738 Abs. 1 Satz 1 BGB die Umverteilung der Gesellschafterrechte nach Anwachsung beeinflusst werden kann. So war unklar, ob eine Einwirkung auf den Wirkungsbereich des § 738 Abs. 1 Satz 1 BGB als rechtliches Gestaltungsmittel als Alternative zu üblichen gesellschaftsrechtlichen Nachfolgeklauseln genutzt werden kann. Zusätzlich waren die Auswirkungen einer solchen Einflussnahme auf den an die Anwachsung folgenden „Alltag" des Gesellschafterlebens zu beleuchten. Schließlich wurde geklärt, ob Überlegungen zur Ausgestaltung der Anwachsung als gesellschaftsrechtliches Gestaltungsmittel durch eine erbschaft- und schenkungsteuerliche Belastung konterkariert werden.

Insgesamt lassen sich die Ergebnisse dieser Arbeit in den folgenden Thesen zusammenfassen:

Die Rechtsfigur der Anwachsung wird nicht nur bei einem Ausscheiden aus einer Personengesellschaft, sondern auch bei anderen Zusammenschlüssen von Rechtssubjekten verwendet, um bei einer Minimierung des Mitgliederbestandes eine Neuzuordnung der Beteiligungen zu erreichen. Die Wirkungen der Anwachsung sind dabei nicht auf Gesamthandsgesellschaften limitiert. Auch unter Mitgliedern einer Bruchteilsgemeinschaft findet nach § 2158 BGB das Anwachsungsprinzip Anwendung. Betrachtet man die gesetzlich geregelten Fallgruppen der Anwachsung, wird deutlich, dass eine Umverteilung der mitgliedschaftlichen Beteiligungen in Folge einer Anwachsung sowohl eine dingliche als auch lediglich eine schuldrechtliche Komponente zukommen kann.

Aus einer Synopse der normierten Konstellationen der Anwachsung können dogmatische Erkenntnisse für die Anwachsung nach § 738 Abs. 1 Satz 1 BGB gewonnen werden. An der apodiktischen Aussage des zwingenden Regelungsgehaltes der Anwachsung nach § 738 Abs. 1 Satz 1 BGB ist unter Berücksichtigung dieses Vergleiches nicht uneingeschränkt festzuhalten. Den Gesellschaftern steht es frei, die Anwachsungsquoten der verbliebenen Gesellschafter zu bestimmen. Eine solche Einflussnahme steht nicht im Konflikt mit dem als zwingend anzusehenden Prinzip der Anwachsung als Rechtsfolgenanordnung anknüpfend an ein Ausscheiden eines Gesellschafters. Die Reichweite zulässiger Regelungen der Anwachsung geht dabei soweit, dass einzelne Gesellschafter auch vollumfänglich von der Anwachsung ausgeschlossen werden können. So ist eine Anwachsung lediglich zugunsten eines einzigen Gesellschafters möglich. Dadurch ist die Figur einer disquotalen Anwachsung besonders als gestalterisches Mittel zur Nachfolgeplanung oder zur Erhaltung eines Gleichgewichtes innerhalb von Familiengesellschaften geeignet.

Maßgeblich für die Annahme einer zulässigen Einflussnahme auf § 738 Abs. 1 Satz 1 BGB ist die Erkenntnis, dass bei den übrigen Fallgruppen der Anwachsung dem Willen der die Anwachsung statuierenden Person(en) entscheidender Einfluss zukommt. Kann innerhalb der Regelungen der §§ 1935, 2158 BGB ein Ausschluss der Anwachsung durch den Erblasser angeordnet werden, führt dieses Primat des Willens im Rahmen von § 738 Abs. 1 Satz 1 BGB zu einer Möglichkeit der Gesellschafter zur Einflussnahme auf die Anwachsungsquoten.

Der wesentliche Regelungszweck von § 738 Abs. 1 Satz 1 BGB wird auch bei einer derartigen Ausgestaltung der Anwachsung erreicht. Denn es erfolgt eine Verknüpfung von Gesamthandsberechtigung weiterhin und ausschließlich innerhalb des verbliebenen Gesellschafterkreises. Zusätzlich zeigt eine Untersuchung des Regelungsgegenstands der Anwachsung, des „Anteils am Gesellschaftsvermögen" im Sinne von § 738 Abs. 1 Satz 1 BGB, dass die diesem Anteil innewohnenden Komponenten einzeln betrachtet dispositiv ausgestaltet sind. Diese individuelle Gestaltungsmöglichkeit wirkt sich dabei insgesamt positiv auf eine Disposivität der Anwachsungsquoten aus.

Die Freiheit der Ausgestaltung der Anwachsung stützt sich daneben auf den gesellschaftsrechtlichen Grundsatz der autonomen Regelung des Innenverhältnisses der Gesellschafter. Der Anwachsung als an die Gesellschafterstellung anknüpfende Rechtsfolgenanordnung kommt lediglich eine Wirkung innerhalb des Gesellschafterkreises zu. Rechte Dritter werden durch die Anwachsung nicht tangiert. Da durch eine disquotale Gestaltung der Anwachsung keine unverzichtbaren Gesellschafterrechte betroffen sind, steht es den Gesellschaftern frei, eine Teilhabe an der Anwachsung gesellschaftsvertraglich zu regeln.

In Folge einer (disquotalen) Anwachsung ändert sich die wertmäßige Beteiligung der verbliebenen Gesellschafter. Diese Wirkung tritt qua Gesetz mit dem Ausscheiden eines Gesellschafters ein. Die automatische Wirkung führt auch zu einer Veränderung der festen Kapitalbeteiligungen der Gesellschafter. Zusätzliche Gestaltungsakte zur Anpassung einer Ergebnisverteilung an die nach einer Anwachsung existierende Beteiligungsquote bedarf es nicht.

An einer Anwachsung partizipierende Kommanditisten erfahren durch eine Anwachsung keine Veränderung der ihnen zugeordneten Haftsummen. Diese Erkenntnis gilt auch, wenn die Gesellschafter eine disquotale Anwachsung vereinbart haben. Insofern unterscheidet sich das Ergebnis einer disquotalen Anwachsung von einer Nachfolge in einen Gesellschaftsanteil, bei welcher eine Übernahme der Haftsumme erfolgt.

Sämtliche in der Gesellschaft verbliebenen Gesellschafter haften gleichrangig neben der Gesellschaft für den in § 738 Abs. 1 Satz 2 BGB normierten Abfindungsanspruch des ausgeschiedenen Gesellschafters. Auch ohne Teilhabe an der Anwachsung besteht eine Gefahr der Inanspruchnahme, da der ausgeschiedene Gesellschafter die Gesellschafter für den Anspruch nach § 738 Abs. 1 Satz 2 BGB auch in Anspruch nehmen kann. Eine irgendwie geartete Treuepflicht, zunächst eine Befriedigung bei der Gesellschaft zu versuchen, besteht grundsätzlich nicht. Nach dem Ausscheiden aus der Gesellschaft steht der Gesellschafter wie ein gewöhnlicher Dritter der Gesellschaft und den übrigen Gesellschaftern gegenüber. Er ist somit nicht länger an gesellschaftsrechtliche Treuepflichten gebunden, da insoweit kein Bezug zu einer gemeinsamen Zweckerreichung besteht. Insoweit kann es zu einem Auseinanderfallen von Steigerung der Beteiligungsquote und potentieller Haftung kommen.

Betrachtet man eine disquotale Anwachsung unter dem Blickwinkel potentiell einschlägiger Tatbestände des ErbStG, bietet sich auf Grund einer schenkungsteuerlichen Neutralität die disproportionale Anwachsung als gestalterisches Mittel zur Umverteilung von Gesellschaftsbeteiligungen an. Denn eine Veränderung der Gesellschafterbeteiligungen als Folge einer disquotalen Anwachsung kann nicht unter den Tatbestand einer Schenkung unter Lebenden subsumiert werden. Der Vermögensbewegungen durch Anwachsung normierende Spezialtatbestand des § 7 Abs. 7 ErbStG greift bei einer disproportionalen Anwachsung nicht ein. Gegen eine analoge Anwendung auf diese Rechtsfigur spricht die ausschließlich gesellschafterinterne Wertumverteilung.

Eine Vereinbarung einer disquotalen Anwachsung fällt gleichsam nicht unter den Grundtatbestand einer freigebigen Zuwendung im Sinne von § 7 Abs. 1 Nr. 1 ErbStG. Durch eine Einflussnahme auf die Anwachsung kommt es zwar zu einer wertmäßigen Veränderung der Beteiligungen der Gesellschafter. Auf

Grund der zivilrechtlichen Maßgeblichkeit bei der Bestimmung eines tauglichen Bereicherungsgegenstandes liegt darin aber kein substantieller Vermögensübergang im Sinne des ErbStG. Maßgeblich ist dabei, dass entgegen der gegenwärtigen Auffassung der Finanzgerichte einer Personengesellschaft Rechtssubjektivität für Zwecke des ErbStG zukommt. Unter Anerkennung dieser Rechtsfähigkeit erfolgt eine Vermögenstrennung zwischen den Vermögensmassen der Gesellschaft und dieser der Gesellschafter. Für die Annahme einer Schenkung -auch bei unterstellter Transparenz der Gesellschaft- bedarf es eines Übergangs von Vermögenssubstanz auf den durch die Schenkung Bereicherten. Dieses aus einer zivilrechtlichen Maßgeblichkeit folgende Erfordernis ist bei einer Wertsteigerung der Beteiligung in Folge eines Verzichts auf Gesellschafterrechte nicht erfüllt.

Mangelt es der Rechtsposition der Gesellschafter im Hinblick auf eine mögliche Teilhabe an einer Anwachsung an einem selbstständigen Rechtscharakter, liegt in einem Verzicht auf diese Position ein schenkungsteuerlich neutraler Verzicht auf eine schlichte Erwerbsaussicht vor. Dieses Ergebnis folgt zusätzlich aus einem systematischen Vergleich mit der Fiktion des § 7 Abs. 8 ErbStG. Nur innerhalb des Anwendungsbereiches dieser Norm können reine Wertsteigerungen einer Gesellschafterbeteiligung schenkungsteuerlich erfasst werden. Da aber dieser Tatbestand nur Wertsteigerungen als Folge einer Leistung an die Gesellschaft erfasst, ist anzunehmen, dass eine Erhöhung des Anteilswerts durch Verzicht auf bzw. Einräumung von (privilegierten) Gesellschafterrechten nicht unter den Tatbestand dieser Fiktionsnorm zu subsumieren ist. Denn Wertsteigerungen durch gesellschaftsvertragliche Abreden zwischen den Gesellschaften berühren die Gesellschaft nicht als Subjekt, sondern lediglich als Objekt.

Sollten die Gesellschafter neben einer disquotalen Anwachsung zugleich eine Beschränkung des Abfindungsanspruchs des ausgeschiedenen Gesellschafters beschließen, kann darin eine zusätzliche Belastung der von der Anwachsung ausgeschlossenen Gesellschafter liegen. Denn entgegen der aktuellen Rechtsprechung der Finanzgerichte ist Bereicherter im Sinne von § 7 Abs. 7 ErbStG und damit Steuerschuldner einer fingierten Schenkung nach § 7 Abs. 7 ErbStG, alleine die Gesellschaft. Dies führt auf Grund allgemeiner steuerrechtlicher Haftungstatbestände zu einer möglichen Inanspruchnahme sämtlicher in der Gesellschaft verbliebenen Gesellschafter. Dabei ist keine Unterscheidung nach einer Teilhabe an der Anwachsung angebracht.

Die zu Beginn gestellten Fragen sind damit durchweg positiv zu beantworten. Ist den Gesellschaftern die Regelung des § 738 Abs. 1 Satz 1 BGB im Hinblick auf die quotenmäßige Teilhabe an der Anwachsung als dispositiv zuzugestehen, kann eine disquotale Anwachsung planerisch zur Nachfolge innerhalb von (Familien-) Unternehmen genutzt werden. Zudem dürfte unter Berücksichtigung der gegenwärtigen Rechtslage, aber wohl im Gegensatz zur Ansicht des Bundesfinanzhofs, eine Neuverteilung der Gesellschafterbeteiligungen im Zuge einer Anwachsung schenkungsteuerneutral erreicht werden können. Diese Erkenntnisse rücken die Rechtsfigur der disquotalen Anwachsung neben bereits bekannten Gestaltungsmitteln als geeignetes Planungsinstrument in den Vordergrund. Es ist zu hoffen, dass zeitnahe (höchst-)richterliche Entscheidungen zu dieser Thematik weitere Rechtssicherheit für Gestaltungen einer disquotalen Anwachsung schaffen.

Literaturverzeichnis

Albrecht, Gerd: Zulassung Dritter zur Übernahme neuer Anteile an einer GmbH gegen Einlage unter dem Verkehrswert, ZEV 2001, 375

Altmeppen, Holger: Die akzessorische Haftung der Gesellschafter einer Personengesellschaft für einen „Drittanspruch" ihres Mitgesellschafters, NJW 2009 , 2241

Altmeppen, Holger: Rechtsentwicklungen der GbR trotz § 899a BGB nicht aufzuhalten, NJW 2011, 1905

Ann, Christoph, Die Erbengemeinschaft, Dissertation, Köln 2001

Armbrüster, Christian: Nachschusspflicht im Personengesellschaftsrecht, ZGR 2009, 1

Armbrüster, Christian/Becker, Matthias/Klein, Michael/Merle, Werner/Pick, Eckhardt, Wohnungseigentumsgesetz, Gesetz über das Wohnungseigentum und Dauerwohnrecht begründet von Johannes Bärmann, 11. Auflage, München 2010
(zitiert Verfasser in Bärmann WEG)

Ascheuer, Anette, Der Anteil des Gesamthänders am Gesamthandsvermögen, Dissertation, Berlin 1992

Bachmayer, Christian: Die BGH-Rechtsprechung zur Rechtsfähigkeit der GbR – ein Irrweg, Weshalb und Wie der Gesetzgeber korrigierend eingreifen sollte, BWNotZ 2009, 122

Bamberger, Heinz Georg/Roth, Herbert, Beck'scher Online – Kommentar BGB, 25. Edition, München 2012
(zitiert Verfasser in Beck'scher OK -BGB)

Baumann, Wolfgang: Die Einmann-Personengesellschaft, BB 1998, 22

Baumbach, Adolf/Hopt, Klaus J., Handelsgesetzbuch, 34. Auflage, München 2010
(zitiert Verfasser in Baumbach/Hopt HGB)

Baumbach, Adolf/Hueck, Alfred, GmbhG, Gesetz betreffend die Gesellschaften mit beschränkter Haftung, 19. Auflage, München 2010
(zitiert Verfasser in Baumbach/Hueck GmbHG)

Becker, Christian: Der Tod des Gesellschafters einer Personengesellschaft mit Familienstämmen: Gestaltungsinstrumente für den Gesellschaftsvertrag, ZEV 2011, 157

Becker, Christian: Die Organisation von Personengesellschaften nach Familienstämmen, Dissertation, Frankfurt am Main 2010

Beckert, Manuela u.a., Formularbuch Recht und Steuern, 6. Auflage, München 2008
(zitiert Verfasser in Formularbuch Recht und Steuern)

Behnke, Thorsten: Anmerkung zu OLG Naumburg: Beschränkter Abfindungsanspruch beim Ausscheiden aus einer Sozietät/Konkludente Annahme einer in ein Aufhebungsangebot umgedeuteten Kündigung, NZG 1999, 111

Behr, Johannes: Die Vollstreckung in Personengesellschaften; Aktuelle Hinweise für den Praktiker, NJW 2000, 1137

Behrens, Stephan/Schmidt, Rainer, Zur Auslegung des Begriffes „Anteil am Gesellschaftsvermögen" i.S.v. § 1 Abs. 2a GrEStG, UVR 2005, 378

Behrens, Stephan: Anmerkungen zum koordinierten Länder-Erlass zu § 1 Abs. 2a GrEStG vom 25.2.2010 (DStR 2010, 697), DStR 2010, 777

Beuthien, Volker: Ist die Innengesellschaft rechtsfähig?, NZG 2011, 161

Beuthien, Volker: Was hat die „rechtsfähige Personengesellschaft" Neues gebracht? Zur Entzauberung der Gruppenlehre, NZG 2011, 481

Beuthien, Volker: Zur Begriffsverwirrung im deutschen Gesellschaftsrecht, JZ 2003, 715

Bippus, Birgit Elsa: Raus aus der Mitunternehmerschaft, rein in die Körperschaft-steuer – Überlegungen zur steuerrechtlichen Konzeption der Personengesellschaften, DStR 1998, 749

Birk, Dieter, Steuerrecht, 15. Auflage, Heidelberg 2012

Birnbaum, Mathias, Leistungsfähigkeitsprinzip und ErbStG, Berlin 2007

Bloymeyer, Jürgen: Die Rechtsnatur der Gesamthand, JR 1971, 397

Bohlken, Lars/Sprenger, Regine: Minderheitenschutz bei Personengesellschaften, DB 2010, 263

Böhringer, Walter: Europäische wirtschaftliche Interessenvereinigung (EWIV), BWNotZ 1990, 219

Böken, Andreas: Die Immobilien-GbR Aktuelle Rechtsprechung zur Gesellschafterhaftung und zu Fondsbeteiligungen, DStR 2004, 558

Bork, Reinhard/Jacoby, Florian: Das Ausscheiden des einzigen Komplementärs nach § 131 Abs. 3 HGB, ZGR 2005, 611

Bormann, Michael/Hellberg, Claus: Ausgewählte Probleme der Gewinnverteilung in der Personengesellschaft, DB 1997, 2415

Boujong, Karlheinz/Ebenroth, Carsten Thomas/Joost, Detlev/Strohn, Lutz, Handelsgesetzbuch, 2. Auflage, München 2008
(zitiert Verfasser in E/B/J HGB)

Brambring, Günter/Jerschke, Hans-Ulrich, Beck'sches Notarhandbuch, 5. Auflage, München 2009 (zitiert Verfasser in Beck'sches Notarhandbuch)

Breiteneicher, Jens: Die Anwachsung als steuerliches Umwandlungsinstrument, DStR 2004, 1405

Breithaupt, Joachim/Ottersbach, Jörg H., Kompendium Gesellschaftsrecht, München 2010
(zitiert Verfasser in Breithaupt/Ottersbach Kompendium Gesellschaftsrecht)

Buchda, Gerhard, Geschichte und Kritik der deutschen Gesamthandslehre, Marburg 1936
(zitiert Buchda, Gesamthandslehre)

Buchner, Herbert: Zur rechtlichen Struktur der Personengesellschaften, AcP 169 (1969), 483

Büchting, Hans-Ulrich/Heussen, Benno, Beck'sches Rechtsanwalts-Handbuch, 10. Auflage, München 2011
(zitiert Verfasser in Beck'sches Rechtsanwalts-Handbuch)

Budde, Wolfgang Dieter/Förschle, Gerhart/Winkeljohann, Norbert, Sonderbilanzen von der Gründungsbilanz bis zur Liquidationsbilanz, 4. Auflage, München 2008
(zitiert Budde/Förschle/Winkeljohann Sonderbilanzen)

Burandt, Wolfgang/Rojahn, Dieter, Erbrecht, Band 65, München 2011
(zitiert Verfasser in Burandt/Rojahn Erbrecht)

Busch, Louis/Erler, Julius, Das Bürgerliche Gesetzbuch mit besonderer Berücksichtigung der Rechtsprechung des Reichsgerichts, Band 2, Berlin 1929
(zitiert Verfasser in Busch/Erler BGB)

Bydlinski, Franz, Privatautonomie und objektive Grundlagen des verpflichtenden Rechtsgeschäfts, Wien 1967
(zitiert Bydlinski, Privatautonomie)

Canaris, Claus-Wilhelm/Habersack, Mathias/Schäfer, Carsten, Handelsgesetzbuch Großkommentar begründet von Hermann Staub, 5. Auflage, Berlin 2009
(zitiert Verfasser in Staub HGB)

Canter, Karl: Das Recht auf Übernahme des Geschäfts bei der bürgerlich-rechtlichen Zweimanngesellschaft, NJW 1965, 1553

Cosack, Konrad, Lehrbuch des Bürgerlichen Rechts, Zweiter Band, 8. Auflage, Jena 1924
(zitiert Cosack BGB)

Crezelius, Georg: Disquotale Einlagen und verdeckte Gewinnausschüttungen – Bemerkungen zu einem Gesetzentwurf, ZEV 2011, 393

Crezelius, Georg, Unternehmenserbrecht, Erbrecht, Gesellschaftsrecht, Steuerrecht, 2. Auflage, München 2009

Damrau, Jürgen, Praxiskommentar Erbrecht, 2. Auflage, Bonn 2011
(zitiert Verfasser in Damrau Erbrecht)

Daragan, Hanspeter/Halazcinsky, Raymond/Riedel, Christopher, Praxiskommentar Erbschaftsteuergesetz und Schenkungsteuergesetz, Bonn 2009
(zitiert Verfasser in Daragan/Halaczinsky/Riedel ErbStG)

Dauner-Lieb, Barbara/Langen, Werner, Kommentar Bürgerliches Gesetzbuch Band 2/2, 1. Auflage, Baden – Baden 2005
(zitiert Verfasser in Dauner-Lieb, BGB)

Dauner-Lieb, Barbara: Das Ende der BGB -Gesellschaft mit beschränkter Haftung – was nun?, DStR 1999, 1992

Demuth Björn: Unternehmensnachfolge: Folgen des Ausscheidens eines Gesellschafters und Anwachsung bei Kommanditgesellschaften, BB 2007, 1569

Derleder, Peter: Die Aufgabe der monistischen Struktur der Gesellschaft bürgerlichen Rechts durch Verleihung der Rechtsfähigkeit, BB 2001, 2485

Dobler, Andreas: Das Anwachsungsprinzip im Zivil – und Einkommensteuerrecht, Dissertation, Aachen 2006

Dorka, Richard/Derwald, Britta: Sanieren oder Ausscheiden – ein Modell auch für die Kommanditgesellschaft, NZG 2010, 694

Dumser, Klaus, Beschränkungen der Mehrheitsmacht bei gesetzestypisch ausgestalteten Personengesellschaften, Dissertation, Hamburg 2008 (zitiert Dumser, Beschränkungen der Mehrheitsmacht)

Ebeling, Jürgen: Die Gesamthandsgesellschaft als Schenker und Erblasser sowie als Erwerber im Rahmen des Erbschaft- und Schenkungsteuergesetzes, BB 1989, 1865

Eberl-Borges, Christina: Die Rechtsnatur der Erbengemeinschaft nach dem Urteil des BGH vom 29.01.2001 zur Rechtsfähigkeit der (Außen-)GbR, ZEV 2002, 125

Eberl-Borges, Christina: Verfügungsgeschäfte der Erbengemeinschaft im Rahmen der Nachlassverwaltung, NJW 2006, 1313

Eckardt, Diederich: Das Ausscheiden des Komplementärs aus der zweigliedrigen KG – Zugleich eine Besprechung der Entscheidung BGH, NZG 2000, 474, NZG 2000, 449

Emde, Thomas/Dreibus, Alexandra: Der Regierungsentwurf für ein Kapitalanlagegesetzbuch, BKR 2013, 89

Eisenhardt, Ulrich, Gesellschaftsrecht, 1. Recht der Personengesellschaften: mit Grundzügen des GmbH- und Aktienrechts, 15. Auflage, Heidelberg 2011 (zitiert Eisenhardt, Gesellschaftsrecht)

Endemann, Friedrich, Lehrbuch des Bürgerlichen Rechts, Einführung in das Studium des Bürgerlichen Rechts, Erster Band, 9. Auflage, Berlin 1903 (zitiert Endemann BGB)

Esskandari, Manzur/Franck, Sebastian/Künnemann, Ulf, Unternehmensnachfolge, Heidelberg 2012 (zitiert Verfasser in Esskandar/Franck/Künnemann, Unternehmensnachfolge)

Ernsthaler, Jürgen, Gemeinschaftskommentar zum Handelsgesetzbuch mit UN-Kaufrecht, 7. Auflage, München 2007 (zitiert Ernsthaler HGB)

Fehrenbacher, Oliver/Tavakoli, Anusch, Besteuerung der GmbH & Co. KG, Wiesbaden 2007 (zitiert Fehrenbacher/Tavakoli, GmbH & Co. KG)

Fehrenbacher, Oliver, Steuerrecht, 3. Auflage, Baden-Baden 2010

Felix, Günther: Vergleichsweises Ausscheiden unter Steuerwert aus der Gesellschaft – kein Fall von § 7 Abs. 7 ErbStG, DStZ 1991, 275

Fischer, Daniel J.: Erbfähigkeit des nichtrechtsfähigen Vereins, jurisPR-Steuerrecht 17/2007 Anm. 4

Fischer, Michael/Jüptner, Roland/Pahlke, Armin, ErbStG Kommentar, 4. Auflage, Freiburg i.Brsg. 2012
(zitiert Verfasser in Fischer/Jüptner ErbStG)

Fischer, Michael, Die Unentgeltlichkeit im Zivilrecht, Habilitation, Köln 2002

Fischer, Michael, Der Anteil an einer Personengesellschaft als Gegenstand der Zwangsvollstreckung auf der Grundlage der Rechtssubjektivität aller Außengesellschaften, Frankfurt am Main 2001
(zitiert Fischer, Der Anteil an der Personengesellschaft als Gegenstand der Zwangsvollstreckung)

Fischer, Michael: Die Neuregelung des § 7 Abs. 8 ErbStG durch das BeitrRLUmsG, ZEV 2012, 92

Fischer, Peter/Meßbacher-Hönsch, Christine/Loose, Matthias/Viskorf, Hermann-Ulrich, Boruttau Grunderwerbsteuergesetz – Kommentar, 17. Auflage, München 2011
(zitiert Verfasser in Boruttau GrEstG)

Fleischer, Holger/Goette, Wulf, Münchener Kommentar zum GmbHG, 1. Auflage, München 2010
(zitiert Verfasser in Münchener Kommentar GmbHG)

Flick, Hans: Typische Fehler; Auseinanderfallen von Gesellschaftsvertrag und letztwilliger Verfügung, DStR 1987, 41

Flume, Werner, Allgemeiner Teil des Bürgerlichen Rechts, Erster Band, Erster Teil, Die Personengesellschaft, Berlin 1977
(zitiert Flume AT BGB)

Flume, Werner: Gesellschaft und Gesamthand, ZHR 136 (1972) 177

Freitag, Robert: Die „Investmentkommanditgesellschaft" nach dem Regierungsentwurf für ein Kapitalanlagegesetzbuch, NZG 2013, 329

Frenz, Norbert: Rechtsnachfolge in Kommanditanteile, MittRhNotK 1988, 1

Früchtl, Bernd: Die Anwachsung gem. § 738 I 1 BGB – Unbeachteter Eckpfeiler und gestaltbares Instrument des Personengesellschaftsrechts, NZG 2007, 368

Fuhrmann, Claas/Potsch, Nicolas: Disquotale Einlagen und verdeckte Gewinnausschüttungen im Schenkungsteuerrecht, NZG 2012, 681

Führ, Thorsten: Die GbR – voll teilrechtsfähig? – Zugleich Anmerkung zu den Beschlüssen des BGH vom 20. Januar 2011 – V ZB 266/10 – sowie des Kammergerichts vom 14.9.2010–1 W 380/10 -, RNotZ 2011, 155

Gebel, Dieter, Gesellschafternachfolge im Schenkungs- und Erbschaftsteuerrecht, 2. Auflage, Bielefeld 1997 (zitiert Gebel Gesellschafternachfolge)

Gebel, Dieter: Die Beteiligung der Gesamthand an einem der Erbschaftsteuer unterliegenden Erwerbsvorgang, BB 1993, 706

Gebel, Dieter: Gesellschaftsrechtliche Leistungsbeziehungen und Schenkungsteuer, DStR 1996, 685

Geck, Reinhard/Messner, Michael: UEV-Report Steuerrecht, ZEV 2007, 373

Gehling, Anselm: Haftungsrisiken des (Anleger-)Kommanditisten, BB 2011, 73

Gehm, Matthias: Schwerpunktbereich – Einführung in das Erbschaft- und Schenkungsteuerrecht, JuS 2007, 630

Gehrlein, Markus: Neue Tendenzen zum Verbot der freien Hinauskündigung eines Gesellschafters, NJW 2005, 1969

Geibel, Stefan: Folgeprobleme der Rechtsfähigkeit von Gesellschaften bürgerlichen Rechts, WM 2007, 1496

Gelhaar, Mattias/Saecker, Christian: Die Wertermittlung des Anteils an einer Personengesellschaft für erbschaftsteuerliche Zwecke, UVR 2011, 12

Gellings, Marcel: Inanspruchnahme eines Gesellschafters: Innenregress und Gesamtschuldnerausgleich, JuS 2012, 589

Giedinghagen, Jan/Fahl, Holger: Alles (noch) bestimmt genug?; DStR 2007, 1965

Gierke, von Otto, Deutsches Privatrecht, Band I, Leipzig 1895 (zitiert von Gierke, Deutsches Privatrecht)

Glanegger, Peter, Heidelberger Kommentar zum Handelsgesetzbuch : HK-HGB ; Handelsrecht, Bilanzrecht, Steuerrecht ; Kommentar zum Handelsgesetzbuch mit den Rechnungslegungsvorschriften nach dem Bilanzrichtlinien-Gesetz und den Steuern der kaufmännischen Personenunternehmen, 7. Auflage, Heidelberg 2007 (zitiert Verfasser in Heidelberger Kommentar HGB)

Göbel, Reinhard: Mehrheitsentscheidungen in Personengesellschaften: Bestimmtheitsgrundsatz, materielle Beschlusskontrolle und Kernbereich der Mitgliedschaft, Dissertation, Baden-Baden 1992 (zitiert Göbel, Mehrheitsentscheidungen)

Goette, Wulf: Minderheitenschutz bei gesellschaftsvertraglicher Abweichung vom Einstimmigkeitsprinzip in Hommelhoff, Peter/Schmidt-Diemitz, Rolf/Sigle Axel, Familiengesellschaften – Festschrift zum 70. Geburtstag von Walter Sigle, Köln 2000
(zitiert Goette, FS Sigle)

Gottwald, Stefan, Grunderwerbsteuer – Leitfaden für die Praxis, 3. Auflage, Köln 2009

Götz, Helmut: Grunderwerbsteuerliche Fragen bei der Übertragung von Personengesellschaftsanteilen, BB 2006, 578

Götzenberger, Anton-Rudolf: Konsequenzen des neuen Erbschaftsteuer – und Bewertungsrechts bei Ausscheiden eines Gesellschafters aus einer Personen – oder Kapitalgesellschaft, BB 2009, 131

Grashoff, Dieter, Aktuelles Steuerrecht 2011, 7. Auflage, München 2011
(zitiert Grashoff, Steuerrecht)

Gress, Daniel/Dornheim, Bertram, Steuerverfahrensrecht, Heidelberg 2007

Grunewald, Barbara, Die in § 23 AGBGB vorgesehene Bereichsausnahme für Gesellschaftsrecht in Bierich, Marcus,/Hommelhoff, Peter/Kropff, Peter, Festschrift für Johannes Semler zum 70. Geburtstag am 28. April 1993: Unternehmen und Unternehmensführung im Recht, Berlin 1993
(zitiert Grunewald, FS Semler)

Grunewald, Barbara, Gesellschaftsrecht, 7. Auflage, Tübingen 2008

Gummert, Hans/Weipert, Lutz, Münchener Handbuch des Gesellschaftsrechts, Band 1, BGB -Gesellschaft/Offene Handelsgesellschaft/Partnerschaftsg esellschaft/Partnerrederei/EWIV, 3. Auflage, München 2009
(zitiert Verfasser in Münchener Handbuch des Gesellschaftsrechts, Band 1)

Gummert, Hans/Weipert, Lutz, Münchener Handbuch des Gesellschaftsrechts, Band 2, Kommanditgesellschaft/GmbH & Co. KG/Publikums -KG/Stille Gesellschaft, 3. Auflage, München 2009
(zitiert Verfasser in Münchener Handbuch des Gesellschaftsrechts, Band 2)

Gummert, Hans, Münchener Anwalts-Handbuch Personengesellschaftsrecht, München 2005
(zitiert Verfasser in Gummert Personengesellschaftsrecht)

Gustavus, Eckhart; Handelsregister-Anmeldung, 7. Auflage, Köln 2009

Gutachten der Steuerreformkommission 1971, Schriftenreihe des Bundesministerium der Finanzen Heft 17, Bonn 1971

Gutfried, Michael: Schenkungsteuer bei Leistungen an und durch Kapitalgesellschaften – Die Änderung des ErbStG und dessen Auswirkungen auf die notarielle Gestaltungspraxis -, MittBayNot 2012, 188

Haag, Maximilian/Jehlin, Alexander: Bericht zum 7. Münchener Unternehmenssteuerforum: „Verdeckte Gewinnausschüttungen und verdeckte Einlagen zwischen Ertrags- und Schenkungsteuer", Beihefter zu DStR 12/2012, 53

Haas, Peter, Erbschaftsteuerrecht und gesellschaftsrechtliche Nachfolge, Dissertation, Herne 1996

Habersack, Mathias, Die Mitgliedschaft – subjektives Recht und „sonstiges Recht", Habilitation, Tübingen 1996
(zitiert Habersack, Mitgliedschaft als subjektives Recht)

Habersack, Mathias, Vertragsfreiheit und Drittinteressen, Dissertation, Berlin 1992

Hadding, Walther: Die Initiativen des ReichsJustizministeriums zur Gestaltung des Gesellschaftsrechts, in: Vom ReichsJustizamt zum Bundesministerium der Justiz : Festschrift zum 100jährigen Gründungstag d. ReichsJustizamtes am 1. Januar 1877/herausgegeben vom Bundesministerium der Justiz, Köln 1977
(zitiert Hadding, FS ReichsJustizministerium)

Hadding, Walther: Die Mitgliedschaft in handelsrechtlichen Personalgesellschaften – Ein subjektives Recht? in Pleyer, Klemens/Schultz, Dietrich/Schwinge, Erich/Reinhardt, Rudolf, Festschrift für Rudolf Reinhardt zum siebzigsten Geburtstag, Köln 1972
(zitiert Hadding, FS Reinhardt)

Hadding, Walther: Zum Erlangen von Rechtsfähigkeit nach deutschem Zivilrecht in Hönn, Günther – Festschrift für Alfons Kraft zum 70. Geburtstag, Neuwied 1998

Hadding, Walther: Zum Rückgriff des ausgeschiedenen haftenden Gesellschafters einer OHG oder KG in Lutter, Marcus/Mertens, Hans-Joachim/Ulmer, Peter, Festschrift für Walter Stimpel zum 68. Geburtstag am 29. November 1985, Berlin; New York 1985
(zitiert Hadding, FS Stimpel)

Hartmann, Winfried: Pflichtteilsverzicht gegen Sachwertabfindung, ErbStB 2001, 306

Hartmann, Winfried: Zur unterschiedlichen Behandlung von Personengesellschaften und Kapitalgesellschaften im Schenkungsteuerrecht, DB 1996, 2250

Hartmann, Winfried: Mittelbare Schenkungen von Kapitalgesellschaftsanteilen, ErbStB 2003, 331

Hartmann, Winfried: Personengesellschaften als Schuldner der Schenkungsteuer, ErbStB 2011, 341

Hartmann, Winfried: Kapitalgesellschaften und Schenkungsteuer: Die Karten wurden neu gemischt, ErbStB 2012, 84

Hasenkamp, Annabel: Die formularvertragliche Haftungsbeschränkung bei der Gesellschaft bürgerlichen Rechts, BB 2004, 230

Heckelmann, Dieter, Abfindungsklauseln in Gesellschaftsverträgen: eine Studie über die Grenzen der Gestaltungsfreiheit beim Ausscheiden aus der Offenen Handelsgesellschaft, Dissertation, München 1973 (zitiert Heckelmann, Abfindungsklauseln)

Heil, Hans-Jürgen: Parteifähigkeit der GbR – der Durchbruch der Gruppenlehre?, NZG 2001, 300

Heil, Hans- Jürgen: Liegenschaftsrecht – Grundbuchfähigkeit der Gesellschaft bürgerlichen Rechts, RNotz 2009, 227

Heinrichs, Nils, Mehrheitsbeschlüsse bei Personengesellschaften : Bestimmtheitsgrundsatz, Kernbereichslehre und materielle Beschlusskontrolle unter besonderer Berücksichtigung des Verhältnisses der Institute zueinander, Dissertation, Berlin 2006 (zitiert Heinrichs, Mehrheitsbeschlüsse bei Personengesellschaften)

Heinsheimer, Rudolf, Über die Teilhaberschaft, Heidelberg 1930

Heinze, Stefan: Die Abtretung von Gesellschaftsanteilen an Personengesellschaften und der Registervollzug unter Berücksichtigung des § 12 I 3 HGB, NZG 2011, 647

Hennerkes, Brun-Hagen/Binz, Mark: Abschied vom Bestimmtheitsgrundsatz, BB 1983, 713

Henssler, Martin/Strohn, Lutz, Gesellschaftsrecht, 1. Auflage, München 2011 (zitiert Verfasser in Henssler/Strohn, Gesellschaftsrecht)

Henssler, Martin: Die Personengesellschaft – das Stiefkind des deutschen Gesellschaftsrechts, BB Special 3, 2010, 2

Henssler, Martin: Hinauskündigung und Austritt von Gesellschaftern in personalistisch strukturierten Gesellschaften, in Daune -Lieb, Barbara, Festschrift für Horst Konzen zum siebzigsten Geburtstag, Tübingen 2006
(zitiert Henssler, FS Konzen)

Herberger, Maximilian/Martinek, Michael/ Rüßmann, Helmut/Weth, Stephan; juris Praxiskommentar BGB, 6. Auflage, Saarbrücken 2012
(zitiert Verfasser in juris-PK-BGB)

Heuermann, Bernd/Brandis, Peter, Blümisch Kommentar EStG, KStG, GewStG, 113. Ergänzungslieferung (November 2011), München 2011
(zitiert Verfasser in Blümisch EStG)

Hey, Felix: Freie Gestaltung in Gesellschaftsverträgen und ihre Schranken, Habilitation, München 2004
(zitiert Hey, Gestaltung in Gesellschaftsverträgen)

Hillers, Klaus, Personengesellschaft und Liquidation: : Die Auswirkung der Liquidation auf die vermögensrechtliche Stellung des Personengesellschafters, Dissertation, Köln 1989
(zitiert Hillers, Personengesellschaft und Liquidation)

Hollatz, Alfred: Erbschaftsteuerpflicht von Personengesellschaften, DStR 1995, 589

Holler, Lorenz: Grenzen der Mehrheitsmacht in Personengesellschaften – Zur Wirksamkeitskontrolle von Mehrheitsbeschlüssen nach dem OTTO-Urteil des BGH vom 15.1.2007 – II ZR 245/05, DB 2007, 564

Hölters, Wolfgang, Aktiengesetz, 1. Auflage, München 2011
(zitiert Verfasser in Hölters AktG)

Höne, Annette: Unentgeltliche Vermögensübertragungen, Fallgestaltungen mit Personengesellschaften, NWB-EV 2011, 135

Höne, Annette: Schenkungen unter Beteiligung von Kapitalgesellschaften – Neuregelung durch das BeitrRLumsG-, UVR 2012, 10

Huber, Ulrich: Vermögensanteil, Kapitalanteil und Gesellschaftsanteil an Personengesellschaften des Handelsrechts, Habilitation, Heidelberg 1970
(zitiert Huber, Vermögensanteil)

Hübner, Heinrich/Maurer, Marc: Erbschaft- und schenkungsteuerliche Folgen gesellschaftsvertraglicher Abfindungsbeschränkungen für die verbleibenden Gesellschafter (Teil 1), ZEV 2009, 361

Hübner, Heinrich: Disquotale Gewinnausschüttungen und Einlagen im Schenkungsteuerrecht – eine unendliche Geschichte, DStR 2008, 1357

Hübner, Heinrich: Altes und Neues zu disquotalen Gesellschafts- und Gesellschafterleistungen, DStR 2007, 1747

Hueck, Alfred, Das Recht der offenen Handelsgesellschaft, 4. Auflage, Berlin 1971
(zitiert Hueck OHG)

Hueck, Alfred: Gestaltungsklagen im Recht der Handelsgesellschaften in Ule, Carl Hermann, Recht im Wandel : Beiträge zu Strömungen u. Fragen im heutigen Recht, Festschrift hundertfünfzig Jahre Carl Heymanns Verlag KG, Köln 1965
(zitiert Hueck, FS Heymann)

Hueck, Götz: Drei Fragen zur Gesamthandsgesellschaft in Lieb, Manfred, Festschrift für Wolfgang Zöllner zum 70. Geburtstag, Köln 1999
(zitiert G. Hueck, FS Zöllner)

Hüffer, Uwe, Aktiengesetz, 10. Auflage, München 2012

Hügel, Stefan, Beck'scher Online Kommentar Grundbuchordnung, Stand 01.06.2012
(zitiert Verfasser in Beck'scher OK-GBO)

Jakobs, Horst Heinrich/Schubert, Werner, Die Beratung des Bürgerlichen Gesetzbuches in systematischer Zusammenstellung der unveröffentlichten Quellen, Band III, Berlin, New York 1983
(zitiert Schubert/Jakobs, Beratung des BGB)

Jauernig, Othmar, Bürgerliches Gesetzbuch mit Allgemeinem Gleichbehandlungsgesetz, 13. Auflage, München 2009
(zitiert Verfasser in Jauernig BGB)

Jula, Rocco, Der GmbH-Geschäftsführer : Rechte und Pflichten, Anstellung, Vergütung und Versorgung, Haftung und Strafbarkeit, 3. Auflage, Berlin 2009
(zitiert Jula, GmbH-Geschäftsführer)

Kahlert, Günter/Schmidt, Arne: Löst ein Forderungsverzicht zu Sanierungszwecken nach § 7 Abs. 8 ErbStG Schenkungsteuer aus?, DStR 2012, 1208

Kaiser, Dagmar/Schnitzler, Klaus/Friederici, Peter, Nomos Kommentar BGB, Familienrecht, Band 4, 2 Auflage, Baden-Baden 2010
(zitiert Verfasser in Nomos Kommentar BGB)

Kapp, Reinhard/Ebeling, Jürgen Erbschaftsteuer- und Schenkungsteuergesetz, 59 Ergänzungslieferung Juli 2012, Köln 2012 (zitiert Kapp/Ebeling, ErbStG)

Keller, Hilmar, Die Anwachsung unter Miterben, insbesondere in der Gestaltungspraxis, ZEV 2002, 439

Kemper, Nicolas/Konold, Robert: Übertragung von Wirtschaftsgütern zwischen beteiligungsidentischen Schwesterpersonengesellschaften zum Buchwert, DStR 2000, 2119

Kessal-Wulf, Sibylle: Die Gesellschaft bürgerlichen Rechts als „Verbraucher", in Jickeli, Joachim, Festschrift für Jürgen Sonnenschein: 22. Januar 1939 bis 6. Dezember 2000 (zitiert Kessal-Wulf in FS Sonnenschein)

Ulmer, Peter: Vertretung und Haftung bei der GbR, in Lutter, Marcus u.a., Festschrift für Robert Fischer, Berlin 1973 (zitiert Ulmer, FS Fischer)

Kesseler, Christian: Die Grundbuchfähigkeit der GbR II; Praktische Hinweise statt „nach uns die Sintflut", NZM 2009, 190

Kesseler, Christian: Die GbR und das Grundbuch, NJW 2011, 1909

Kessler, Wolfgang/Kröner, Michael/Köhler, Stefan, Konzernsteuerrecht National – International, 2. Auflage, München 2008 (zitiert Verfasserin Kessler/Kröner/Köhler Konzernsteuerrecht)

Kiefner, Hans: Ut eleganter Papirius Fronto dicebat in Berger, Klaus Peter – Festschrift zum 70. Geburtstag von Otto Sandrock, Heidelberg 2000 (zitiert Kiefner, FS Sandrock)

Kießling, Erik: Das Gesamthandsprinzip bei Personengesellschaften, in Häuser, Franz/Hammen, Horst/Hennrichs, Joachim/Steinbeck Anja/Siebel Ulf/Welter Reinhard, Festschrift für Walter Hadding zum 70. Geburtstag, Berlin 2004 (zitiert Kießling, FS Hadding)

Kindl, Johannes: Der Streit um die Rechtsnatur der GbR und seine Auswirkungen auf die Haftung der Gesellschafter für rechtsgeschäftlich begründete Gesellschaftsverbindlichkeiten, NZG 1999, 517

Kindl, Johannes/Meller-Hannich, Caroline/Wolf, Hans-Joachim, Gesamtes Recht der Zwangsvollstreckung, ZPO, ZVG, Nebengesetze, Europäische Regelungen, Kosten, Baden -Baden 2010 (zitiert Verfasser in Kindl/Hannich -Meller/Wolf Zwangsvollstreckung)

Kindler, Peter: Grundfragen der Kommanditistenhaftung, JuS 2006, 865

Kirchdörfer, Rainer/Lorz, Rainer, Unternehmensnachfolge, 2. Auflage, München 2011

Klein, Franz, Abgabenordnung - einschließlich Steuerstrafrecht, 11. Auflage, München 2012
(zitiert Verfasser in Klein, AO)

Klein-Blenkers, Friedrich, Die Bedeutung subjektiver Merkmale im Erbschaftsteuer - und Schenkungsteuerrecht, Dissertation, Berlin 1991
(zitiert Klein-Blenkers, Subjektive Merkmale ErbStG)

Klein-Blenkers, Friedrich: Zur Besteuerung nach den §§ 7 Abs. 7; 3 Abs. 1 Nr. 2 Satz 2 ErbStG -Anmerkung zu den BFH-Urteilen vom 1.7.1992, II R 70/88, II R 12/90, II R 20/90, DStR 1992, 1577

Kobor, Hagen, Die Auslegung im Erbschaftsteuergesetz. Die Erbschaftsteuer zwischen Zivilrecht und Ertragsteuerrecht, Dissertation, Berlin 2000
(zitiert Kobor, Auslegung ErbStG)

Koller, Ingo/Roth, Wulf-Henning/Morck, Winfried, Kommentar Handelsgesetzbuch, 7. Auflage, München 2011
(zitiert Verfasser in Koller/Roth/Morck HGB)

Komo, Daniel: Geschlossene Immobilienfonds in der Rechtsform der GmbH & Co. KG - Haftungsrisiken für Anleger und Vertragsgestaltung, BB 2012, 1423

Krafka, Alexander/Kühn Ullrich, Registerrecht, 8. Auflage, München 2010
(zitiert Verfasser in Krafka/Willer/Kühn Registerrecht)

Kraft, Moritz: Die Grundbuchfähigkeit der Gesellschaft bürgerlichen Rechts, Dissertation, Hamburg 2012

Krauß, Hans-Frieder/Weise, Stefan; Beck'sche Online Formulare Vertragsrecht, Stand 01.06.2011 Edition 17, München
(zitiert Verfasser in Beck'sche Online-Formulare)

Kreutzinger, Stefan/Schaffner, Margit/Stephany, Ralf, Bewertungsgesetz, 3. Auflage, München 2013
(zitiert Verfasser in Kreutzinger/Schaffner/Stephanie, BewG)

Krug, Walter: Unternehmenserbrecht und Handelsregister, ZEV 2001, 51

Lamprecht, Philipp, Die Zulässigkeit der mehrfachen Beteiligung an einer Personengesellschaft, Dissertation, Berlin 2002

Lange, Oliver: Neues zu Abfindungsklauseln - Anmerkung zu den Urteilen des OLG Dresden, NZG 2000, 1042 und des BGH, NZG 2000, 1027

Langenfeld, Gerrit, Münchener Vertragshandbuch, Band 6. Bürgerliches Recht II, 6. Auflage, München 2010
(zitiert Verfasser in Münchener Vertragshandbuch)

Langenfeld, Gerrit: Grundbucheintragung der GbR, ZEV 2009, 91

Larenz, Karl, Schuldrecht, Zweiter Band – Besonderer Teil, 12. Auflage, München 1981
(zitiert Larenz, Schuldrecht BT)

Larenz, Karl, Allgemeiner Teil des Bürgerlichen Rechts, 9. Auflage, München 2004
(zitiert Larenz/Wolf, AT)

Lautner, Konrad: Alles wieder beim Alten? – Die gesetzliche Neuregelung zur Teilnahme der Gesellschaft bürgerlichen Rechts am Grundstücksverkehr, DNotZ 2009, 650

Lehmann, Ulrike, Gesellschaftsrechtliche Gestaltungen im Erbschaft- und Schenkungsteuerrecht, Dissertation, Frankfurt am Main 2008
(zitiert Lehmann, Gesellschaftsrechtliche Gestaltungen ErbSt)

Leitzen, Mario: Abfindungsklauseln bei Personengesellschaften und GmbHs – Aktuelle Entwicklungen und Auswirkungen der Erbschaftsteuerreform, RNotZ 2009, 315

Ley, Ursula: Steuerliche Transparenz von Personengesellschaften, UbG 2011, 274

Lockowandt, Peter, Stimmrechtsbeschränkungen im Recht der Personengesellschaften, Kernbereichslehre und Stimmrechtsausschluss, Dissertation, Berlin 1996
(zitiert Lockowandt, Stimmrechtsbeschränkungen)

Löffler, Joachim: Der Kernbereich der Mitgliedschaft als Schranke für Mehrheitsbeschlüsse bei Personengesellschaften, NJW 1989, 2656

Loritz, Karl-Georg: Vertragsfreiheit und Individualschutz im Gesellschaftsrecht, JZ 1986, 1073

Lorz, Rainer/Pfisterer, Benedikt/Gerber, Olaf, Beck'schers Formularbuch GmbH-Recht, München 2010
(zitiert Verfasser in Beck'schers Formularbuch GmbH-Recht)

Lüdicke, Jochen/Sistermann, Christian, Unternehmenssteuerrecht, 1. Auflage, München 2008
(zitiert Verfasser in Lüdicke/Sistermann Unternehmenssteuerrecht)

Lutter, Marcus, Zur Reform von Umwandlung und Fusion – Das Konzept und seine Verwirklichung im Diskussionsentwurf, ZGR 1990, 392

Mai, Sebastian: Die Gütergemeinschaft als vertraglicher Wahlgüterstand und ihre Handhabung in der notariellen Praxis; BWNotZ 2003, 55

Marburger, Peter: Abschied vom Bestimmtheitsgrundsatz im Recht der Personengesellschaften?, NJW 1984, 2252

Marotzke, Wolfgang: Zwangsvollstreckung in Gesellschaftsanteile nach Abspaltung der Vermögensansprüche – Zugleich Kritik am Dogma vom Vorrang der Stammrechtsverfügung, ZIP 1988, 1509

Matz, René/Müllner, Uwe: „Vorläufige" Wirksamkeit der Ausschließung eines BGB-Gesellschafters?, WM 2009, 683

Medicus, Dieter, Schuldrecht II Besonderer Teil, 16. Auflage, München 2012.

Meincke, Jens Peter, Erbschaftsteuer- und Schenkungsteuergesetz, 15. Auflage, München 2009
(zitiert Meincke ErbStG)

Meschkowksi, Alexander: Zur Rechtsfähigkeit der BGB-Gesellschaft: die Verpflichtungs- und Vermögensfähigkeit, Dissertation, Frankfurt am Main 2006
(zitiert Meschkowski, Zur Rechtsfähigkeit der BGB-Gesellschaft)

Michalski, Lutz: Der Gesellschafterwechsel bei Personengesellschaften, NZG 1998, 95.

Michalski, Lutz: Die Haftung für Sozialverpflichtungen in der GbR – Kommentar zu LG Saarbrücken, NZG 2000, 369 -, NZG 2000, 355

Michalski, Lutz, Kommentar zum Gesetz betreffend die Gesellschaften mit beschränkter Haftung, 2. Auflage, München 2010
(zitiert Verfasser in Michalski GmbHG)

Miesen, Sebastian: Gesellschaftsrechtliche Hinauskündigungsklauseln in der Rechtsprechung des Bundesgerichtshofs, RNotZ 2006, 522

Milatz, Jürgen/Herbst, Catarina: Disquotale Einlagen gemäß § 7 Abs. 8 ErbStG: Drohende Doppelbelastung und Begünstigungen für Betriebsvermögen, ZEV 2012, 21

Miras, Antonia: Nachträgliche Zahlungspflichten des Gesellschafters eines in der Rechtsform der GbR betriebenen geschlossenen Immobilienfonds, DStR 2011, 318

Moench, Dietmar/Weinmann, Norbert, Erbschaft- und Schenkungsteuer, Loseblattsammlung Stand 53/06.10 Freiburg im Breisgau
(zitiert Moench ErbStG)

Mugdan, Benno: Die gesammten Materialen zum Bürgerlichen Gesetzbuch für das Deutsche Reich, Band II, Stockstadt am Main 2005 (zitiert Mugdan, Protokolle)

Müller-Gugenberger, Christian: EWIV – Die neue europäische Gesellschaftsform, NJW 1989, 1449

Müller, Welf/Hoffmann, Wolf-Dieter, Beck'sches Handbuch der Personengesellschaften, 3. Auflage, München 2009 (zitiert Verfasser in Beck'sches Handbuch der Personengesellschaft)

Müller, Wolf/Rödder, Thomas, Beck'sches Handbuch der AG, 2. Auflage, München 2009 (zitiert Verfasser in Beck'sches Handbuch der AG)

Muscheler, Karlheinz: Das gemeinschaftliche Vermächtnis, NJW 2012, 1399

Muscheler, Karlheinz: Verfügung über den Erbteil und Vorkaufsrecht der Miterben, in Bengel, Manfred, Festschrift für Rainer Kanzleiter zum 70. Geburtstag am 17. Juni 2010, Köln 2010 (zitiert Muscheler, FS Kanzleiter)

Muscheler, Karlheinz: Verfügungen über den Erbteil, ZErb 2010, 40

Musielak, Hans-Joachim, Kommentar zur Zivilprozessordnung mit Gerichtsverfassungsgesetz, 8. Auflage,, München 2011 (zitiert Verfasser in Musielak ZPO)

Mylich, Falk: Die disquotale Einlage des Gesellschafters einer Kapitalgesellschaft als erbrechtlich beachtliche Schenkung, ZEV 2012, 229

N.N.: §§ 705, 709, 714 BGB-Gesellschafter ohne Kapitalanteil; Geschäftsführungs- und Vertretungsbefugnis, DNotI-Report 2000, 197

N.N.: Anteilsübertragung bei einer Gesellschaft bürgerlichen Rechts (GbR): Einheitlichkeit der Mitgliedschaft; Teilübertragung BGB §§ 705, 719, 741ff., DNotI-Report 2006, 119

N.N.: ZPO § 727; BGB 738; HGB 142 Nachweis der Anwachsung bei Klauselumschreibung, DNotI-Report 2001, 9

N.N: Handelsregisteranmeldung bei „Anwachsung des Gesellschaftsanteils" eines ausscheidenden Kommanditisten zugunsten der verbleibenden Gesellschafter; Erhöhung der Haftsumme? – HGB §§ 108, 161, 171ff., DNotI-Report 2010, 23

Nenntwig, Martin: Grenzen der Gestaltungsfreiheit im Hinblick auf Beitragserhöhungen im Personengesellschaftsrecht – § 707 BGB als dogmatische Herausforderung für die Kautelarpraxis, WM 2011, 2168

Neumayer, Jochen/Imschweiler, Christoph: Schenkungsteuer beim Ausscheiden eines Gesellschafters auf Basis gesellschaftsvertraglicher Abfindungsklauseln, DStR 2010, 201

Nieder, Heinrich/Kössinger, Reinhard/Kössinger, Winfried, Handbuch der Testamentsgestaltung. 4. Auflage, München 2011
(zitiert Verfasser in Nieder, Testamentsgestaltung)

Niehus, Ulrich/Wilke, Helmuth: Übertragung von Wirtschaftsgütern zwischen Schwesterpersonengesellschaften, SteuK 2010, 385

Oetker, Hartmut, Kommentar zum Handelsgesetzbuch (HGB), 2. Auflage, München 2011
(zitiert Verfasser in Oetker HGB)

Oppenheim, Robert, Abfindungsklauseln in Personengesellschaftsverträgen, Dissertation, Baden-Baden 2011

Ostermayer, Franz/Erhart, Gabriele: Schenkungsteuer ohne objektive Bereicherung? Probleme mit § 7 Abs. 7 ErbStG, BB 2005, 2044

Ott, Hendrik: Der Ausstieg aus Immobilienfondsbeteiligungen nach neuer Rechtsprechung – Hoffnung für Kapitalanleger, DStR 2003, 2026

Pahlke, Armin/Franz, Willy, Grunderwerbsteuergesetz – Kommentar, 4. Auflage, München 2010
(zitiert Verfasser in Pahlke GrEStG)

Palandt, Otto, Bürgerliches Gesetzbuch, 71. Auflage, München 2012
(zitiert Verfasser in Palandt BGB)

Paschke, Marian, Zwangsvollstreckung in den Anteil eines Gesellschafters am Gesellschaftsvermögen einer Personengesellschaft, Berlin 1981
(zitiert Paschke, Zwangsvollstreckung in Personengesellschaftsanteil)

Peifer, Karl-Nikolaus: Der BGH und die GbR mbH – Rückschlag oder Fortschritt auf dem Weg zum Verständnis der Gesamthand?, NZG 2001, 193

Peifer, Karl-Nikolaus: Rechtsfähigkeit und Rechtssubjektivität der Gesamthand – die GbR als oHG?, NZG 2001, 296

Peters, Harald: Die Haftung des Kommanditisten, RNotZ 2002, 425

Petzoldt, Rolf: Die Personengesellschaft als Erwerber und Steuerschuldner i. S. d. ErbStG, MittRhNotK 1989, 190

Pfister, Wolfgang, Die Einmann-Personengesellschaft: Ein interdisziplinärer Ansatz, Dissertation, Frankfurt am Main 1999

Philippi, Ulrich: Die Behandlung von Abfindungsforderungen ausgeschiedener Gesellschafter einer GmbH oder GmbH & Co. KG im Insolvenzverfahren, BB 2002, 841

Picot, Gerhard: Mehrheitsrechte und Minderheitenschutz in der Personengesellschaft, BB 1993, 13

Piehler, Klaus: Der Ausschluß eines Gesellschafters aus einer Personengesellschaft (Teil II) – Gesetzliche Regelung und vertragliche Gestaltung -, DStR 1991, 716

Planck, Gottlieb, Kommentar zum Bürgerlichen Gesetzbuch nebst Einführungsgesetz, 4. Auflage, Berlin 1928
(zitiert Verfasser in Planck BGB)

Potsch, Nicolas/Urbach, Elmar: Leistungen zwischen Kapitalgesellschaften und ihren Gesellschaftern aus schenkungsteuerlicher Sicht, KÖSDI 17747

Pötting, Annette: Die Erbenauseinandersetzung in der notariellen Vertragsgestaltung – Teil 1, MittBayNot 2007, 273

Priester, Hans-Joachim: Grundsatzfragen des Rechts der Personengesellschaften im Spiegel der Otto-Entscheidung des BGH, DStR 2008, 1386

Priester, Hans-Joachim: Quotenhaftung bei der Publikums-GbR, DStR 2011, 1278

Prütting, Hanns/Wegen, Gerhard/Weinreich, Gerd, BGB Kommentar, 7. Auflage, Köln 2012
(zitiert Verfasser in Prütting/Wegen/Weinreich BGB)

Rauscher, Thomas/Wax, Peter/Wenzel, Joachim, Münchener Kommentar zur Zivilprozessordnung mit Gerichtsverfassungsgesetz und Nebengesetzen, 3. Auflage, München 2007
(zitiert Verfasser in Münchener Kommentar ZPO)

Reiff, Peter/Nannt, Sarah: Die Anteilsübertragung in der Personengesellschaft – Dogmatische Grundlagen, Voraussetzungen und Rechtsfolgen, DStR 2009, 2376

Reiff, Peter: Die Beschränkung der persönlichen Gesellschafterhaftung in der GbR nach der Akzessoritätstheorie, ZIP 1999, 1329

Reimann, Wolfgang: Gesellschaftsvertragliche Nachfolgeregelungen in der Kautelarpraxis – zivilrechtliche und steuerrechtliche Fragen, ZNotP 2006, 162

Reinhardt, Rudolf/Schultz, Dietrich, Gesellschaftsrecht, 2. Auflage, Tübingen 1981

Reiter, Jochen: Die Gesamthandsgesellschaften als Schenker und Erwerber im Erbschaft- und Schenkungsteuerrecht, BB 1990, 2159

Reymann, Christoph: BGH: Grundbuchfähigkeit einer Gesellschaft bürgerlichen Rechts, BB 2009, 346

Reul, Adolf: Grundrechte und Vertragsfreiheit im Gesellschaftsrecht, DNotz 2007, 184

Ruhkamp, Martin/Gerlach, Joachim, Die Gesellschaft bürgerlichen Rechts : umfassende Erläuterungen, Beispiele und Musterformulare für die Rechtspraxis, 6. Auflage, Freiburg i. Brsg. 2010
(zitiert Ruhkamp/Gerlach, GbR)

Röhricht, Volker/Graf v. Westphalen, Friedrich, Handelsgesetzbuch Kommentar, 3. Auflage, Köln 2008
(zitiert Verfasser in Röhricht/v. Westphalen HGB)

Rössler, Rudolf/Troll, Max, Bewertungsgesetz, 17. Ergänzungslieferung, August 2012, München 2012

Röttger, Robert: Die Kernbereichslehre im Recht der Personenhandelsgesellschaften, Dissertation, Heidelberg 1998
(zitiert Röttger, Kernbereichslehre Personenhandelsgesellschaften)

Säcker, Franz Jürgen/Rixecker, Roland, Münchener Kommentar zum Bürgerlichen Gesetzbuch, 5. Auflage, München 2009
(zitiert Verfasser in Münchener Kommentar BGB)

Saenger, Ingo/Aderhold, Lutz/Lenkaitis, Karlheinz/Speckmann, Gerhard, Handels- und Gesellschaftsrecht, 2. Auflage, Baden-Baden 2011
(zitiert Verfasser in Saenger/Aderhold, GesR)

Sagasser, Bernd/Bula, Thomas/Brünger, Thomas R., Umwandlung, 4. Auflage, München 2011
(zitiert Sagasser/Bula/Brünger Umwandlungen)

Schäfer, Carsten: Die Vererbung von Personengesellschaftsanteilen durch Nachfolgeklauseln, BB Special 2004, 14

Scherer, Inge: Neuregelung für Grundstücksgeschäfte mit einer GbR – Rückschritt auf dem Weg zur Rechtsfähigkeit der GbR, NJW 2009, 3063

Scherer, Stephan: Familienunternehmen: Zivil – und steuerrechtliche Besonderheiten bei der Gestaltung des Gesellschaftsvertrages, BB 2010, 323

Schiefer, Christina: Die Anwachsung bei der Gesellschaft bürgerlichen Rechts, DStR 1996, 788

Schilling, Dieter: Gesellschafterwechsel von Todes wegen bei der Personengesellschaft, BWNotZ 1995, 4

Schlegelberger, Franz, Handelsgesetzbuch Band 1, 5. Auflage, München 1992 (zitiert Verfasser in Schlegelberger HGB)

Schmidt, Karsten, Gesellschaftsrecht, 4. Auflage, Köln 2002

Schmidt, Karsten, Kommentar zum Handelsgesetzbuch, Band 2, Handelsgesellschaften und stille Gesellschaft, 3. Auflage, München 2011 (zitiert Verfasser in Münchener Kommentar HGB)

Schmidt, Karsten: „Anwachsung": Was ist das, und … gibt es das noch?, in Baums, Theodor/Wertenbruch, Johannes, Festschrift für Ulrich Huber zum 70. Geburtstag, Tübingen 2006 (zitiert Schmidt, FS Huber)

Schmidt, Karsten: Alte Kündigungsklauseln und neue Kündigungsfolgen bei Personengesellschaften – Auslegungs- und Vertragsgestaltungsprobleme um § 131 HGB n. F., BB 2001, 1

Schmidt, Karsten: Die BGB-Außengesellschaft: rechts- und parteifähig, Besprechung des Grundlagenurteils II ZR 331/00 vom 29.1.2001, NJW 2001, 995

Schmidt, Karsten: Echte und unechte Quotenhaftung von Personengesellschaften, NJW 2011, 2001

Schmidt, Karsten: Gutachten und Vorschläge zur Überarbeitung des Schuldrechts, Band 3, S. 413ff. Köln 1983 (zitiert Schmidt, Gutachten)

Schmidt, Karsten: Mehrheitsbeschlüsse in Personengesellschaften, ZGR 2008, 1

Schmidt, Karsten: Mehrheitsregelungen in GmbH & Co. – Verträgen: Verständnis oder Mißverständnis des „Bestimmtheitsgrundsatzes", ZHR 158 (1994), 205

Schmidt, Karsten: Haftungsregress bei Personengesellschaften – BGH, NJW-RR 2002, 455, JuS 2003, 228

Schmölz, Anton: Zum Schicksal des Gesellschaftsvermögens beim Ausscheiden des vorletzten Gesellschafters aus der Personengesellschaft, in Schöpflin, Martin/Meik, Frank/Weber, Heinz-Otto / Bandte, Jürgen, Von der Sache zum Recht, Festschrift für Volker Beuthien zum 75. Geburtstag, München 2009 (zitiert Schmölz, FS Beuthien)

Schade, Lutz, Handels- und Gesellschaftsrecht, 2. Auflage, Heidelberg 2012 (zitiert Schade, Gesellschaftsrecht)

Schoberth, Jörg/Ihlau, Susann: Besonderheiten und Handlungsempfehlungen bei der Bewertung von Familienunternehmen, BB 2008, 2114

Scholz, Kai-Steffen: Die BGB-Gesellschaft nach dem Grundsatzurteil des BGH vom 29.1.2001, NZG 2002, 153.

Schoor, Hans-Walter: Ausscheiden eines Gesellschafters aus einer Personengesellschaft, BuW 2000, 997

Schuck, Stephan: Nr. 5 Bereicherter i. S. des ErbStG ist bei einer Schenkung an eine Gesamthand der Gesellschafter (Rspr.-Änderung), DNotZ 1995, 300

Schulte, Hans: Juristische Person und Gesamthand: Fiktion und Mysterium, in Hübner, Ulrich, u.a, Festschrift für Bernhard Grofeld zum 65. Geburtstag, Frankfurt am Main 1999
(zitiert Schulte, FS Grifeld)

Schulz, Peter/Brunner, Michael/Werz, Stefan: Die disproportionale Gewinn- und Stimmrechtsverteilung – ein Instrument für die Nachfolgeplanung, BB Special Nr.8.2 zu BB 2005 Heft 32

Schulze-Osterloh, Joachim, das Prinzip der gesamthänderischen Bindung, München 1972

Siebert, Wolfgang, Bürgerliches Gesetzbuch mit Einführungsgesetz und Nebengesetz begründet von Hans Theodor Soergel, 12. Auflage, Stuttgart 2007
(zitiert Verfasser in Soergel BGB)

Siebert, Wolfgang, Gesellschaftsvertrag und Erbrecht bei der Offenen Handelsgesellschaft : Vortrag, gehalten vor der juristischen Studiengesellschaft in Karlsruhe am 2. Juli 1954, 3. Auflage, Karlsruhe 1958
(zitiert Siebert, Gesellschaftsvertrag)

Sigle, Walter, Anmerkungen zum Bestimmtheitsgrundsatz und zur Kernbereichslehre im Recht der Personengesellschaften auf der Grundalge der OTTO-Entscheidung des BGH in Kindler, Peter, Festschrift für Uwe Hüffer zum 70. Geburtstag, München 2010
(zitiert Sigle, FS Hüffer)

Söffing, Günter: Vererbung eines Mitunternehmeranteils mittels einfacher und qualifizierter Nachfolgeklausel in zivil- und steuerrechtlicher Sicht, DStR 1991, 798

Staats, Michael: Anwachsung oder Erhöhung bei Wegfall eines „gesetzlichen" Erben?, ZEV 2002, 11

Staudinger, Julius, Kommentar zum Bürgerlichen Gesetzbuch mit Einführungsgesetz und Nebengesetzen, Band 2, Neubearbeitung, Berlin 2003; Band 5, Neubearbeitung, Berlin 2010
(zitiert Verfasser in Staudinger BGB)

Stock, Paul Dieter: Haftungsprobleme beim Kommanditistenwechsel (Teil I), DStR 1991, 385

Stodolkowitz, Andreas: Die außerordentliche Gesellschafterkündigung in der Personenhandelsgesellschaft, NZG 2011, 1327

Spieker, Ulrich: Schenkungsteuer bei lebzeitigen Verzicht auf ein dingliches Wohnrecht, jurisPR-FamR 2/2011, Anm. 3

Struckmeier, Dirk, Mehrheitliche Kapitalerhöhungen und ihre Bindungswirkung bei Personengesellschaften, Dissertation, Baden-Baden 2002
(zitiert Struckmeier, Mehrheitliche Kapitalerhöhungen)

Sudhoff, Heinrich, Der Gesellschaftsvertrag der Personengesellschaften, 6. Auflage, München 1985

Sudhoff, Heinrich, Unternehmensnachfolge, 5. Auflage 2005, München 2005
(zitiert Verfasser in Sudhoff Unternehmensnachfolge)

Tat, Sara, Die Rechtssubjektivität und Haftung der Gesellschaft bürgerlichen Rechts in Deutschland und Frankreich, Dissertation, Münster 2003
(zitiert Tat, Rechtssubjektivität GbR)

Tavakoli, Anusch/Fehrenbacher, Oliver, Die Gesellschaft des bürgerlichen Rechts ist grundbuchfähig!, DB 2007, 382.

Tavakoli, Anusch: Disquotale Gewinnausschüttungen in der Unternehmensnachfolge: Gesellschafts- und steuerrechtliche Rahmenbedingungen, DB 2006, 1882

Tebben, Joachim: Karlsruhe locuta causa finita: Die Gesellschaft bürgerlichen Rechts im Grundbuch, NZG 2009, 288

Teichmann, Arndt, Gestaltungsfreiheit in Gesellschaftsverträgen, Habilitation, München 1970

Thomas, Heinz/Putzo, Hans, Kommentar Zivilprozessordnung, 32. Auflage, München 2011
(zitiert Verfasser in Thomas/Putzo ZPO)

Tiedtke, Klaus, Erbschaftsteuer- und Schenkungsteuergesetz, Berlin 2009
(zitiert Verfasser in Tiedtke ErbStG)

Tipke, Klaus/Kruse, Heinrich Wilhelm, Abgabenordnung – Finanzgerichtsordnung, 129. Ergänzungsliegerung Stand August 2012, Köln 2012
(zitiert Tipke/Kruse, AO)

Tipke, Klaus/Lang, Joachim, Steuerrecht, 20. Auflage, Köln 2009
(zitiert Verfasser in Tipke/Lang, Steuerrecht)

Traunecker, Bärbel: Die Steuervergünstigung nach den §§ 5, 6 und 7 GrEStG, BWNotZ 2000, 133

Troll, Max/Gebel, Dieter/Jülicher, Marc, Erbschaftsteuer- und Schenkungsteuergesetz, 41. Auflage, München 2011
(zitiert Verfasser in Troll/Gebel/Jülicher, ErbStG)

Uhlenbruck, Wilhelm/Hirte, Herbert/Vallender, Heinz, Insolvenzordnung, 13. Auflage, München 2010
(zitiert Verfasser in Uhlenbruck InsO)

Ulmer, Peter/Schäfer, Carsten, Gesellschaft bürgerlichen Rechts und Partnerschaftsgesellschaft, 5. Auflage 2009
(zitiert Ulmer/Schäfer, GbR)

Ulmer, Peter,: Die Sonderzuordnung des vererbten OHG-Anteils – Zum Einfluß von Testamentsvollstreckung, Nachlaßverwaltung und Nachlaßkonkurs auf die Gesellschaftsbeteiligung in Fischer, Robert/Hefermehl, Wolfgang, Gesellschaftsrecht und Unternehmungsrecht : Festschrift f. Wolfgang Schilling z. 65. Geburtstag am 05.06. 1973, Berlin 1973
(zitiert Ulmer, FS Schilling)

Ulmer, Peter: Die Gesamthandsgesellschaft – ein immer noch unbekanntes Wesen?, AcP 198 (1998, 113

Ulmer, Peter: Die höchstrichterlich „enträtselte" Gesellschaft bürgerlichen Rechts, ZIP 2001, 585

Ulmer, Peter: Gesellschafterhaftung in der Gesellschaft bürgerlichen Rechts; Durchbrechung der Akzessoritätstheorie?, ZIP 1999, 554

Ulmer, Peter: Rückbesinnung oder Fortschritt? Bemerkungen zu Karsten Schmidts Vorschlag einer Reform der Gesellschaft bürgerlichen Rechts, ZGR 1984, 313

Ulmer, Peter: Vertretung und Haftung bei der GbR in Lutter, Marcus u.a., Festschrift für Robert Fischer, Berlin 1973
(zitiert Ulmer, FS Fischer)

van Lishaut, Ingo/Ebber, Bodo/Schmitz,Stefan: Die schenkung- und ertragsteuerliche Behandlung disquotaler Einlagen und disquotaler Gewinnausschüttungen, Ubg 2012, 1

Viskorf, Stephan/Haag, Maximilian: Schenkungsteuer bei Leistungen an Kapitalgesellschaften – Zum gleichlautenden Erlass der obersten Finanzbehörden der Länder vom 14. 3. 2012 unter besonderer Berücksichtigung von Sanierungsfällen, DStR 2012, 1166

Viskorf, Hermann-Ulrich/Knobel, Wolfgang/Schuck, Stephan, Erbschaftsteuer und Schenkungsteuergesetz, Bewertungsgesetz, 4. Auflage, Herne 2012 (zitiert Verfasser in Viskorf/Knobel/Schuck ErbStG)

Viskorf, Hermann-Ulrich: Schenkungsteuer bei Leistungen zwischen Kapitalgesellschaften und ihren Gesellschaftern und Dritten, ZEV 2012, 442

Viskorf, Hermann-Ulrich: Kann die Werterhöhung eines im Vermögen vorhandenen Gegenstandes schenkungsteuerrechtlich zur objektiven Bereicherung führen?, DStR 1998, 150

Von Löwe, Christian/Gronenschild, Marisa: Erbschaftsteuer bei Gesellschafterausscheiden – eine Fiktion tritt aus ihrem Schattendasein, DB 2009, Heft 24, 1

Von Waldenfels, Philipp, Der Gleichheitssatz im Erbschaft- und Schenkungsteuerrecht : dargestellt am Beispiel der gemischten Schenkung, Dissertation, Frankfurt am Main 2008 (zitiert von Waldenfels, Gleichheitssatz Schenkungsteuerrecht)

Vorwerk, Volker/Wolf, Christian, Beck'scher Online Kommentar ZPO, Stand: 30.10.2012, Edition 6, München (zitiert Verfasser in Beck'scher OK ZPO)

Wälzholz, Eckhard: Schenkungsteuerpflichtige Zuwendungen zwischen GmbH und Gesellschaftern, GmbH-StB 2011, 340

Wagner, Klaus: Zur Haftung von direkt beteiligten Anleger-Gesellschaftern bei Berlin-Fonds (GbR), NZG 2011, 1058

Wangler, Clemes: Einfluss des neuen Bewertungs- und Erbschaftsteuerrechts auf Abfindungsregelungen in Gesellschaftsverträgen, DStR 2009, 1501

Weber-Grellet, Heinrich: Die Gesamthand – ein Mysterienspiel?, AcP (182) 1982, 316

Weber, Christoph, Privatautonomie und Außeneinfluß im Gesellschaftsrecht, Habilitation, Tübingen 2000

Wedemann, Frauke: Außen-GbR und OHG: Annäherung und Entfremdung in der Rechtsprechung des BGH seit „ARGE Weißes Roß", NZG 2011, 533

Weimar, Robert: Einmann-Personengesellschaften – ein neuer Typ des Gesellschaftsrechts?, ZIP 1997, 1769

Wertenbruch, Johannes, Die Haftung von Gesellschaften und Gesellschaftsanteilen in der Zwangsvollstreckung, Habilitation, Köln 2000

Wertenbruch, Johannes: Die Parteifähigkeit der GbR – die Änderungen für die Gerichts – und Vollstreckungspraxis, NJW 2002, 324

Wertenbruch, Johannes: Begründung von Nachschusspflichten in der Personengesellschaft, DStR 2007, 1680

Wertenbruch, Johannes: Beschlussfassung in Personengesellschaft und KG-Konzern, ZIP 2007, 798

Wertenbruch, Johannes: Die Pfändung von „überziehbaren" Gesellschafterkonten und Entnahmerechten bei der Personengesellschaft, in Schilken, Eberhardt/Kreft, Gerhart/Wagner, Gerhard/Eckardt, Diederich, Festschrift für Walter Gerhardt, Köln 2004 (zitiert Wertenbruch, FS Gerhardt)

Wertenbruch, Johannes: Passivlegitimation und Mandantenrechnung im GbR-Abfindungsstreit, NZG 2011, 1133

Westermann, Harm Peter, Handbuch Persongesellschaften, Stand Juni 2011, 50. Lieferung, Köln
(zitiert Verfasser in Westermann, Handbuch Personengesellschaften)

Westermann, Harm Peter, Bürgerliches Gesetzbuch Handkommentar begründet von Walter Erman, 12. Auflage, Köln 2008
(zitiert Verfasser in Erman BGB)

Westermann, Harm Peter: Erste Folgerungen aus der Anerkennung der Rechtsfähigkeit der BGB-Gesellschaft, NZG 2001, 289

Wiedemann, Herbert, Die Personenunabhängigkeit der Personengesellschaft, in Schack, Haimo, Gedächtnisschrift für Alexander Lüderritz, München 2000
(zitiert Wiedemann, Gedächtnisschrift Lüderritz)

Wiedemann, Herbert, Gesellschaftsrecht, Band II, Recht der Personengesellschaften, München 2004
(zitiert Wiedemann Gesellschaftsrecht)

Wiedemann, Herbert: Kapitalerhöhungen in der Publikums-KG – Besprechung der Entscheidung BGHZ 66, 82, ZGR 1977, 690

Wilhelm, Jan: Die Grundbuchfähigkeit der Gesamthandsgesellschaft bürgerlichen Rechts, NZG 2011, 801

Windbichler, Christine, Gesellschaftsrecht, 22. Auflage, München 2009

Wohlschlegel (Daragan), Hanspeter: Personengesellschaften als Steuersubjekte im Erbschaft- und Schenkungsteuerrecht, ZEV 1998, 367

Wössner, Jörg, Die Pfändung des Gesellschaftsanteils bei Personengesellschaften, Dissertation, Heidelberg 2000

Würdinger, Markus: Ausnahmevorschriften sind analogiefähig!, JuS 2008, 949

Zöller, Rene: Nachfolge von Todes wegen bei Beteiligungen an Personengesellschaften, MittRhNotK 1999, 122

Kolibri 360 GmbH
Ferdinand-Jühlke-Straße 7
99095 Erfurt, Deutschland
produktsicherheit@kolibri360.de